KB265672

경제정책론

經濟政策論

ECONOMY POLICY

경제정책론

ECONOMY POLICY

박 추 환 지음

한국학술정보㈜

서 문

저자가 영남대학교에서 경제정책론을 강의하면서 학생들의 현실경제에 대한 이해수준이 많이 미흡하고 이해하는 정도도 너무 이론적인 면에 취우치고 있음을 깨닫게 되었다. 순수 이론경제학이 아닌 응용경제학으로서 경제정책을 이해시키고 가르칠 수 있는 교재가 부재하다는 것을 알고 이를 해결하기 위한 차원에서 강의노트를 중심으로 본 교재를 작성하게 되었다. 특히 본 교재는 정책을 집행하는 담당자를 위한 기초 교재가 없는 현실에서 정책관련 담당자의 정책수립에 도움이 되고자 하는 데도 그 목적이 있다. 즉, 경제정책을 수행하여야 할 당위성이 경제가 발전함에 따라 줄어들고 있다 하더라도 정책의 집행에 따른 파급효과 및 파급경로의 복잡성으로 인하여 경제정책과 시장과의 기본적인 관계설정에 대한 이해가 더욱 더 필요하다고 사료되었기 때문이다. 무엇보다도, 경제정책을 집행하는 것은 현실경제에 대한 동물적인 감각과 더불어 이론적인 정책 메커니즘을 이해하지 못하게 되면 정부실패 즉 정책 실패라는 결과를 야기할 수 있기 때문에 더욱더 기본에 충실할 수 있는 교재의 필요성이 부각된다고 할 수 있다. 즉, 경제이론과 경제정책의 파급과정을 이해하여 유용성을 가질 수 있는 정책을 생성하고 집행할 수 있는 실천적인 측면에서의 교재 제공이 필요한 시점이라고 사료된다.

본 교재는 크게 3개 부문으로 구성되고 있다. 하나는 기본적인 경제이론을 통해 경제정책문제를 이해할 수 있도록 하였다. 예컨대, 미시경제학과 거시경제학을 통해 필수적으로 이해하여야 하는 이론을 제시하여 정책에 대한 이해를 높일 수 있도록 하였다. 제1장에서는 수요와 공급의 일반적 이해 측면, 2장에서는 소비자 측면, 3장에서는 생산자 측면, 4장에서는 산업조직 측면, 5장에서는 정책을 이해할 수 있기 위한 차원의 거시이론을 기술하고 있다. 그리고 6장에서는 국민소득개념을 설명하고, 마지막으로 7장에서는 실업과 인플레이션에 대해 설명한다. 둘째 부문에서는 부문별 세부정책을 기술하고 있다. 즉, 제1장에서는 경제정책이 무엇인지? 등 경제정책에 대한 개괄적인 기술을 하고 있으며, 2장에서는 재정정책과 3장에서는 금융정책, 4장에서는 대외개방정책, 5장에서는 산업정책, 6장에서는 경제성장 그리고 7장에서는 노동정책을 소개하고 있다. 각 정책 파트 내에서는 정책에 대한 소개, 정책 파급과정 및 효과, 그리고 우리나라의 정책 집행내용 및 이에 대한 평가를 기본적인 내용으로 구성되었다.*

　　마지막 부문에서는 해외 주요국가 별 경제정책을 개괄적으로 살펴보고 있다. 이를 통해 다른 국가와의 차별점이 무엇인지 등을 살펴보고, 이를 우리나라 경제정책 운영 체계에 도움이 될 수 있도록 시사점을 기술하였다. 대상이 되는 국가로는 미국, 영국, 독일, 일본, 중국, 말레이시아, 싱가포르 등 약 15개 국가를 대상으로 재정, 금융, 산업, 노동, 경제성장, 개방경제 측면에서 내용을 정리하였다.

　　저자는 이 책을 집필하면서 많은 사람의 도움을 받았다. 누구보다도 나를 위해 헌신한 가족들의 도움 없이는 이 책이 완성되기 어려웠다는 생각을 해본다. 그리고 현재 연구조교로 같은 방에서 오랜 시간 함께 일을 도와주고 있는 석왕헌 조교에게 모든 공을 돌리고 싶은 생각이다. 그 외에도 출판사 관계자 여러분, 그리고 검수를 받는 과정에서 학문적 가르침을 주신 여러 교수님들에게도 깊은 감사를 드리는 바입니다.

2008년 8월

저 자

---

* 여기서 제공되는 우리나라의 정책 집행내용 및 이에 대한 평가는 윤용만과 여택동 외 (2005) 한국의 경제정책의 책내용을 인용 및 재정리 하였음을 밝히는 바이다.

제2편 부문별 경제정책 / 67

제1편 서 론

먼저 경제이론을 소개하는 본 장에서는 미시적 관점과 거시적 관점에서 경제정책을 이해하기 위한 기초적인 이론을 소개한 것을 목적으로 한다. 즉, 제1장에서는 수요와 공급 그리고 가격의 결정 메커니즘에 대한 기본적인 이론을 소개한다. 즉, 수요와 공급의 일반적인 의의와 수요 및 공급의 결정요인은 결정요인에는 어떤 것이 있는 지를 설명하고, 수요 또는 공급의 탄력성에 대하여 설명한다. 마지막으로 수요와 공급이 교차하는 점에서 균형가격 및 수량이 결정되는 가격결정체계를 설명하고 이를 응용한 최고 및 최저가격제도에 대한 설명을 한다. 2장 소비이론에서는 소비자는 어떤 원리로 소비행위를 하는 지에 대한 설명과 함께 총효용, 한계효용, 예산제약 그리고 무차별 곡선 등에 대한 개념을 정리한다. 3장 생산이론에서는 생산자는 어떤 원리를 돈을 투자해서 생산 판매를 하는지 그리고 생산함수 그리고 규모에 대한 수익불변, 수익체증, 수익체감 등에 대한 개념을 설명한다. 4장 산업조직이론에서는 경제의 모든 부분은 시장이라는 단일한 단위로 환원될 수 있고 그 보편적인 시장에서 소비자의 행동원리(주어진 소득으로 만족극대화)와 생산자의 행동원리(정해진 투자자금으로 이윤극대화)를 분석하고, 그들이 시장에서 만나서 거래를 함으로써 나타나는 결과가 어떤지 만나는 유형에 따른 시장형태의 차이를 보면서 살펴보는 것이 주된 내용이다. 5장에서는 거시적 관점에서 거시경제학의 과제, 고전학파 및 케인즈학파의 이론 설명을 정리한다. 6장에서는 국민소득의 개념을 파악하고 경제성장률을 측정하기 위한 방법과 함께 문제점이 무엇인지 등을 고찰한다. 7 장 실업과 인플레이션에서는 실업에 대한 개요와 함께 인플레이션의 발생경로 및 의의에 대한 설명을 한다.

즉, 미시경제이론에서는 그야말로 경제를 미시적(micro)으로 본다는 것이다. 한 나무의 성장을 연구해서 키울 때에도 그 뿌리의 성질, 줄기의 성질, 가지와 잎의 성질을 분석해서 대책을 세울 수 있는 것 등을 예로 들 수 있다. 즉, 소비자는 어떤 원리로 소비행위를 할까? 생산자는 어떤 원리를 돈을 투자해서 생산 판매를 할까? 경제의 모든 부분은 시장이라는 단일한 단위로 환원될 수 있고 그 보편적인 시장의 소비자의 행동원리(주어진 소득으로 만족극대화)와 생산자의 행동원리(정해진 투자자금으로 이윤극대화)를 분석하고, 그들이 시장에서 만나서 거래를 함으로써 나타나는 결과가 어떤지 만나는 유형에 따른 시장형태의 차이를 보면서 살펴보는 것이 미시적 관점에서 중요한 이론이라고 생각된다. 거시적(macro) 관점에서는 전체 국민경제의 시장을 크게 생산물시장, 노동시장, 외환시장, 화폐시장, 채권 증권(bond)시장 등으로 나누어서 각 시장을 분석함으로써 전체 경제를 알자는 것을 목적으로 한다. 이는 다시 노동시장부분은 노동경제론에서, 외환시장 부분은 국제무역이론 국제금융이론 등의 국제경제이론, 화폐시장과 본드시장은 화폐금융론, 증권경제론 등으로 세분화될 수 있다.

Ⅰ. 수요와 공급, 가격의 결정

1. 수요와 수요의 법칙

수요(demand)란 소비자가 그 재화나 용역을 구매하고자 하는 의도나 계획을 의미한다. 수요량(quantity demanded)은 소비자가 가격을 치르고 구입할 의사와 능력이 있는 재화나 서비스의 양을 의미한다. 수요는 다음과 같은 두 가지 중요한 성질을 가진다. 수요란 소비자가 구매하고자 하는 의도, 계획을 나타낸다(willingness to buy). 따라서 반드시 실제로 구매한 양을 나타내는 것은 아니며 초과수요가 존재할 수 있다. 단 구매 능력이 뒷받침되지 못하는 의도나 계획까지 포함하는 것은 아니다. 어떤 일정 기간 동안의 구매의 흐름(flow, 유량)을 말한다. 따라서 수요량을 말할 때에는 '한 달에 100개'처럼 기간을 반드시 명시해야 한다.

수요량 및 수요의 결정 요인을 살펴보면 다음과 같은 것들이 있다. 가격, 소득, 연관재의 가격, 기호 등을 들 수 있다. 수요 곡선은 가격과 수요량 사이의 관계를 그림으로 그린 것이다. 다른 조건이 동일하다(other things being equal, ceteris paribus)고 가정하고 수요량과 가장 밀접한 관계를 지니고 있는 가격만을 고려한다. 즉, 가격이 오르면 수요량은 줄고 가격이 내리면 수요량은 늘어난다. 이러한 관계를 수요의 법칙(law of demand)이라고 부르고, 이는 가격과 수요량 사이의 역의 관계를 말한다. 따라서 수요 곡선은 우하향한다. 그러나 수요의 법칙과는 달리 비쌀수록 수요가 증가하는 품목이 있다(전시효과).

수요함수란 재화의 가격과 수요량 사이에 존재하는 함수관계로서 각 가격수준에 대응하여 소비자들이 구매하려 하는 재화의 양을 규정하는 함수이다. 경제학에서는 수학에서와는 달리 종속변수와 설명변수의 위치를 바꾸어 그리는데 이에 따라 가격이 세로축에 놓고 수량이 가로축에 놓이는 것이 일반적이다. 수요곡선의 의미는 '어떤 가격에서 구입하고자 하는 최대 양'을 의미하거나 또는 '일정 양을 구입할 때 지불하고자 하는 최대 가격'을 의미한다.

2. 수요의 결정 요인 및 그 영향

가격은 수요량을 결정하는 요인이다. 즉, 가격이 높을 때 수요량은 적고 가격이 낮을 때 수요량은 많다(수요의 법칙). 한편 소득(income)은 수요를 결정하는 요인이다. 즉, 소득이 증가할 때 수요가 증가하거나 감소하는 두 가지 종류의 재화가 존재한다. 정상재(normal goods)의 경우 소득이 증가함에 따라 수요가 증가한다. 열등재(inferior goods)의 경우 소득이 증가함에 따라 수요가 감소한다. 예를 들면, 부채, 대중교통수단, 소형승용차, 연탄 등을 들 수 있다. 연관재의 가격도 수요의 결정요인이다. 즉, 한 재화의 가격이 오를 때 다른 재화의 수요가 영향을 받을 수 있는데 수요가 증가하거나 감소하는 두 가지 종류의 재화가 존재한다. 대체재(substitute goods)의 경우, 한 재화의 가격이 상승할 때 다른 재화에 대한 수요가 증가한다. 예를 들면, 쇠고기와 돼지고기, 한우 쇠고기와 수입 쇠고기, 대중교통수단과 자가용, 지하철과 버스 등을 들 수 있다. 보완재(complementary goods)의 경우 한 재화의 가격이 상승할 때 다른 재화에 대한 수요가 감소한다. 예를 들면, 커피와 설탕, CD player와 CD, 자동차와 휘발유 등을 들 수 있다. 독립재의 경우 다른 재화의 가격 변화에 의해 영향을 받지 않는다. 소비자의 기호(taste) 혹은 선호(preference)도 수요의 결정요인이다. 즉, 건강에 대한 선호가 커짐에 따라 건강식품, 무공해식품에 대한 수요가 증가한다. 인구 혹은 인구구성의 변화도 수요의 결정요인이다. 인구의 증가에 따라 수요가 증가하며 노인층의 비중이 증가함에 의료서비스, 실버산업에 대한 수요가 증가한다. 예상, 기대도 수요의 결정요인이다. 즉, 재화의 가격이 상승할 것으로 예상되면 수요가 증가한다(주식에 대한 수요, 사재기).

3. 수요량의 변화와 수요의 변화

가격이 변한다는 것은 수요량의 변화를 의미한다. 즉, 수요 곡선 상에서 점의 이동(movement along the demand curve)을 의미하고 있다. 그러나 가격 이외의 요인이 변하면 어떻게 되는가? 수요 곡선은 가격과 수요량 사이의 관계를 나타내고 있기 때문에 가격 이외의 요인이 변할 때 이를 수요 곡선 상에 표시할 수 없으며 수요 곡선 자체의 이동을 표시된다. 이를 그래프로 나타내면 (그림 1-1)과 같다.

가격 이외의 요인이 변하면 수요의 변화를 가져오게 된다. 즉, 수요 곡선 자체의 이동(shift of the demand curve)을 의미한다. 즉 수요는 가격과 수요량 사이의 관계를 나타내는 개념이다. 수요량의 변화와 수요의 변화를 제대로 이해하지 못하여 다음과 같은 오류를 범하는 경우가 많다. 가격이 상승하면 수요가 감소하고 수요가 감소하니까 가격이 하락하고…… 등을 들 수 있다.

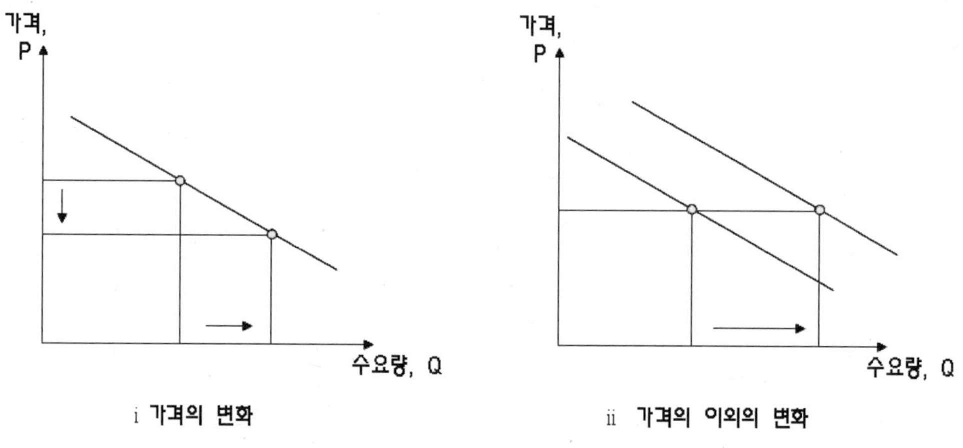

(그림 1-1) 수요곡선에 영향을 미치는 요인

4. 수요의 탄력성

(1) 수요의 가격탄력성

수요의 가격탄력성(price elasticity of demand)이란 가격변화에 대해 수요량이 얼마나 민감하게 반응하는가를 나타내는 척도이다. 즉, 수요의 가격탄력성 = − 수요량의 변화율 / 가격의 변화율을 말한다. 정의에서 맨 앞에 '−' 부호가 있는 이유는 가격의 변화율과 수요량의 변화율은 수요의 법칙에 따라 항상 반대방향으로 움직여 탄력성이 음수가 되므로 이를 양수로 바꾸기 위해 인위적으로 붙이는 것이다. 수요의 가격탄력성은 기업의 입장에서 수입을 최대화시키기 위해 매우 중요한 개념이다. 가격이 상승하거나 하락할 때 수요량이 얼마나 큰 폭으로 감소하고 증가할 것인가에 대해 알고 있어야 한다. 예를 들면, 프로야구 입장료를 20% 인상할 때 수요가 얼마나 줄어 전체 입장료 수입은 어떻게 될 것인가를 알 수 있다. 이에 대한 결론은 탄력성이 1보다 큰 상품은 가격을 인하하면 매출이 증가하고 반대로 탄력성이 1보다 작은 상품은 가격을 인하하면 매출이 감소한다.

수요 곡선의 기울기와 수요의 가격탄력성의 관계는 수요 곡선의 수학적인 기울기와 가격탄력성 사이에는 역의 관계가 있다는 것을 알 수 있다. 수요 곡선이 수직선이면 기울기는 무한대이지만 가격탄력성은 0이다. 수요 곡선이 수평선이면 기울기는 0이지만 가격탄력성은 무한대이다. 그리고 수요 곡선이 직각쌍곡선의 모양을 가지고 있다면 모든 점에서 가격탄력성은 1의 값을 가진다.

수요 탄력성을 결정하는 요인으로는, 밀접한 대체재의 존재 유무를 들 수 있다. 즉, 대체재가 존재할 때 탄력성은 커진다. 예를 들면, 커피와 홍차, 코카콜라와 펩시콜라, 등을 들 수 있다. 다음은 재화에 대한 지출이 소득에서 차지하는 비중이 커질수록 탄력성은 커진다. 예를 들면, 자동차 vs. 연필의 관계를 들 수 있다.

(2) 수요의 소득탄력성

수요의 소득탄력성(income elasticity of demand)이란 수요에 영향을 주는 가격 이외의 변수들 중에서 소득이 변화했을 때 수요가 얼마나 변하는지를 측정한다. 즉, 수요의 소득탄력성＝수요의 변화율／소득의 변화율로 표시할 수 있다. 소득탄력성이 1보다 큰 재화를 사치재(superior goods), 0보다 크고 1보다 작은 재화를 필수재(necessities), 0보다 작은 재화를 열등재(inferior goods)라 한다. 또한 사치재와 필수재를 합하여 정상재(normal goods)라 한다. 엥겔의 법칙(Engel's law)이란 소득이 높아짐에 따라 식료품 소비의 비중이 준다는 것을 독일의 통계학자인 엥겔이 발견하였다. 수요의 소득탄력성이 높은 제품을 생산하는 산업은 경제성장의 선도부문이 되므로 국가의 산업구조에 대한 정책에 매우 중요한 시사점을 가진다.

(3) 수요의 교차탄력성

수요의 교차탄력성(cross elasticity of demand)이란 다른 재화의 가격이 변할 때 어떤 재화의 수요의 반응의 정도를 측정한다. 즉, 수요의 교차탄력성＝한 재화의 수요의 변화율／다른 재화의 가격의 변화율로 표시할 수 있다. 교차탄력성의 값이 0보다 큰 재화를 대체재, 0보다 작은 재화를 보완재라 한다.

5. 공급과 공급의 법칙

공급(supply)은 생산자가 재화나 용역을 판매하고자 하는 의도를 말한다. 수요와 마찬가지로 공급은 다음과 같은 두 가지 중요한 성질을 가진다. 즉, 공급이란 생산자가 판매하고자 하는 의도를 나타낸다(willingness to sell). 이는 어떤 일정 기간 동안의 판매의 흐름(flow, 유량)을 말한다. 예를 들면, 하루에 100개 등을 의미한다.

공급량(quantity supplied)이란 생산자가 팔 의사와 능력이 있는 수량을 의미한다. 공급량의 결정 요인으로는 가격, 연관재의 가격, 생산 요소의 가격, 기술, 등을 들 수 있다. 여기서 공급 곡선은 가격과 공급량 사이의 관계를 그림으로 그린 그래프를 말한다. 다른 조건이 동일하다(other things being equal, ceteris paribus)고 가정하고 공급량과 가장 밀접한 관계를 지니고 있는 가격만을 고려하여 그린 그래프를 말한다. 즉, 가격이 내리면 공급량은 줄고 가격이 오르면 공급량은 늘어난다. 이러한 가격과 공급량 사이의 정의 관계를 공급의 법칙이라고 한다. 따라서 공급 곡선은 우상향한다.

6. 공급의 결정 요인 및 그 영향

가격은 공급량의 결정요인으로 작용한다. 즉, 그 재화의 가격이 상승하면 생산자에게 더 커다란 이익을 가져다주므로 공급량이 증가한다. 공급의 변화에 영향을 주는 요인으로는 다음과 같은 것들이 있다. 연관재의 가격을 들 수 있다. 즉, 가격이 오른 재화를 생산하는 것이 기업에게 더 유리하므로 다른 재화의 가격이 상승하면 가격의 상승이 없는 재화의 공급은 감소한다. 농부의 경우 양파와 마늘 가운데 양파 가격이 상승하면 마늘의 공급은 감소한다. 생산요소의 가격을 들 수 있다. 즉, 생산요소 가격이 상승했을 때 그 생산요소를 사용하는 재화의 생산비용이 증가하므로 공급이 감소한다. 가축 사료 가격이 상승하면 가축 공급이 감소한다. 중요한 생산요소 가격에는 임금, 이자, 지대, 석유가격, 세금 등이 있다. 이밖에도 기술수준, 예상, 기대 등을 들 수 있다. 즉, 앞으로 가격이 오를 것이라 생각하면 공급을 줄인다. 예를 들면, 앞으로 채권가격이 오를 것으로 예상되면 채권공급을 줄여 채권가격이 상승하고 이자율은 하락한다.

7. 공급량의 변화와 공급의 변화

가격의 변화는 공급량의 변화를 의미한다. 즉, 공급 곡선상에서 점의 이동(move-ment along the supply curve)을 말한다. 가격 이외의 요인이 변하게 되면, 공급 곡선은 가격과 공급량 사이의 관계를 나타내고 있기 때문에 가격 이외의 요인이 변할 때 이를 공급 곡선 상에 표시할 수 없으며 공급 곡선 자체의 이동을 표시된다. 이를 나타내면 (그림 1-2)와 같다.

가격 이외의 요인이 변하면 공급의 변화를 의미한다. 즉, 공급 곡선 자체의 이동(shift of the supply curve)을 의미한다. 공급의 가격탄력성(price elasticity of supply)은 가격변화에 대해 공급량이 얼마나 민감하게 반응하는가를 나타내는 척도이다. 즉, 공급의 가격탄력성＝공급량의 변화율 / 가격의 변화율로 표시할 수 있다. 가격과 공급량의 변화방향은 항상 일치하므로 수요의 가격탄력성과는 달리 앞 부분에 '−' 부호를 붙이지 않더라도 값은 항상 (＋)가 된다.

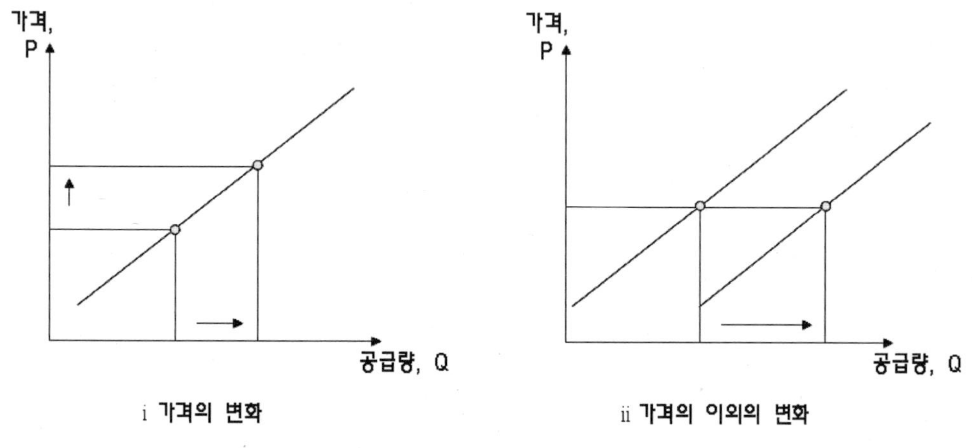

(그림 1-2) 공급곡선에 영향을 미치는 요인

공급곡선의 기울기와 공급의 가격탄력성 관계는 수요곡선에서와 마찬가지로 공급곡선이 수직선이면 기울기는 무한대이지만 가격탄력성은 0이다. 공급탄력성을 결정하는 요인으로는, 생산량의 증가에 따라 생산비용이 빨리 증가할수록 공급이 그만큼 빨리 증가하지 못하므로 공급탄력성은 작아진다. 다음으로는 재화의 저장가능성이 작고 저장비용이 클수록 공급탄력성이 작다.

8. 균형 가격의 결정

수요곡선과 공급곡선은 동일한 축에 있으므로 두 곡선을 하나의 축에 모을 수 있다. 즉, 수요 곡선과 공급 곡선이 만나는 점에서 균형이 이루어지고 이때의 가격을 균형 가격, 이때의 거래량을 균형 거래량이라 한다. 가격이 균형 가격이 아닌 상태에 있으면 다음과 같은 변화가 생겨 균형 가격으로 복귀하려는 힘이 생긴다. 만약 어떤 가격이 균형 가격보다 높아 공급이 수요보다 클 때, 즉 초과 공급이 존재할 때 가격이 하락하려는 압력이 발생한다. 즉, 가격이 하락하면 수요량이 증가하고 공급량이 감소해 수요와 공급의 격차가 줄어들기 시작한다. 또한 초과공급이 있는 한 가격의 하락은 지속되고 수요량의 증가와 공급량의 감소도 계속된다. 반면, 초과공급이 사라지면 가격의 하락 압력이 사라지고 가격은 제자리에 머문다. 이로 인해 균형 가격이 성립하고 수요량과 공급량이 일치하므로 비로소 균형 거래량이 성립한다.

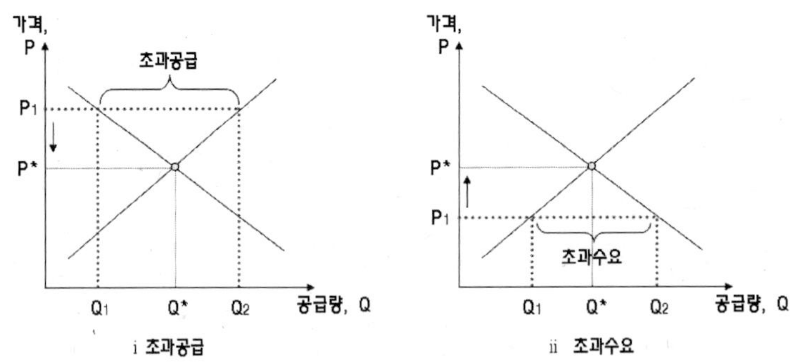

(그림 1-3) 초과공급 및 초과수요가 균형점으로 회귀하는 과정

만약 어떤 가격이 균형 가격보다 낮아 수요가 공급보다 클 때, 즉 초과 수요가 존재할 때 가격이 상승하려는 압력이 발생한다. 그로인해 가격이 상승하면 수요량이 감소하고 공급량이 증가해 수요와 공급의 격차가 줄어들기 시작한다. 따라서 초과수요가 있는 한 가격의 상승은 지속되고 수요량의 감소와 공급량의 증가도 계속된다. 반면, 초과수요가 사라지면 가격의 상승 압력이 사라지고 가격은 제자리에 머문다. 이로인해 균형 가격이 성립하고 수요량과 공급량이 일치하므로 비로소 균형 거래량이 성립한다.

균형(equilibrium)이란 두 개의 상반된 힘이 일치할 때 이루어지며 외부로부터 어떠한 충격이 없는 한 그로부터 이탈하려는 경향이 없는 상태를 의미한다. 외부로부터의 충격이 발생하면 옛날 균형은 깨지고 새로운 균형으로 이동해 간다.

9. 균형의 이동

(1) 수요가 증가하는 경우

무슨 이유에서인지 충격이 발생하여 (예를 들면 소득이 증가하여) 수요가 증가하게 되면 현재의 가격 수준에서 초과수요가 발생하게 된다. 초과수요는 위에서와 마찬가지로 가격의 상승을 초래하고 가격이 상승하면서 수요량이 감소하고 공급량이 증가한다. 초과수요가 사라질 때까지 가격의 상승이 계속되고 마침내 새로운 균형에 도달하게 된다. 수요를 증가시키는 충격이 발생할 경우, 충격이 있기 이전의 균형에 비해 충격이 있기 이후의 균형에서는 균형 가격이 상승하고 균형 거래량이 증가함을 알 수 있다.

(2) 공급이 증가하는 경우

무슨 이유에서인지 충격이 발생하여 (예를 들어 생산요소의 가격이 하락하여) 공급이 증가하게 되면 현재의 가격 수준에서 초과공급이 발생하게 된다. 초과공급은 위에서와 마찬가지로 가격의 하락을 초래하고 가격이 하락하면서 수요량이 증가하고 공급량이 감소한다. 초과공급이 사라질 때까지 가격의 하락이 계속되고 마침내 새로운 균형에 도달하게 된다. 공급을 증가시키는 충격이 발생할 경우, 충격이 있기 이전에 균형에 비해 충격이 있은 이후의 균형에서는 균형 가격이 하락하고 균형 거래량이 증가함을 알 수 있다.

10. 수요와 공급 이론의 적용: 가격통제

가격통제가 없는 경우 시장의 균형은 물건을 구매하고자 하는 수요자의 의지와 공급하고자 하는 공급자의 의지가 정확하게 만나는 점에서 균형가격과 균형수량이 정해지게 된다. 하지만, 이렇게 자유로운 시장에서 결정되는 가격이 누구에게나 만족스럽지는 않을 수 있다. 이럴 경우 소비자단체의 경우 어떤 특정재화의 가격이 높다고 불평할 수 있고, 공급자 단체의 경우 어떤 특정재화의 가격이 낮다고 불평할 수 있다. 이런 경우 이 두 단체들은 제각기 정부에 로비를 하여 직접적인 가격통제를 통해 시장가격을 변동해달라고 요청한다. 가격통제의 유형으로는 가격상한제와 가격하한제를 들 수 있다.

(1) 최고가격제도(price ceiling, maximum price)

최고가격제도란 전쟁 등으로 일시적으로 재화의 공급이 부족하여 재화 가격이 폭등할 경우 정부는 현재 가격보다 낮은 수준에(아래 그림에서 (ii)의 경우) 최고가격을 설정하고 그보다 높은 가격을 받을 수 없게 만드는 제도이다. 이는 통상적으로 소비자들은 낮은 가격을 원하기 때문에 정부가 균형가격을 통제하는 현상이 발생되다. 이러한 가격상한제가 실효성의 문제에 있어서 가격상한이 균형가격보다 높게 설정되는 경우(아래 그림에서 (ⅰ)의 경우) 시장에 영향을 미칠 수 없게 된다. 즉 시장수요와 공급에 의하여 가격은 원래의 균형에서 형성되고 가격상한은 아무런 영향을 미치지 못한다.

가격상한이 시장에 실질적인 영향을 미치기 위해서는 가격상한이 균형가격보다 아래에서 결정되어야 한다. 가격상한이 이루어지게 되면, 수요량이 공급량보다 많으므로 재화에 대한 초과수요가 발생하게 되어 특정재화를 구매하고 싶어 하는 소비자들은 뜻을 이루지 못하게 된다.

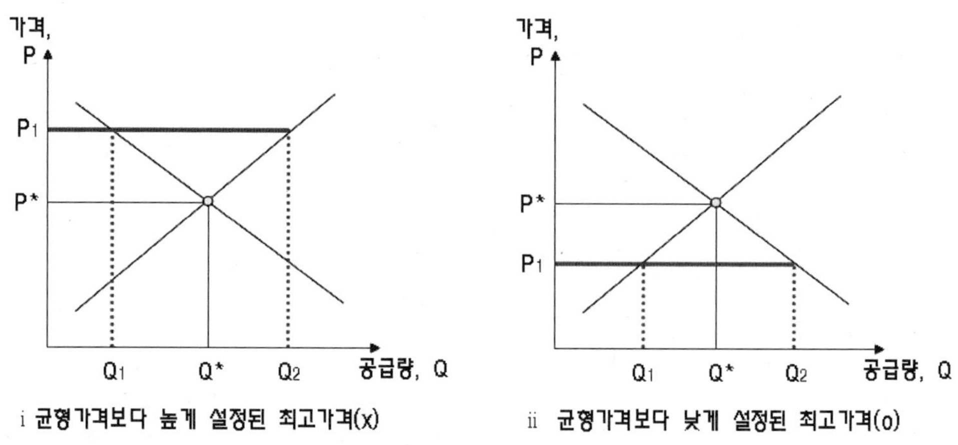

(그림 1-4) 최고가격제도의 실효성 유무

이와 같은 가격상한제를 실시할 경우 이에 대한 부작용은 다음과 같다. 첫째, 균형가격보다 낮은 가격에 최고가격을 설정했기 때문에 수요가 증가하고 공급은 감소해 초과수요 발생한다. 그 결과 부족한 재화를 많은 사람에게 합리적으로 나누어주어야 하는 배분(allocation) 문제가 발생한다. 주지하다시피, 원래는 가격이 배분의 기능을 수행하는 것이지만 이 경우 가격 상승이 법으로 금지되어 있으므로 가격 이외의 다른 배분방법을 채택해야 한다. 고려할 수 있는 배분의 방법으로는 우선 선착순(first-come-first-served)을 들 수 있다. 즉, 소비자는 원하는 재화를 팔고 있는 상점에 대한 정보를 얻는 데에 많은 시간을 소비하고 줄서기를 하는 데에 시간을 낭비하기 때문이다.[1] 다음은 판매자의 선호(seller's preference)를 들 수 있다. 즉, 판매자가 원하는 대로 나누어주는 것을 말한다[2]. 다음으로는 정부의 coupon 발행, 마지막으로 추첨을 들 수 있다. 즉, 이는 선착순의 낭비를 예방할 수는 있으나 재화의 습득 여부가 운에 의해 좌우된다[3].

둘째, 암시장(black market)이 형성될 가능성이 높다. 암시장이란 재화가 법정최고가격 이상의 수준에서 비합법적으로 거래되는 시장을 의미한다. 즉, 생산자는 최고가격 수준에서 더 많이 생산할 유인을 갖지 못하는 반면에 부족한 재화에 대해 소비자는 최고가격 이상의 가격을 지불할 용의가 있기 때문에 발생한다. 이러한 사실을 알고 있는 암거래업자는 생산자로부터 재화를 빼돌려 소비자에게 암시장에서 최고가격보다 높은 가격을 받고 판매한다. 이때 소비자는 기꺼이 그 가격에 재화를 소비한다(예: 극장의 암표, 농구 결승전의 암표). 그 결과 당초 정책의 실효성을 위배하게 되어버린다.

결론적으로 가격상한으로 인한 배분의 경우 소비자들의 부담을 덜어주려는 취지에서 특정재화에 대한 가격상한제가 도입되지만, 모든 소비자들이 그 혜택을 누리지 못한다는 것이다. 가령, 어떤 소비자들은 줄을 서서 오래 기다리는 대신 원하는 재화를 구입할 수 있겠지만, 어떤 소비자들은 그렇지 못할 수 있기 때문이다.

게다가 가격상한제에서 고안되는 할당방식이 대부분 바람직하지 못하다. 줄을 서서 기다리게 하는 선착순은 시간의 낭비를 초래하므로 비효율적이고, 판매자들의 편견 또는 취향에 근거한 배당은 불공평할 뿐만 아니라 그 재화에 대해 높은 가치를 부여하는 소비자에게 소비기회가 주어지지 않으므로 비효율적이다.

---

1) 예: 운동시합의 표, 극장표, 두 전직 대통령의 공판 관람권
2) 예: 동네 비디오 가게, 동네 정육점, 일부 후진국에서의 은행의 자금 배분
3) 예: 아파트

(2) 최저가격제도(price floors, minimum price)

　　최저가격제도란 시장에서 결정된 가격이 너무 낮아 정부가 그보다 높은 가격을 설정하고 그 이하로 지불할 수 없도록 하는 제도이다. 가격하한제는 정부가 판매자들의 요구를 받아들일 경우 발생하는 가격통제의 형태이다. 정부가 가격하한을 균형가격보다 낮게 한다면 이 가격은 균형가격보다 낮기 때문에 실효성이 없다. 이런 경우 시장수요와 공급에 의해 가격은 원래의 균형에서 형성되고 가격하한은 시장에 아무런 영향을 미치지 못하게 된다. 가격하한이 시장에 영향을 미치기 위해서는 정부가 설정한 가격하한이 균형가격보다 높게 될 경우 성립한다. 이 경우 설정된 가격에서 공급량이 수요량보다 많으므로 특정재화를 팔려는 일부 공급자들은 뜻을 이루지 못하게 된다. 즉, 실효성 있는 가격하한은 공급과잉을 야기하는 것이다.

　　가격하한제도의 유형을 살펴보면 다음과 같다. 첫째는 최저임금제(minimum wage)를 들 수 있다. 이는 시장 임금이 생계비에 미달하는 경우 정부는 최저임금을 설정해 그 이하의 임금을 지불하지 못하도록 하는 제도이다. 최저임금제도가 도입되면 기업의 노동에 대한 수요가 감소하고 근로자의 노동의 공급이 증가하여 노동의 초과공급 현상(실업)이 발생한다. 즉, 기업은 기존에 채용하고 있던 근로자의 일부를 해고시켜 남는 임금을 남아있는 근로자에게 얹어주는 결과를 초래하게 된다. 또한 이때에 해고된 근로자들은 최저임금보다 낮은 임금을 받고도 기꺼이 고용될 용의가 있는 실업자이다. 결국, 이들은 최저임금이 적용되기 어려운 부문으로 이동하여 일을 하게 되는데, 이들이 받는 임금은 최저임금제가 실시되기 이전의 시장균형임금보다 더 낮게 된다. 즉 최저임금제의 적용을 받는 대상은 저기술, 저학력의 노동력인데 결국 직장을 잃는 것도 이들이어서 복지향상이라는 최저임금제도의 본래 의도와는 달리 이들의 고용기회 감소를 초래할 수 있다.

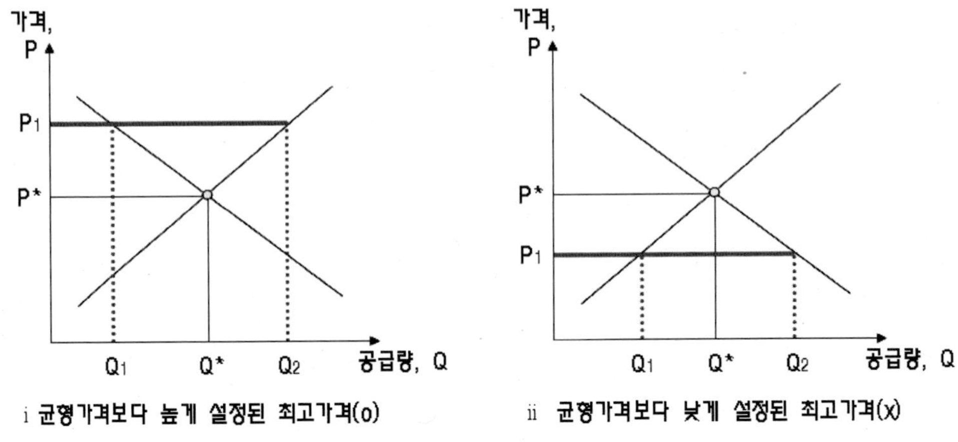

(그림 1-5) 최저가격제도의 실효성 유무

둘째는 농산물가격 지원정책(2중 곡가제도)을 들 수 있다. 이는 시장에서 결정된 농산물 가격이 농가의 생산 원가나 생계비에 미달할 경우 농가의 소득을 보장하기 위해 높은 가격을 설정하는 제도이다. 이 역시 초과공급이 존재하게 되는데 이를 정부가 구매하여 소비자에게 구매가격보다 저렴한 가격에 판매하는 것을 이중곡가 제도라 한다. 그 결과 농민은 혜택을 입지만 비농가는 비싼 농산물을 구입한다. 하지만, 정부가 구매에 지출한 돈 역시 비농가의 세금이다. 결국 비농가부분의 소득이 농가부분으로 전이되게 된다.

(3) 조세의 부담

정부가 상품에 대해 세금을 부과하는 경우, 조세납부자인 생산자가 그 세금 전부를 부담하는 것도 아니고 소비자가 그 세금을 전부 부담하는 것도 아니다. 즉 생산자는 일부를 소비자에게 전가하는데 이를 조세부담의 전가(tax incidence)라 한다. 생산자가 모든 세금을 소비자에게 전가하지 못하는 이유는 그렇게 할 경우 수요가 많이 감소하기 때문이다. 또한 조세가 부과되었을 때 가격은 올라가고 거래량은 감소하는데, 수요의 가격탄력성이 클수록 생산자가 부담하는 세금의 비중이 커지고 소비자가 부담하는 세금의 비중은 작아진다.

Ⅱ. 소비이론

소비자의 목표는 제한된 소득을 가지고 효용을 극대화(utility maximization, given income)하는 것이다. 소비이론에는 한계효용이론, 무차별곡선이론, 현시선호이론이 있다. 여기에서는 한계효용이론만 설명한다. 무차별곡선이론은 한계효용이론의 가정이 비현실적이라는 데에서 출발하여 가정을 현실에 보다 근접하게 완화시킨 상태에서 동일한 결론을 유도했다.

1. 총효용과 한계효용

가정: 한계효용이론은 사람이 느끼는 만족의 정도(효용)를 측정할 수 있다고 가정한다. 이 가정은 비록 비현실적이지만 그로부터 우리가 유용한 결과를 얻을 수 있기 때문에 받아들여도 무방하다.

(1) 총효용과 한계효용의 정의

총효용은 일정 기간 동안 일정량의 재화를 소비했을 때 얻을 수 있는 주관적인 만족감을 말한다. 일반적으로 재화의 소비량이 늘어나면 소비자가 얻는 총효용은 증가한다. 이 때 재화를 한 단위 추가로 소비했을 때 총효용은 얼마나 증가하게 되는가? 즉 소비가 증가하면 총효용이 증가한다는 방향은 알았는데 구체적으로 얼마나 증가하는지를 알고 싶을 때는 바로 한계효용의 개념으로 측정한다. 한계효용(marginal utility)은 소비를 한 단위 추가할 때 발생하는 효용의 증가분을 말한다. 즉, 한계효용은 효용의 증가분을 소비의 한 단위 증가로 나눈 것을 말한다.

한계효용 체감의 법칙(law of diminishing marginal utility)이란 소비가 증가함에

따라 한계효용은 감소한다는 법칙을 의미한다. 단, 단 기타 재화의 소비는 일정할 때만 성립한다. 예를 들면, 무더운 날 첫 잔의 시원한 맥주가 주는 한계효용은 매우 크지만 맥주를 한 잔, 그리고 한 잔 더 마심에 따라 한계효용은 감소한다.

(2) 총효용과 한계효용의 관계

수학적으로 한계효용은 총효용 함수를 1차 미분한 결과이다. 즉 한계효용은 총효용 곡선의 접선의 기울기이며 반대로 총효용은 한계효용을 누계한 것이다. 따라서 총효용이 극대일 때 한계효용은 0이다. 총효용은 어느 수준 이상의 소비가 되면 감소하게 된다. 즉, 어느 수준 이상의 소비가 되면 한계효용은 (−)가 된다는 것을 의미한다.

(3) 총효용과 한계효용의 적용

한계효용이론은 가정의 비현실성으로 인해 이론적인 약점을 지니고 있지만 우리 주변에 많은 문제를 해결하고 설명할 수 있다는 장점을 지니고 있다. 첫 번째가, 가치의 역설(Paradox of Value, Diamond's Paradox)을 들 수 있다. 예를 들면, 물과 다이아몬드 중에서 어느 것이 중요한가? 물이 더 중요할 수 있다. 그렇다면 물 한 컵과 다이아몬드 조각이 하나 있다면 어느 것을 고를것인가? 아마도 다이아몬드 한 조각을 선택할 것이다. 그 이유는 한계효용이론에서 찾을 수 있다. 한계효용 이론은 국부론(1776년)에서 아담 스미스를 괴롭혔던 위와 같은 문제(아담 스미스의 역설이라고 함)를 해결하는 데에 도움이 된다. 아주 유용하고 인간생활에 필수불가결한 물은 싼 값에 팔리는 데 반하여, 없어도 살아갈 수 있는 다이아몬드는 비싼 값에 팔리는 이유가 무엇인가? 이 문제에 대하여 아담 스미스는 이 문제를 사용가치(한계효용이론의 총효용)와 교환가치(한계효용이론의 한계효용)의 구분으로 해결하였는데 양자가 서로 다르다고 지적하는 데 그쳤다. 즉, 다이아몬드는 존재량이 적기 때문에 한계효용이 매우 크고 물은 존재량이 많기 때문에 한계효용이 매우 작다는 것이다.

결국 재화의 가격은 총효용이 아니라 한계효용에 의해 결정되기 때문에 다이아몬드의 가격은 높고 물의 가격은 낮은 것이다. 우리가 무엇을 선택하는 것은 '물'이나 '다이아몬드'와 같이 개념으로서의 재화가 아니라 '물 1리터', '다이아몬드 1캐럿' 등 구체적인 재화이며 이는 한계적인 선택이고 한계적인 선택으로부터 얻는 효용, 즉 한계효용이 가격을 결정하는 것이다.

2. 소비자 균형

소비자들은 효용이 극대점에 도달할 때까지 소비 패턴을 변화시킨다. 효용이 극대점에 도달할 때 소비자 균형이 달성된다. 즉, 효용극대화의 조건으로는 한계효용 균등의 법칙과 예산제약식이 충족될 때 소비자의효용이 극대화된다.

한계효용균등의 법칙이란 x재의 한계효용(MLx) / x재의 가격(Px)＝y재의 한계효용 (MLy) / y재의 가격(Py)을 의미한다, 즉, 화폐 한 단위의 한계효용이 모든 재화에 대해 같을 때 소비자 균형이 달성된다. 또한, 만약 화폐 한 단위의 한계효용이 다르다면 낮은 재화로부터 높은 재화로 구매를 변경시킴으로써 총효용을 증가시킬 수 있다. 만약 x재의 한계효용 / x재의 가격 ＞ y재의 한계효용 / y재의 가격이라면, y재의 소비를 줄이고 그 예산으로 x재의 소비를 늘림으로써 전체 효용을 증가시킬 수 있다. 즉, x재의 소비가 증가함에 따라 x의 한계효용이 체감하기 시작하고 y재의 소비가 감소함에 따라 y재의 한계효용이 증가하기 시작한다. 따라서 부등호의 차이가 감소하다가 궁극적으로 등호가 성립한다. 반면, 등호가 성립하면 x재나 y재의 소비를 변화시켜도 총효용에는 변화가 없기 때문에 소비자는 그 상태에 머무르려고 한다.

다음으로 예산 제약식(budget constraint)이란, x재의 소비 × x재의 가격＋y재의 소비 × y재의 가격은 소득을 의미한다. 즉, 소비자가 소비할 수 있는 것은 예산 범위 안에서이기 때문이다.

3. 소비자 잉여

소비자 잉여(consumer's surplus)란 소비자가 높은 가격을 지불하고라도 얻고 싶은 재화를 그보다 낮은 가격으로 구매하여 얻은 순이득을 말한다. 즉 소비자가 그 재화를 얻기 위해 기꺼이 지불할 용의가 있는 가격이 그가 실제로지불하는 가격을 초과하는 부분을 말한다. 소비자 잉여는 왜 발생하는가? 우표, 신문과 같은 재화의 값은 그 효용에 비하면 너무나 싸다.(매우 큰 소비자 잉여의 예)

소비자잉여는 희소한 자원을 효과적으로 배분하여 얻은 교환의 이익이다. 교환에는 생산자도 있기 마련인데 소비자만 소비자잉여를 얻는가? 생산자 역시 생산자잉여를 얻게 된다. 결국 교환을 통해 사회 전체의 후생이 증가함을 의미한다. 즉 자급자족의 경제보다 교환경제의 후생수준이 커짐을 의미한다. 자기에게 필요한 것을 자기가 직접 모두 생산해야 한다면 자기가 필요로 하는 것만큼만 생산하려 할 것이다.

4. 소비자 선택이론

소비자 선택에 대한 공부는 다음의 질문을 다루게 되고, 이들은 서로 연관지어 이해할 필요가 있다. 즉, 모든 수요곡선은 우하향하는가? 임금이 노동공급에 어떤 영향을 미치는가? 이자율이 가계의 저축에 어떤 영향을 미치는가? 가난한 사람들은 현금보조를 선호하는가? 아니면 현물보조를 선호하는가?

소비자들은 가능한 가장 높은 수준의 무차별 곡선 상의 재화묶음을 얻고 싶어하나, 예산의 제약이 소비자를 그보다 낮은 무차별곡선으로 제한 혹은 제약하게 되므로 소비자의 효용이 감소하게 된다. 여기서, 소비의 최적점은 무차별곡선과 예산선이 만나는 점에서 결정된다.

소비자의 최적화를 위한 첫 번째 과제는 무차별곡선에 대한 속성을 알아보는 것이다. 무차별곡선(indifference curve)이란 재화와 서비스의 여러 묶음들에 대한 소비

자의 선호(선택)은 무차별곡선으로 나타날 수 있다. 즉, 무차별곡선은 소비자에게 동
일한 만족감을 주는 재화의 묶음을 표시하는 것으로 정의될 수 있다. 이를 등만족
곡선 또는 등효용곡선이라고 부른다.

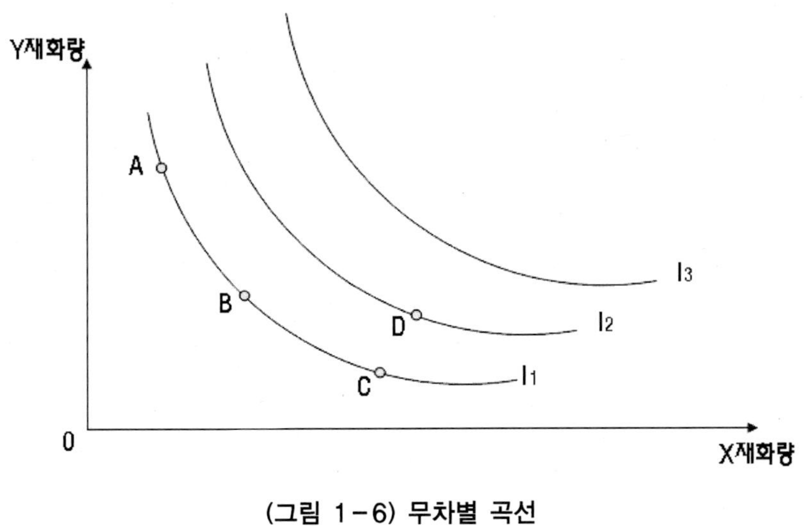

(그림 1-6) 무차별 곡선

　　이제 무차별곡선의 속성에 대해 살펴보기로 한다. 첫째, 더 높은 무차별곡선이 더
낮은 무차별곡선보다 더 선호된다. [그림 1-6]에서 A,B,C점은 모두 같은 효용수준
을 나타내며 D점은 점A,B,C에 비해 더 선호된다고 할 수 있다. 둘째, 무차별곡선은
우하향한다. 셋째, 무차별곡선은 서로 교차하지 않는다. 넷째, 무차별곡선은 원점에
대해 볼록하다.

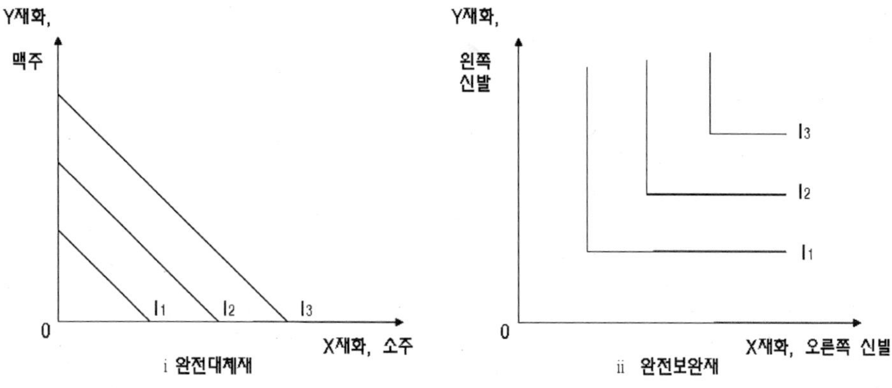

(그림 1-7) 다른 형태의 무차별곡선

극단적인 무차별곡선의 형태로는 다음과 같이 두 가지를 들 수 있다. 완전대체재와 완전 보완재를 들 수 있다. 완전 대체재는 한계대체율이 불변이기 때문에 무차별곡선이 직선으로 나타난다. 반면에 완전보완재는 무차별곡선이 직각의 선으로 된다.

다음으로는 소비자 선택에 있어서의 한계라고 할 수 있는 예산의 제약에 대하여 살펴보기로 하자. 예산제약이란 각 개인에게 허용된 소비가능범위를 표시한다. 사람들은 그들의 소득 때문에 지출에 한도 혹은 제약이 있으므로, 그들이 하고 싶은 소비를 다 할 수는 없다.

예산제약선이란 소득과 두 재화의 가격이 주어져 있을 때, 소비자가 구입할 수 있는 재화의 묶음을 보여주는 선을 말한다. 예산제약선의 기울기는 소비자가 한 재화를 다른 재화로 바꿀 수 있는 가격의 비를 표시한다. 여기서 기울기는 두 재화의 상대가격, 즉, 다른 재화의 가격과 비교된 한 재화의 가격을 말한다.

한편 소비자의 최적선택이란 무차별곡선과 예산선의 접점을 최적점이라 부른다. 소비자는 한계대체율이 상대가격과 일치하도록 두 재화의 소비를 선택한다. 이 점에서 두 재화에 대한 소비자의 평가가 시장에서의 평가와 일치하게 된다. 다음은 소비자의 의사결정과정을 이해하기 위하여 소득변화 또는 가격변화가 소비자의 선택에 어떤 영향을 미치는지에 대하여 살펴보기로 한다.

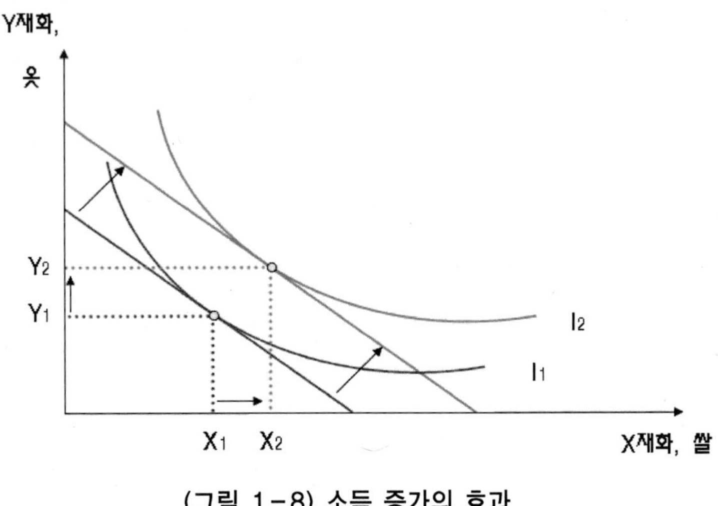

(그림 1-8) 소득 증가의 효과

소득의 변화(소득의 증가)는 예산선을 바깥쪽으로 이동시키게 된다. 이것은 두 가지 면에서 영향을 미치게 된다. 첫째는 예산선의 평행이동을 들 수 있다. 둘째는, 소비자가 더 높은 무차별 곡선 상에 더 나은 재화묶음을 선택할 수 있게 한다.

참고로 정상재와 열등재에 대한 영향이 다른 것을 알 수 있다. 즉, 정상재의 경우 소득이 증가할 때 소비자가 재화를 더 많이 소비하려 할 경우 그 재화는 정상재라 불린다. 열등재는 소득이 증가할 때, 소비자가 재화를 더 적게 소비하려 할 경우, 그 재화는 열등재라 불린다.

다음으로는 가격변화가 소비자의 선택에 영향을 미치는 경우를 살펴 보기로 한다. 어떤 재화의 가격하락은 예산선을 바깥쪽으로 옮기고, 그 기울기를 변화시킨다. 이는 상대가격이 변화하기 때문인데, 직관적으로 볼 때 어떤 한 재화의 가격의 하락이 일어나면 이는 상대적으로 다른 재화를 구입하는데 드는 비용이 상승하게 됨에 따라 생기는 현상이다. (그림 1-9)에서는 X재화 가격이 하락함에 따라 기존의 예산제약하 X재화를 더 많이 살수 있게 되고, 그 결과 예산선의 기울기가 변화하게 됨을 알수 있다.

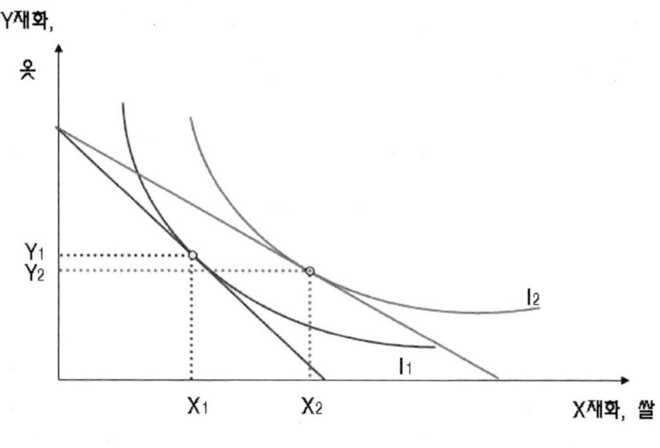

(그림 1-9) 가격 하락의 효과

　가격변화가 발생할 경우, 가격변화를 다음과 같이 두 가지 측면에서 소비자에게 영향을 미친다. 첫째는 소득효과이고 둘째는 대체효과이다. 소득효과는 재화가격의 변화 때문에 더 높은 또는 더 낮은 무차별곡선으로 옮겨가는데 따른 소비의 변화를 의미한다. 이로 인해, 소비자는 가격이 상승할 때 경제적으로 더 나빠지고, 가격이 하락할 때 경제적으로 더 좋아지게 된다는 것을 의미한다.

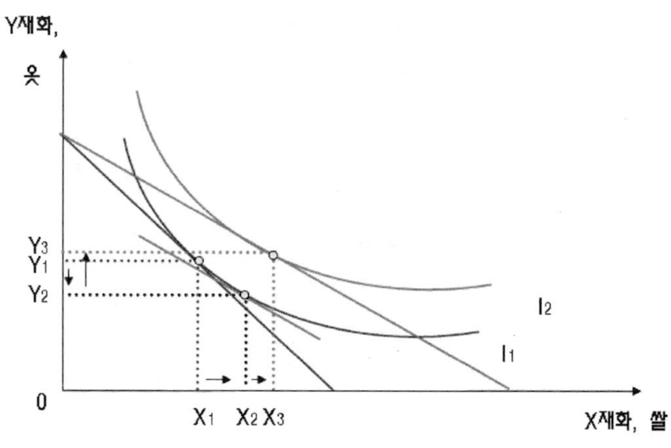

(그림 1-10) 소득효과와 대체효과

대체효과는 무차별곡선 상에서 한계대체율이 다른 점으로 옮아가는 데 따른 소비변화를 말한다. 즉, 가격이 상승할 때 포기해야 하는 다른 대화의 양(그 재화의 기회비용)이 늘어난다.

종합하면, 가격변화는 우선 소비자를 동일한 무차별곡선위의 한 점에서 다른 점으로 옮겨가게 되는데 이를 대체효과라고 한다. 반면, 동일한 무차별곡선 위의 한 점에서 다른 점으로 옮겨간 뒤, 소비자는 다른 무차별 곡선으로 옮겨가는 것을 소득효과라고 한다.

소득효과와 대체효과를 응용하여 생각하면 다음과 같은 질문에 대한 답을 할 수 있게 된다. 즉, 임금상승이 노동력 공급을 반드시 증가시킬까? 이는 대체효과가 소득효과보다 더 크면 소비자는 일을 더 많이 하게 된다. 반면에 소득효과가 대체효과보다 더 크면 소비자는 일을 더 적게 한다.

다음으로는 이자율 상승이 가계저축을 반드시 증가시킬까? 하는 문제이다. 만약 이자율상승의 대체효과가 소득효과보다 더 크면, 소비자는 저축을 더 많이 할 것이다. 이자율상승의 소득효과가 대체효과보다 더 크면, 소비자는 저축을 더 적게 할 것이다. 즉, 이자율 상승이 저축을 촉진할 수도 있고, 위축시킬 수도 있다.

또 다른 질문은 가난한 사람들은 현물보조보다 현금보조를 받기를 더 선호하는가에 대한 문제이다. 현물보조가 수혜자에게 그가 원하는 것보다 그 재화를 더 많이 소비하도록 강요하면, 수혜자는 현금보조를 더 선호하게 된다. 또한 수혜자가 원하는 것보다 그 재화를 다 많이 소비하지 않으면, 현금보조와 현물보조는 보조가 있기 전과 꼭 같은 효과를 낳는다.

Ⅲ. 생산이론

1. 생산

　생산(production)이란 재화를 교환(유통), 운반, 저장, 가공하는 행위를 말한다. 흔히 생각하는 대로 재화를 가공하는 행위뿐만 아니라 인간의 효용을 증대시키는 모든 행위를 생산이라 한다. 서비스업에 해당되는 생산 활동을 예로 들 수 있다. 세부적으로 살펴보면, 저장은 감이나 쌀을 저장하여 이듬해 봄과 여름에 먹을 수 있게 해줌으로써 효용을 증대시키므로 생산이다. 운반은 생산지에서 소비지로 운반하는 것도 소비자의 효용을 증대시키는 중요한 생산 활동이다.

　경제의 서비스화 측면에서 볼 때 한 나라의 경제에서 서비스가 차지하는 비중이 커지고 있다. 여기서 생산을 담당하는 경제주체는 기업이다. 하나의 기업에는 여러 개의 공장이 있을 수 있고, 동일한 물건을 만드는 여러 기업이 모여 하나의 산업을 형성할 수도 있다. 생산의 목적(기업의 목적)은 이윤 극대화(profit maximization)이다. 그러나 현실에서는, 큰 폭의 이윤은 소비자의 반감을 초래할 우려가 있어 이를 회피하는 기업이 있고, 전문경영인은 이윤극대화보다는 안전성 위주의 경영을 하려는 경향이 있으며, 큰 폭의 이윤은 새로운 경쟁업체의 진입을 유발할 수 있어 이윤극대화의 목적 말고 다른 목적을 갖고 경영하는 기업을 발견할 수 있다. 즉, 기업이 추구하는 다른 목적으로 생각할 수 있는 것은 매출액 극대화, 성장률 극대화, 경영자의 사회적 명예 추구 등을 들 수 있다. 허버트 사이먼(Herbert Simon)은 "기업은 한 마디로 만족할 만한 목표를 추구한다."고 말한다.

2. 생산함수

기업은 여러 생산요소를 사용해 재화를 생산한다. 생산함수란 생산요소의 투입과 생산물의 산출 간에 존재하는 일정한 기술적 관계를 함수형태로 표시한 것이다. 예를 들면, $X = f(K, L)$, 단, X는 재화, L은 노동, K는 자본을 말한다. 여기서, 생산요소에는 크게 노동, 자본, 토지가 있다. 노동은 사람이 제공하는 것이고, 자본은 사람이 만들어낸 요소이며, 토지는 땅, 하천, 대기, 자원 등과 같이 자연이 만든 것을 총칭한다.

노동을 제공한 대가로 임금을, 자본을 제공한 대가로 이자를, 토지를 제공한 대가로 지대를 받는다. 최근에는 노동, 자본, 토지와 같은 전통적인 유형의 생산요소(이를 제1의 생산요소라 함) 외에도 무형인 제2의 생산요소를 중요시하고 있는데 제2의 생산요소에는 지식, 기술, 정보 등이 있다.

생산요소와 생산물간의 관계를 알아보기 위해서는 한계생산과 평균생산에 대한 개념을 알아야 한다. 노동의 한계생산은 노동을 한 단위 추가로 투입했을 때 생산의 증가분을 의미한다. 반면, 노동의 평균생산은 노동 한 단위당 생산량을 의미하며, 노동생산성이라 할 때 평균 생산을 의미하는 말이다.

다음은 한계생산 체감의 법칙과 수확 체감의 법칙(law of diminishing marginal product)에 대해 알아보기로 한다. 이는 자본의 투입을 고정시키고 다른 생산요소인 노동만의 투입을 증가시키면 총생산은 증가하지만 그 증가율, 즉 한계생산은 점차 감소하게 되는 것을 말한다. 이는 소비이론의 한계효용 체감의 법칙과 비슷한 현상이다. 예를 들면, 농업사회에서 경작지가 일정할 때 농부의 수가 늘어나도 농작물의 수확은 체감한다.

3. 규모에 대한 수익

자본과 노동의 두 생산요소를 동시에 증가시켰을 때 생산수준이 얼마나 변하는가를 측정하는 개념이 규모에 대한 수익이다. 수요 이론의 탄력성과 비슷한 개념이지만 이 경우에는 두 가지 생산요소(노동 및 자본)가 동시에 변할 때의 반응을 보는 반면, 탄력성은 한 요인이 변할 때의 반응을 보는 것이므로 탄력성의 개념을 쓰는 대신 규모에 대한 수익이라는 개념을 사용한다.

노동을 2배, 자본을 2배로 동시에 증가시켰을 때, 생산량이 2배보다 많이 증가하거나, 생산량이 2배보다 작게 증가하거나, 생산량이 2배만큼 증가하거나의 세 가지 가운데 하나가 나타날 것이다. 이 세 가지 경우를 각각 규모에 대한 수익체증, 규모에 대한 수익체감, 규모에 대한 수익불변이라고 한다.

규모에 대한 수익 체증(IRS)은 생산요소를 증가시킨 비율보다 생산수준이 더 큰 비율로 증가하는 경우를 말한다. 이를 규모의 경제(economies of scale)라고도 한다. 분업, 전문화, 자동화, 대량 원료구입에 따른 단가 하락 등에 의해 이러한 현상이 나타난다. 이를 또한 시너지(synergy) 효과라고도 부른다. 최근 우리나라에서 기업을 합병하거나 은행을 합병하는 것에 대한 경제적 근거가 되고 있다.

규모에 대한 수익 체감(DRS)은 생산요소를 증가시킨 비율보다 생산수준이 더 작은 비율로 증가하는 경우를 말한다. 이를 규모의 불경제(diseconomies of scale)라고도 한다. 기업의 규모가 너무 커지게 되면 규모의 경제가 사라지고 규모의 불경제가 나타나게 되는데 이는 규모가 적당한 수준 이상으로 커질 경우 관리나 통제가 어려워져 생산성이 저하되기 때문이다.

규모에 대한 수익 불변(CRS)은 생산요소를 증가시킨 비율만큼 생산수준이 증가하는 경우를 말한다. 예를 들어, 결혼과 규모의 경제관계를 보면, 독신으로 살고 있는 남녀는 각각 전등을 사용하며, 각각 TV를 보며, 각각 밥솥을 사용한다. 그런데 이들이 결혼을 하면 이제는 전등도 공유할 수 있고 TV나 밥솥도 공유할 수 있으므로 가정의 규모가 커질수록 비용이 절감된다. 따라서 결혼을 통해 규모의 경제를 달성할 수 있다.

4. 기회비용 및 귀속비용

경제학에는 여러 종류의 비용이 있는데 이 중 가장 중요한 것이 기회비용이다. 기회비용(opportunity cost)은 하나의 행위를 함으로써 상실하게 된 편익을 의미한다. 예를 들어, 공부의 (기회)비용은 공부를 하는 데 들어간 직접적인 비용(학교까지의 차비, 볼펜비용, 공책비용 등)이나 노고가 아니라 공부를 하느라고 포기한 날로부터 느낄 수 있었던 즐거움이다. 즉, 우리가 의사결정을 할 때 고려해야 할 것은 바로 기회비용이다. 시간비용이란 시간을 소비함에 따라 상실된 기회비용의 크기를 말한다. 따라서 시간비용은 사람에 따라 달라진다. 비록 KTX 요금이 무궁화호 요금보다 비싸지만 어떤 사람의 경우에는 KTX가 무궁화보다 싸다고 할 수 있다. 무궁화호의 경우 소요시간이 더 길므로 그 만큼의 시간비용이 발생하는데 시간당 수입이 높은 사람의 경우는 시간비용을 크게 평가하는 경향이 있으므로 이런 사람에게는 무궁화호가 KTX보다 오히려 비싼 것이다. 반면에 시간의 가치를 거의 느끼지 못하는 실업자의 경우에는 시간비용이 거의 없으므로 KTX가 무궁화호보다 비싸다고 평가한다.

Ⅳ. 산업조직이론

1. 시장

시장(market)이란 흔히 생각하듯 남대문 시장, 경동시장과 같이 상품을 거래하는 특정한 구역뿐만 아니라, 상품의 수요와 공급에 관한 정보가 교환되고 매매되는 매개체를 말한다. 우리가 음반시장, 주식시장, 외환시장, 노동시장이라고 말할 때 이는 모두 두 번째 개념에 해당되는 시장이다. 어떤 재화나 서비스에 대한 수요가 있음에도 불구하고 시장을 인위적으로 없애버리면 재화의 질 등에 대한 정보가 사라진다. 또 필수적으로 암시장이 형성되고 암시장에서는 기존보다 높은 가격에서 불법거래가 이루어진다.

과외시장을 예로 들어보자. 제5공화국 시절 과외를 금지시킨 적이 있다. 그 결과 과외가 사라질 것으로 생각했다면 오산이다. 여전히 과외에 대한 수요가 존재했기 때문에 불법과외가 성행했다. 이 경우 기존 과외비에 위험 프리미엄이 붙어 과외비가 폭등했었을 뿐만 아니라 과외 선생에 대한 정보가 차단되어 선생이 훌륭한지 아닌지를 판단하기 어려웠다. (수요와 공급 이론에서의 암시장 참고)

다음으로는 주류시장을 예로 들어보자. 1920년에 미국에서는 음주로 인한 범죄를 줄이기 위해 「금주법」을 시행했으나 음주에 대한 수요탄력성이 0에 가까운 관계로 술에 대한 수요가 사라지지 않고 대신 밀주업자가 등장했다. 술 가격이 뛰고 밀주업자의 수입이 증가하자 갱이 등장하고 이권을 뺏기 위한 갱단의 주도권 쟁탈전으로 범죄가 더욱 기승을 부렸다고 한다. 이 당시 술의 원료가 무엇인지, 누가 제조했는지에 대한 정보가 전무했고 술이기만 하면 사고자 했다.(이 당시를 그리고 있는 영화 'Little Caesar, The Untouchables' 등 참고)

시장을 형태에 따라 크게 네 가지로 구분하는데 이를 차례로 살펴본다. 완전경쟁, 시장에 기업이 1개인 독점, 시장에 기업이 2~3개 있는 과점, 다수의 공급자가 있으나 상품에 어느 정도 이질성이 있는 독점적 경쟁을 들 수 있다.

2. 완전경쟁

완전경쟁(perfect competition)은 아담 스미스의 자유주의적 경제 사상에 크게 영향을 받은 것으로서 개별 경제주체의 사리추구 행위가 경제 전체의 이익을 가져오도록 하는 경쟁 메커니즘이 성립하는 시장이며 경제학자들이 경제분석을 할 때 하나의 이상형으로 이용하고 있는 시장형태이다[4].

농부는 돈을 벌기 위해 쌀을 생산하는 것이지 영남대 학생을 위해 쌀을 생산하는 것이 아니다. 학생들도 배고픔을 피하기 위해 밥을 먹는 것이지 농부의 수입을 위해 먹어주는 것이 아니다. 그러나 모두 자기 이익을 위해 행동한 결과 농부는 돈을 벌고 학생은 배부르게 된다.

도대체 완전경쟁 시장이 어떤 것이기에 현실에 존재하지 않는가? 즉, 그 성립조건은 무엇인가? 완전경쟁의 조건은 다음과 같다. 우선 기업의 수가 무한히 많다. 농부의 수는 수백만 명이므로 쌀 시장은 비교적 완전경쟁 시장에 가깝다고 할 수 있다. 기업의 수가 무수히 많다면 각 기업이 시장에서 차지하는 비중과 힘이 매우 작기 때문에 개별 기업은 가격에 영향을 미칠 수 없고 다만 시장의 가격을 피동적으로 받아들일 수밖에 없는 가격수용자(price-taker)가 된다. 즉 한 기업이 생산량을 늘리거나 줄이는 것은 가격에 영향을 미칠 수 없다.

---

4) 아담 스미스(Adam Smith): 영국 스코틀랜드 태생(1723~1790). 위대한 철학자이며 경제학자. Glasgow 대학과 Balliol 대학을 졸업. 대학 교수를 역임한 후 "An Inquiry into the Nature and Causes of the Wealth of Nations"(흔히 『국부론』으로 불림)를 1776년에 출판. 당시 성행하고 있던 무역과 상업에서의 통제나 규제에 대해 신랄한 비판을 한 후 더 사람들이 자신을 위해 행동하도록 한다면 보이지 않는 손에 의해 사회에 오히려 이득이 된다고 주장. 이 책은 후에 사람들의 사고와 정치에 커다란 영향을 미쳤고 19세기의 자유무역 시대의 도래에 기여하였다. 실제로는 존재하지 않는 시장이며 경제학이 생각하는 하나의 모델이다.

다음은 생산물이 동질적이다. 여러 기업이 만든 생산물 사이에 전혀 차이가 없어 여러 기업의 생산물이 서로 완전한 대체재라는 것을 의미한다. 그 결과 소비자는 누가 만들었는지에 관심이 없고 가격에만 관심을 두어 가격이 낮은 물건만 수요하게 된다.

그리고 기업의 진입 및 퇴출이 자유롭다(free entry & exit). 즉 진입장벽이나 퇴출장벽이 존재하지 않아 이윤이 있는 시장에는 누구라도 기업을 시작할 수 있고 손실이 있는 시장에는 기업이 문을 닫을 수 있다.

마지막으로 완전한 정보가 있으며 정보는 무료로 제공된다(perfect & free information). 모든 상품의 가격, 품질 등에 대하여 소비자와 기업이 모두 확실히 알고 있다는 것을 의미하므로 그 결과 속아서 비싸게 산다거나 몰라서 비싸게 사는 경우가 없고 하나의 상품은 하나의 가격으로 거래된다. 현실에서 경매시장이 완전경쟁의 속성을 지니고 있다.

그러면 존재하지도 않는 완전경쟁 시장을 경제학은 왜 그리도 강조하고 또 고려하는가? 완전경쟁 시장에서는 자원이 효율적으로 배분되기 때문이다. 조금이라도 비효율적으로 운영하여 상품의 가격을 높게 부르지 않을 수 없는 기업에 대해서는 수요가 0으로 감소하므로 결국 이러한 기업은 손실을 보거나 도태되고 능력 있는 기업만 남게 된다. 이런 결과를 보장해주는 것이 아담 스미스(Adam Smith)의 '보이지 않는 손'이다. 이러한 역할을 하는 곳이 시장이고 그 기능을 가격이 해주고 있다는 점에서 시장 기능 또는 가격 기능(price mechanism)이라고 한다.

소형 아파트는 가격이 하락하고 있으며 미분양이 많으나 중대형 아파트는 초과수요로 인해 오히려 가격이 상승하고 있다. 이 경우 소형 아파트를 일정한 비율만큼 짓게 하는 정부의 정책을 없애고 소비자가 원하는 중대형 아파트를 더 많이 짓게 하는 것이 자원의 효율성을 높이는 길이다. 따라서 가격 기능(보이지 않는 손)이 제대로만 작동하면 문제없다. 가격이 재화의 과부족을 나타내는 신호등 역할을 하므로 이 신호를 보고 재화가 흘러 다니면 자원이 효율적으로 배분될 수 있다. 반면에 이런 기능을 하는 가격에 대한 인위적인 통제는 비효율을 초래한다는 것을 여러 예를 통해 확인할 수 있다. 그렇기 때문에 현실의 시장형태(과점, 독점)를 조금씩 완전경쟁을 향해 바꾸고자 추구하는 것이다. 또한 완전경쟁 시장에서 기업의 이윤은 0이 된다. 물론 이 때의 이윤은 경제학적 이윤으로서 수입에서 회계학적 비용과 기회비용(귀속비용)까지 모두 공제한 이후의 개념이다.

만약 시장에 이윤이 존재한다면 이 이윤을 노리고 새로운 기업이 진입하게 된다. 그 결과 시장에 상품의 공급이 증가하고 가격은 하락한다. 이에 따라 이윤이 감소한다. 이러한 새로운 기업의 진입은 이윤이 조금만 있더라도 지속되며 이윤이 0일 때 새로운 기업의 진입이 없어진다. 반대로 만약 시장에 음의 이윤, 즉 손실이 있다면 기업의 퇴출이 시작된다. 그 결과 상품의 공급이 감소하고 가격은 상승한다. 이에 따라 기업의 손실이 축소되는데 손실이 조금만 있더라도 기업의 퇴출은 지속되며 손실이 0일 때, 즉 이윤이 0일 때 기업의 퇴출도 사라진다.

3. 독점

한 기업이 산업 전체의 공급을 담당하는 시장 형태가 독점이며 독점기업은 제품의 가격에 직접적인 영향을 미칠 수 있기 때문에 가격설정자(price-setter)가 된다. 독점(monopoly)이 발생하는 원인으로는 자연 독점(natural monopoly)을 들 수 있다. 이는 규모의 경제로 인해 한 기업이 전체를 생산하는 것이 여러 기업이 이를 분담하는 것보다 낮은 비용을 초래하는 경우이다. 탱크는 일 년에 수요가 몇 십대에 불과한데 탱크를 생산하는 기업이 여러 개라면 비효율적이며 이 경우에는 하나의 기업이 독점하는 것이 낫다. 한 도시에 하수도 처리업자가 두 개라면 두 기업이 땅 속에 두 개의 하수관을 별도로 묻어야 하므로 비용이 많이 든다. 이 경우 한 기업이 이를 담당하는 것이 바람직하다(물론 독점의 횡포를 막기 위해 하수도 요금이 너무 올라가지 않도록 정부가 감시하는 일을 게을리 해서는 안 된다.).

과거 우리나라 시장의 규모가 작을 때에는 한 기업이 시장 전체를 담당하는 것이 규모의 경제에서 바람직했을 수도 있으나 최근에는 우리나라 시장이 커짐에 따라 경쟁 업체가 속속 등장하고 있다. KAL vs. Asiana, 한국통신 vs. 데이콤 등을 들 수 있다. 둘째, 특허권(patent)은 기술개발 노력 없이 남의 기술을 공짜로 사용하려는 무임승차(free riding)를 방지하는 역할을 하는 제도이다. 특허권을 가지고 혼자만 상품을 공급하는 경우 독점이 생긴다. 셋째, 지역연고권(franchise)을 들 수 있다. 프로스포츠의 경우 각 구단이 그 지역에 대해 스포츠 서비스를 독점 공급한다(프로야구의 경우 인천은 현대가, 부산은 롯데가 독점 공급). 소주시장의 경우에도 소주회사들이 지역을 분할해 각 지역에 독점공급을 했으나 최근 공정거래법 위반 판정을 받고 경쟁체제로 바뀌었다. 넷째, 정부의 보호 아래 인위적인 진입장벽이 존재할 때를 들 수 있다. 개발도상국의 독점기업은 어떤 자연적인 요인에 의해서가 아니라 이와 같은 인위적인 요인에 의해 성립된 것이 많다. 담배인삼공사의 전매사업은 정부가 경쟁업체의 진입을 인위적으로 막고 있기 때문에 가능하다.

독점 유지를 어렵게 하는 요인과 독점 기업의 대응을 살펴보면 다음과 같다. 독점이 있어 막대한 독점 이윤이 있다면 새로운 진입을 꾸준히 꾀할 것이므로 진입장벽이 없다면 독점은 오래 유지되기 어려운 것이 사실이다. 반면에 독점기업은 새로운 기업이 진입하는 것을 예방하기 위해 가장 높은 가격(이윤을 극대화시키는 가격)이 아니라 적당히 높은 가격(진입을 유도하지 않을 정도의 이윤을 확보하는 가격)을 설정하는 정책을 사용한다. 어느 제품이든 대체재가 있기 마련이어서 독점력은 강력한 효력을 발휘하기 어렵다. 예를 들면, 코카콜라와 펩시콜라, 그리고, 귤과 오렌지를 들 수 있다.

(1차) 가격차별은 판매량에 따라 판매가격에 차등을 두는 것을 말한다. 이는 소비자 잉여를 뺏는 결과를 초래한다. 예를 들면, 사과나 군고구마를 1000원에 5개, 2000원에 12개 하는 것이나 디즈니랜드 1일 입장료 50달러, 2일용 80달러, 3일용 90달러하는 것 등이다.

(3차) 가격차별(price discrimination)은 독점기업이 독점력을 사용하여 두 개의 시장에서 똑같은 생산물에 대하여 서로 다른 가격을 설정함으로써 동일한 가격을 매기는 경우보다 이윤을 늘리는 정책을 말한다. 가격차별의 목적은 물론 더 많은 이윤을 올리기 위해서이다. 예를 들면, 놀이동산이나 극장 안에서의 아이스크림 값과 놀이동산 밖에서의 아이스크림 값이 다르다.

가격차별의 성립 조건은 두 개의 시장이 분리 가능해야 하고 이들 시장에서의 수요 탄력성이 서로 달라야 한다. 또한 구매자 간에 상품의 이전매매(arbitrage)가 불가능해야 한다. 즉 낮은 가격으로 구매한 사람이 높은 가격이 매겨진 시장에서 다시 판매할 수 없어야 한다. 이런 조건이 갖추어진다면 가격의 수요탄력성에 따라 가격을 차별화시키는데 상품의 가격은 그 상품의 가격탄력성과 역의 관계에 있음을 알 수 있다. 즉, 극장이나 놀이동산 매점에서의 가격은 높은데 이는 이곳에서의 수요탄력성이 0에 가깝기 때문이다. 반면에 외부 가게에서의 가격은 낮은데 이는 이곳에서의 수요탄력성이 높기 때문이다. 이런 가격차별의 예를 들면, 전화료(야간통화료 vs. 주간통화료), 전기료(여름 성수기 vs. 비수기), 수도료, 철도요금, 호텔요금 등에서도 가격차별이 나타나지만 공공요금의 경우에는 이윤의 극대화에 목적이 있는 것이 아니라 생산물의 사용(수요)을 조절하여 분산시키고자 하는 데에 그 주된 목적이 있다고 할 수 있다.

독점기업은 나쁜가?에 대한 물음에 답을 하기 위해서는 독점의 결과에 대해서 분석할 필요가 있다. 생산량의 경우 독점기업이 완전경쟁기업보다 작다. 가격의 경우 독점기업이 완전경쟁기업보다 높다. 원인이 무엇이 됐든 진입장벽이 있으면 가격에 대한 통제가 가능해져 초과이윤이 발생한다. 따라서 독점의 경우는 완전경쟁에 비해 사회적 후생이 낮다. 단, 규모의 경제 경우 독점기업이 경쟁기업보다 저렴한 가격으로 생산하여 자연독점이 형성될 수 있다. 독점이윤이 있어야 연구개발에 투자할 재원 조달이 가능해진다.

지금까지의 독점은 상품을 공급하는 기업이 하나인 형태의 독점이었으나 반면에 공급자는 다수이지만 수요자가 1인인 경우도 있는데 이를 수요독점(monopsony)이라고 한다. 수요독점은 생산물 시장보다 생산요소 시장에서 많이 나타난다. 프로스포츠 구단이 선수에 대한 수요 독점권을 갖고 있어 출신지역 구단의 동의 없이는 선수는 이적할 수 없다. 그 결과 생산요소(노동)의 가격이 경쟁시장의 가격보다 낮아 착취(exploitation)가 발생하며 종종 프로스포츠 선수의 계약금이 아마추어 스포츠 선수의 계약금보다 작게 된다.

4. 독점적 경쟁

독점적 경쟁(monopolistic competition)은 독점과 완전 경쟁의 양극의 중간 성격을 지니는데 독점적 경쟁의 조건은 다음과 같다. 첫째, 시장에의 진입, 탈퇴가 자유롭다.(완전경쟁의 성격), 둘째, 다수의 공급자가 존재한다.(완전경쟁의 성격), 셋째, 제품에 어느 정도 이질성이 있다. 이는 완전경쟁과는 달리 독점적 경쟁에서는 제품들이 서로 완전 대체재가 아니므로 자기 제품에 대해 어느 정도 시장지배력을 갖고 따라서 가격설정자가 된다.(독점의 성격). 예를 들어, 음식 산업, 구두 산업 등이 독점적 경쟁의 예인데, 같은 스파게티를 팔더라도 맛에 자신이 있으면 다른 식당보다 비싸게 팔려 하고 그대로 수요는 존재한다.

경쟁과 비교를 하면 다음과 같다. 첫째, 완전경쟁기업의 가격보다 높다. 독점적 경쟁 시장에서는 시장점유율을 높이기 위해 가격 경쟁(가격을 할인하여 시장점유율을 높이려는 정책)과 비가격 경쟁(가격 이외의 수단을 이용하여 시장점유율을 높이려는 정책)이 동시에 이루어진다. 비가격 경쟁은 제품차별화(품질, 디자인, 광고 등에서 product differentiation)의 형태로 이루어진다. 완전경쟁의 경우에는 기업이 위와 같은 판매비용을 부담할 필요가 없는데 반하여 독점적 경쟁의 경우에는 판매비용의 부담이 상당히 크고 이것이 결국 대부분 소비자에게 전가되어 제품 값이 완전경쟁에 비해 높아진다. 둘째, 완전경쟁에서는 시장점유율(market share)이 모든 기업에게 있어 동일한데 비해 독점적 경쟁인 경우는 기업마다 시장점유율이 각기 다르다.

5. 과점

과점(oligopoly)은 시장에 소수의 기업만 존재하는 경우이다. 우리나라의 가전제품 산업, 맥주 산업, 정유 산업 등이 그 예이다. 과점의 경우는 전략적 행동에 다양한 행태가 존재하므로 일관된 일반 기업이론이 성립하기 어렵다. 상대 기업의 반응에 따라 기업 행동이 좌우되는데 그 반응을 사전에 예측하기 힘들기 때문이다. 따라서 과점기업은 협정을 맺어 불확실성을 제거하려 하고 과점시장에서는 담합(collusion)이 형성되는 경향이 있다.

카르텔(cartel)이 담합의 대표적인 예인데 동종제품을 생산하는 과점기업들이 특정 시장의 지배를 목적으로 결성하는 기업연합체를 카르텔이라고 한다. 석유카르텔인 OPEC가 유명한 예이다. 담합이 형성되면 일반적으로 소비자의 복지수준이 하락하므로 우리나라는 공정거래위원회에서 기업의 담합을 조사, 예방하는 노력을 한다. OPEC의 예에서도 알 수 있듯이 담합 역시 오래 지속되지 않는데 이는 정부의 감시 때문이기도 하지만 어느 한 기업이 담합을 위반할 경우 큰 이익을 남길 수 있다는 점에서 담합을 어기려는 동기가 기업에게 존재하기 때문이기도 하다.

과점을 유지시키는 요인, 즉 진입장벽이 존재하는 요인에 대하여 살펴보자. 첫째, 기존 기업은 품질, 디자인, 생산기술 면에서 신참 기업보다 유리하다. 둘째, 신참(혹은 잠재적) 기업이 공급할 수 있는 잠재가격보다 낮은 가격으로 상품을 공급하여 신참 기업의 진입을 억제한다. 셋째, 상표 인지도로 인해 소비자 선호가 있기 마련이므로 신참 기업은 더 낮은 가격이나 더 많은 판매 촉진비를 지불해야 한다. 넷째, 신참 기업이 감당해야 할 신규 투자규모(토지 구입이나 공장 건설과 같은 초기 투자비)가 크다. 예를 들어 삼성의 자동차, 진로의 맥주 사업 진입으로 인해 두 그룹이 어려움을 겪고 있을 정도이다.

과점시장에서의 경제적 효과를 살펴보면 다음과 같다. 일반적으로 독점적 경쟁과 독점의 중간에 해당된다. 가격은 완전경쟁보다 높고 생산량은 작다. 가격경쟁은 궁극적으로 제살 깎아먹기라는 인식이 있으므로 가격경쟁보다는 비가격경쟁을 통해 시장점유율을 높이려는 것이 보편적이다. 따라서 과점기업들은 시장 점유율을 늘리기 위하여 많은 광고와 선전을 하는데 이는 결국 소비자의 부담으로 된다.

6. 시장 실패

완전경쟁이 가장 바람직하나 현실에는 완전경쟁 시장이 성립하지 못하게 만드는 문제점이 많이 발생하고 있다. 이를 시장의 실패(market failure)라고 한다. 시장 실패의 원인으로는 규모의 경제로 인해 자연독점, 외부 경제 혹은 외부 불경제가 존재 할 경우 발생한다. 즉, 한 경제주체의 행동으로 인해 다른 경제주체가 피해를 입게 되면 가해자가 이에 대해 대가를 치러야 하나 현실에서는 대가를 거의 치르지 않는다(외부불경제). 만약 대가를 지불해야 한다면 가해자는 그 비용을 피하기 위해 생산이나 소비를 적게 하겠지만 실제로 가해자가 대가를 지불하지 않기 때문에 과도하게 많은 상품을 생산하거나 소비하게 된다. 또 한 경제주체의 행동으로 인해 다른 경제주체가 이득을 얻게 되면 이에 대한 보상을 해야 하나 현실에서는 보상이 거의 없다(외부경제). 최근 외부불경제를 축소시키기 위한 노력의 일환으로 공장의 공해, 비행기의 소음, 교통혼잡 등을 해결하기 위해 공해배출세, 환경오염세, 혼잡통행료 등을 부과하여 외부불경제를 내부화시키고 있다(internalization). 또한 공공재의 경우 비 배타적 성격으로 인해 무임승차문제(free rider problem)가 발생한다. 마지막으로 정보가 부족하거나 비대칭적 정보가 있을 경우 우월한 정보를 갖고 있는 측이 상대방을 이용하려 한다. 비대칭적 정보란 두 집단 사이의 정보의 양이 다른 현상을 말한다. 기업가의 정보가 소비자의 정보보다 많은 것이 일반적이며 따라서 기업은 소비자를 이용하려 한다. 경제 주체들이 쉽사리 정보를 내놓지 않아 거래가 위축되고 심지어 시장 자체가 형성되지 않을 수도 있으며 결국 시장에서의 거래를 통해 사회가 얻을 수 있었던 이득이 실현되지 않는다. 정보가 부족하기 때문에 어떤 소비자는 비싼 가전제품 대리점에서 물건을 구입하고 어떤 소비자는 싼 가전제품 대리점에서 물건을 구입한다. 더 싼 가전제품 대리점을 찾기 위해서는 (정보를 얻기 위해서는) 시간이나 돈이 들어가는데 이를 피하기 위해 소비자들이 시장조사를 하다가 적당한 선에서 멈춘다. 그 때까지 획득한 정보(비록 완전한 정보이지만) 안에서 나름대로 싼 대리점을 선택해 가전제품을 구입한다.

외부효과가 발생하게 될 경우 그로 인한 시장실패를 경험하게 되는 것은 외부효과가 시장에서의 자원을 비효율적으로 운영하기 때문이다. 우선 부정적 외주효과가 발생하는 경우, 생산과 소비에서의 부정적 외부효과가 때로는 시장이 사회적 최적 생산량보다 많이 생산케 한다. 생산과 소비의 사회적 비용이 생산자와 소비자의 사적비용과 사적이득보다 더 크기 때문에 그 결과 시장실패가 발생하게 된다.

즉, 수요곡선과 사회적 비용곡선의 교점이 최적 산출량 수준을 결정하는데, 균형 산출량보다 적게 된다. 이런 경우 정책적 관점에서 정부가 생산자에게 세금을 부과하여 외부효과를 내부화함으로 실패를 최소화 할 수 있게 된다.

긍정적 외부효과의 경우에는 생산과 소비에서 때로는 시장이 사회적 최적 산출량보다 더 적게 생산케 한다. 즉, 생산과 소비의 사회적 비용은 생산자와 소비자의 사적비용 혹은 사적이득보다 더 적게 된다. 그 결과 시장실패가 발생하게 된다. 수요곡선과 사회적 비용곡선의 교점이 최적 산출량 수준을 결정하게 되는 데, 균형산출량보다 크게 된다. 이럴 경우, 정책적 관점에서 정부는 생산에 보조금을 지불함으로써 외부효과를 내부화 할 수 있다. 즉, 생산자가 균형수분보다 더 많이 생산하도록 보조하게 되는 것이다.

이와 같은 시장의 실패로 인해 시장에 정부가 개입할 필요성이 생겨난다. 그러나 반면에 정부도 완전할 수 없기 때문에 실수를 많이 하는데 이런 현상을 시장의 실패에 빗대어 정부의 실패(government failure)라고 한다. 정부도 불완전하기 때문이다. 정부의 통제가 오히려 비효율을 초래하기 때문이다.(가격 통제의 부작용 참조) 도덕적 해이(moral hazard) 현상 때문이다.

V. 거시경제 서론

1. 미시경제이론의 한계: 거시경제학의 과제

지금까지 미시경제이론에서는 개인의 소비활동과 기업의 생산 활동에 대한 분석을 통해 자원의 효율적 배분문제를 다루었다. 그러나 미시경제 이론의 분석도구가 모든 경제문제를 해결해 주지는 않는다는 사실을 알게 되었다. 역사적으로 볼 때 유한한 자원이 최대한도로 활용되지 못하고 유휴화되는 문제에 봉착해왔기 때문이다. 대표적인 예가 실업의 존재이다. 즉, 노동시장에 실업(초과공급)이 발생했을 경우 미시적 관점에서 임금(가격)이 하락하고 노동에 대한 수요가 증가하여 실업이 없어져야 하나 현실적으로 임금이 하락하지 않아 가격기능이 발휘되지 않고 실업이 존재해 왔다. 실업 문제는 미시경제의 원리와 거시경제의 원리 사이에 다른 점이 있다는 것을 의미한다. 실업 외에도 국제수지, 경기변동, 경제성장, 국민소득 등이 거시경제학의 연구 대상이다.

2. 거시경제학의 두 조류

미시경제 이론과는 달리 거시경제 이론에는 두 개의 이론이 병존하고 있다. 이는 자본주의 경제를 바라보는 관점의 차이에서 기인한다. 일단의 경제학자들은 자본주의경제의 시장 메커니즘이 충분한 자동조절능력을 가지고 있으므로 정부의 간섭, 경제정책은 오히려 문제를 복잡하게 할 뿐이라고 주장하는 반면 다른 일단의 경제학자들은 시장 메커니즘은 불완전하여 정부가 개입하여야 한다고 주장한다. 전자의 관점을 대표하는 학파가 고전학파(Classical)이고 후자의 관점을 대표하는 학파가 케인지안(Keynesian)이다.

(1) 고전학파의 거시이론

개인의 경제활동은 시장에서 '보이지 않는 손'에 의해 유도되어 전체적인 조화를 이룬다는 세계관에 입각하고 있다. 균형 고용량은 노동의 수요와 공급이 일치하는 점에서 결정되는데 이는 완전 고용량이다. 왜냐하면 이 임금수준에서 일하고 싶은 사람은 모두 일자리를 구하고 있기 때문이다. 만약 실업이 존재한다면 임금이 하락하고 노동에 대한 수요가 증가하여 실업은 사라진다. 세이의 법칙(Say's law)에 의하면 공급은 스스로의 수요를 창출한다. 즉, 시장에서는 항상 균형이 달성되기 때문에 초과공급이나 초과수요는 없으므로 생산되는 모든 재화와 용역은 다 팔린다. 대량생산이 불가능했던 그 시절에는 어떻게 해서 공급을 증대시키는가가 관심사였으며 수요는 항상 대기하고 있었기 때문에 수요부족 현상은 일어나지 않는다고 믿었다.

(2) 케인즈의 거시이론

1920년대 말부터 30년대에 걸쳐 지속된 대공황은 실업이 장기적으로 존재하게 하였는데 시장의 자동조절기능이 발휘되지 않아 고전학파의 거시체계에 회의를 갖기 시작했다. 그 당시 미국의 실업률이 25%에 이르렀다. 고전학파의 주장과는 달리 대규모 실업이 존재함에도 불구하고 임금이 하락하지 않았다. 케인즈는 1936년의 『고용, 이자, 화폐의 일반이론』(A General Theory of Employment, Interest and Money)에서 고용수준은 노동시장만의 수요, 공급에 의해 결정되는 것이 아니라 재화시장의 총수요의 크기에 의해서 결정되는 데 총수요는 완전고용을 보장해주는 수준 이하에 머무를 수도 있고 이것이 실업의 원인이라고 주장하였다. 자유방임체제에서는 불완전고용이 일반적이고 완전고용은 오히려 특수한 상태라는 것을 주장했으며 케인즈 이론은 국민소득과 고용이 어떻게 결정되며 어떻게 증가할 수 있는가에 대해 연구하였다. 이에 따라 케인즈는 실업 해결을 위해 정부의 공공사업을 통한 수요 촉진 및 고용기회 창출을 주장하였다. 즉, 고용창출을 위해 정부의 적자재정도 무방하다고 주장하였다.

케인즈 이론은 60년대까지 거시경제학의 주류를 이루었다. 불황으로 실업이 증가하면 수요를 늘릴 수 있는 정책을 취해야 하고 물가가 불안해지면 수요가 너무 많아 생긴 것이므로 수요를 억제하는 정책을 취해야 한다고 주장했고 이에 따라 각국 정부는 경제를 이끌어갔다. 이렇듯 케인즈 이론은 근본적으로 수요에 관한 이론이다. 60년대 호황으로 세계 경제는 불황을 걱정할 필요가 없다고까지 호언장담할 정도였다. 그러나 70년대 들어와 스태그플레이션(stagflation)[5]이 발생하면서 케인즈 이론의 한계가 노출되었다. 이 경우 총수요 확대정책을 쓰면 실업은 줄지만 물가는 더욱 악화되고 반대로 총수요 억제정책을 쓰면 물가는 잡지만 실업은 더욱 확대된다. 이 문제를 해결하는 데 있어 케인즈의 처방대로 수요측면에 의한 접근을 하는 데에는 한계가 있음을 알게 되었다. 이 문제는 공급측에 애로가 발생해서 생긴 것이므로 공급측면을 보아야 한다는 주장이 대두되었다. 그 가운데 한 학파가 공급측면의 경제학(supply-side economics; Reaganomics)이다. 케인즈 이론의 한계가 노출되면서 고전학파가 다시 부각되었다. 이번에는 합리적 기대이론, 고전학파의 이론, 케인즈의 소득이론을 접목시킨 신고전학파(neo-classical)가 등장하였다.

---

5) 스태그플레이션이란 상당한 실업이 존재하고 수요가 부족함에도 불구하고 물가는 상승하는 현상이다.

VI. 국민소득이론

1. 국민소득의 개념과 측정

(1) 국민소득의 개념과 경제성장률

국민소득은 일정기간 동안 시장에서 생산해낸 최종생산물의 합 혹은 부가가치의 합으로 정의된다. 국민소득 역시 flow의 개념으로서 우리나라의 경우 한국은행에서 분기별 국민소득과 연간 국민소득을 측정한다. 즉 월별 국민소득은 발표하지 않는다. '일정기간 동안(즉, 1999년 1분기 또는 1999년)'이므로 과거에 생산된 골동품의 거래는 올해의 국민소득의 측정에서 제외된다. 1998년에 생산되었으나 팔리지 않고 1999년에 팔린 재화의 경우에는 1998년의 국민소득에 반영된다(재고 항목으로 반영됨). 예를 들어 철광석(100억 원) → 철강(300억 원) → 자동차(700억 원)의 생산 과정을 거칠 경우 철광석과 철강은 중간투입재이며 최종생산물은 자동차이다. 따라서 국민소득의 정의에 따르면 이 해의 국민소득은 최종생산물인 자동차의 700억원이다. 같은 재화라도 최종생산물일 수도 있고 중간투입재일 수도 있어 최종생산물의 가격을 합하여 국민소득을 구하기가 현실적으로 매우 어렵다. 쌀의 경우 일반 소비자가 구입하면 최종생산물이지만 떡집 주인이 구입하면 중간투입재이다. 부가가치로도 국민소득을 측정할 수도 있는데 이때에는 생산과정에서 창출된 모든 부가가치를 합하면 되고 위의 예에서 100＋200＋400＝700억 원이 되며 이는 최종생산물의 합과 같아 두 가지 접근방법은 같은 결과를 낳는다는 것을 알 수 있다. 여기에서 부가가치는 각 생산과정에서 추가로 창출한 가치를 의미하는 것으로 철강의 부가가치는 판매가격인 300억 원과 원료구입비인 100억 원의 차이인 200억 원이며 자동차의 부가가치는 판매가격인 700억 원과 원료구입비인 300억 원의 차이인 400억 원이다.

왜 국민소득을 생산량이 아닌 화폐단위인 '원'으로 측정하는가? 한 나라의 95년

생산이 석탄 100톤, 자동차 100대, 옷 100벌이고 96년 생산이 석탄 80톤, 자동차 110대, 옷 100벌이라고 하자. 이 통계를 가지고 95년에 비해 96년 경제가 얼마나 확대되었는지 비교할 수 있나? 이는 재화들의 생산 단위가 각각 다르기 때문에 비교가 곤란하다. 따라서 전반적인 생산수준을 하나의 숫자로 표시할 수 있어야 하는데 금액(원)이 모든 재화에 대한 공통적인 측정수단이 될 수 있기 때문에 원을 사용한다.

반면에 금액을 사용하는 경우 생산은 늘지 않았는데 가격만 상승해 국민소득이 증가한 것으로 나타나는 문제를 초래한다. 이를 피하기 위해 현재의 가격을 적용하는 국민소득과 과거 일정 기준시점의 가격을 적용하는 국민소득의 두 가지를 계산한다. 전자를 명목 국민소득 또는 경상가격 국민소득이라 하고 후자를 실질 국민소득 또는 불변가격 국민소득이라 한다.

일반적으로 올해의 경제성장률은 (올해의 실질 GDP − 작년의 실질 GDP) / 작년의 실질 GDP × 100이다. 생산의 증가를 정확하게 측정하기 위해 실질 국민소득이 쓰인다. 단, 일인당 국민소득을 계산하여 외국과 비교할 때에는 명목 국민소득을 달러 가치로 환산한 후 인구수로 나누어 구한다. 즉, 가격에 의한 효과를 제거하기 위해 기준연도의 가격을 그대로 적용해 실제 생산량의 변화만을 측정한다. 여기에서 명목 국민소득을 실질 국민소득으로 나눈 것을 deflator라 하며 물가지수의 일종이다.

우리가 널리 사용하는 물가지수에는 소비자물가지수(통계청이 월별로 작성, 발표), 생산자물가지수(한국은행이 월별로 작성, 발표), GDP deflator(한국은행이 분기별로 작성, 발표)의 세 가지가 있다.

(2) GDP와 GNP

위의 정의에 따라 국민소득을 측정할 때에 또 여러 가지 기준이 있고 그에 따라 여러 가지 국민소득 지표가 존재한다. 그 가운데 대표적인 것이 GDP와 GNP이다. GDP, 즉 국내총생산은 한 국가 안에서 일정기간 동안 시장에서 생산된 최종생산물의 합으로 정의하고 GNP, 즉 국민총생산은 한 국가의 국민이 일정기간 동안 시장에서 생산한 최종생산물의 합으로 정의한다. 즉 GNP는 ①자국민이 국내에서든지 해외에서든지 ②일정 기간 동안 생산해낸 ③최종생산물의 ④시장가치의 합이다. GDP는 자국민이든지 외국인이든지 국내에서 일정 기간 동안 생산해낸 최종생산물의 시장가치의 합이다. 따라서 GDP에는 국내거주자에게 지불되지 않고 외국인에게 지불되는 몫도 포함되어 있으며 GNP에는 외국에서 요소용역을 제공하고 수취한 소득도 포함되어 있다. 이들 정의에 따르면 양자 사이에는 다음과 같은 관계가 성립한다. 즉, GNP = GDP + 한국인이 외국에서 대가로 받는 소득 - 외국인이 한국에서 대가로 받는 소득 = GDP + 대외수취요소소득 - 대외지급요소소득 = GDP + 대외순수취 요소소득과 같다. 과거에는 GNP가 대표적인 국민소득의 지표로 쓰였으나 최근에는 GNP 대신 GDP가 널리 쓰이고 있다. 한국은행은 1999년부터 GDP, GNP 외에도 국내총소득(GDI), 국민총소득(GNI)을 작성, 발표하고 있다. GDP, GNP는 생산측면을 보는 국민소득 지표이고 GDI, GNI는 소득 측면을 보는 국민소득 지표이다.

(3) 국민소득의 문제점

①시장 밖에서 생산되는 것은 포함하지 않는다. 예를 들면, 주부의 가사활동은 제외되고, 세탁소의 세탁 업무는 포함되나 집에서 세탁기를 써서 하는 업무는 제외된다. 또한 외식은 포함되나 집에서 직접 조리해 먹는 것은 제외된다. 따라서 일반적으로 독신자, 이혼자들은 기혼부부보다 국민소득 증대에 더 많이 기여한다. ②여가의 효용을 무시한다. ③환경오염, 공해, 범죄 등이 제외된다.

2. 국민소득의 순환

국민경제에는 생산물과 생산요소가 순환되고 있으며 이의 반대 방향으로는 화폐의 흐름이 진행되고 있는데 이러한 순환과정을 국민소득의 순환이라 한다. 기업은 가계가 공급하는 노동, 자본, 토지를 수요(구입)해 재화와 서비스를 생산하고 이를 가계에게 공급한다. 가계는 자신들이 공급한 노동, 자본, 토지에 대한 대가로 임금, 이자, 지대를 지급받아 이 돈을 가지고 기업이 공급하는 재화와 서비스를 수요(구입)한다. 기업은 판매수입을 자신이 모두 가지는 것이 아니라 가계에게 임금, 이자, 지대의 형태로 지불한다. 이처럼 경제에서 기업과 가계는 모두 수요자도 되고 공급자도 되고 재화와 화폐가 끊임없이 순환한다. 현실 경제에는 위와 같은 소득순환 과정에서 국민소득(구매력)을 증가 또는 감소시키는 요인이 있는데 소득의 순환으로부터 빠져 나가 국민소득의 크기를 줄이는 요인을 누출(leakage)이라고 하고 순환과정에 새로 들어와 국민소득의 크기를 늘리는 요인을 주입(injection)이라고 한다. 누출은 일단 빠져 나간 후 그것이 결과적으로 어떻게 되든 간에 당장에는 소득순환의 크기를 감소시키며 주입은 그것을 증가시킨다. 누출에는 저축, 조세, 수입이 있으며 주입에는 투자, 정부지출, 수출이 있다.

(1) 저축과 투자

저축은 생산물에 대한 구매의 형태로 지출되지 않기 때문에 그만큼 기업의 판매수입을 감소시키고 그 결과 생산요소의 구매를 감소시키므로 소득순환으로부터의 누출이다. 투자는 생산설비, 건물, 재고를 마련하기 위한 지출로서 이들을 생산하려면 생산요소의 용역이 필요하고 이를 구매하기 위해 지출이 요구된다는 점에서 주입이다.

(2) 조세와 정부지출

정부가 과세하면 소득의 일부가 줄어들어 소비가 감소하게 되므로 소득순환의 관점에서 보면 조세는 누출이다. 정부지출은 가계가 소유한 생산요소를 구입하거나 기업이 생산한 재화나 용역을 구입하는 데 사용되어 이들의 소득을 창출하므로 주입이다. 이전지출(transfer payment)은 생산활동에 대한 대가로 지불되는 것이 아닌 정부지출. 원호금, 사회보장을 위한 지출, 보조금, 재해보상금 등을 의미한다.

(3) 수입과 수출

지금까지의 경제는 가계부문, 기업부문, 정부부문의 세 부문으로 구성되어 있었으나 국제화시대에는 해외부문이 중요한 하나의 부문이다. 수입은 국내의 가계 또는 기업이 그들의 소득으로 외국에서 생산된 재화를 구매하는 것이므로 수입이 증가하면 국내에서 생산되는 재화에 대한 소비나 투자가 감소하므로 누출이다. 수출은 외국의 가계나 기업이 국내 생산물을 구매하는 것이므로 주입이다.

3. 국민소득의 균형 조건

누출의 크기가 주입의 크기보다 크다면 소득순환은 감소할 것이고, 반대로 누출의 크기가 주입의 크기보다 작다면 소득순환은 증가할 것이며, 누출과 주입의 크기가 같다면 소득순환은 변하지 않고 균형상태에 있게 된다. 따라서 국민소득의 균형 조건은 저축＋조세＋수입＝투자＋정부지출＋수출이다.

여기서 균형을 이루기 위해서는 누출의 합계와 주입의 합계만 같으면 되는 것이지 반드시 누출과 주입의 대응항목, 즉 저축과 투자, 조세와 정부지출, 수입과 수출이 각각 같을 필요는 없다. 균형이라고 해서 누출도 없고 주입도 없는 상태를 의미하는 것은 아니다.

Ⅶ. 실업과 인플레이션

1. 실업

실업이란 일할 능력과 의사를 가지고 있음에도 불구하고 취업의 기회가 주어지지 않는 상태를 말한다. 우리나라에서는 15세 이상이 되어야 일할 능력이 있다고 본다. 15세 이상 인구 가운데 일할 의사가 없는 사람을 비경제활동인구라 하며 여기에는 대표적으로 가정주부, 학생이 속한다. 사람들은 왜 실업을 싫어하나? 실업은 유용한 생산자원의 유휴 또는 낭비를 의미하므로 실업이 존재할 때의 GDP는 가용자원이 완전고용이 될 경우에 달성될 수 있는 잠재 GDP(potential GDP)에 미달한다.

(1) 실업 측정

수입이 있는 일에 일주일에 1시간 이상 종사한 사람을 취업자라 하고 경제활동인구 가운데 취업자를 제외한 사람이 실업자이다. 즉, 실업률＝실업자 / 경제활동인구 × 100으로 나타낸다. 실제로 정부가 실업자를 조사할 때 어떤 사람은 일할 의사가 있음에도 불구하고 면접원에게 일할 의사가 없다고 보고할 수 있는데 이 경우 이 사람은 실업자가 아니라 비경제활동인구로 분류된다.

(2) 실업의 종류

마찰적 실업(frictional unemployment)은 취업정보를 수집하거나 일자리가 있어도 더 나은 조건의 일자리를 찾기 위해 스스로 실업을 택하고 있을 경우의 실업을 말한다. 따라서 자발적 실업이라고 한다. 불완전한 정보라는 현실에서 불가피한 실업이며 고전학파의 세계에서처럼 임금이 신축적으로 움직이더라도 마찰적 실업은 존재한다. 이런 의미에서 마찰적 실업만 있는 상태를 완전고용이라 하고 이때의 실업률을 자연실업률(natural rate of unemployment)이라 한다. 완전고용이라고 해서 실업률이 0%라는 것을 의미하는 것은 아니고 비자발적 실업자가 존재하지 않고 자발적인 실업자만 존재하는 경우의 실업률을 의미한다. 현재 한국의 경우 3% 내외, 미국의 경우 5% 정도로 추정된다.

경기적 실업(cyclical unemployment)은 불경기에 총수요가 부족함으로 인해 발생하는 실업이다. 구조적 실업(structural unemployment)은 전체 노동에 대한 수요가 부족하여 발생하는 것이 아니라 어떤 특수한 종류의 노동에 대한 수요가 부족하여 발생하는 실업이다. 경제 전체로 보면 노동에 대한 수요가 충분함에도 불구하고 어떤 부문에서는 노동에 대한 수요가 공급에 부족할 수 있다. 크게 다음의 두 가지 경우를 생각해 볼 수 있다. ㉠ 성장산업에서는 노동의 공급이 부족하지만 사양 산업에서는 노동에 대한 수요가 부족하는 등 산업 간 불균형에 의해 나타나는 실업이다. ㉡ 성장지역에서는 노동의 공급이 부족하지만 사양지역에서는 노동에 대한 수요가 부족하는 등 지역 간 불균등에 의해 나타나는 실업이다. 노동의 이동이 사양 산업에서 성장산업으로 신속하게 이루어질 수 있다면 구조적 실업은 발생하지 않을 수 있으나 실제로 노동은 이동성이 부족(immobility)하기 때문에 구조적 실업은 상당히 오래 지속된다.

계절적 실업(seasonal unemployment)은 겨울에 건설 경기가 가라앉아 건설업 종사자가 일을 할 수 없는 것처럼 계절에 따라 실업자가 되는 경우의 실업이다. 실망노동자(discouraged worker)란 구직활동을 하다가 일자리를 구하지 못해 포기한사람을 말한다. 이들은 실제로 실업자이지만 실업의 정의에 따라 비경제활동인구로 분류되어 실업률을 과소 추정하는 결과를 초래한다. 또한 불완전 취업자란 통계로는 취업자로 잡히지만 본인의 의사와는 달리 파트타임으로 취업하고 있거나 고용관계가 임시적이어서 다른 일자리를 구하는 사람을 말한다.

2. 인플레이션

인플레이션(inflation)이란 일반 물가수준이 지속적으로 상승하는 현상을 말한다. 사람들은 왜 인플레이션을 싫어하는가? 인플레이션은 소득과 부의 재분배를 초래하며 금융저축에 대한 의욕을 저하시키고 투기를 조장하는 등 생산구조에 악영향을 미친다. 인플레이션은 여러가지 지표를 통해 측정할 수 있지만 소비자물가지수가 가장 널리 사용된다. 하이퍼인플레이션(hyperinflation)이란 물가상승률이 매우 높은 상태를 의미한다. 1920년대의 독일(바이마르 공화국), 1946년의 헝가리, 1980년대 말과 1990년 대 초의 일부 남미 국가에서 경험한 바 있다.

인플레이션을 초래하는 원인은 크게 수요측 원인과 공급측 원인으로 구분되며 전자에 의한 인플레이션을 수요견인 인플레이션, 후자에 의한 인플레이션을 비용인상 인플레이션이라 한다.

(1) 수요견인(demand - pull) 인플레이션

총수요가 증가하면 인플레이션이 발생한다. 총수요가 증가하는 원인에 따라 또 다시 크게 두 가지로 구분된다. 첫째, 케인지안(Keynesian)은 민간소비, 투자, 정부지출 등 지출이 증가함으로써 인플레이션이 발생한다고 주장한다. 반면, 통화주의자(Monetarist)는 통화량의 팽창이 인플레이션을 초래한다고 주장한다. 이 외에도 인플레 기대심리가 인플레이션을 초래할 수 있다. 모든 경제주체가 물가의 상승이 계속될 것으로 기대하고 임금이나 가격을 스스로 올림으로써 인플레이션을 초래하기 때문이다. 기후 역시 생산물의 감소를 초래하여 인플레이션을 초래할 수 있다.

(2) 비용인상(cost - push) 인플레이션

공급측에서 인플레이션 요인이 발생함으로써 인플레이션을 초래하는 경우이다.

이 경우 흔히 소득은 줄어들고 물가는 올라가는 스태그플레이션(stagflation)이 발생한다.(oil shock에 의한 stagflation)

3. 필립스 곡선[6]

거시경제학의 궁극적 목적은 실업과 인플레이션을 방지하거나 경감시키는 것이다. 그러나 실업과인플레이션 사이에는 역의 관계가 있어 이들 동시에 달성하기가 매우 어렵다. 낮은 실업률(높은 성장률)과 물가 안정을 흔히 두 마리 토끼에 비유하고, 세 마리 토끼라 할 때에는 여기에 경상수지를 포함한다.

임금상승률과 물가상승률 사이에 비례관계가 있다는 사실을 감안하여 후에 이는 물가상승률과 실업률 사이의 역의 관계로 변형되어 쓰이고 있다. 이처럼 두 변수 사이에 역의 관계가 있을 때 이를 상충(trade-off)관계라 한다. 만약 필립스 곡선이 사실이라면 이는 정책당국이 실업률을 낮추려면 물가상승을 감수해야 하며 물가상승을 억제하려면 어느 정도의 실업을 받아들여야 한다는 것을 의미한다. 따라서 정책결정자는 최적 조합의 물가상승률과 실업률을 선택해야 한다.

4. 장기 필립스 곡선

70년대에 들어와서 물가상승과 실업률의 상승이 동시에 발생하였다. 즉 필립스곡선이 양의 기울기를 갖는 현상이 발생하였으며 이를 스태그플레이션(stagflation)이라 한다. 이러한 현상을 설명할 수 있는 것이 예상이 첨가된 필립스곡선(expectations-augmented Phillips curve)이다. 필립스 곡선은 기대인플레에 의해 상하로 이동하며

---

6) 경제학자 필립스가 영국의 경제통계로부터 임금상승률과 실업률 사이에 안정적인 역의 관계가 있다는 사실을 발견하였다.

이를 고려한 장기 필립스 곡선은 수직선형태가 된다. 그리고 이 수직인 장기 필립스 곡선이 위치해있는 실업률 수준이 바로 자연실업률이다. 이 자연실업률은 전통적인 거시정책, 즉 재정정책이나 금융정책으로 변하지 않으며 이를 변화시키기 위해서는 직업훈련, 교육, 직업알선, 노동의 이동 촉진 등의 미시정책을 전개해야 한다.

제2편 부문별 경제정책

정부는 완전고용, 물가안정, 국제수지균형, 경제성장 등을 목표로 하고 있는데 이들 지표를 직접적으로 조절할 수 없기 때문에 이들 지표에 영향을 미치는 여러 중간목표를 설정하고 이를 통해 의도하는 수준의 지표를 달성하려 한다. 여기에서는 7개 부문으로 나누어 경제정책의 이론적 환경 및 파급과정을 살펴보고, 마지막으로 우리나라의 정책집행 내용을 개괄하고 이에 대한 평가를 하고자 한다.

우선 제1장에서는 경제정책의 기본체계를 소개한다. 주로, 정책의 의의와 대상, 목표 및 수단 등을 개괄적으로 소개한다. 2장 재정정책 부문에서는 재정의 개요, 실물경제 메커니즘, IS-LM 및 AD 곡선의 도출을 통한 경제적 의의 및 시사점을 정리하고, 이를 기반으로 확장 및 긴축정책에 의한 장단기 경제적 효과를 이론적으로 분석한다. 또한 조세부담의 귀착, 조세 초과부담의 발생원인 및 측정을 다루고, 마지막으로 정부의 재정정책 집행내용을 요약 기술한다. 3장 금융(통화)정책 부문에서는 금융정책의 개요, 금융시장의 이해, 화폐의 수요와 공급을 통한 균형개념을 소개하고, 이를 기반으로 확장 및 긴축통화정책에 의한 장단기 경제효과를 분석한다. 또한 금융시장의 최근 환경변화 및 주요 이슈에 대한 고찰을 하고, 2008년 3월부터 시행되고 있는 금융정책의 집행내용에 대한 분석을 시도한다. 마지막으로 통화정책 집행내용을 요약 기술하고 이에 대한 문제점을 도출한다. 4장 대외경제정책 부문에서는 대외경제정책 개요, 개방경제하에서의 균형소득결정조건을 도출하고, 이를 기반으로 소규모 개방경제 환경 하에서의 확장 및 긴축재정효과를 분석하고 이에 대한 경제적 시사점을 도출한다. 또한 먼델-플레밍 모델을 통한 개방경제하에서의 경제정책 메커니즘을 기술하고 이를 기반으로 고정 및 변동환율제하에서의 정부의 재정 및 통화정책의 경제적 효과를 자세하게 분석한다. 마지막으로 우리나라의 대외개방경제정책의 집행내용을 요약 기술하고, 이를 기반으로 문제점을 도출한다. 5장 산업정책 부문에서는 산업정책의 개요, 산업정책의 이론적 배경, 그리고 산업정책의 수단에 대한 이론적인 개관을 한다. 또한 독점 및 과점을 방지하기 위한 정책을 소개하고 이에 대한 경제적 함의를 도출한다. 마지막으로 우리나라의 산업정책 집행내용을 요약 기술하고 이에 대한 문제점을 도출한다. 6장 경제성장 정책부문에서는 경제성장의 의의, 경제성장을 위한 정책수단을 개괄 한 다음, 외생적 경제성장 모델은 솔로우 모형을 통한 경제환경 및 성장관련 이론적 분석을 시도한다. 또한 내생적 모델을 간략히 소개한 후 솔로우 모델의 한계점을 도출한다. 그리고 마지막으로 우리나라의 경제성장 정책 집행내용을 요약 기술하고 이에 대한 평가를 통한 문제점을 도출한다. 마지막으로 7장 노동 정책부문에서는 노동시장의 수요와 공급 그리고 균형임금의 도출과정을 이론적으로 소개하고, 균형임금을 결정하는 여러가지 변수에 대한 소개 및 균형임금을 초과하는 임금이 존재한 경제 환경을 소개한다. 또한 고전학파와 케인즈학파 간 노동공급 곡선 도출과정 및 경제정책 측면에서 총공급곡선의 도출과정을 정리한다. 마지막으로 우리나라의 노동정책 집행내용을 기술하고 이에 대한 평가를 기반으로 문제점을 도출한다.

Ⅰ. 경제정책의 기본체계

1. 경제정책의 의의와 대상

경제정책이란 경제문제에 관련된 국가의 정치적 행위를 의미하며 이는 경제주체의 기본 행동원리와 경제활동의 변화에 영향을 주는 행위를 의미한다. 즉, 경제정책은 정부가 경제문제에 개입한다는 것을 의미하고 있다. 정부가 경제문제에 개입하는 근본적인 원인은 시장에서의 외부효과 등으로 인한 시장실패를 보정하기 위해서이다. 또한 경제현실과 가장 바람직한 상태 사이에 존재하는 일정한 차이(gap)가 존재하는 한 이를 해소하기 위한 정부의 개입은 필요하게 된다. 이런 배경 하에서 경제정책은 현실경제를 바람직한 상태로 유도하기 위해서 사회적 기본가치 실현을 위한 경제목표를 설정하게 된다.

경제정책은 일반적 경제정책문제와 특수적 경제정책문제를 대상으로 하고 있다. 일반적 경제정책문제는 경제전반과 경제주체에 관련되는 문제를 의미한다. 예를 들면, 경제질서, 정책목표 설정, 수단의 선택과 투입의 문제, 정책추진체계 간의 관계, 의사결정과정 등을 포함하고 있다. 반면, 특수적 경제정책 문제는 국민경제의 특정부문이나 특정산업과 관련되는 정책문제, 즉 부문별 경제정책을 포함하고 있다.

이러한 경제정책을 추진하는 주체는 법률에 의하여 특정정책수단의 투입을 결정하는 국가기관과 국가로부터 권한을 위임받은 기관을 총칭하고 있다. 이러한 경제정책의 주체는 정책을 결정하는 기관별로 직접적으로 조치를 취할 수 있고, 하위기관을 통해 간접적으로 조치를 취할 수 있다. 따라서 경제정책의 주체는 경제정책의 의사결정 내지는 집행을 담당하는 국가기관 내지 국가로부터 권한을 위임받은 기관을 의미한다.

경제정책의 궁극적인 목표는 국민복지의 증대, 즉 사회후생의 극대화라고 할 수 있다. 그런데 사회후생의 극대화란 여러 가지 목표변수들에 의해 도출된다. 여기서 목표변수란 고용수준, 경제성장, 물가안정, 국제수지, 소득분배, 산업구조조정 등과 같이 사회후생을 극대화 할 수 있는 요인들을 말한다. 경제정책의 목표에는 상위 목표와 하위 목표로 구분할 수 있다. 상위 목표란 사회적 가치 실현을 위한 궁극적인 목표를 말하고, 하위 목표란 상위 목표를 실현시키기 위한 수단을 말한다.

2. 경제정책 목표

(1) 완전고용

완전고용이란 경제적 목표가 설정된 이유는 노동이라는 생산요소를 사회적으로 유효하게 이용하여야 한다는 경제적 요인과 사회적 요인을 포함하고 있는 정책목표이다. 즉, 유효자원을 효율적으로 관리하여야 한다는 면과, 실업으로 인한 가처분 소득의 손실 등으로 인한 노동자의 고통을 고려하고 있다고 볼 수 있다. 경제정책의 대상이 되는 실업은 마찰적 실업이 아니고, 경제발전 단계에 따라 발생되는 구조적 실업과 유효수요의 부족으로 인하여 생산물의 판매가 안 되고 이로 인하여 생산을 감축함에 따라 노동자를 해고해야 하는 경우 즉 경기적 실업을 대상으로 하고 있다.

실업을 해소하고 위한 정부의 경제정책은 다소 학파 간 견해차이가 존재하고 있으나, 정부 개입을 통하여 적절하게 해결하여야 한다는 공통된 생각을 가지고 있다. 즉, 유효수요의 부족으로 인한 경기적 실업을 해소하기 위해서는 케인즈 학파에 의하면 정부가 재정정책이나 금융정책을 실시하여 총 수요를 창조하여야 한다고 주장하고 있다. 유효수요의 부족으로 인하여 발생한 경기적 실업은 노동시장의 수요공급의 조정기능 결함으로 인해 발생되기 때문에 단기적으로는 정부정책을 통해 노동수요를 창출하게 될 경우 해소될 수 있다고 본다. 구조적 실업의 경우는 노동자의 직업전환을 쉽게 유도하기 위한 직업훈련이나 노동자의 지역 간 이동을 유도할 수 있게 되면 해소될 수 있다고 본다.

(2) 물가안정

물가안정이란 경제정책 목표는 재화와 용역의 절대가격이 안정되는 것을 위한 경제적 목표를 의미한다. 물가안정이 이루어지지 않을 경우 시장의 가격조절기능을 저해하여 자원배분에 악영향을 미치게 되고, 또한 물가상승(물가하락)으로 인한 통화가치의 하락(상승)을 통해 실질소득을 감소시키며, 물가상승(하락)은 국제경쟁력의 악화를 초래하여 국제수지에 악영향을 미치게 된다는 측면에서 정부가 개입을 통해 해결하여야 한다는 당위성을 가지게 된다. 따라서 경제정책적 측면에서 물가안정의 목표는 절대가격의 상승 또는 하락을 억제하려는 정부의 의도이다.

3. 경제정책 수단의 의의와 종류

경제정책을 위한 정책수단이란 정책목표의 실현을 위해 경제정책의 주체가 선택하고 통제할 수 있는 경제적 및 경제와 관련한 행위를 말한다. 즉, 경제주체인 개인, 기업, 정부, 금융기관 등 개별 경제주체의 행동규칙과 각종 경제 관련법을 포함하여 경제주체에 영향을 주는 경제적 변수, 즉 가격 및 물량 등을 변화시키는 행위를 의미한다.

4. 경제정책 효과와 시차

경제정책의 목표가 실현되는 데는 정책의 준비에서부터 정책수단의 투입과 이로 인한 효과가 나타나기까지 적지 않은 시차가 발생하게 된다. 다음과 같이 정책효과에 대한 시차는 3단계로 구분할 수 있는데, 첫 번째는 준비시차를 들 수 있다. 준비시차에는 인식시차와 행동시차로 구분할 수 있는데, 인식시차란 어떤 문제가 생겼을 때 이에 대한 자료와 정보를 수집해서 상황에 대한 진단과 전망 등 상황분석에 소요되는 시간을 의미한다. 행동시차는 경제문제에 대한 상황분석에 입각해서 어떤 경제정책적 조치가 필요한지에 대한 계획 및 효과분석에 소요되는 시간을 의미한다. 둘째는, 집행시차를 들 수 있다. 집행시차는 결정된 정책을 실제로 집행하는 데 요구되는 시간을 의미한다. 마지막으로 효과시차는 정책수단이 투입되어서 실제로 효과가 나타나기 까지 소요되는 시간을 의미한다.

Ⅱ. 재정정책

1. 재정 개요

(1) 의의

재정은 국가의 경제활동으로써 국가 및 공공단체가 공공의 욕구(후생극대화)를 위해서 필요한 수단을 조달, 관리, 사용하고 국민경제의 질서유지와 민간경제의 비합리성을 시정 및 보완하는 정부의 경제활동을 분석 및 평가하는 것이다.

(2) 재정정책의 방법 및 종류

정부가 어떤 경제 목표를 달성하기 위해 가장 직접적으로 이용할 수 있는 수단이 정부지출과 조세징수이며 이와 관련된 정부의 제반정책을 재정정책(fiscal policy)이라 한다. 재정경제부, 국세청, 기획예산처 등이 재정정책을 집행 결정하는 주요 기관이라 할 수 있다.

정부지출의 종류에는 ① 재화 및 용역을 구입하기 위한 지출을 들 수 있다. 이러한 정부지출이 증가하면 그 자체가 국민소득을 증가시킨다는 것을 의미한다. 예를 들면, 정부의 소비지출(경상지출, current expenditure: 공무원의 급료 등)과 공공투자를 위한 투자지출(자본지출, capital expenditure: 도로 등 공공사업에 대한 투자나 교육에 대한 투자, 사회간접 자본에 대한 지출)로 구성된다.

다음은 ② 특정한 개인이나 단체에 대해 지출하는 보조금(subsidy)을 들수 있다. 이는 이전지출(transfer payment)이라 불리며 직접 국민소득을 증가시키지 않지만 수혜자는 이를 근거로 소비 또는 투자를 증대시키기 때문에 궁극적으로 국민소득을 증대시킨다. 예를 들면. 실업자, 노령자, 질환자 등 개인에 대한 이전지출과 수출보조금, 투자보조금 같은 기업이나 단체에 대한 이전지출로 구분된다. 셋째는, ③직접 또는 간접으로 민간에게 대여하는 것을 들 수 있다. 예를 들면, 중소기업은행이나 수출입은행을 통해 재정자금을 대여하는 것 등을 들 수 있다.

이러한 정부지출 종류의 특징을 보면 직접효과와 간접효과로 나눌 수 있다. 직접 효과의 경우 재정정책의 수단에 따른 지출이 이루어졌을 경우 국민소득에 바로 영 향을 미치는 경우이다. 그 예로는 종류 ①과 같은 경우로 재화 및 용역을 직접 구입 의 변화분이 승수효과에 따라 바로 국민소득의 변화로 이어지는 것을 말한다. 한편 간접효과의 경우 ②나 ③과 같이 이전지출의 형태를 띠고, 이전지출의 혜택을 받은 자로 하여금 가처분소득의 상승을 유발시키며, 그로 인해 소비의 증가에 따른 생산 품의 수요 증대를 유발함으로써 국민소득의 증진시키는 형태로 변화를 가진다.[7]

조세의 종류로는 과세대상이 되는 부 또는 소득을 세원(tax base)이라 하며 과세 대상이 세원의 크기와 조세징수액과의 비율을 세율(tax rate)이라 한다. 세원에 따라 직접세(개인소득세, 재산세, 상속세 등)와 간접세(물품세, 관세 등)로 구분된다. 간접 세의 부담은 타인에게 전가될수 있어 조세의 전가(귀착) 문제를 야기한다. 반면, 직 접세는 조세저항이 나타날수 있는 반면 간접세는 조세저항이 작고 징수가 손쉬워 정부는 직접세 대신 간접세를 선호한다. 세율에 따라서는 비례세, 누진세, 역진세로 구분할 수 있다. 개인소득세는 누진세, 간접세는 역진세이다.

조세는 국가를 운영하기 위한 재원을 충당하기 위해 국민으로 부터 세금을 거두 는 것을 의미한다. 역사적으로 볼 때, 조세정책은 그 나라의 흥망을 좌우한 경우가 많았다. 우리나라도 삼국시대에서부터 조선시대에 이르기까지 조세 저항에 따른 반 란이 자주 발생하였고, 결국 나라의 근간을 뒤흔드는 상황이 연출된 적도 많았다.

한편 과거에는 세금을 거두어들이는 부분 중 상당액이 왕실의 재정을 위한 경비 로 많이 이용되었다. 이런 점은 세금납부에 대한 권리를 추구한다기보다는 단지 의 무만을 제공하는 것처럼 생각되었을 것이다. 이후 왕에 의한 통치가 약화되면서 세

---

7) 직접효과: $\triangle G \uparrow => \triangle Y \uparrow$
  간접효과: $\triangle G \uparrow => \triangle C(Y-T) \uparrow => C \uparrow => \triangle Y \uparrow$ (G: 정부지출, C(Y-T): 가처분소
  득, C: 소비, Y: 국민소득)

금에 대한 고찰도 생겨난 듯하다. 즉 보다 자유로운 권리를 원하는 사람들이 많이 생겨나고 보다 합리적인 이유가 아니라면 세금을 내지 않겠다는 것이다. 이런 과정들 속에 현대에서는 보다 납세자의 권리가 강화된 측면이 없지 않다. 합리적인 이유 즉 법에 명시되어 있지 않다면 조세법률주의에 따라 세금을 거두어들일 수 없기 때문이다. 현대는 납세자의 역량 강화로 세금을 거두어 들이는 주체인 정부로서는 합리적인 조세정책집행이 필수적일 수밖에 없고, 부당한 조세는 각 여론에 의해 비판을 받고 수정을 요구받게 된다.

조세는 정부재정지출의 재원을 충당하기 위한 가장 기초적인 수단이다. 대부분 국가의 정부세입 중 가장 큰 비중을 차지하고 있고 경제활동에 큰 영향을 미친다. 따라서 특정 국가경제를 이해하기 위하여 그 나라의 조세체계와 정책기조를 이해하는 것은 매우 중요한 일이다.

(3) 재정정책의 원칙

재정원칙을 살펴보면 다음과 같다. 적자재정(budget deficit)이란 정부지출이 조세수입보다 큰 경우를 말하고, 균형재정(balanced finance)은 정부지출과 조세수입이 같은 경우를 말하며, 흑자재정(surplus finance)은 정부지출이 조세수입보다 작은 경우를 의미한다. 케인즈 이전에는 균형재정이 가장 바람직한 것으로 간주했었다. 케인즈는 총수요가 부족할 때 적자재정으로 실업을 해소하고 총수요가 과다할 때는 흑자재정이 바람직하다는 기능적 재정(functional finance)의 원칙을 주장했다. 즉, 경제대공황 때 케인즈의 주장에 따라 각국 정부가 적자재정을 편성하여 불황을 극복하였다. 그러나 경험적으로 이러한 기능적 재정의 결과 정부의 재정적자가 누적되는 예가 많았으며 미국, 유럽 등의 심각한 경제문제를 야기하였다. 이는 한번 늘린 정부의 지출은 다시 줄이기가 어렵기 때문이다. 이에 따라 최근 다시 균형재정 옹호론자의 목소리가 커지고 있다. 왜냐하면 재정적자는 후손의 부담이므로 피해야 할 필요가 있기 때문이다.

(4) 재정정책의 효과

　재정정책의 효과를 살펴보면, 케인지안은 정부지출(주입이므로)이 증가하면 국민소득 증가하고 조세수입(누출이므로)이 증가하면 국민소득이 감소한다며 재정정책의 효과가 크다고 주장한다. 이에 비해 고전학파는 구축효과로 인해 재정정책의 효과가 없다고 주장한다. 여기서, 구축효과(crowding－out effect)란 금융부문을 고려하여 정부지출의 증가에 따른 소득증가가 화폐에 대한 수요를 증가시켜 이자율이 상승하고 이는 투자의 감소를 초래하여 정부지출의 효과가 줄어들게 되는 것을 말한다. 이런 케인지안과 고전학파간의 정부정책의 효과를 바라보는 관점이 다르지만 우리는 실물경제의 메커니즘의 설명을 통해서 이해도를 높이고, 또한 정부 재정정책의 중요성을 강조한 케인지안의 거시경제모형을 도출하여 고전학파의 관점과 차별성을 기술하고자 한다.

2. 실물경제 메커니즘의 이해

(1) 케인즈의 단순소득결정모형

　케인즈는 그간 고전학파에서 주장하던 가격에 의한 시장기구의 자율성에 따른 시장경제의 효율성으로 설명 불가능했던 대공황시기 국민경제에 있어서 총수요[8)]에 대한 역할을 강조하였다. 즉 대공황시기 넘쳐나는 실업자와 기업의 생산물을 수요하려는 사람이 적어 생산시설을 가동하지 못하는 상황에서 총수요가 국민소득의 크기를 결정하는 가장 중요한 역할을 한다고 주장했다. 그 이유는 과잉된 공급 상태에서 그 생산물에 대한 수요가 있을 경우 그 유휴시설물과 노동자를 이용하여 그 주

---

8) 총수요는 국민경제가 생산한 재화에 대한 소비, 투자, 재정지출, 해외부문의 순수요를 합한 것을 말한다.

문에 부응할 수 있기 때문이다. 이런 상황에서 총수요는 어떻게 정해지는지 이해한다면 국민소득이 어떤 과정을 통해 결정되는 지를 쉽게 알 수 있을 것이다. 먼저 케인즈는 아래와 같은 경제 상황을 가정하였다. 물가와 이자율이 고정되어 있는 상황에서 소비, 투자, 정부지출 등 순수요의 합으로 정해지는 총수요결정모형의 합이 총수요를 결정하는 모형이라고 상정하였다. 따라서 총수요는 다음과 같이 표현될 수 있다.

$$Y^D = C^D + I^D + G^D + NX^D \qquad\qquad (2-1)$$

Y^D: 총수요

C^D: 소비수요

I^D : 투자수요

G^D: 정부지출 수요

NX^D: 해외부문 순수요[9]

그러나 위의 식(2-1)은 단지 정의된 식일 뿐이지 총수요를 결정하는 각 수요의 함수 관계를 알아야 비로소 총수요가 어떻게 결정되는지 알 수 있는 것이다. 케인즈는 총수요를 결정하는 요인 중에 가장 큰 요인이 소비수요와 투자수요라고 가정하였다. 이는 둘의 관계를 보면 알 수 있는데 가계측면의 소비수요의 결정은 소득에 의해 제약된다. 따라서 소득이 많을 경우 소비가 많아지게 되고, 소비가 증가하면 기업의 판매량은 증가하기 때문에 투자수요를 늘리게 됨에 따라 고용의 형태로 비용이 다시 가계의 소득부문으로 전이되면서 상호작용을 이루게 되는 것이다. 그러나 대공황 당시 앞서 설명한 바와 같이 유휴설비 및 실업률의 과도한 상태에서 투자수요의 증대는 오로지 가계의 소비수요에 의해 결정될 수 있다고 본 것이다. 그 결과 케인즈는 총수요를 결정하는 가장 중요한 요인은 소비수요라고 하였고, 소비수요는 가처분소득의 증가함수라는 가설을 제시하였다. 그리고 이를 식으로 나타내면 다음과 같다.

---

9) 해외부문 순수요는 수출에서 수입을 뺀 순수출과 같은 의미이다.($EX-IM$)

$$C^D = a + b(Y - T) \qquad 단\ a > 0,\ 0 > b > 1 \tag{2-2}$$

식 (2-2)에서 총소득에서 세금을 제한 금액을 가처분소득으로 놓고, 만약 가처분소득이 0인 경우에도 최저소비수준은 존재하기 때문에 이를 a로 나타낸다. 그리고 b는 계수로써 한계소비성향이라고 불리는데(MPC: marginal propensity to consume) 가처분소득이 변화할 때 총수요에 미치는 영향정도를 나타낸다. 이 b의 값이 0과 1 사이의 값을 가지는 것은 가처분 소득이 증가할 때 그 증가분이 모두 소비로 전환되지 않을 것임을 의미하는 것이다.

투자수요는 이자율과 음(-)의 상관관계를 가지는 함수이다. 그리고 케인즈는 투자수요는 이자율과 함께 장래에 관한 기업가 스스로 가지는 전망에 따라 변화되는 수요라고 하였다. 이런 상황 하에서 처음 가정에서 볼 때, 이자율이 고정되어 있는 것에 대해 투자수요는 기업가의 장래에 대한 동물적 감각에 의한 판단에 따라 정해지는 것이기 때문에 결국 이 투자수요는 외생변수라는 결론에 도달한다. 이를 수식으로 표현하면 다음과 같다.

$$I^D = I \tag{2-3}$$

위에서 설명한 바와 같이 투자수요가 경제변수와 상관없이 기업가의 독립적 판단에 의해 정해진다는 것은 식 (2-3)의 우변에 있는 I가 모형 밖에서 주어지는 외생변수라는 것과 같은 의미로 해석 가능하다. 그 밖의 해외부문의 순수요도 외생적으로 주어지는 것으로 보고 있고, 재정지출과 조세는 정부에 의한 정책변수로 그 값이 주어진다고 보았다. 이상 논의를 정리하면 케인즈의 설명을 따를 때 총수요가 아래와 같아짐을 알 수 있다.

$$Y^D = a + b(Y - T) + I + G + NX \tag{2-4}$$

식 (2-4)를 보면 총수요는 소득의 증가함수이고 기업이 투자수요를 늘리거나 정부가 재정지출을 증가시키고 해외부문의 순수요가 증가하면 총수요는 증가한다는 것을 알 수 있다. 이런 총수요는 결국 국민소득과 그 크기가 같아진다는 케인즈의 주장을 수식으로 나타내면 식 (2-5)가 되고, 따라서 식 (1-4)와 (1-5)를 동시에 만족시키는 값 Y가 균형국민소득이 된다.

$$Y^D = Y \qquad\qquad (2-5)$$

이런 수식을 토대로 균형국민소득의 결정에 대해 식으로 도출해보면 식 (2-5)를 이용하여 식 (2-4)의 좌변을 Y로 대입한 다음 그 식을 만족하는 Y의 값을 구하면 되는데, 다음 식과 같다.

$$Y = a + b(Y - T) + I + G + NX$$
$$(1 - b)Y = a - bT + I + G + NX$$
$$Y = \frac{a + G - bT + I + NX}{1 - b} \qquad\qquad (2-6)$$

그렇다면 과연 상기 균형국민소득 결정모형이 의미하는 바가 무엇인가? 이는 균형국민소득을 결정하는데 영향을 주는 요인이 바로 최소소비수준 a, 투자 I, 재정지출 G, 그리고 순수출인 NX가 증가하면 소득이 증가하게 되고, 조세 T가 증가하면 오히려 균형국민소득은 감소함을 알 수 있다. 위 식을 만족하는 그래프는 아래와 같다.

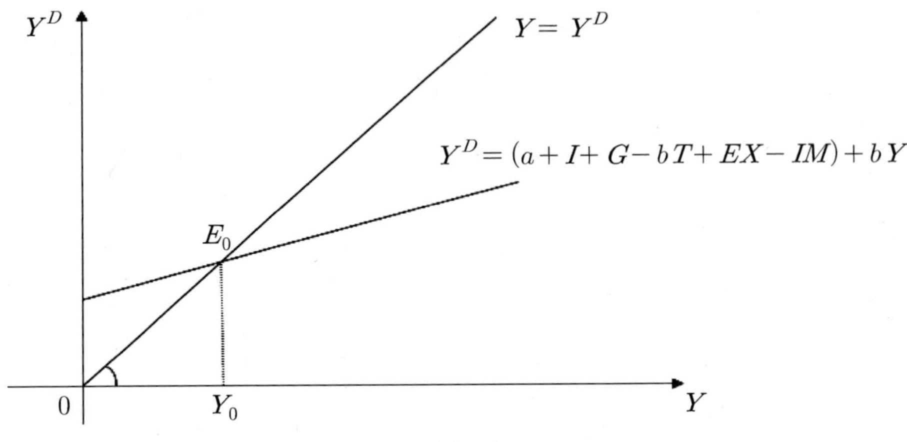

(그림 2-1) 케인즈 단순 교차도표

이제 총수요가 증가하게 될 경우 균형국민소득의 변화를 살펴보도록 하겠다. 케인즈의 모형을 따르면 총수요가 증가하게 될 경우 총수요를 변화시킨 요인의 크기보다 소득의 크기가 더욱 크게 정해짐을 알 수 있다. 이와 같이 총수요의 증가분보다 소득의 증가분이 더욱 크게 나타나는 효과를 승수효과(multiplier effect)라고 한다. 이는 한계소비성향에 의해 결정되어 지는데 한계소비성향의 크기가 클수록, 즉 1에 가까워질수록 승수효과는 더욱 높아진다.

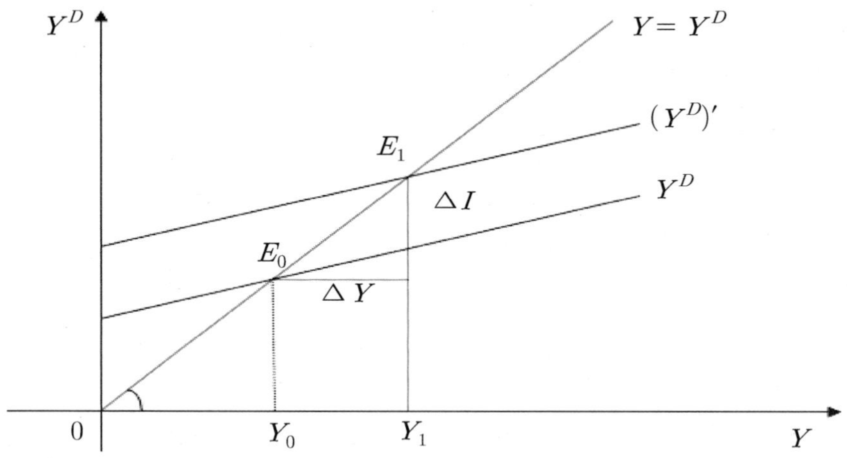

(그림 2-2) 총수요의 평행이동이 승수효과에 의해 더욱 증가된 소득

　(그림 2-2)를 보면 총수요를 구성하는 항목 중 투자수요가 증가하는 경우를 예로 들고 있는데 투자수요의 증가에 의해 총수요의 증가를 일으키고 그로 인해 총수요곡선이 상방평행이동을 한다. 그러면 균형점은 E_0에서 E_1으로 이동하게 되고, 균형국민소득도 Y_0에서 Y_1으로 증가한다. 직관적으로 그림에서 볼 때 투자수요의 변화량보다 소득의 변화가 더욱 크게 나타난다. 식 (2-6)을 통해 보더라도 투자수요의 변화에 따라 한계소비성향의 영향으로 인해 소득의 크기는 더욱 커짐을 알 수 있다. 이런 변화량은 수학적 방식을 사용해보면 알 수 있는데 투자수요의 증가가 소득을 얼마만큼 증가를 나타내는 $\triangle Y/\triangle I$는 $1/(1-b)$의 값을 가진다. 굳이 투자수요에만 해당되는 것이 아니라 오른쪽에 있는 변수인 a, I, G, NX 중 어느 하나라도 증가할 때 그 증가의 크기를 $\triangle Y^D$로 나타낸다면 그로 인한 소득 증가는 $\triangle Y/\triangle Y^D$로 나타나고 이는 $1/(1-b)$와 같다. b는 0에서 1사이의 값을 가지기 때문에 그 값은 항상 1보다 크게 된다. 이런 수식적 내용을 경제학적 의미로 풀어보면 총수요를 구성하는 항목 중 총수요와 정의(+)관계에 있는 변수의 증가는 총수요를 증가시키고, 총수요의 증가는 곧 소득을 증가시키게 된다. 여기서 다시 소득의

증가에 따라 가처분소득의 증가는 소비수요를 b단위만큼 상승시키고 이것이 다시 총수요를 더욱 증가시키게 한다. 이에 총수요가 b단위만큼 증가하면 소비수요는 가처분소득의 증가에 따라 또 다시 b^2만큼 증가한다. 이런 소비수요의 b^2만큼 증가가 다시 소득으로 하여금 b^3만큼 더 증가한다. 이런 일련의 과정이 무한정 반복될 것이기 때문에 각 단계에서 소득증가를 모두 합치면 최종적으로 소득은 다음 식에서 주어진 것만큼 증가하게 되는 결론이 된다.

$$1+b+b^2+b^3+... = \frac{1}{1-b} \qquad\qquad (2-7)$$

위 (2-7)의 식은 $\triangle Y = \triangle Y^D$와 같다. 그리고 식 (2-7)에서 주어지는 b는 한계소비성향으로 나타낸다면 $1-b$는 한계저축성향(MPS: marginal propensity to save)이 된다. $1-b$는 소득이 한 단위 증가했을 때 저축이 증가하는 정도를 나타낸다. 이 한계저축성향을 s로 나타내면 승수효과도 $1/s$로 나타낼 수 있다. 예를 들어 한계저축성향이 0.25라면 승수효과는 4가되고, 0.5라고 한다면 승수효과는 2로 줄어들게 되어버린다. 이처럼 소득의 증가함에 따라 저축하는데 더욱 많이 사용될수록 승수효과의 크기가 줄어들게 됨을 알 수 있는데, 이는 재미있는 시사점을 제공해 준다. 즉 국민들이 증가된 소득을 저축에 다 많이 사용됨에 따라 총수요의 증가가 지니는 승수효과의 크기가 줄어들기 때문에 소득의 증가가 더욱 적게 이루어짐을 말하기 때문이다. 케인즈는 이를 절약의 역설(paradox of thrift)라고 했다. 위와 같은 현상을 역설로 칭한 이유는 저축률이 높을수록 경제성장률이 높아져 국민소득이 더욱 증가한다는 통설과 배치되는 결론을 주기 때문이다.

(2) IS-LM 모형의 도입

위 내용에서는 단순한 케인즈모형을 (물가와 이자율이 고정되어있는 상태) 논하여 보았지만 이제는 금융부문과 화폐부문을 도입함으로써 케인즈모형을 확장시켜 볼 것이다. IS-LM모형에서 여전히 물가는 고정시켜 놓고 이자율은 금융 및 화폐시장의 영향으로 소득과 동시에 모형 내에서 결정된다. 다시 말하면 이 모형에서는 이자율과 소득은 저축과 투자, 그리고 화폐에 대한 수요와 공급이 동시에 균형을 이루는 상태에서 결정된다. 결국 이 IS-LM모형은 이자율이 소비, 투자, 저축 및 화폐에 대한 수요에 영향을 주는 현실을 고려한다는 점과 화폐공급량의 변화가 경제에 대해 미치는 영향에 대해서도 이해를 구한다는 점이 단순 케인즈모형에 비해 더 일반적인 적용성이 크다고 할 수 있겠다.

(가) IS 곡선 도출

앞선 단순 케인즈모형에서는 투자수요는 외생적으로 주어지지만 IS-LM모형에서는 내생적으로 결정된다. 이는 이자율의 변화에 따라 투자수요가 바뀜을 의미하고, 정확히 말하면 투자수요는 이자율의 감소함수이다. 즉 이자율이 증가할 경우 투자수요는 감소하고 이자율이 감소할 경우 투자수요는 증가한다. 이런 조건이 의미하는 바는 이제 IS-LM모형에서 기업의 투자역할이 균형국민소득을 결정할 또 하나의 중요한 요인이 되는 것이다.

기업은 생산물의 판매행위를 할 경우 두 가지 기준에 의해 결정이 된다. 이는 기업이 당초에 계획된 판매량과 실제 판매한 양에 의해서 투자가 결정되는데 만약 실제 판매량 보다 계획된 판매량이 크다면, 즉 재고량이 넘쳐난다면 기업은 생산량을 감소시키기 위해 고용을 감소시킨다. 이런 행위는 실업의 증가로 이어지고 결국 소득은 감소한다. 반면 실제 판매된 양이 계획된 판매량 보다 크다면, 즉 재고량이 부족하다면 생산량을 증가시키기 위해서 고용을 증가시킴에 따라 실업이 감소되는 효과를 유발한다. 이는 결국 소득을 상승시키게 된다. 이를 좀 더 일반화 시켜본다면 균형국민소득결정모형에서 산출물, 즉 소득은 계획된 지출이 실제 지출에 얼마만큼 떨어져 있는가에 따라 지출을 증가시키고 감소시키는 가를 결정하는 메커니즘을 가진다는 것이다. 아래 (그림 2-3)의 그래프를 보면 국민소득인 Y와 계획된 지출 E와 만나는 점에서 균형국민소득이 결정됨을 알 수 있는데, 여기서 실제 판매된 양,

즉 소득이 어디서 결정되는 가에 따라 지출을 늘리고 줄이는 행위를 하여 국민소득이 균형점을 찾아가는 것을 보여준다. 계획된 지출을 구성하는 항목으로는 소비, 투자, 정부지출 수요로 이루어져 있고 균형국민소득은 소득과 계획된 지출이 만나는 점에서 결정된다.

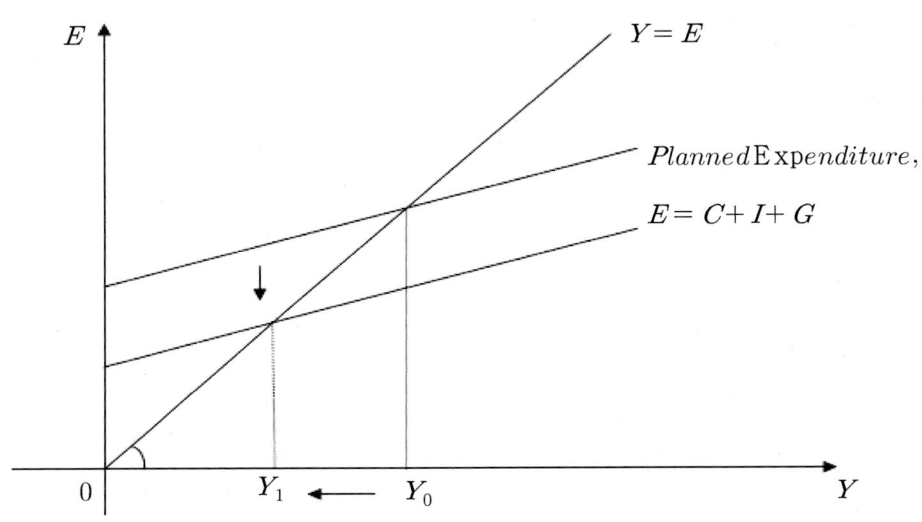

(그림 2-3) 케인즈 교차도표-기업측면

이러한 기본 전제조건[10]을 두고 만약 이자율이 상승할 경우에는 투자수요의 하락을 가져오기 때문에 계획된 지출은 하방평행이동하게 된다. 그로 인해 균형국민소득은 줄어들게 된다. 이와 같은 상황을 그래프로 표현하면 (그림 2-3)과 (그림 2-4)이다. 이 두 개의 그래프를 통해서 투자와 저축이 이자율에 의해 어떤 관계를 가지며 그로 인해 산출량(소득)에 어떤 관계를 가지는 가를 나타내는 IS곡선을 도출할 수 있다.

---

10) the keynesian cross: 케인즈의 교차도표라고 불린다.

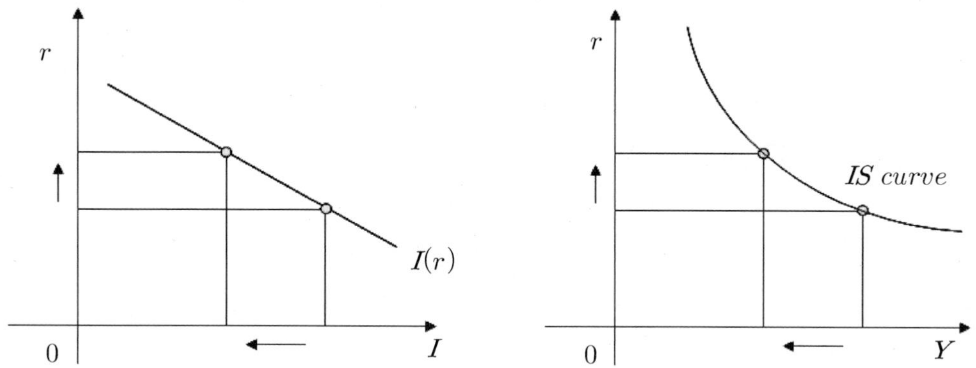

(그림 2-4) 투자함수와 IS곡선

　(그림 2-4)의 그래프를 보면 소득을 결정하는 투자수요는 이자율에 대해 감소함수의 형태를 가진다. 앞에서 승수효과에서 다루었던 것처럼 만약 이자율이 감소할 경우 투자수요는 증가하게 되고 그로 인해 가처분소득의 증대 및 한계소비성향의 변화에 따라 소득은 기하급수적으로 증가한다. 그러나 이자율이 상승할 경우 투자수요의 감소는 저축수요의 증가를 가져오고 그로 인해 한계저축성향에 의해 오히려 소득은 감소하게 되는 특징을 보여주고 있는 것이다.

　이제 IS곡선의 도출을 식으로 재정리해보도록 하겠다. 이 모형에서도 소득은 단순한 케인즈모형에서와 같이 총수요의 크기와 같게 정해진다. 그리고 총수요를 구성하는 항목들 또한 소비, 투자, 정부지출, 해외부문 순수요로 구성되어 있다. 여기서 화폐 및 금융시장의 도입에 의해 이자율은 내생적으로 변화될 여지를 주기 때문에 결국 이자율에 영향을 받는 소비 및 투자 수요 역시 내생적으로 변화하여 총수요에 영향을 준다. 이외에도 정부지출, 해외부문 순수요의 경우 마찬가지로 외생변수로 존재한다. 이 모형에서 소비수요는 가처분소득과 이자율의 함수로써 다음과 같이 정의된다.

$$C^D = C(\underset{+}{Y-T}, \ \underset{-}{r}) \tag{2-8}$$

식 (2-8)이 의미하는 바는 소비는 가처분소득의 증가함수이고, 이자율에 대한 감소함수라고 가정된다. 이는 소득 증가 시 소비도 증가하나 이자율이 증가하면 소비하는 것보다 저축을 함으로써 이자상승 부문만큼 미래의 소득을 기대하기 때문에 소비를 줄이게 되는 것을 말한다. 소비수요 이외에도 투자수요 역시 이자율에 영향을 받는다. 여기서 투자수요는 이자율의 감소함수의 형태를 취하는데 이는 이자율이 투자의 기회비용이 되기 때문이다. 즉, 이자율 상승 시 투자하기 보다는 금융기관에 맡겨두었다면 이자수입을 얻는 것이 더욱 이득이 되기 때문이다. 따라서 이자율이 증가하면 투자수요는 감소된다. 따라서 투자수요함수는 다음과 같이 정의된다.

$$I^D = I(\underset{-}{r}) \tag{2-9}$$

이 모형에서도 재정지출, 순수출은 여전히 외생변수로써 주어져 있다고 본다. 이제 총수요 결정식과 함께 국민소득의 결정식을 도출하기 위해 한 가지 더 고려해야 한다. 그것은 총수요의 크기와 같은 크기로 소득이 정해진다는 것이다. 이점을 고려하여 국민소득 결정식을 다음과 같이 정의된다.

$$Y = C(Y - T, r) + I(r) + G + NX \tag{2-10}$$

한편 국민소득은 소비, 저축 그리고 조세납부에 쓰이기 때문에 다음과 같은 관계가 성립된다.

$$Y = C + S + T \tag{2-11}$$

우선 식 (2-11)을 변형하면 저축은 가처분소득과 이자율의 증가함수임을 알 수 있다. 이는 $S = (Y - T) - C(Y - T, r)$로 표현될 수 있다. 소득이 증가하면 그 중의 일부를 미래에 대한 기대 소득을 위해 저축을 늘리고, 이자율이 상승할 경우 저축시

발생되는 이자소득이 높아지기 때문에 저축을 늘린다는 것이다. 그리고 식 (2-10)은 (2-11)과 서로 같아야 하기 때문에 다음과 같은 관계가 성립될 수 있다. 이는 식 (2-12)와 같다.

$$S(Y-T,\, r) = I(r) + [G-T] + NX \qquad\qquad (2-12)$$

식 (2-12)에서 좌변은 저축함수를 나타낸다. 그리고 식 (2-12)은 외생변수인 재정지출에서 세금을 뺀 재정수지와 해외부문의 순수요가 주어진 상태에서 저축과 투자가 일치하는 점에서 소득과 이자율이 정해지게 된다는 것을 보여준다. 다시 말하자면 저축과 투자가 균형을 이루려면 소득과 이자율이 어떤 관계에 있어야 하는 가를 나타낸다. IS곡선은 결국 이자율이나 소득이 변동됨에 따라 저축과 투자가 균형을 이룬 상태에서 어떻게 다시 소득이나 이자율을 변동시키는 가를 보여주는 셈이 되는 것이다. 예를 들면 소득이 증가했을 경우 저축이 늘어남에 따라 자원을 빌려주려는 사람이 빌리려는 사람보다 많아지기 때문에 이자율이 하락하게 된다. 이자율이 하락해야 저축과 투자의 불균형을 해소하고 균형으로 돌아가기 때문이다. 이처럼 IS곡선은 저축과 투자가 균형을 이룬 상태에서 소득과 이자율간의 감소함수의 형태를 취한다. 만약 투자수요가 이자율에 대해 민감하게 반응한다면 IS곡선의 기울기는 완만해진다. 그리고 IS곡선은 재정지출 또는 수출이 증가하면 오른쪽으로 이동하고, 조세 또는 수입이 증가하면 왼쪽으로 이동한다. 앞서 단순 케인즈 모형에서 보았듯이 외생변수로써의 재정지출이 증가하면 이자율에 변화를 주지 않고 소득이 상승하기 때문에 IS곡선 또한 오른쪽으로 이동하게 되는 것이다. 이런 IS곡선은 실물경제로 대표되는 소득 결정식에서 내생변수로써 작용하여 이자율과 소득의 관계를 규명 짓는 것으로써 실물시장, 즉 생산물시장에서의 균형을 내포한다.

(나) LM곡선

여기서 제시할 LM곡선은 금융 및 화폐시장이 도입됨에 따른 이자율 변동에 영향을 미치는 관계를 설명하기 위함이다. 보다 자세한 내용은 금융정책 부문에서 다루게 될 것이므로 단순한 금융 및 화폐시장의 균형 조건과 이것이 소득과 이자율사이에서 어떤 관계를 보여주는 것인지에 대해서만 설명할 것이다. 통화 공급과 통화 수요의 균형관계를 보여주는 LM곡선을 나타내는 식은 다음과 같다.

$$\frac{M^0}{p} = L(\ r,\ \ Y)$$
$$\phantom{\frac{M^0}{p} = L(\ } -\ \ +$$

(2 − 13)

식 (2−13)의 좌변은 화폐에 대한 수요, 즉 화폐자체에 대한 수요가 아닌 화폐가 가지는 구매력에 대한 수요이다. 화폐가 지닌 구매력은 화폐금액을 물가로 나눈 실질잔고(real balance)로 표시된다. 실질잔고에 대한 수요는 소득의 증가함수이고 이자율에 대해 감소함수이다. 그리고 우변은 화폐공급을 보여준다. 화폐의 공급은 중앙은행의 판단에 따라 정해지는 것으로 가정한다. 종합해보면 실질잔고의 공급량이 주어져 있을 때, 즉 $P = \overline{P}$로 정해져 있을 때, 소득이 증가하면 이자율이 상승하고 이자율이 하락하면 소득이 감소해야만 실질잔고에 대한 수요와 공급이 균형임을 알 수 있다. 따라서 화폐시장의 균형을 보장하는 소득과 이자율은 같은 방향으로 움직인다는 결론을 내릴 수 있으며 (그림 2−5)와 같다. 덧붙여 설명하자면 실질잔고의 공급이 주어진 상황에서 소득이 증가함에 따라 화폐시장에 초과수요가 발생될 때 이자율이 얼마나 상승해야 화폐시장이 균형을 회복하는가를 나타내는 것이다.

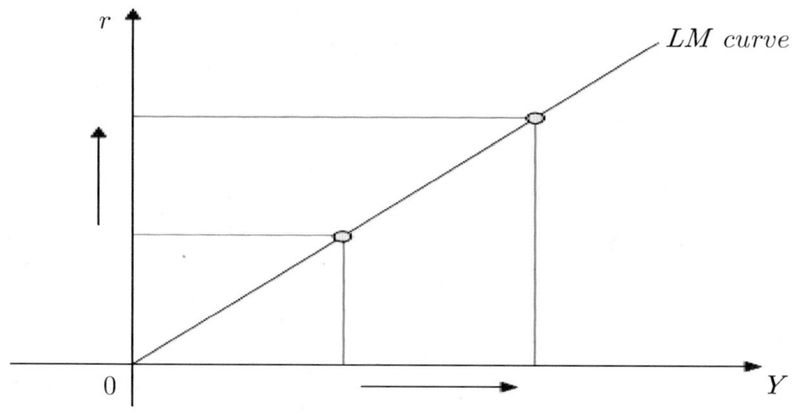

(그림 2-5) 화폐 시장의 균형 곡선 (LM curve)

(다) 총수요곡선 도출

지금까지 알아본 IS-LM모형을 토대로 이제 총수요곡선을 도출해 낼 것이다. 위에서 논의한 바와 같이 IS와 LM은 균형을 이루는 상태에 각각 이자율과 소득의 관계를 보여준다. 재화 및 용역 시장을 보여주는 IS곡선과 화폐시장의 균형을 나타내는 LM시장의 균형점에서 이자율과 총수요가 정해진다. 여기서 유의할 점은 바로 물가가 변화할 때 총수요가 어떻게 달라질 것인가 하는 것이기 때문에 물가를 변화시킨 후 그에 따른 총수요의 변화양상이 무엇인지 공부해 보자.[11] 만약 물가가 감소한다면 이는 화폐시장에 영향을 미친다. 왜냐하면 명목통화가 고정되어 있는 상황에서 물가의 감소는 실질잔고의 공급을 증가시키기 때문이다.

---

11) 여기서 추가 가정은 초기 설정된 물가가 고정되어 있는 점이 변화하게 되며 기대인플레는 0이다. 따라서 피셔방정식에 의한 실질이자율은 명목이자율과 기대인플레의 합으로 나타내는데 기대인플레가 0이므로 실질이자율은 명목이자율과 같게 된다. 그리고 명목통화는 중앙은행의 판단에 의해 정해지고 또한 M^0로 고정되어 있다고 본다.

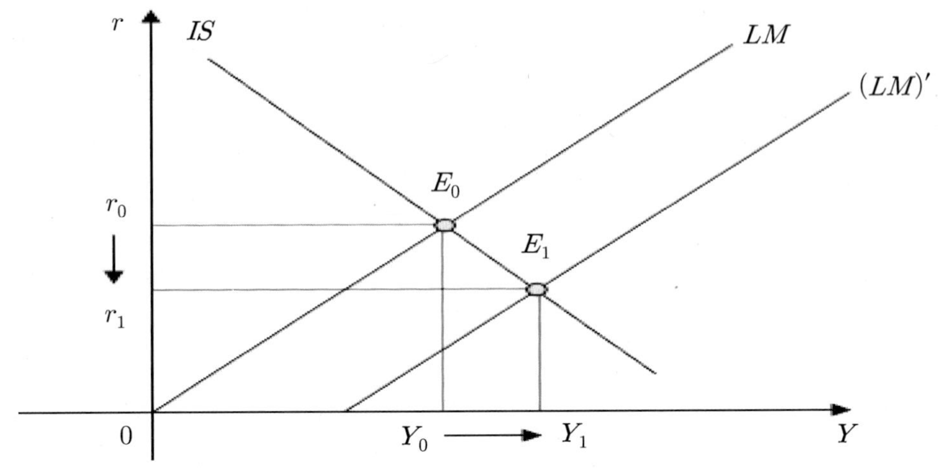

(그림 2-6) IS-LM곡선에서의 LM곡선의 이동

그로 인해 (그림 2-6)에서 LM곡선은 우측으로 평행이동하게 된다. 그 결과 이자율은 하락하고 총수요는 상승하게 된다. 따라서 물가와 총수요는 반대 방향으로 움직인다는 결론을 내릴 수 있다. 이런 관계를 (그림 2-7)로 나타낼 수 있으며 가로축은 총수요, 세로축은 물가를 나타낸다. 그림에서 볼 수 있듯이 총수요와 물가와의 관계는 우하향하는 형태의 곡선으로 그려진다. 이 우하향하는 곡선을 총수요곡선(aggregate demand curve)이라고 부르며 이를 AD곡선으로 표시한다. (그림 2-6)과 (그림 2-7)에서 총수요량의 변화는 같다.

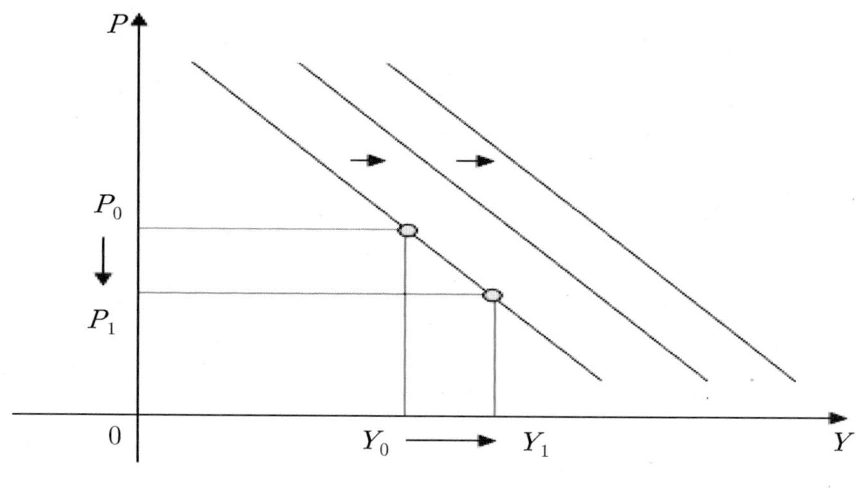

(그림 2-7) 총수요곡선

　　종합해 보면 물가의 변화는 화폐시장에 영향을 미치며 그로 인해 LM곡선이 이동하게 되고, 이는 재화 및 용역 시장을 나타내는 IS곡선과 새로운 균형점을 형성하게 된다. 이런 균형점은 총수요와 이자율의 변화의 관계를 보여주고 있으며, 물가의 변화에 따른 총수요의 변화 방향을 알 수 있는 것이다. 위에서 논의된 것처럼 물가는 총수요와 반대방향으로 움직이며 총수요는 물가에 대해 감소함수의 형태를 가진다.

　　왜 이런 형태를 가지게 될까? 이를 경제학적으로 음미해보면 3가지 효과 때문에 나타난다. 만약 물가가 하락한다면 첫째로 소비의 자산효과가 발생하는데, 이는 물가가 하락하면 실질잔고의 공급량이 증가를 야기한다. 실질잔고의 공급량이 증가하면 각 경제주체들이 원래의 상황에서 최적이라고 판단해 보유하려던 것보다 더 많은 양의 실질잔고를 보유해야 하는 상황이라 인식함에 따라 소비를 증가시키게 되는 효과를 말한다. 둘째로 이자율효과가 발생하는데, 물가가 하락하면 이자율이 하락하게 되고 이에 따라 차입비용이 감소하여 투자지출이 증가하기 때문이다. 마지막으로 환율효과인데 물가수준의 하락은 이자율하락을 동반하고 이는 자국화폐의 실질환율을 절하시키는 작용을 하여 결국 순수출이 증가함에 따라 총수요가 증가하게 된다. 따라서 물가의 하락은 3가지의 효과에 의해 총수요의 증가를 발생시킨다는 결론에 도달한다. 바로 이것이 총수요곡선이 우하향하는 까닭이다.

그렇다면 총수요곡선이 이동할 수 있는 이유는 무엇일까? 먼저 총수요곡선은 물가에 대해 마이너스의 기울기를 갖는다. 그러나 주어진 물가수준에서 다른 변수들도 재화와 서비스의 수요량에 영향을 미친다. 즉 총수요를 구성하는 여타변수들 중에 어느 하나가 변하게 되면 총수요곡선이 이동하게 되는 것이다. 예를 들면 IS곡선과 LM곡선이 만나는 점에서 균형 이자율과 총수요가 결정이 되는데 물가수준의 변동에 따라 이자율의 변화가 총수요의 변화로 이어지는 과정은 총수요곡선 상에서 물가와 산출량과의 관계를 보여주는 것으로써 곡선 상 어떤 한 점에서 다른 한 점으로의 운동에 해당되는 것이지만 재정지출과 같은 변동에 의해 IS곡선의 이동은 곧 바로 총수요곡선에 영향을 미쳐 총수요곡선이 이동하게 된다는 것이다.

(라) 총공급곡선 도출

총공급함수는 그 나라경제가 생산하는 재화와 용역의 총량을 그것에 영향을 주는 요인들의 함수형태로 나타낸 것을 말한다. 총공급곡선은 제대로 이해하기 위해 총생산함수, 요소투입량의 결정, 총생산물과 물가간의 관계를 알아야 한다. 보다 자세한 내용은 거시경제학에서 참고를 하도록 하고 우리가 관심을 가지는 케인즈의 재정정책의 실효성을 판단할 기준이 되는 총공급곡선의 형태에 대한 기본적인 가정과 함께 물가와 어떤 관계를 가지는 가를 알아봄으로써 총수요곡선과 관계하여 재정지출이 이루어졌을 경우 어떻게 총수요 및 소득, 그리고 물가 등을 변화시키는지 알아보도록 하겠다.

케인즈의 총공급곡선은 초단기에서는 수평형태를 띄고 장기로 갈수록 우하향하는 형태로 변화하다 수직선으로 변화한다고 하였다. 케인즈는 대공황의 그 시기를 살며 몸소 체험함으로써 총공급곡선이 중요한 요인으로 여기지는 않았다. 넘쳐흐르는 실업자와 유휴설비가 있는 상황에서 재화 및 용역에 대한 수요만 존재한다면 바로 놀리던 설비 및 노동력을 투입하여 제품을 판매할 수 있기 때문이라고 생각했기 때문이다. 즉 주문만 있다면 즉시 제품을 공급할 환경이 조성되어 있다고 말할 수 있다. 이 경우 재화와 용역의 공급곡선이 수평선을 이룰 것이다. 왜냐하면 수요가 증가하더라도 곧바로 그에 맞추어 생산량이 증가될 것이므로 제품가격이 상승한다는 요인은 없다고 볼 수 있기 때문이다. 또한 총공급곡선이 수평으로 주어진다는 것은 주어진 물가수준 하에서 재화의 공급이 완전 탄력적이고, 이는 수요의 증가는 물가가 고정된 상태에서 생산량만 늘릴 수 있음을 시사한다. 결국 총수요의 변화에 따라 생산량의 증감을 보여줄 수 있을 따름이라는 것이다. 이런 단기적 상황에서 시간이지나면 제품 및 용역, 그리고 생산요소의 수요에 증가를 가져오며, 이는 물가의 상승을 유발한다. 그러나 총공급에 영향을 주는 노동시장 역시 노동공급곡선이 수평[12])이기 때문에 물가의 상승에 따른 실질임금이 낮아짐에도 불구하고 그와 같이 임금이 오르지 않는다면 기업가의 입장에서 더 싼 가격으로 노동력을 가질 수 있으므로 노동에 대한 수요가 증가함에 따라 생산량이 증가를 가져온다고 하였다. 따라서 수평이후 어느 일정기간 동안 총공급곡선은 우상향하는 모습을 가진다. 마지막으로 일정 시점이 되면 그 경제 안에서 완전고용수준에 도달하게 되며, 이는 물가가 올라가도 생산량은 더 이상 늘어나지 않게 되므로 총공급곡선이 수직선이 된다. 이런 위의 가설을 설명하는 총공급곡선은 (그림 2-8)과 같다.

---

12) 노동공급곡선이 수평인 까닭은 케인즈는 노동자들은 임금이 얼마가 되는가가 더욱 중요하며 그 임금이 얼마만큼의 구매력을 가지는 가는 관심이 없다고 보았다. 즉 주어진 임금수준에서 일하고자 하는 사람이 많은 이유를 들며, 경기가 나빠 모두 다 채용이 되지 않더라도 임금을 깎이는 것보다는 차라리 실업자로 남길 바란다고 보았기 때문이다. 그리고 노동 수요자는 기업에 의해 정해지며 기업가는 노동의 한계생산성이 실질임금과 같아지는 점에서 고용을 한다고 하였다.

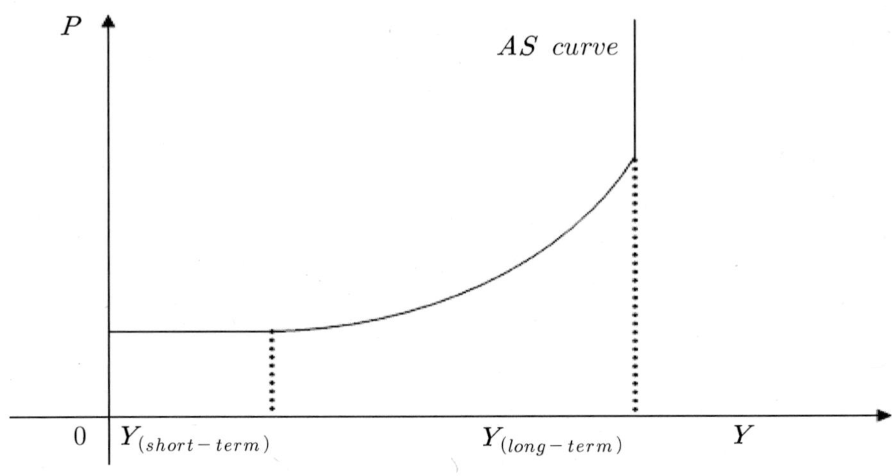

(그림 2-8) 케인즈가설 하에서 총공급곡선

(3) 케인즈모형 하에서의 재정정책

(가) 정부 구입의 변동

정부가 통화량을 조정하거나 조세수준을 변동시키면 기업과 가계의 지출이 영향을 받으며 이에 따라 총수요곡선이 이동한다. 반면에 정부가 재화와 서비스 구입을 위한 지출을 변동시키면 총수요 곡선이 직접적으로 이동한다. 예를 들어, 우리나라 국방부가 군수품제작업체인 X사에 2000억 상당의 군수품 구입을 발주한다고 가정하자. 이 주문으로 인해 X사가 생산하는 제품에 대한 수요가 증가하므로 이 회사는 근로자를 더 고용하고 생산을 늘릴 것이다. 그런데, X사도 우리나라 경제의 일부이므로 이 회사가 생산하는 군수품에 대한 수요가 증가하면, 재화와 서비스에 대한 총수요가 증가한다. 따라서 총수요 곡선은 오른쪽으로 이동한다.

위 예에서 정부가 2,000억 원 상당의 주문을 하면 총 수요곡선은 얼마만큼 이동할까? 승수효과와 밀어내기 효과라는 두 가지 효과 때문에 총 수요곡선의 이동폭은 정부지출의 이동폭과 같지 않다, 구체적으로 승수효과에 의거 총수요곡선이 2,000억

원보다 큰 폭으로 이동할 수 있고, 반면에 구축효과 때문에 총수요곡선의 이동폭이 2,000억 원보다 작을 수 있다. 자세하게 살펴보기로 한다.

1) 승수효과

우리나라 정부가 2,000억 원 상당의 재화를 구입하면 그 효과는 경제의 다른 부문으로 확대 파급된다. 정부지출 증가의 직접적인 효과는 X사의 고용과 이윤의 확대로 나타난다. 이 회사 근로자들의 임금소득이 증가하고 주주들에게 돌아가는 이윤이 증가하면, 이들의 소비지출도 증가한다. 따라서 정부가 재화를 구입하면 다른 기업들이 생산하는 여러 가지 다른 재화와 서비스에 대한 수요도 증가한다. 이와 같이 정부지출이 1원 증가하면 재화와 서비스에 대한 수요는 1원보다 큰 폭으로 증가하기 때문에 정부구입은 총수요에 승수효과(multiplier effect)를 미친다고 말한다.

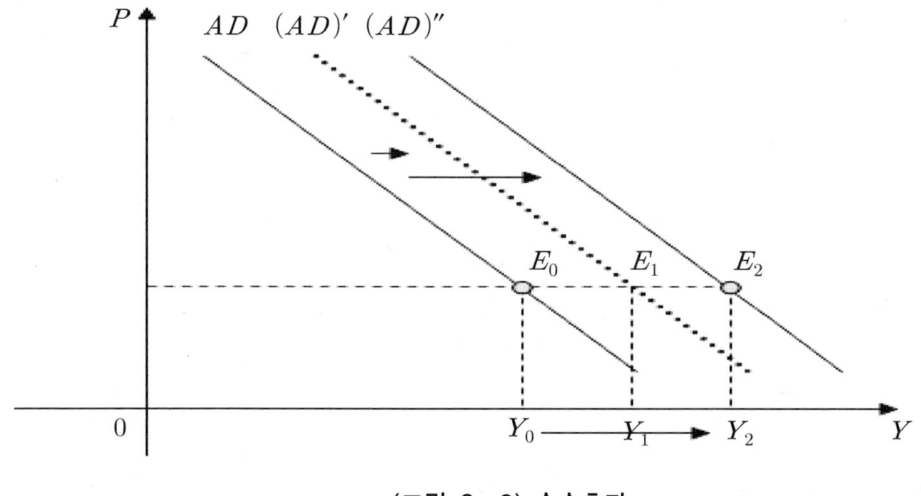

(그림 2-9) 승수효과

이러한 승수효과는 다음 단계에서도 계속 진행된다. 소비지출이 증가하면, 이들 소비재를 생산하는 기업들의 고용이 늘고 이윤도 증가한다. 이들의 근로소득과 이윤배당이 증가함에 따라 소비지출이 다시 증가한다. 이처럼 수요가 증가하면 소득이 늘고, 다시 총수요가 증가하는 상승작용이 일어난다. 이러한 모든 효과를 종합하면 당초 정부가 지출한 금액보다 증가액이 많아지게 된다. 케인즈는 이런 정부지출이 승수효과를 통해 정부지출의 증가분보다 소득의 증가분이 더욱 많아질 것이라고 말한 배경자체가 바로 대공황 상태였다는 것이다. 앞서 케인즈의 가설에 의한 총공급곡선 자체가 수평선의 형태를 가지기 때문에 승수효과가 그대로 다 나타난다고 믿었던 것이다.

2) 구축효과

구축효과(crowding out effect)라 함은 재정지출이 증가됨으로써 민간부문이 차지하고 있던 지출을 밀어내는 효과를 말한다. 이 상황을 조금 더 쉽게 이해하기 위해 한 방에 수용 가능한 인원이 100명이고 출구와 입구는 각각 하나뿐이다. 이런 상태에서 외부에서 어떤 새로운 인원 1명이 입구를 통해서 그 방에 들어가면 자연스럽게 그 방안에 있던 인원 중 1명이 출구로 나올 수밖에 없는 것이다. 이렇듯 구축효과는 일명 밀어내기 효과라고도 한다. 다시 원점으로 돌아가서 구축효과가 어떻게 발생되는지 알아보자. 재정지출의 증가로 인해 IS곡선이 우측으로 평행이동하게 된다. 그래서 새로운 IS곡선과 기존에 존재하고 있던 LM곡선과 만나는 점에서 새로운 점에서 균형이자율과 산출량이 결정된다. 만약 물가수준이 고정되어 있는 상황 즉, 케인즈가 말하는 극 초단기에 공급곡선이 수평으로 놓여 있다면 그로 인해 LM곡선 자체도 수평으로 놓여져 IS가 이동한 만큼의 산출량을 가지겠지만 물가수준이 변동하는 상황을 가정하는 것이 보다 현실적이기에, 그에 따른 이자율의 변화가 나타나게 된다. 이자율의 변화가 있다는 것, 즉 화폐시장(LM)은 이자율이 증가할수록 산출량도 증가하는 형태의 우상향하는 곡선을 가지기 때문에 기존의 IS의 이동에 따른 소득의 증가분이 다시 화폐시장에서의 실질잔고의 공급량에 대한 수요의 증가를 가져옴에 따라 이자율이 상승하고, 그로 인해 투자가 감소함에 따라 감소한 일정 투자분 만큼 소득이 다시 감소하게 되는 효과를 구축효과라 한다. 아래 그래프를 보면 $\triangle G$에 따라 $\triangle Y$의 값은 다음 식 (2-14)와 같이 정의할 수 있다.

$$\triangle Y = (\frac{1}{1-MPC})\triangle G \qquad\qquad (2-14)$$

여기서 MPC는 한계소비성향이다. 식 (2-14)는 재정지출의 변화분에 따른 승수효과의 작용에 의해 변화되는 총소득을 나타낸다. (그림 2-10)에서 볼 때, 원래의 승수효과는 $\overline{Y_1-Y_0}$이 되지만 구축효과 $\overline{Y_1-Y_2}$에 의해서 줄어들게 된다. 그래서 최종 승수효과에 의한 소득 증가분은 $\overline{Y_2-Y_0}$가 되고, 이는 총수요가 변화된 양과 똑같아지게 된다.

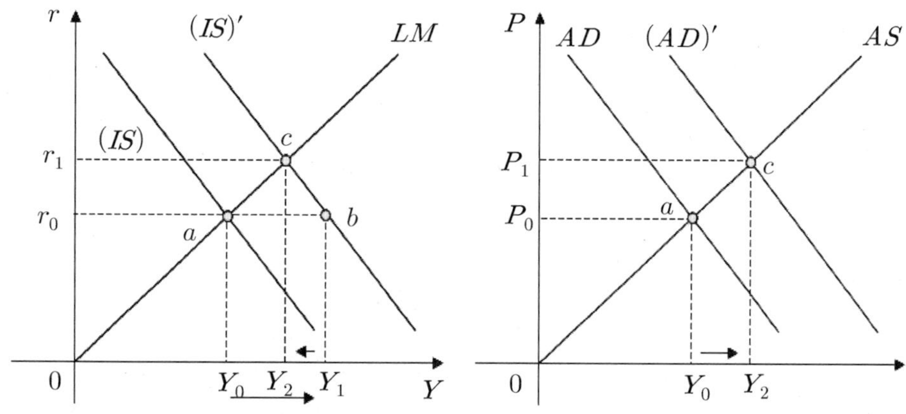

(그림 2-10) 구축효과에 의해 줄어든 승수효과

3) 세금의 변동

정부의 재정정책을 사용하기 위한 수단이 바로 세금을 활용하는 방법이다. 래퍼곡선(Laffer curve)이란 미국의 경제학자 아서 래퍼가 주장한 세금수입과 세율간의 역설적 관계를 그래프로 나타낸 것을 말한다.

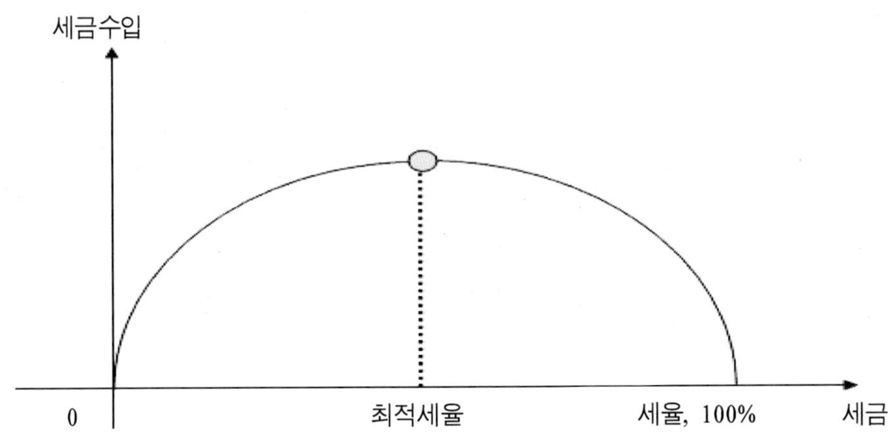

위 그림을 보면 세율이 증가할수록 세금의 수입이 증가하는 모습을 보이다가 최적세율을 넘어서는 시점에서는 오히려 세금수입을 감소하는 모습을 보여준다. 이는 세율이 증가함에 따라 세수도 증가하나 일정 수준 이상으로 세율이 오르면 사람의 근로의욕을 해쳐서 소득이 줄어들기 때문에 세수도 줄어든다는 현상을 보여주는 곡선이다. 즉 높은 세율은 민간부문을 위축시켜 낮은 경제성장을 유발하기 때문에 감세를 통해 이를 극복하자는 것이 그의 주장의 요지였다. 래퍼의 이 같은 주장은 감세를 통해 총공급을 변화시킬 수 있다는 내용의 공급주의 경제학으로 분류된다. 공급주의 경제학자들은 세율인하가 단기적으로 조세수입의 감소와 재정적자를 불러오지만 장기적으로는 기업의 투자와 노농공급을 확대해 조세수입을 증가시킨다고 주장한다. 이때 당시 아서 래퍼와 친분이 있던 레이건 대통령은 공급주의 경제학을 적용시켜 행정부의 감세정책에 반영시켰다. 이들은 세금을 줄임으로써 노동에 대한 동기를 고무시켜 생산을 증가시키고 부를 창출할 필요가 있다고 주장하였다.

이런 재정정책의 도구로써 세금의 변동이 과연 어떤 경로를 통해 총수요를 변화시키는지 보면 우선 정부가 세금을 인하할 때, 앞에 언급된 시차와 관련하여 생각할 필요가 있다. 원래 정부가 의도하는 바는 세금의 인하에 따라 가계의 가처분소득이 늘어나서 소비를 늘리게 된다. 이런 소비의 형태는 일부를 저축하거나 투자를 하고, 나머지 일부를 소비재 구입에 대한 지출의 형태로 이루어지게 되면 총수요곡선을 우향 평행이동 시킴에 따라 총수요를 증가시키게 한다는 것이다. 그러나 정부가 시차의 문제를 보일 경우 일반 소비자 및 기업은 그 정책에 대한 신뢰성을 문제삼게 된다. 그로 인해 세금의 감소가 바로 가계나 기업에게 가처분소득의 증가로 인식되지 못하고[13], 세금이 다시 오를 것을 대비해 저축을 늘리는 행위는 한계소비성향이 줄어들고 한계저축성향이 늘어나는 결과에 따라 결국 승수효과가 줄어들게 되는 상반된 결과를 가지게 된다. 다시 말하자면 세금의 감소분만큼을 저축하게 되면 자원을 빌려주려는 사람이 빌리려는 사람보다 많아지게 됨에 따라 이자율은 하락한다. 이자율 하락은 투자를 일으키기 때문에 IS곡선을 우측으로 이동시키게 된다. IS곡선의 우측이동은 이자율 상승을 다시 유도하기 때문에 이자율 상승은 다시 투자를 감소시키게 되고 그로 인해 원래 기대하였던 총수요의 증가분 보다 적은 결과를 초래하게 된다.

(나) 확장 재정정책

이상 논의 내용을 바탕으로 정부가 확장적 재정정책을 단행할 경우 단기와 장기의 관점에서 논의를 하도록 하겠다. 이를 통해 확장적 재정정책이 단기와 장기에서 어떤 실효성을 가지는 가를 판단해보는 것에 큰 의의를 둔다고 할 수 있다. 확장적 재정정책이 이루어졌을 경우 물가, 소득, 이자율, 투자, 소비, 국가 채무 등이 어떻게 변화하는지 살펴보도록 하자. 우선 정부는 확장 재정정책을 통해 총수요를 증가시킨다는 목표를 가진다고 상정한다.

확장재정정책을 사용하기 위해 우선 정부는 재정지출을 증가시킨다. 재정지출의 증가는 한계소비성향에 영향을 어느 정도 받느냐에 따라 총수요를 증가시킨다. 그리고 재정지출의 증가로 인해 IS곡선이 우향 평행이동 한다. (그림 2−12)에서 보면

---

13) '조만간 세금을 다시 올릴 것이야'라고 생각한다.

IS곡선의 이동으로 이자율과 총수요의 균형점인 A점에서 B점으로 이동한다. 승수효과는 구축효과의 상쇄된 부분만큼 Y^0에서 Y^1만큼 증가되었고, 이자율은 r^0에서 r'만큼 증가되었다. 단기에서 케인즈의 가설에 의해 총공급곡선이 수평선의 형태를 가지기 때문에 IS의 이동만큼 총수요곡선 AD가 이동하면 총소득은 $\overline{Y^1 - Y^0}$만큼 증가한다. 그리고 물가는 아무런 영향을 받지 않아 $P = \overline{P}$로 고정되어 있다. 그리고 소득의 증가로 인해 거둘 수 있는 세금의 양이 많아지게 됨에 따라 국가채무($\downarrow b = g - \uparrow t$)는 감소한다. 이상 종합해 보면 균형국민소득, 이자율, 소비는 증가하고 투자는 감소하며 물가는 변동 없다.

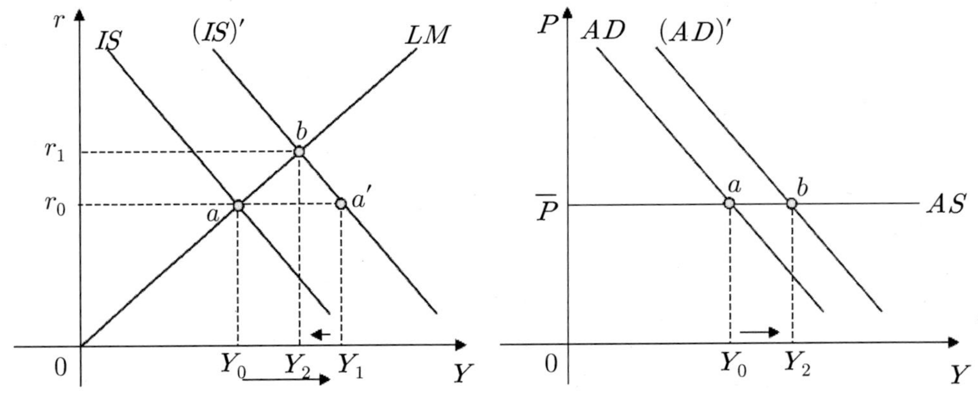

(그림 2-12) 단기 확장재정정책의 효과

이와 상반되게 장기가 되면 고전학파가 주장하는 것처럼 노동시장이 물가에 대해 완전 신축적으로 움직이며, 완전고용상태에 도달해 있기 때문에 물가의 변화가 산출량에 아무런 영향을 줄 수가 없게 된다. 따라서 장기에서는 총공급곡선이 수직선의 형태를 가짐을 인식하며 분석에 들어가 보자. 아래 (그림 2-13)에서 보면 단기에서 이동된 균형점 B점은 총공급곡선의 변화에 따라 AD곡선과 AS곡선이 만나는 점으로 회귀하려고 할 것이다.

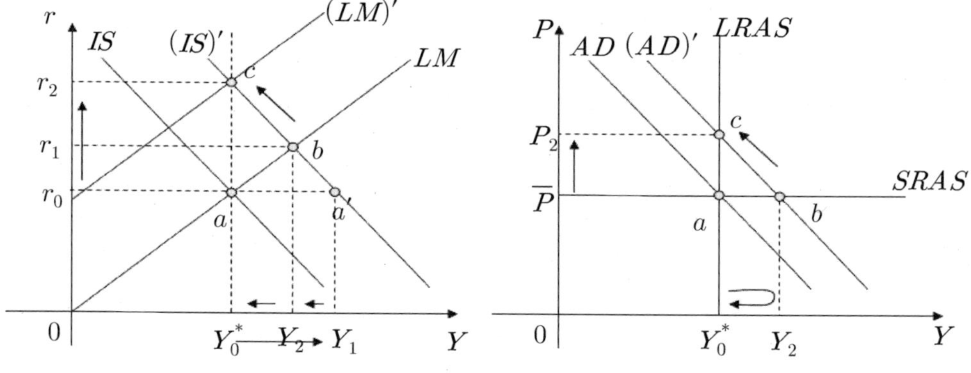

(그림 2-13) 장기에서의 확장재정정책의 효과

그렇게 되면 산출량은 그대로인 상태에서 물가만 상승하게 되는 결과를 가져온다. 이런 물가의 상승은 다시 화폐시장으로 하여금 영향을 주게 되는데, 물가의 상승에 따라 실질잔고의 하락은 화폐의 구매력에 대한 수요를 감소시키게 되고, 그로 인해 LM곡선은 좌향 평행이동하게 된다. 단기에서 균형점이였던 b에서 다시 c로 이동함에 따라 총수요는 원점으로 회귀하게 되고 이자율만 더욱 높아지게 된다. 이런 과정에서 총소득의 감소에 따른 변화량은 0이 됨에 따라 국가 채무를 구성하는 세금에 대해 다시 징수를 줄이게 되고, 그 결과 국가채무는 다시 높아지게 되는데 원래의 국가채무와 같아지는 수준까지 높아진다. 이를 종합해 보면 균형국민소득, 소비, 국가채무의 변동은 없고 물가와 이자율만 상승하며 투자는 단기보다 더 많이 감소[14]하게 된다.

(다) 재정정책이 총수요에 미치는 영향

이상으로 앞에서 한 내용을 종합하여 기술하도록 하겠다. 재정정책은 정부지출 또는 조세에 관한 정부의 결정과 관련되어있다. 재정정책은 장기 저축, 투자, 경제 성장에 영향을 미치고 단기에는 재정정책이 총수요에 영향을 미친다. 그러나 케인

---

14) 이자율이 단기에서 보다 더 많이 증가하였기 때문이다.

즈의 기능적 재정정책 중에 적자 재정정책을 계속 사용한다면 국가의 저축이 낮아지고 동시에 국가채무를 증가시킨다. 이를 감소시키기 위해 정부는 세금을 높이게 될 것이고 이는 국민저축을 감소시키는 결과를 가져온다. 국민 저축의 감소는 대부자금 공급량은 낮추고 균형이자율을 높이게 되는 결과를 초래한다. 이로 인해 투자가 줄어들게 됨에 따라 고용은 감소하고 실업은 증가하게 되어 미래자본축적, 즉 미래성장동력 확보를 하지 못하게 된다. 이런 실업은 또한 생산 및 소득을 감소시키게 되고, 이는 소비를 감소시켜 결론적으로 균형국민소득을 감소시키게 된다.

3. 조세와 소득분배

(1) 조세부담의 전가와 귀착

(가) 조세부담의 전가

조세부담의 전가는 조세가 부담되었을 때, 각 경제주체들이 자신의 경제활동을 조정하여 조세의 실질적인 부담의 일부를 타인에게 이전시키는 현상이다. 이는 조세부담이 법률상의 납세의무자로부터 법률상의 납세의무자가 아닌 타인에게 이전되는 현상을 말한다. 조세 전가의 형태를 보면 전방전가(前轉, forward shifting), 후방전가(後轉, backward shifting)로 대표되며 그 이외에 경전(更轉), 소전(消轉), 상각(償却) 등이 있다. 먼저 전방전가의 경우 생산요소의 공급자로부터 생산자, 도매업자, 소매업자, 최종소비자에 이르는 방향으로 조세가 전가되는 것을 말한다. 후방전가의 경우 전방전가와 반대의 방향으로 조세가 전가되는 것을 말한다. 그리고 그 이외에 경전은 전방전가 또는 후방전가가 각기 연속적으로 일어나는 현상을 말하며 소전은 생산자가 경영합리화나 생산방법의 개선 등에 의하여 부과된 조세액만큼 생산비를 절감하는데 성공함으로써 조세의 실질적인 부담자가 없어지는 현상을 말하며 보통 생산과정에서 발생한다. 마지막으로 상각의 경우 미래의 재산소유자가 부담할 조세를 현재의 재산소유자가 부담하는 현상을 말한다.

(나) 조세부담의 귀착

조세부담의 귀착이란 앞에서 본 조세전가에 의해 조세부담이 최종적으로 낙착되는 현상을 말한다. 이런 조세귀착은 법적 귀착(statutory incidence)과 경제적 귀착(economic incidence)으로 구분 지어지는데 법적 귀착은 법적으로 납부할 책임을 가진 사람이 지게 되는 조세부담을 말하며 형식적 귀착(formal incidence)이라고도 한다. 반면 경제적 귀착은 조세에 의해 실질적으로 소득이 감소하게 되는 사람이 지게 되는 조세부담을 말하며 실질적 귀착(effective incidence)이라고도 한다. 여기서 법적 귀착은 경제적으로 아무런 의미를 가지지 못한다. 왜냐하면 조세는 전가를 통해 최종적으로 낙착되는 귀착이 전가를 통해 타인에게 실질적인 귀착이 이루어졌을 경우에 비록 법적인 귀착의 당사자 보다 실질적으로 조세를 부담해야하는 타인이 부담해야하기 때문이다. 따라서 일반적인 조세귀착에 대한 연구방법은 경제적 귀착에 대한 접근 방법임을 주지해야 한다.

(다) 조세귀착에 대한 접근방법

정부는 조세와 정부지출이 납세자들의 실질 소득의 분배에 어떤 영향을 미치는가에 관심을 갖는다. 그러나 이런 관심에 대한 연구는 다음과 같은 문제점을 가지게 된다.

첫째, 어떤 조세의 귀착을 정확히 파악하기 위해서는 조세제도가 전혀 존재하지 않았을 때 소득분배상태와 비교해야 한다. 그러나 현실에서는 여러 조세제도가 현존하고 있는 상태이기 때문에 이와 같은 정태적 비교분석이 어려운 문제를 안고 있다. 둘째, 정부지출에 있어서 편익이 납세자들 사이에 어떻게 분배되는 가를 파악하기가 용이하지 않은 측면이 있다. 예를 들면 국방이나 교육과 같은 경우 단순히 모든 사람에게 골고루 분배된다고 볼 수 있으나 납세자의 신분이나 소득수준에 따라 실질적인 편익이 분배되는 정도는 다를 경우의 문제점을 갖고 있다. 셋째, 일반균형에 대한 효과를 분석하기 어렵다. 조세제도의 적용 후에 실현되는 거시경제로의 파급효과는 각 변수들 간의 시차문제뿐만 아니라 파급효과에 의해 실질적으로 변화될 소득을 계산하기가 용이하지 않은 문제점을 갖고 있다.

이런 문제점을 감안하여 조세의 귀착에 관한 연구들은 대체로 다음과 같은 세 가지 접근방법을 택하고 있다. 먼저 절대적 조세귀착을 들 수 있다. 절대적 조세귀착(absolute tax incidence)은 정부지출이 변하지 않는다는 가정 하에 어떤 조세가 분배가 미치는 효과를 분석하는 것을 말한다. 이 방법은 간단하다는 장점이 있으나 정부지출이 고정된 상태에서 한 조세의 증가는 자연스럽게 다른 조세의 감소를 유발한다는 점을 간과하고 있다. 즉 어떤 조세의 증가가 정부가 관심 있게 보는 총수요 및 고용 등에 어떤 효과를 가져 오는지 정확히 알 수 없게 된다. 이러한 거시경제 변수의 효과는 다시 소득의 분배에 영향을 미치게 되는 경로를 가지는 데, 이에 대한 설명 역시 부족해지는 문제점을 유발한다. 두 번째는 차별적 조세귀착(differential tax incidence)이 있다. 차별적 조세귀착은 절대적 조세귀착에서 나타나는 가정의 문제점을 보완하기 위해 도입되었다. 즉 정부지출이 변하지 않는 가정을 그대로 둔 상태에서 어떤 조세를 다른 조세로 대체하였을 경우 분배에 미치는 효과를 분석한 결과이다. 이 방법 또한 문제점을 가지는데 이는 분석대상이 되는 조세를 대체하는 기준조세에 따라 조세귀착이 다르게 나타날 수 있다는 것이다. 이 문제를 보완하기 위해 기준조세는 대개의 경우 정액세를 적용한다. 마지막으로 예산 귀착(budget incidence)인데 이는 어떤 조세와 그것에 의한 정부지출을 혼합하여 분배에 미치는 효과를 분석하는 것이다. 이런 방법은 앞의 두 조세귀착의 문제를 해결하기 위한 방법이 될 수 있으나 정부지출이 분배에 미치는 효과를 정확히 파악하기 어렵다는 문제도 내포하고 있다. 이런 방법은 주로 전체 정부예산이 분배에 미치는 효과를 파악하고자 할 때에 사용한다.

(2) 조세귀착의 균형분석

일반적으로 균형분석은 부분과 일반으로 나누어지는데 부분균형분석이란 그 조세가 부과되는 시장만을 고려하는 것을 말한다. 반대로 일반균형분석은 조세가 부과될 경우 전체시장에 미치는 영향을 분석하는 것이다. 본 장에서는 부분균형분석을 이용하여 조세가 시장에 미치는 영향을 분석할 것이다.[15] 이는 조세부과에 따른 시장 내의 조세부담의 분배가 어떻게 이루어지는 가에 대한 논의의 간편함을 추구함으로써 보다 독자들에게 이해도를 높이기 위함이다.

(가) 완전경쟁시장

1) 종량세의 조세귀착

종량세라 함은 재화의 양에 따라 단위별로 부과되는 조세를 일컫는다. 이런 종량세는 소비자나 생산자 중 어느 한 경제주체에 부과될 수 있는데, 결론적으로 어느 쪽으로 조세를 부과하더라도 조세의 귀착은 똑같이 나타난다고 할 수 있다. 먼저 소비자에게 전가되는 경우를 보자. (그림 2−14)를 보면 종량세가 부과되기 이전에 재화 X 에 대한 수요와 공급곡선을 D, S라고 하면 균형가격과 공급량은 각각 P_0, Q_0로 표현된다. 이제 정부가 소비자에게 물건 한 단위 구입에 따른 구입량에 대한 종량세를 T만큼 부과할 경우에 소비자는 주어진 재화의 양에 대한 세금부과 전과 동일한 가격을 지불하고자 할 것이다. 따라서 소비자의 수요곡선은 원래의 수요곡선과 동일하다. 그러나 생산자는 소비자가 지출할 가격에서 세금을 뺀 만큼 받게 되므로 생산자가 직면하는 수요곡선은 종량세 T만큼 하방 평행이동한 수요곡선인 D'가 된다. 이때 새로운 균형가격과 산출량은 각각 P_D와 Q_1이 된다. 따라서 조세 T에 대하여 소비자는 (P_D-P_0)만큼이 전가되고, 생산자는 (P_0-P_S)만큼이 전가된다. 게다가

---

15) 보다 자세한 내용은 재정학이나 공공경제학에서 다루고 있다.

생산량은 Q_0에서 Q_1으로 줄어들었음을 알 수 있다.

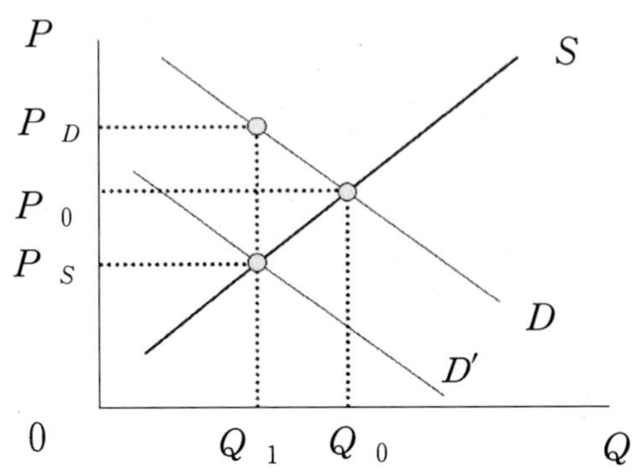

(그림 2-14) 종량세 부과 후 조세귀착 (소비자)

이제 반대로 종량세가 생산자에게 부과된 경우를 살펴보자. 먼저 위와의 기본 전제조건은 동일하다고 가정하고, 틀린 점은 종량세가 생산자에게 부과되었다. (그림 2-15)에서 보면 종량세 T가 부과되면 생산자는 자신이 원래 받을 수 있던 생산자가으로 계속 받기를 원하기 때문에 공급곡선은 원래의 S에서 T만큼 평행이동한 S'가 된다. 그리고 새로운 균형가격과 산출량은 역시 P_D와 Q_1가 되고 조세 T에 대해 소비자에게로 $(P_D - P_0)$만큼이 전가되고, 생산자에게는 $(P_0 - P_S)$만큼이 전가된다.

따라서 (그림 2-14)나 (그림 2-15)에서와 같이 종량세가 소비자나 생산자 중 어느 누구에게 부과되는 것과는 상관없이 동일한 결과를 보여줌을 알 수 있다. 다시 말하면 소비자에게로의 귀착은 $(P_D - P_0)$만큼이 될 것이고, 생산자로의 귀착은 $(P_0 - P_S)$만큼이 될 것이다.

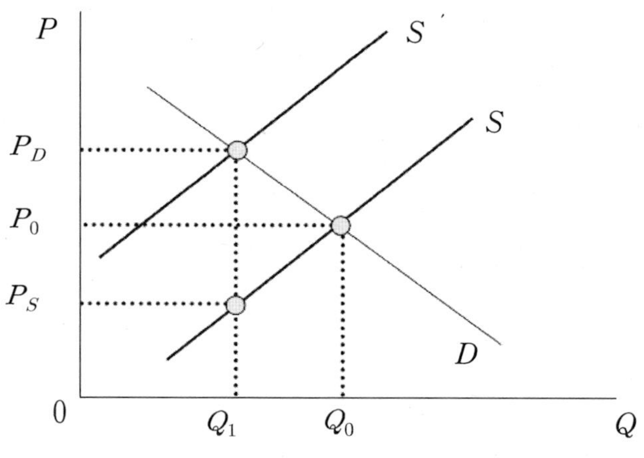

(그림 2-15) 종량세 부과 후 조세귀착 (생산자)

여기서 독자들은 한 가지 의문이 들 것이다. 그렇다면 과연 조세귀착이 동일하게 생산자와 소비자에게 부과 될 것인가? 아니면 누구에게 더 많이 전가되는가? 결론은 그래프를 잘 보면 알 수 있겠지만 재화의 특성에 따라 틀려진다고 할 수 있다. 예를 들어 재화가 필수재화와 같이 공급자와 관계없이 소비자가 그 재화를 수요 하는데 있어서 완전 탄력적인 경우 종량세가 누구에게 부과됨에 관계없이 생산자가 부담하게 되어있다. 다음 (그림 2-16)을 잘 보면 수요자나 공급자의 가격 탄력성이 큰 쪽이 크지 않은 쪽보다 조세부담을 덜 하게 된다는 것이다. 따라서 소비자로의 귀착은 다음 식으로 나타낼 수 있다. 세금을 T, 소비자 가격을 P_D, 수요의 가격 탄력성을 ε, 그리고 공급의 가격탄력성을 η 이라 하면, 세율이 변할 때 소비자 가격의 변화는 식 (2-15)과 같다.

$$\frac{dP_D}{dT} = \frac{\eta}{\varepsilon + \eta} \qquad\qquad (2-15)$$

식 (2-15)에서 볼 때 조세의 변화량에 따른 소비자 가격의 변화량을 나타내고 있는데 이는 수요의 가격탄력성 ε이 완전 탄력적으로 기울기가 무한대와 같다면 dP_D/dT는 0이 되기 때문에 공급자가 모든 조세부담을 하게 된다. 반대로 가격탄력성이 완전 비탄력적인 경우 dP_D/dT는 1이 되기 때문에 수요자가 모든 조세를 안게 된다.

조금 더 이해를 돕기 위하여 그래프를 이용하여 설명하도록 하겠다. (그림 2-16)에서 볼 수 있듯이 (ⅰ)의 그래프는 수요의 가격탄력성이 0인 경우 생산자에게 세금이 전가되면 공급곡선은 조세만큼 좌향 평행이동하게 되고, 그로 인해 소비자가 부담해야하는 조세는 $(P_D - P_0)$가 되고 생산자가 부담해야 하는 조세는 $(P_0 - P_S = 0)$이 된다. 따라서 조세부담은 소비자가 모두 하게 되는 것이다. 반대로 (ⅱ)와 같이 수요곡선이 가격에 완전탄력적이라서 수평형태의 직선을 가진다. 그리고 마찬가지로 조세는 생산자에게 부과 되었을 경우 공급곡선은 조세부과분 만큼 좌향 평행이동하게 된다. 그리고 소비자가 부담해야 하는 조세는 $(P_D - P_0 = 0)$이 되고 생산자가 부담해야 하는 크기는 $(P_0 - P_S)$로 생산자가 모든 조세부담을 하게 된다.

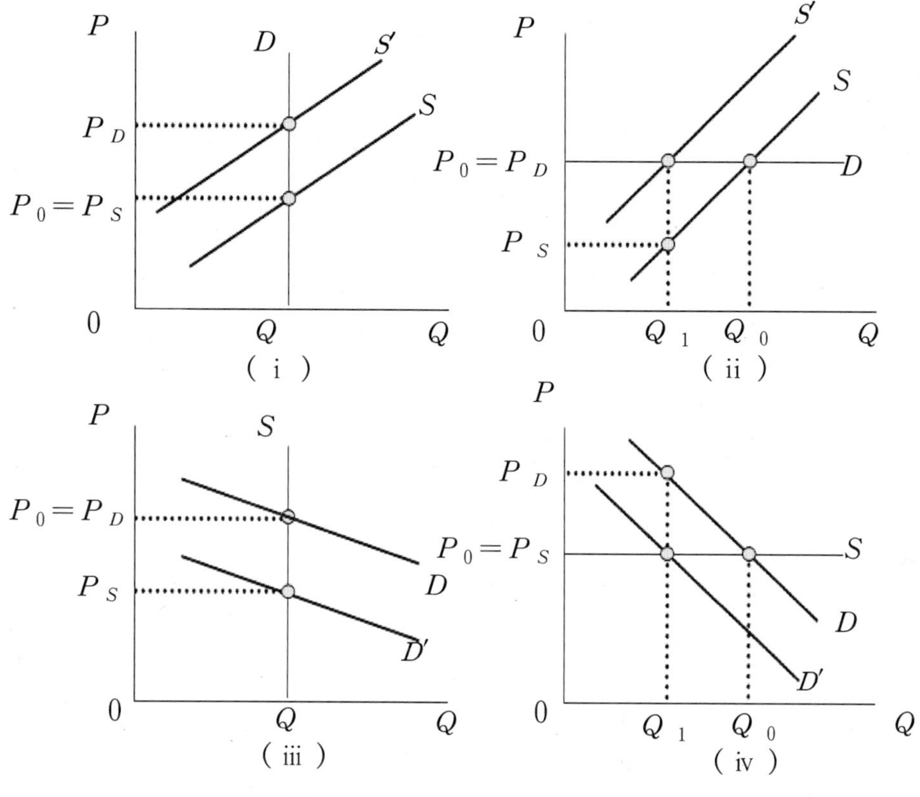

(그림 2-16) 탄력정도에 따른 종량세의 귀착

2) 종가세의 조세귀착

종가세의 경우 종량세와 달리 재화의 가격에 따라 부과되는 조세이다. 가격에 따라 세금이 부과되기 때문에 앞에서 본 종량세와 달리 종가세의 경우 조세 부과에 따른 수요 및 공급곡선이 이동 시에 평행이동을 하지 않는 다는 점만 틀리다. (그림 2-17)을 보면 (i)과 (ii)의 경우 각각 소비자와 생산자에게 종가세가 부과될 경우를 나타낸 그래프이다. 결과는 종량세와 마찬가지로 소비자에게 부과 혹은 생산자에게 부과되던지 아무 상관없이 조세부담은 동일하게 나타난다. 그리고 누가 더 많은 조세부담을 하는 가에 대한 질문 역시 위 종량세와 동일하다.

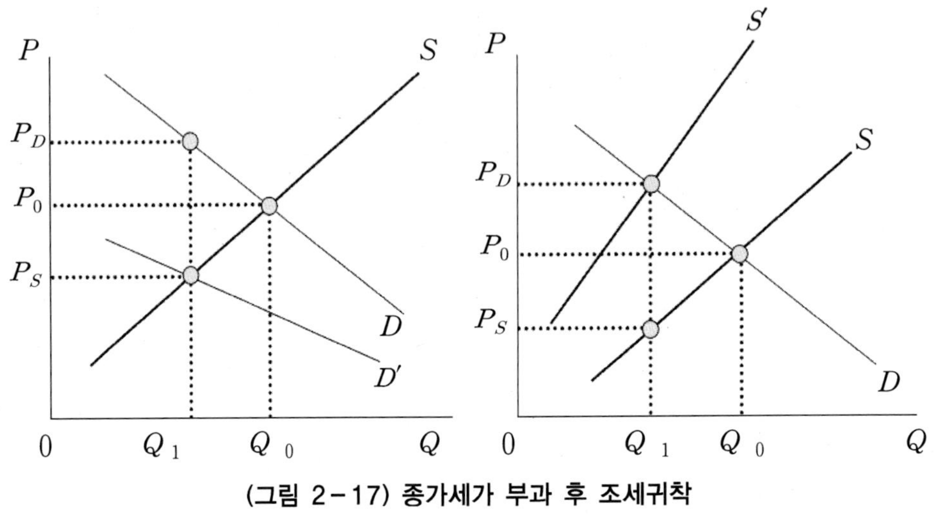

(그림 2-17) 종가세가 부과 후 조세귀착

(나) 독점시장

독점시장도 앞에서 본 경쟁시장과 마찬가지로 적용하여 분석하면 된다. 즉 독점시장의 경우 경쟁시장과 다른 이윤극대화 체계를 갖고 있다는 점만 빼고 똑같이 적용할 수 있을 것이다. 즉 완전경쟁에서는 $P=MC=MR$의 이윤극대화 조건이었다면 독점시장에서는 $P>MC=MR$의 이윤극대화 조건을 적용하면 된다. (그림 2-18)을 보면 독점시장의 그래프를 볼 수 있다. 이 독점기업은 $MC=MR$인 점에서 산출량을 결정한다. 그리고 이 기업의 총수입은 $\square P_0 A Q_0 0$이 되고, 총비용은 $\square P_{AC} B Q_0 0$가 된다. 따라서 이 기업의 초과이윤은 $\square P_0 A B P_{AC}$가 된다.

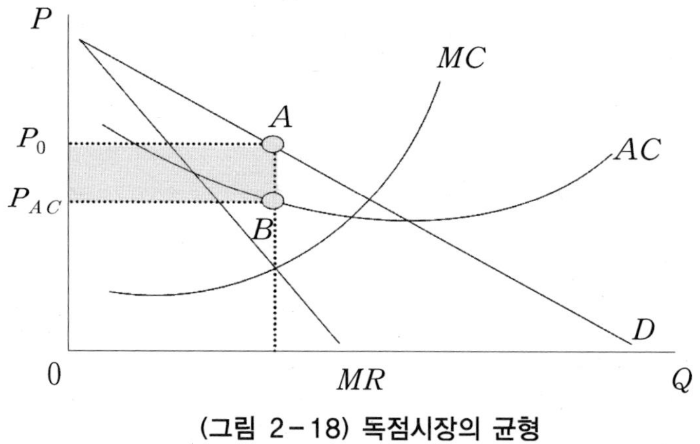

(그림 2-18) 독점시장의 균형

여기서 종량세 T가 소비자에게 부과될 경우 기업이 직면한 수요곡선을 본래의 D에서 D'로 좌향 평행이동 시킨다. 그로 인해 이 기업의 한계수입 곡선 또한 수요곡선이 이동한 만큼(조세가 부과된 만큼) 좌향 평행이동을 하게 된다. 이 기업은 새로운 한계수입 곡선인 MR'와 한계비용 MC곡선이 만나는 점에서 균형 산출량을 결정하고 가격은 기업이 직면한 수요곡선 위에서 결정된다. ($P > MC = MR'$) 또한 이 가격은 소비자의 지불용의 가격이기도 하다.($P = P_D$) 그리고 생산자가 부담할 가격은 P_S가 된다. 이를 그림으로 나타내면 (그림 2-19)와 같다.

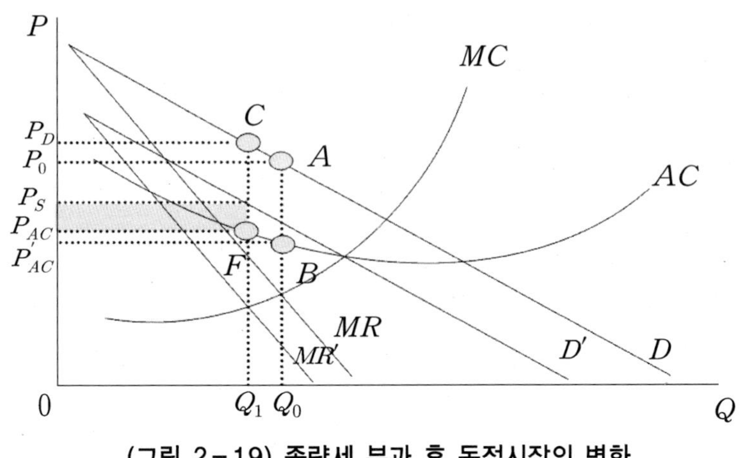

(그림 2-19) 종량세 부과 후 독점시장의 변화

따라서 종량세가 부과될 경우 독점시장에서는 생산량은 $Q_0 - Q_1$만큼 줄어들게 되고, 세금을 포함한 소비자의 지불가격은 ($P_D - P_0$)만큼 증가하며, 생산자가 받을 수 있는 가격은 ($P_0 - P_S$)만큼 내려간다. 그리고 독점의 이윤은 (그림 2-18)과 (그림 2-19)를 비교해보면 줄어들게 됨을 알 수 있다.

4. 조세와 효율성

조세는 소비자나 기업들의 선택의 문제에 직면하였을 때, 이런 선택이 경제적 결정으로 이어지는 과정을 왜곡시킴으로써 초과부담을 야기시킨다. 따라서 최선의 조세는 가능한 이런 초과부담을 최소화 시켜야 한다는 것이다. 결국 조세와 효율성에서 추구하는 목적은 과연 초과부담이란 무엇인가? 그리고 초과부담은 왜 발생하는가? 마지막으로 물품세에 대한 초과부담은 어떻게 되는가에 대한 해답을 찾아보려고 한다.

(1) 초과부담의 정의

초과부담은 조세가 징수되는 과정에서 납세자들이 실제로 지게 되는 부담의 크기[16]는 일반적으로 세금으로 납부한 것보다 더 큰 것이라는 것이다. 이런 결과가 나오게 되는 것은 조세가 민간부문의 의사결정을 교란해 발생하는 효율성의 상실이 납세자로 하여금 추가적인 부담으로 이어지는 메커니즘을 가지기 때문이다. 이 추가적 부담을 초과부담이라고 하며, 또 다르게는 자중손실 혹은 후생비용이라고 하기도 한다.

한편 이런 초과부담에 대한 접근 방법은 크게 2가지가 있는데, 하나는 어떤 특정한 조세를 고려 대상으로 삼아 그것이 부과될 때 발생하는 초과부담을 이론적 측면과 실증적 측면에서 분석하는 접근 방법이 있다. 초과부담에 대한 대부분의 연구가 이 접근법을 사용한다. 또 다른 하나는 한 나라의 조세제도 전체를 고려 대상으로 삼아 이것으로 인해 발생하는 초과부담의 크기를 재는 접근방법이 있다.

(2) 초과부담의 발생원인

조세가 초과부담을 일으키게 되는 것은 조세의 부과로 인해 효율적 자원배분의 조건이 충족될 수 없기 때문이다. 예를 들어 어떤 제품에 물품세가 세율이 T_x만큼 부과되는 경우를 가정하자. 이로 인해 각 경제주체들이 자신의 이익을 고려해 의사결정을 한 결과는 $MRS_{xy} = (1 + T_x)MRT_{xy}$의 관계가 성립하게 된다. 이렇게 되면 한계대체율과 한계생산변환율 사이에 괴리가 생겨 자원의 효율적 배분의 조건이 충족되지 못한다는 것은 자명한 사실이다. 이에 대한 정확한 이해를 돕기 위해 우리는 자원의 효율적 배분에 대한 전제조건을 상기해보자.

---

16) 납세자의 효용이 상실된 정도를 뜻한다.

$$\frac{P_x}{P_y} = \frac{MC_x}{MC_y}$$

$$MRS^A_{xy} = \frac{P_x}{P_y} = MRT_{xy} \tag{2-16}$$

위 식 (2−16)는 파레토 최적 조건을 나타낸다. 여기서 T_x만큼의 세율이 부과될 경우 소비자는 가격이 물품세가 포함된 가격인 $(1+T_x)P_x$로 인식하게 된다. 한계대체율은 P_x/P_y이기 때문에 조세가 부과된 후 한계대체율은 다음과 같이 변화를 통해 효용극대화를 추구한다.

$$MRS_{xy} = \frac{(1+T_x)P_x}{Py} \tag{2-17}$$

위 식 (2−17)은 식 (2−18)과 같이 변형될 수 있다.

$$MRS_{xy} = (1+T_x)\frac{P_x}{P_y} = (1+T_x)MRT_{xy} \tag{2-18}$$

식 (2−18)에서 보면 한계대체율과 한계생산변환율 사이에 괴리가 생겨 자원의 효율적 배분조건을 충족시키지 못함을 알 수가 있는 것이다. 결국 이러한 조세의 부과에 따른 초과부담의 발생은 결국 사회적 후생을 감소시키는 효과를 가지고 온다.

(3) 초과부담의 효과

조세부담에 따른 초과부담의 효과를 사회적 후생을 이용하여 분석해보자. 먼저 초과부담을 설명하기 위해 하나의 재화 X 에 종량세가 부과되는 경우를 살펴보도록 하자. 이 종량세는 법적 귀착이 생산자에게 낙착되어 있다고 가정한다면 다음

(그림 2-20)과 같이 나타난다.

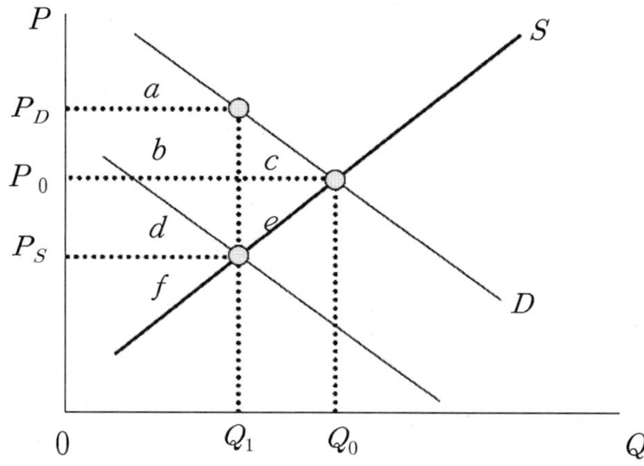

(그림 2-20) 종량세가 부과된 경우 초과부담 효과

    종량세가 부과되기 전의 균형가격과 산출량은 P_0, Q_0 이다. 종량세 부과 후 소비자에게 전가된 부분은 $(P_D - P_0)$이고 생산자에게 전가된 부분은 $(P_0 - P_D)$가 된다. 이제 사회적 후생측면에서 초과부담을 설명하기 위해 종량세가 부과되기 전 사회적 후생부분은 $(a+b+c+d+e+f)$이었다. 이중에 소비자 후생은 $(a+b+c)$가 되고, 생산자 후생은 $(d+e+f)$가 된다. 그러나 종량세가 부과되고 난 뒤에는 소비자 후생은 $(a+b+c)$에서 (a)로 바뀌고 생산자 후생은 $(d+e+f)$에서 (f)로 바뀐다. 그리고 정부의 조세수입이 $(b+d)$가 된다. 따라서 종량세 부과 후 총 후생의 변동은 종량세 부과 전 총 후생 정도와 비교해보면 알 수가 있다. 종량세 부과 전과 후를 비교해보면 $(a+b+c+d+e+f) - (a+b+d+f) = (c+e)$가 된다. 여기서 $(c+e)$는 후생 감소분이다. 이 감소분은 사회적으로 볼 때 조세의 도입에 따르는 자중손실 또는 초과부담이 되는 것이다.

(4) 초과부담의 측정

이런 초과부담에 대해 하버거(Harberger, 1964)는 수식을 이용하여 초과부담을 측정할 수 있는 방법을 고안하였다. 분석의 편의를 위해 먼저 공급의 가격탄력성은 완전탄력적이라고 가정한다. 따라서 공급곡선은 수평선의 형태를 가진다. 이 경우 생산자에게 종량세 T 만큼 부과를 하면 공급곡선은 T 만큼이 상향 평행이동을 하게 된다.

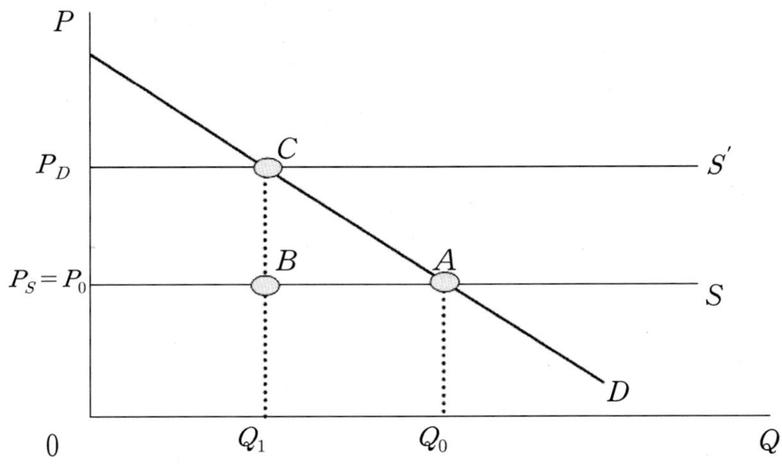

(그림 2-21) 하버거의 삼각형

초과부담은 (그림 2-21)에서 알 수 있듯이 △ABC가 됨을 알 수 있을 것이다. 그리고 여기에서 주어지는 수요곡선은 보상수요곡선임을 가정한다. 그 이유는 일반 수요곡선일 경우 세금부과에 따른 상대가격의 변화 시 소득효과에 의한 실질소득의 변화를 제거함으로써 진정한 수준의 후생변화를 측정하기 위함이다. 이제 초과부담을 식으로 표시해보면

$$초과부담 = -\frac{1}{2}tP\triangle Q$$

$$= \frac{1}{2}t(-\frac{\triangle QP}{\triangle PQ})Q\triangle P$$

$$= \frac{1}{2}t^2\epsilon_p S \qquad\qquad (2-19)$$

여기서 t는 세율이고, ϵ는 수요의 가격탄력성($\epsilon_p = -\frac{\triangle QP}{\triangle PQ}$)을 나타내고, S는 $P \times Q$로써 거래액을 나타낸다. 그리고 $\triangle P$는 $t \times P$이다. 이 식으로부터 우리는 다음과 같은 사실을 알 수가 있다. 먼저 초과부담은 ①세율, 보상 수요의 가격탄력성, 상품의 거래액이 커질수록 더욱 커진다. 그리고 ②극단적으로 수요의 가격탄력성이 0인 경우에는 종량세 부과에 의한 가격 상승이 수요량에 아무런 변화도 가져오지 않게 되고 따라서 초과부담도 0이 된다. ③세율이 증가할수록 초과부담은 세율의 제곱에 비례하여 커진다. ④일정한 조세수입을 얻는 과정에서 발생하는 초과부담이 클수록 상대적으로 비효율적이라고 말할 수 있다. ④와 관련하여 비효율성을 구체화시켜 표현한 것이 비효율성계수(coefficient of inefficiency) 또는 효율성상실률(efficiency-loss ratio)인데, 이는 초과부담을 조세수입으로 나눈 비율로 구해진다. 식 (2-19)의 우변을 조세수입 ($=tPQ$)으로 나누어 다음과 같은 비효율성계수를 구할 수 있다. 비효율성계수는 세율과 보상수요의 가격탄력성에 따라 비례적으로 커지는 특징을 보인다.

$$비효율성계수 = \frac{1}{2}t\epsilon_p \qquad\qquad (2-20)$$

이렇듯 조세의 부과에 따른 초과부담은 사회적 후생손실을 수반하게 된다. 이런 사회적 후생손실을 수반함에도 불구하고 조세제도의 이점을 다분하게 퍼져있다. 재정정책을 사용하기 위한 도구로써 조세제도가 가장 보편화 되어 있고, 이를 통해 사회복지 수준 향상 및 앞에서 본 것처럼 조세제도를 통한 사회안정화기능 측면에서도 탁월한 역할을 수행하고 있다. 지금까지는 조세제도의 정의 및 개념을 비롯하여 조세부담 시 소득분배, 효율성의 측면에서 이론적 측면에서 논의를 하였다.

5. 우리나라의 재정정책

(1) 정책개요

개방화, 자유화, 국제화 시대에 있어 재정 및 공공정책이 갖는 중요성과 실효성이 날로 커지고 있다. 통합예산기준으로 중앙정부에서만 연간 200조원에 달하는 예산을 어떻게 조달하여 어떻게 쓰는가라는 문제만큼 현실적으로 중요한 경제정책문제는 별로 없을 것이다. 국가의 재정을 제대로 운용하는 것은 나라를 제대로 경영하는 것과 같은 문제이다. 1997년의 경제위기 이후 급격한 경기변동과 구조조정과정에서 재정은 자금 지원면에서 구조조정을 뒷받침하고 사회 안정을 유지하는데 중요한 역할을 수행해 왔다고 할 수 있다. 상대적으로 건전하게 진행되어 왔던 재정부문의 뒷받침이 없었다면 1997년의 위기상황을 극복하는 것은 거의 불가능하였을 것이다. 그러나 이런 구조조정 속에서 재정의 건전성도 상당히 악화되었고, 최근에는 국가 채무 잔고도 빠르게 증가하고 있다. 금융산업구조 조정을 위해 막대한 규모로 투입된 공적자금의 상당부분은 재정부담으로 귀결되었다.

현재 우리나라 재정정책의 방향 설정은 다음과 같은 면에서 중요한 의미를 가진다. 먼저 재정건전성의 유지와 국가채무의 적절한 관리문제이다. 구조조정 및 실업대책 등에 많은 재정자금이 투입되었고, 또한 사회복지에 대한 수요가 급격히 늘어나면서 우리의 성장 잠재력을 확충하는 공공투자는 위축될 수밖에 없었고, 이를 정상화시키는 과제도 우리 경제의 지속적인 성장을 위해 중대한 문제이다. 또한 경제의 성장잠재력을 회복해야만 재정건전화를 이룰 수 있다.

(2) 연대별 정책집행 내용

개발연대 이래 최근에 이르기까지 우리나라 재정운용의 주요형황과 특징 및 그에 대한 평가를 재정수지·국가채무·재정규모·재원배분·조세부담률 등 주요 재정지표들을 살펴보면 다음과 같다.

통합재정수지는 1970년대 이래 80년대 전반까지 적자기조를 지속했다. 세입기반이 충분히 확보되지 못한 상황에서 경제개발을 위한 재정투자가 지속되었고, 이는 GDP의 2～5% 수준에 이르는 재정적자를 초래했다. 개발연대에는 이러한 재정적자와는 별도로 금융자금에 의한 정책금융 또한 경제개발을 위한 지원금으로 활용되었다. 그러나 1980년대에 들어서 물가안정을 위해 강력한 긴축정책이 시행되면서 재정수지는 크게 개선되기 시작했다. 90년대 들어 경제위기 전까지 대체로 균형기조의 재정운용이 이루어졌다. 97년 경제위기 이후 이를 극복하는 과정에서 재정수지가 크게 악화되었다가 최근에는 다시 거의 균형기조에 가깝게 운용되고 있다.

1997년 경제위기 이후 가장 두드러진 변화를 보인 재정지표는 국가채무이다. 지방정부채무를 포함하는 국가채무는 1997년 말에 60.3조원으로 GDP의 13.3%에 불과했으나 경제위기를 극복하는 과정에서 국가채무규모가 급증해 2006년 말에는 282.8조원 수준에 이르렀다. 이는 2006년 우리나라의 GDP 대비 국가채무의 비중이 33.4%수준에 달한다. 경제위기 극복과정에서 재정적자와 국가채무가 늘어나서 그동안 유지했던 재정건전성이 상당히 훼손된 것은 분명하지만 다른 국가들과 비교해 보면 아직까지는 상대적으로 재정건전성을 유지하고 있다고 판단된다.

우리의 재정규모는 1975년에 2.2조원 수준에서 2006년에는 205.9조원 수준(예산기준)으로 비약적으로 증대되었다. 그러나 같은 기간에 경제의 경상규모도 비약적으로 증가했기 때문에 GDP에 대한 상대적 비중은 21.2%에서 23.9%로 소폭 상승했다. 경제규모증가 속도에 비하면, 그리고 그에 따른 재정수요의 증가요인에 비하면 우리의 재정규모가 그렇게 빠르게 증가한 것은 아니다. 2006년 12월 집계한 국가 전체의 통합재정규모는 GDP대비 28.7%로 나타났다.

지출의 성질별 분류를 보면 우리의 경우 정부투자의 비중이 높고 정부소비의 비중이 낮은 반면, 다른 선진국들의 경우에는 우리나라와 반대의 경향을 보이고 있다. 경제개발을 위한 SOC투자 등의 비중이 상대적으로 높은 것이 우리나라의 정부투자 비중이 높은 주원인이며, 선진국의 경우 사회복지지출이 크기 때문에 소득이전의 비중이 높다. 이러한 지출구조와 관련하여 장기적으로는 우리의 정부소비나 이전지출 비중이 높아지는 방향으로 나갈 것이나, 우리의 발전단계를 고려할 때 우리 경제의 성장잠재력을 확충할 수 있는 정부 투자의 중요성은 최소한 중·단기적으로 유지되고 강조되어야 할 것이다.

재원배분을 살펴보면 다음과 같은 특징을 보이고 있다. 먼저 국방비의 경우 그 비중이 낮아져서 1970년에는 22.7%였으나 현재는 10.6%로 낮아졌고 교육비의 경우는 큰 변화가 없다. 사회복지지출의 경우 1995년까지만 해도 비중의 증가가 별로 없었으나, 최근 5년간 매우 빠른 증가속도를 보여서 2003년 예산에서 16.4%의 비중을 보이고 있다. 경제개발비의 경우 1995년에 32.9%에 달했고 1998년 경제위기를 극복하는 과정에서 더욱 비중이 높아졌으나, 최근에는 감소추세로 2003년 예산에서의 비중은 25% 수준이다.

우리나라의 조세부담률 수준은 1962년 10.6%수준이었으나 꾸준히 높아져서 1971년에는 14%수준에 달했고, 1990년대 들어서 18~19%수준을 유지했다. 그러다가 2005년 말 기준으로 20.2% 수준까지 높아졌다. 이렇게 최근에 조세부담률이 높아진 것은 신용카드 사용의 활성화 등을 통해 세정측면에서 조세수입증대의 요인이 있었던 것으로 분석된다.

(3) 우리나라 조세체계의 특징 및 주요 집행내용

(가) 조세체계 특징

한국의 조세체계가 특징을 살펴보면 먼저 국세와 지방세의 세목별 구조에서도 찾아볼 수 있다. 먼저 국세 중에서도 특히 목적세의 비중이 상당히 높다는 점을 들 수 있다. 또한 목적세 등을 제외한 내국세의 특징으로는 소비세의 비중이 크다는 점을 들 수 있다. 소비세를 구성하는 부가가치세·특별소비세·주세의 수입총액이 전체 세수에서 차지하는 비중은 2003년 기준으로 35.7%가 된다. 특히 부가가치세는 단일세목으로서 세수의 비중이 가장 높은 세목이다. 소비세의 비중이 높음으로 인해 간접세의 비중이 높은 수준을 유지하고 있는 것도 우리나라 조세체계의 중요한 특징이다. 소비세 혹은 간접세의 비중이 높은 사실에 대해 한국의 세제가 세부담 형평성의 문제가 있다는 것이 일반인들의 평가이다. 이러한 평가는 전체소득에서 차지하는 소비의 비중으로 정의되는 소비성향이 소득이 높아질수록 낮아지는 경향이 있어 소득대비 세부담비중이 고소득층으로 갈수록 낮아진다는 인식에 그 근거를 두고 있다. 하지만 평생소득을 기준으로 소득의 기준을 달리하면 세부담의 역진성이 그렇게 강하지 않다고 하는 주장도 있다. 따라서 소비세의 비중이 높다고 해서 세제가 역진적이라고 단언하기 어려우며 좀 더 심층적인 분석이 필요할 것이다.

우리나라의 내국세에 대한 또 다른 특징은 소득세의 비중이 낮은 편이라는 것이다. 특히 근로소득세의 비중이 상당히 낮은 것을 알 수 있는데 이는 면세근로자들이 많다는 사실에 기인한다. 반면 법인세의 비중이 소득세와 비슷한 수준을 유지하고 있다는 점은 주목할 만한 사실이다. 개방화의 진전에 따라 자본의 국가간 이동이 증가하고, 자국 경제의 활성화를 위하여 외국인직접투자 유치에 대해 각국이 적극적인 자세를 보이고 있는 점을 생각하면, 향후 법인세 부담의 하향조정이 불가피 할 것이다.

지방세 세수 비중면에서 볼 때 가장 두드러진 특징은 자산에 대한 조세의 세수비중이 매우 높다는 것이다. 자산에 대한 과세 중 부동산에 관련한 부분이 대부분으로 이는 부동산의 이동성이 제한된 데에 기인하는 것으로 생각된다. 자산관련조세 중에서도 취득단계에서 징수되는 세수비중이 높다는 점도 주목할 만하다. 상대적으로 부동산보유단계에서의 세부담이 낮다는 것은 자산을 대량보유하고 있는 납세자들의 세부담이 낮다는 의미에서 세부담 형평성 측면에서 문제가 있다는 것이 정책당국과 일반인의 인식이다. 이런 이유로 정부의 부동산보유에 대한 정책기조가 변화하고 있다. 주택거래신고제도 이런 정책을 뒷받침하는 한 수단으로 주택거래신고제 하에서 대상지역으로 선정될 경우 주택거래에 대한 신고를 해당 관청에 신고하고, 이 때 거래금액을 실거래가격으로 신고하여야 한다.

(나) 연대별 정책집행 내용

한국의 조세체계는 1948년 대한민국정부수립 이후 도입되었고, 이후 많은 변화를 거치게 되었다. 1950년대에는 근대적 조세국가로서 기틀을 잡아가기 위한 세제의 기본정비가 추진되었으나 전쟁으로 말미암아 중단되고, 전란기에는 우리 세제가 전쟁수행을 위해 왜곡된 조세제도를 정상화시키기 위한 조세개편이 시작되었으며, 이러한 움직임은 1960년대에 본격화되었다. 1960년대 조세정책의 특징은 단순히 세수입을 확보하는 소극적인 수단에 머물지 않고, 경제부흥과 개발을 촉진하는 보다 적극적인 정책수단으로 활용되기 시작하였다는 점이다. 이 시기의 대표적인 조세개혁은 1967년 개혁으로서 경제개발지원·세수증대, 공평과세·세무행정의 합리화 등을 기본목표로 하였다. 국세에 대한 세무 행정을 담당하는 국세청이 설립된 것도 1966년이라는 점이 흥미롭다.

1970년대 조세정책의 가장 중요한 변화는 우리나라의 근대적 조세체계의 기반을 갖추었다는 점이다. 세제측면에서는 직접세 체계를 종합소득세 중심으로 개편하고, 간접세 체계를 부가가치세 중심으로 개편하였으며, 세무행정측면에서는 1974년 납세자권익신장을 위해 국세기본법을 제정하고, 1979년에 법인세에 한하기는 했지만 신고납부제를 도입하였다. 1974년의 조세기본법 및 종합소득세제도의 도입과 1977년의 부가가치세제도 도입을 통하여 근대적인 조세제도의 기반을 마련하였고, 1973년 지방세법개혁도 근대적인 지방세법의 기초를 닦았다고 할 수 있다.

1980년대는 경제정책의 기본기조가 전체적으로 민간자율에 의한 시장경제의 발달에 두어짐에 따라 조세정책도 기본적으로 조세의 중립성을 통한 경쟁촉진과 시장경제체제의 확립에 두어졌다. 성장위주의 경제개발에서 부문간 균형발전과 저소득층 보호라는 분배측면이 강조됨에 따라 저소득층 보호와 세부담의 형평제고를 위한 공평세제가 강조되었으며, 조세의 중립성을 개편하고, 소득세상의 인적공제나 근로소득세액공제의 확대, 장애인이나 노인 등에 대한 특별공제의 신설 등을 통하여 세부담의 공평성을 확보하고자 하는 조치가 취해졌다. 1980년대 후반에는 지가안정과 자본이득환수를 위해 양도소득세가 강화되었고, 토지공개념의 도입과 더불어 종합토지세·토지초과이득세 등이 도입된 점도 특기할 만한 사항이다.

1990년대는 크게 외환위기를 전후하여 분류할 수 있다. 외환위기 전에는 분배의 형평성제고, 조세의 효율성제고, 경제의 개방화 및 인구의 고령화에 대비한 조세체제정비, 그리고 교통세와 농어촌특별세 등 목적세의 대폭적인 도입 등이 있었다. 토지 투기를 억제하기 위해 토지초과이득세를 시행하였고, 금융 및 부동산거래의 투명성제고를 위한 금융실명제, 금융소득종합과세·부동산실명제 등의 개혁이 이루어진 점이 특히 주목할 만하다. 외환위기 이후의 조세정책은 외환위기 극복을 위한 기업회생·구조조정 등 경제회복에 우선을 두어 운용되었다. 이를 위하여 각종 비과세·감면의 축소를 통한 재정수입 확보, 기업 구조조정 촉진을 위한 조세지원제도의 운용, 외환위기 이후 악화된 소득분배개선을 위한 세제개혁이 추진되었다.

2000년대 들어서는 중산층 및 저소득층의 지원과 고소득 및 고액자산가에 대한 과세를 강화하는 조치가 강화되고 있다. 소득세의 교육비·의료비등에 대한 공제가 확대되고 있으며, 완전포괄주의 상속·증여세 체제가 도입된 것이 그 예라고 할 수 있다. 또한 고령화에 대비한 세제개편으로 연금소득에 대한 소득세제가 정비된 것도 중요한 세제상 정비라고 할 수 있다. 또한 경제의 개방화에 따른 기업의 경쟁력 유지를 위하여 법인세율을 소폭 하락하는 조치가 취해졌으며, 국제간 거래의 활성화와 국제간 투자확대에 따라 국제간 거래에 대한 조세체계가 확립하기 위한 각종 조치가 취해지고 있다.

정부는 균형재정을 실현해야 할까?

이에 대한 찬반론을 생각해보기 전에 재정정책을 설명하는 초반부에 얘기한 바를 상기해보자. 먼저 재정정책에는 고전학파가 주장한 균형재정정책과 함께 케인즈의 기능적 재정정책이 있었다. 따라서 균형재정을 실현해야 한다는 것을 주장하는 사람들은 고전학파적 관점에서 얘기할 것이고 반대하는 사람들은 케인즈의 관점에서 얘기할 것이다. 그렇다면 고전학파적 관점에서 균형재정의 실현을 왜 찬성하는 알아보자. 먼저 이들은 기능적 재정정책에서 적자재정정책을 반대하고 있다. 재정적자는 장래 세대들의 세금을 올리고 소득을 낮추어 미래 세대들에게 부당한 부담을 안긴다고 설명한다. 이로 인해 정부부채가 지속적으로 증가와 더불어 누적된 이자가 만기를 도래하게 될 경우 장래의 납세자는 기존의 세대들 보다 더욱 나쁜 환경을 살게 된다. 먼저 기존의 세대보다 세금을 더 많이 내게 되고, 재정지출의 혜택은 적제 받을 수 있다는 것이다. 그리고 현재 사용되는 지출의 증가분이 클수록 이 혜택은 현재 살고 있는 사람들이 받게 되는 것이지, 이것이 미래에 쓸 수 있는 지출은 아니란 것이다. 따라서 미래의 납세자로 하여금 현재 정부지출에 대한 비용은 전가하게 되는 꼴이 되어 버린다. 또한 재정적자는 국민 저축을 줄여 자본형성을 늦추고 그로 인해 생산성이 낮아지고 실질성장을 제약한다고 주장하며, 균형 재정정책이 사용되어야할 당위성을 설명하였다.

반면에 케인즈적 관점의 사람들은 이를 반박하며 균형재정 실현을 반대하였다. 먼저 재정적자는 재정정책의 작은 일부일 뿐이며, 재정적자가 갖는 문제가 과장될 가능성이 있다고 하였다. 그리고 세대 간의 재정지출의 비용 이전은 정당화될 수 있고, 어떤 정부지출은 장래에도 훌륭히 혜택을 줄 수 있다고 하였다. 특히 사회적 자본, 예를 들면 교육지출과 같은 경우에는 균형재정을 이루어 낼 기준이 명확하지 못하다. 또한 교육지출의 증가는 장래에 긍정적 외부효과를 발생시키며 이는 생산성을 높여 국민소득을 증가시킴에 따라 국가채무를 값을 수 있는 여력을 제공해주는 역할을 한다고 설명하였다. 덧붙여 설명하면 인구증가와 교육에 의한 기술진보는 채무이자 지불능력을 증대시킨다고 하였다. 이와 더불어 균형재정에 대한 요구는 그 자체가 가지는 정책선택의 폭을 좁혀 정책의 유연성을 떨어뜨린다고 하였다. 예를 들면 전쟁이나 공황 등과 같은 비상상태와 미래의 경제위기를 대처하는데 필요한 정책이 줄어들게 되어 오히려 더욱 경제를 악화시킬 가능성을 준다고 하였다. 이처럼 어떤 상황에서 어떤 관점으로 바라보느냐에 따라 정책의 실효성은 달라진다. 경제학을 공부하는 여러분들은 항상 어떤 사건 및 사물을 볼 때는 항상 여러 가지 관점에서 세심히 살펴볼 수 있는 능력을 키워야 한다. 그를 통해서 자신이 무엇인가를 주장할 때, 그 주장에 대한 근거를 생각하고 제공할 수 있는 힘이 키워지게 될 것이다.

예산은 왜 지속적으로 증가하는가?

19세기 독일의 경제학자 와그너(A. Wagner) 이래 경제학자들은 정부의 지출규모가 지속적으로 증가하는 현상에 대한 관심을 가져왔다. 이런 현상을 와그너의 이름을 따서 와그너 법칙이라고 부른다. 와그너 법칙이란 어떤 사회의 산업화가 진전될수록 국민경제에서 차지하는 정부의 역할은 더 증대되고 따라서 정부지출 또한 증가하게 된다는 것이다. 이런 지출의 증가 원인에 대해 두 가지의 측면에서 논의되고 있는데 먼저 소모적(exhaustive) 지출증가이다. 이를 설명하는 모형으로는 발전모형, 와그너의 설명, 피콕－와이즈만의 분석 등이 이용된다. 또 다른 하나로는 이전(transfer) 지출의 증가이다. 이 이전지출은 정해진 조건을 충족시키는 사람들에게만 지불되는 특성을 지니는데 예를 들어 정치인들은 투표에서 더 많은 지지를 얻기 위해서 그러한 이전지출의 수혜조건을 완화할 수도 있으며 또한 이전지출의 수준을 높일 수가 있다는 것이다.

한편 정부의 지출과 관련하여 구조적인 측면에서 재미난 법칙이 하나가 있어서 소개하도록 하겠다. 파킨슨(Parkinnson) 법칙이라고 불리는 이 법칙은 행정기관이 그 실질적인 기능과는 관계없이, 자신의 지위를 유지 및 확대하기 위해 계속적으로 팽창하는 법칙을 말한다. 예를 들어 동네 동사무소를 보라. 아주 오래전 모든 일을 손으로 하였던 시대로 거슬러 올라가 보자. 그 당시 동사무소에서 일하던 공무원들은 모든 작업을 손과 펜으로 다해야 했었다. 그리고 시절이 흘러 기술인 진보하기 시작하여 복사가 가능한 시대가 생겨났다. 그렇다면 복사기로 인해 오히려 공무원의 숫자는 감소해야함에도 불구하고 그 복사기를 운영해야하는 사람이 한명 더 늘게 된다. 자 이제 우리가 흔히 접할 수 있는 컴퓨터가 보급되었다고 치자. 그렇다면 컴퓨터로 인해 일의 효율성이 증대되어 공무원의 인원수는 줄어야할 성 싶으나 오히려 그 컴퓨터를 관리해야 하는 사람이 한명 더 늘어나게 되는 것이다. 이렇듯 행정기관의 실질적 기능과 관계없이 부수적으로 일하는 사람의 수가 늘어난다면 그들에게 지불되어 지는 임금은 국민들의 혈세로 충당할 수밖에 없는 것이다. 그리고 이러한 정부지출의 지속적인 증가가 과연 총수요를 자극시킬 만한 요인이 될 수 있겠는가에 대한 의문이 든다. 요즘 들어 우리나라의 공무원 수가 부쩍 늘어난 것에 대한 독자들은 깊이 있는 생각을 통해 자신만의 길을 찾아갈 수 있었으면 좋겠다.

연습문제

1. 재정정책을 사용할 시에 어떤 종류의 지출이 있으며, 이 지출들이 가지는 직·간접 효과에 대해 설명해보라.

2. 재정정책의 원칙에는 크게 3가지가 있는데 이는 무엇이며, 어떠한 의미에서 이런 재정정책이 유효성을 가지는 가를 설명하라.

3. 케인즈의 단순소득결정모형에서 총수요가 어떻게 결정되는가에 대한 가정 및 분석체계를 설명하라.

4. 위 3번 문제에서 만약 총수요가 증가하게 될 경우 소득에는 어떤 영향이 생기게 되는가를 설명하라.

5. IS곡선이 의미하는 바가 무엇이며, 이를 분석하기 위한 전제조건은 무엇인가?

6. 소득이 증가함에 따라 총수요가 높아지게 될수록 이자율이 왜 상승하는 가에 대해 LM커브를 이용하여 설명해보라.

7. 위 5번 문제에서의 분석체계 하 기본적인 가정이 모두 동일한 상태에서 만약 물가가 상승한다면 총소득은 어떻게 변화하며, 이는 왜 그렇게 결정되어 지는가?

8. 케인즈가설 하에서 총공급곡선은 단기에서 수평을 거친 이후에 우상향하는 모

양을 가지게 되는데 왜 그렇게 되는 가를 설명해보라.

9. 고전학파에 의해 주장되는 총공급곡선은 단기에서건 장기에서건 수직의 형태를 띠는데 왜 그렇게 되는 지에 대해 설명해보라.

10. 승수효과는 무엇이며, 구축효과는 무엇인가?

11. 정부입안자가 확장재정정책을 쓰려고 하고 있다고 가정하자. 이때 케인즈와 고전학파의 가설을 각각 따를 경우 어떤 효과를 가지게 되는 지 설명해보라.

12. 정부가 재정정책을 쓰고 있는 당위성에 대해 언급해보라.

13. 조세란 무엇인가?

14. 조세가 가지는 성질에 대해 설명해보라.

15. 조세의 소득분배의 메커니즘을 설명해보라.

16. 조세의 초과부담은 왜 발생하는 가?

17. 초과부담은 무엇인가?

18. 하버거의 삼각형에 대한 그래프를 도출하고, 초과부담을 측정해보라.

19. 초과부담에 대한 특징을 말해보라.

20. 전가와 귀착에 대해 설명해보라.

Ⅲ. 금융(통화) 정책

1. 금융정책 개요

금융정책은 재정정책과 더불어 한 나라의 대표적인 경제정책 중 하나로 나라가 처한 상황에 따라 그에 대응하기 위한 방법으로 이용되었다. 그 나라의 경제가 호황인지 불황인지에 따라 통화정책도 변화가 필요하게 된 것이다. 대표적으로 1930년대의 경제 대공황 때부터 정부가 통화정책에 깊숙이 관여하기 시작하면서 재화의 공급에 대한 화폐의 정도를 조절하기 시작하였다. 이후 1970년대는 석유파동이 일어나면서 제조원가가 급격하게 늘어났고 이에 따라 물가가 치솟기 시작하였다. 이에 따라 화폐의 가치가 하락하기 시작하면서 인플레이션 문제가 크게 대두되기도 하였다. 이렇게 통화와 관련된 제반의 문제는 경제의 상태와 밀접한 관련을 갖는다. 잘못된 통화정책은 그 나라의 경제를 파탄으로 몰아갈 수도 있고 반대로 활발하게 만들 수도 있다.

1980년대부터는 금융에 대한 규제가 풀어지면서 그에 따라 환경이 많이 변화하였다. 이에 따라 금융정책도 기존의 방법을 보다 향상시킬 필요가 생겨났다. 현재는 시장이 전 세계적으로 개방화됨에 따라 많은 종류의 금융상품도 생겨나고 통화정책도 자국의 통화뿐만이 아니라 우리나라의 경제적 의존성이 높은 나라의 통화정책에 의해 많은 영향을 받고 있다. 우리나라의 콜금리도 미국이나 일본의 영향을 많이 받는다고 할 수 있다. 이들 나라의 자그마한 통화정책에 대한 변화로 내수보다는 수출에 대한 의존도가 높은 우리나라에 큰 영향을 주게 되는 것이다. 앞으로도 통화정책은 보다 유연하고 시기적절한 움직임을 가져야 하며 국제적인 흐름에 대응할 수 있는 자세가 필요하다고 할 것이다.

2. 금융시장의 이해

금융시장은 한 사람의 저축이 다른 사람의 투자와 만나는 것을 도와주는 시장으로 표현할 수 있다. 이러한 자원의 이동은 소득의 일부를 저축한 사람들로부터 소득 이상으로 투자하기 위해 차입하려는 사람들로의 이동을 야기 시킨다. 여기서 보통 금융중개기관이 저축한 사람들과 차입을 하려는 사람들끼리 서로 만나게 해주는 역할을 한다. 금융중개기관의 유형을 보면, 우리가 흔히 알고 있는 은행, 주식시장, 채권시장, 뮤추얼펀드 등을 들 수 있다. 은행의 경우는 저축하려는 사람들에게서 예금을 받아 돈을 빌리려는 사람에게 대출을 한다. 그를 통해 은행은 예금주들에게 이자를 지급하고, 대신에 대출자들에게 예금보다 높은 이자율을 부과함으로써 수익을 창출한다. 또한 은행은 교환의 매개가 되는 현금 이외에 예금을 기저로 하여 수표를 발행함으로써 통화를 창출한다. 다음으로 채권시장은 돈을 빌린 사람이 그 증서를 보유한 사람에게 특정한 금액을 갚아야 하는 의무가 있음을 나타내는 증서인 채권이 거래되는 시장을 말한다. 여기서 채권은 여러 특징을 가지는데 이는 주식과 대별되는 성향을 가진다. 예를 들면 주식의 경우 만기가 따로 존재하지 않으나 채권은 만기가 존재한다. 그리고 채권은 이자율에 능동적 변화양성을 가져오나 주식시장은 수동적으로 대처된다.[17] 그리고 신용의 위험이 존재하지만 주식시장의 위험보다는 적다. 또한 액면에 적시된 쿠폰을 정기적으로 받을 수 있다는 점도 주식시장에서 주로 얘기되는 자본이득과 대비되는 특징이라고 할 수 있다. 그리고 채권의 소유가 그 기업의 소유를 야기하진 않는다. 이제 주식시장을 보면 한 회사의 소유권을 나타내는 주식이 거래되는 시장이라고 할 수 있다. 따라서 이 주식을 보유한 자는 그 회사의 이윤에 대한 청구권을 갖는다. 그리고 기업은 이 주식을 발행하여

---

17) 채권의 경우 이자율 변화 시 채권가격이 직접적으로 변화를 가져오지만 주식시장에서는 이자율의 변화에 따라 간접적인 변화의 양태를 보인다. 이자율이 하락하면 은행의 저축시장의 수익률이 낮아지기 때문에 보다 기대수익이 높은 주식시장으로의 유입을 야기하고, 반대로 이자율이 높아지면 일반적으로 주식시장에서 저축시장으로 자원의 이동을 유발한다.

판매함으로써 그 주식을 보유하게 되는 자로부터 자금조달을 받을 수 있기 때문에 직접금융의 성격을 가진다. 방금 전에 언급한 바와 같이 주식은 채권에 비해 위험도가 높지만 그 만큼 기대수익도 높다.[18] 마지막으로 뮤추얼 펀드의 경우 일반 대중들에게 주식을 공모하여 조성한 자금으로 다양한 주식과 채권, 혹은 두 가지를 병행하여 적절한 비율로 섞은 포트폴리오(portfolio)로 구입하여 운용하는 투자회사를 말한다. 이런 적절한 비율을 통해 위험을 분산시키기 때문에 소액투자자들에게 분산투자의 기회를 제공하는 특징을 가진다.

(1) 금융시장과 금융기관

금융제도(financial system)는 금융시장 및 금융기관과 이들을 형성하고 운영하는 법규와 관행을 총칭하는 것이다. 금융제도의 중요한 역할은 자금이 잉여주체에서 부족주체로 원활히 흐르도록 하는 것이다. 또 지급결제의 보장과 보험서비스 제공도 금융제도가 지니는 중요한 역할이다. 따라서 금융제도가 제대로 작동하지 않으면 사회 전체적으로 후생이 감소할 뿐 만 아니라 자원의 효율적인 배분이 이루어지지 않게 된다. 예를 들어 기업이 자금을 원활히 조달 할 수 없다면 투자활동이 위축되어 재화나 용역의 생산이 위축된다. 자금의 잉여주체인 가계도 마땅한 저축수단이나 보험수단이 없으면 미래의 소비나 노후, 질병 등 미래의 위협에 대한 적절한 대비를 할 수 없을 것을 것이다. 그리고 경제적 측면에서 원활한 거래가 형성되지 않기 때문에 후생을 감소시키는 결과를 가져오게 된다.

금융시장(financial market)은 자금거래가 이루어지는 조직화된 장소를 의미한다. 여기서 조직화된 장소란 반드시 증권거래소와 같이 구체적인 형체를 지닌 시장만을 의미하는 것이 아니며, 거래가 체계적 반복적으로 이루어지는 장외시장이나 인터넷 같은 가상공간 상에서의 추상적인 의미의 시장도 포함하는 것이다. 금융시장의 주

---

18) 이하 주식과 채권시장의 자세한 내용을 알고 싶다면 일반적인 재무관리책을 읽어보기 바란다.

요 기능은 자금의 공급자와 수요자가 집합적으로 거래가격을 결정할 수 있도록 하는 가격탐색의 장을 제공하는 것이다.

　금융시장은 거래되는 상품의 성격에 따라 일반적으로 예금·대출시장, 단기 금융시장, 자본시장, 외환시장 및 파생금융상품시장으로 구분된다. 외환시장과 파생금융상품시장에서는 자금의 대차거래가 이루어지지 않지만, 여기에서도 자금이 운용되고 있다는 점에서 금융시장의 범주에 포함시키고 있다. 예금·대출시장은 금융중개기관을 통해 예금상품 및 대출상품이 거래되는 시장이다. 단기금융시장은 콜, CP등 만기 1년 미만의 단기 자금조달수단이 거래되는 시장이다. 자본시장에서는 장기자금 조달수단인 주식 및 채권이 거래되는 시장이다. 외환시장은 외국과의 무역 및 자본거래에 따른 국제간 자금결제를 위해 서로 다른 두 가지 통화를 교환하는 시장이다. 그리고 파생금융상품시장은 금융수단을 보유하는 데에 따르는 금리, 주가, 환율의 변동위험을 회피하기 위해 형성된 시장을 말한다.

　다음으로는 금융거래가 금융중개기관을 통해서 이루어지느냐에 따라 직접금융시장과 간접금융시장으로 구분하는 경우도 있다. 직접금융시장에서는 자금의 최종수요자가 발생한 채무증서나 회사채 등 직접증권 또는 본원적 증권을 자금 공급자가 직접 매입하는 형태의 시장을 말한다. 반면, 간접금융시장에서는 은행과 투자신탁회사와 같은 금융중개기관이 예금증서나 수익증권과 같은 간접증권을 발행하여 조달한 자금으로 자금의 최종 수요자가 발행하는 직접 증권을 매입하여 자금을 공급하는 방법으로 이루어지는 시장을 말한다.

　금융기관은 취급하는 금융서비스의 성격에 따라 은행[19], 은행예금과 유사한 금융상품을 취급하는 비은행예금취급기관, 보험회사, 증권회사, 기타금융기관으로 분류할 수 있다.

---

19) 은행에는 은행법에 의해 설립된 일반은행과 각각의 특수은행법에 의해 설립된 특수은행이 있다. 일반은행은 시중은행과 지방은행, 그리고 외국은행 국내지점으로 구성되어 있으며, 비은행예금취급기관에는 종합금융회사, 투자신탁회사, 상호신용금고, 신용협동기구 및 우체국예금이 있다.

(2) 대부자금 시장이론

　금융시장 중에 특히 대부자금시장에서 저축과 투자가 통합된다. 또한 대부자금시장에서 수요와 공급이 존재하는데 공급의 경우 여유자금을 빌리려는 사람들로부터 제공된다. 그리고 대부자금 수요는 투자자금을 마련하기 위해 대출을 받으려는 사람들에게서 나온다. 아래 (그림 2-22)의 그래프를 보면 쉽게 이해를 할 수 있다.

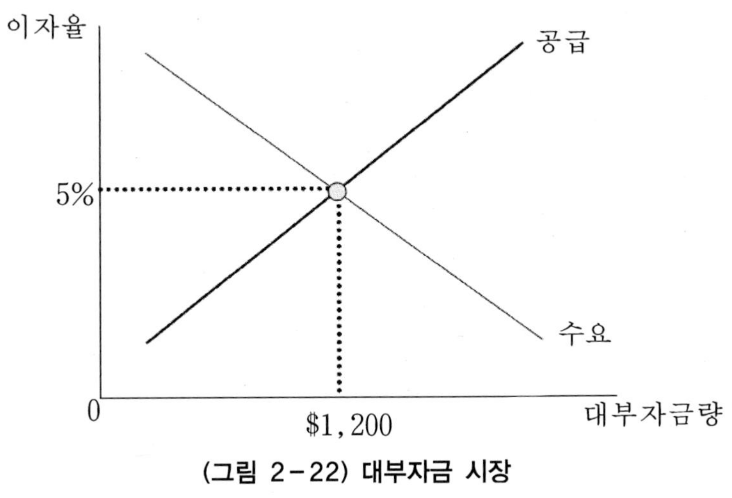

(그림 2-22) 대부자금 시장

　즉 수요자는 대출자라고 할 수 있고, 공급자는 저축자라고 할 수 있다. 공급자의 경우 이자율이 상승하면 더 많은 이자소득을 가져올 수 있으므로 더 많은 대부자금을 공급하려고 할 것이고, 반대로 수요자는 이자율이 상승할수록 대출시 갚아야하는 이자비용이 커지고 또한 대부자금을 자신이 공급함으로써 이자수익을 높일 수 있기 때문에 대출 수요는 감소하게 되는 것이다. 이런 대부자금의 수요와 공급은 실질이자율에 의해서 결정되는데, (그림 2-22)에서 나와 있는 것처럼 수요곡선과 공급곡선이 만나는 점에서 실질 이자율이 결정되는 것이다. 이 균형은 안정적인 상태를 말하는데 만약 일시적 불안정으로 인해 이자율이 변동이 생기면 수요와 공급의 변화에 따라 균형으로 회귀한다. 예를 들면 이자율의 상승은 대출자로 하여금 수요를 줄이고 저축자로 하여금 공급을 늘이게 되어 초과공급이 발생함에 따라 실질 이자율이 하락하고 균형점에서 안정을 찾게 되는 것이다. 이런 균형으로의 이동은 실질이자율이 결정되는 과정이라고 할 수 있다. 이 대부자금 시장을 확장해 금융시장이라는 틀로 놓고 보면 금융시장은 차입과 대부를 통합시켜서 경제의 희소한 자원을 효율적으로 배분하는데 도움을 준다. 그리고 금융시장은 경제에서의 다른 시장과 마찬가지로 수요공급에 의해 가격과 이자율이 결정된다.

(3) 유동성선호이론: 화폐에 대한 수요와 공급

화폐란 생산물과 생산요소의 교환에서 거래비용을 최소화하게 하는 매개물이다. 화폐의 공급은 중앙은행이 발행하는 현금화폐와 예금은행이 발행하는 예금화폐의 크기에 따라 결정된다. 그러나 케인즈의 가설에 의해 화폐의 공급은 중앙은행이 결정에 따르기 때문에 이자율에 영향을 받지 않음으로 화폐공급곡선은 수직선의 형태를 가진다. 이는 아래 (그림 2-23)와 같다.

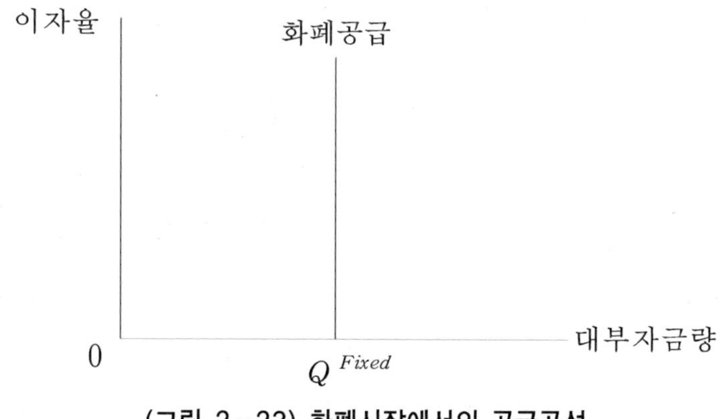

(그림 2-23) 화폐시장에서의 공급곡선

    그리고 중앙은행이 공개시장 조작을 통해 화폐공급을 늘이거나 줄일 수 있다. 예를 들어 중앙은행이 국공채를 사들이면 은행의 지불준비금이 증가하여 화폐공급이 증가한다. 반대로 중앙은행이 국공채를 내 팔게 되면 은행 지불준비금이 감소하여 화폐공급이 줄어들게 된다. 전자를 (그림 2-24)의 (i)과 같고 후자는 (ii)와 같다.

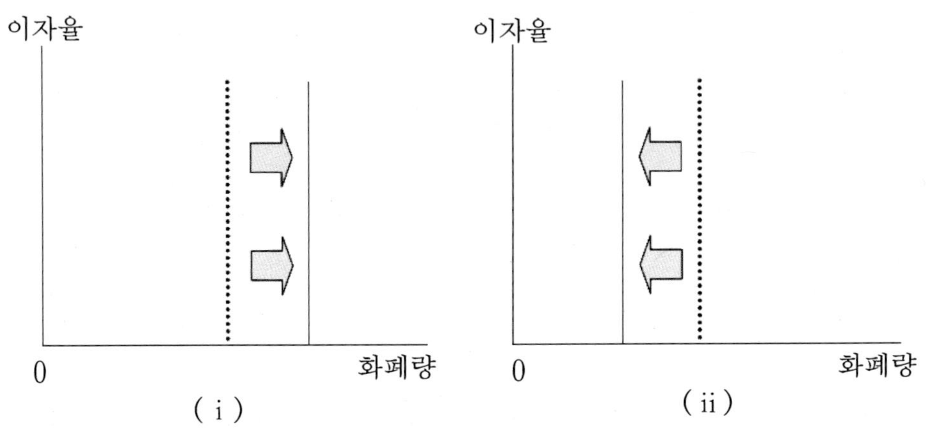

(그림 2-24) 공개시장 조작 후 화폐시장

    반면 화폐에 대한 수요는 공급과 달리 여러 요인에 의해 결정이 된다. 결론적으로 여러 요인 중에서 가장 중요한 것은 이자율인데, 이자율이 높고 낮아짐에 따라 화폐수요의 구매력에 대한 변동이 직접적으로 영향을 받기 때문이다. 우선 화폐는 재화와 서비스를 사는데 사용할 수 있는 구매력을 나타내는 것으로써 사람들은 더 높은 수익률을 제공하는 다른 자산들 대신 화폐보유를 선택하게 된다. 그리고 이 화폐를 보유해서 얻는 편리함에 따른 기본적 기회비용은 현금 또는 수표를 보유할 때 포기하게 되는 이자율인 것이다. 예를 들어 이자율이 상승하게 되면 화폐를 보유하는 비용이 증대됨에 따라 사람들은 보유하고자 하는 화폐량을 감소시킨다. 따라서 화폐 수요는 이자율과 부(-)의 관계를 가진다고 할 수 있다. 이런 관계를 그래프로 나타내면 아래의 (그림 2-25)와 같다.

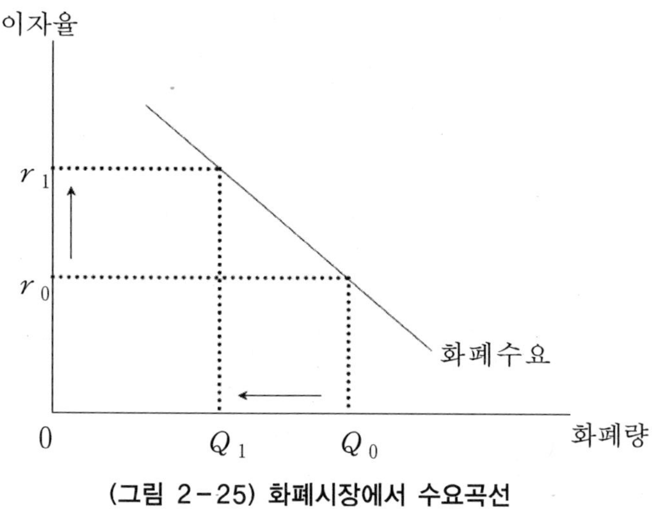

(그림 2-25) 화폐시장에서 수요곡선

　지금까지 유동성선호이론을 통한 화폐의 수요와 공급곡선을 도출하였다. 이제 화폐시장에서 균형을 찾아보자. 화폐시장에서는 수요와 공급곡선이 만나는 점에서 균형 이자율과 균형 화폐량이 결정된다. 이를 바꾸어 말하면 화폐의 수요량과 공급량이 일치하도록 이자율이 변동한다는 것이다. 이런 동적 움직임에 따른 화폐 수요량과 공급량이 정확하게 같게 되어 정적 안정성을 갖게 될 때 균형이자율이라는 단 하나의 이자율이 존재하게 되는 것이다. 이를 식으로 표시하면 다음과 같다.

$$\frac{M}{P} = L(\underset{-}{r}, \underset{+}{Y}) \tag{3-1}$$

　식 (3-1)에서 좌변은 화폐의 공급을 나타내고, 우변은 화폐의 수요를 나타낸다. 화폐의 공급과 수요가 일치하게 되는 점에서 균형 이자율과 화폐량이 정해진다고 했는데 이를 그래프로 나타내면 아래 (그림 2-26)과 같다.

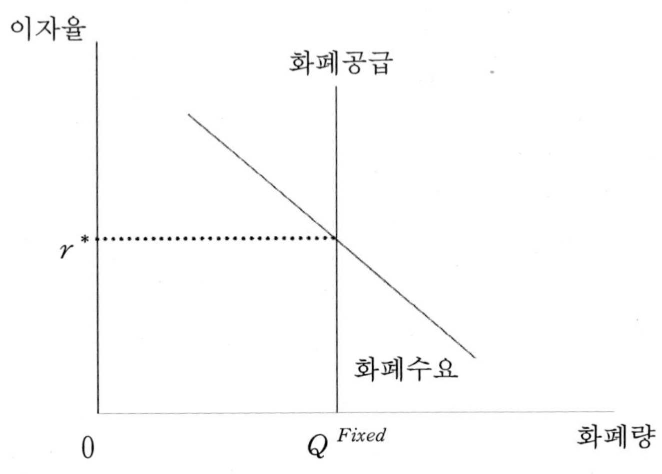

(그림 2-26) 화폐시장의 균형

　여기서 화폐수요에 영향을 주는 소득이 증가할 경우, 소득의 증가분만큼 화폐의
구매력에 대한 수요의 증가로 이어지기 때문에 수요 곡선을 우측으로 이동시킨다.
그렇게 되면 이자율은 상승하는데 이는 실질잔고의 공급이 주어진 상황에서 소득의
증가로 인해 실질잔고에 대한 수요가 증가하면 화폐시장에 초과수요가 생겨난다. 이
런 초과수요를 상쇄시켜 화폐시장이 균형을 회복하려면 이자율이 상승하여 실질잔고
에 대한 수요를 줄여주게 되는 것이다. 이를 그래프로 나타내면 (그림 2-27)과 같다.

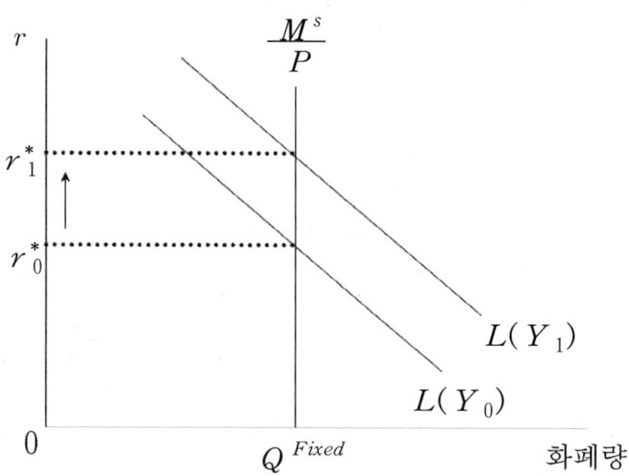

(그림 2-27) 소득이 증가할 경우 화폐시장의 균형

(그림 2-27)에서 볼 수 있듯이 소득이 증가함에 따라 화폐수요의 증가로 인해 ($Y_0 \rightarrow Y_1$) 이자율은 r_0^*에서 r_1^*으로 증가하였다. 우리는 여기서 이자율과 소득은 같은 방향으로 움직이는 것을알 수 있다. 이는 화폐시장이 균형을 이루기 위해서는 이자율과 소득이 같은 방향으로 움직여야 한다는 것을 의미한다. 가로축은 소득, 세로축은 이자율로 나타낼 경우 화폐시장의 균형을 나타내는 LM곡선을 도출 할 수 있다.[20] 이제 물가수준이 변동하게 될 경우 화폐시장의 경로를 거쳐 총수요에 어떤 영향을 미치는 가에 대해 알아보자. 우선 물가수준의 변화는 화폐수요와 이자율에 영향을 미치게 된다. 만약 물가가 상승하게 되면 구매력이 떨어지게 되고, 사람들은 예전의 구매력을 유지하기 위한 거래적 동기의 화폐수요를 증가시킨다. 그로인해 화폐수요곡선은 우측으로 이동하게 되고 이자율은 상승한다. 이자율이 상승하면 투자가 줄어들게 되고 따라서 재화와 서비스의 총수요는 줄어들게 된다. 즉 이자율이 상승함에 따라 차입의 비용과 저축의 수익이 더 크게 됨에 따라 가계와 기업들은 자금차입을 줄이고, 지출을 줄이게 된다. 그로 인해 물가수준과 총수요와의 관계는

---

20) 재정정책부문의 LM곡선 그래프를 참조하기 바람.

반비례관계임을 다시 한 번 확인할 수 있다.[21]

3. 전환기의 금융 경제 환경

(1) 고물가 시대에서 저물가 시대로

1960에서 1980년대 초반까지를 고물가의 시대라고 볼 수 있다. 이는 제2차 세계대전 이후인 1950년대부터 1970년대까지 각국 정부는 경제 성장과 고용의 증대에 주력함으로써 세계적으로 인플레이션의 앙등현상을 불러왔다. 일반적으로 통화량의 증가를 통해서 창출된 신용이 소비로 이전되는 과정에서 소비가 소비자 물가로 측정되는 일반물가에 즉각적으로 반영됨으로써 인플레이션이 지속적으로 증가하게 되었던 것이다.

이러한 고물가 시대에서 저물가 시대로의 변화는 시대적 환경변화에 기인한다. 즉 1980년대에 들어서 금융의 자유화, 금융혁신, 개방화가 급속히 진전되는 과정을 거치면서 경제 내의 실물 및 금융자산 등의 광범위한 부의 축적을 이루게 되고, 특히 1990년대에 들어서 정보통신기술의 발달에 따른 생산성 향성, 경제개방화폭이 크게 확대됨에 따라 세계적으로 저물가현상을 보여주게 된 것이다. 이런 저물가 현상과 함께 금리 또한 장기간 낮은 수준으로 유지됨에 따라 과다한 신용창출을 유발하였으며 그로 인해 세계적으로 자산가격에 대한 버블(bubble)이 형성되었다. 이는 통화 및 신용의 증가가 일반 물가로 소비되는 경로가 아닌 자산가격으로 반영됨에 따라 자산가격의 버블의 발생 및 붕괴로 금융의 불안정, 장기침체, 실물자산의 디플레이션 등을 발생시키게 된 것이다.[22]

---

21) 즉, 우하향하는 기울기를 가진 총수요곡선을 의미함.
22) 이런 boom and bust의 경향을 보인 대표적 나라가 일본이다. 일본은 1990년대 초까지 활황의 경제속에서 자산가격이 급등하게 되고 그것이 붕괴되면서 장기침체로 들어서게 된 것이다.

(2) 신용관리를 위한 제도적 장치의 부재

이런 과도한 신용확대에 대해 1980년대까지만 해도 이를 조절할 수 있는 제도적 장치가 일부 존재하고 있었다. 근본위제도 및 브레튼우즈체제 하의 고정환율제도나 통화목표제도 등과 같이 다양한 금융규제조치 수단이 존재하였다. 그러나 1980년대 후반 이후 규제의 완화로 인해 신용조절장치가 느슨해지게 된 것이다. 금본위제도의 경우 관리통화제도로 변화되면서 신용조절에 도움이 되는 외부기준지표가 실종되었고, 금융규제완화 및 금융혁신으로 인해 금융기관의 신용창출능력과 탄력성이 크게 증대된 반면 그를 규제 및 감독할 만한 기준이 마련되지 않았던 것이다. 더구나 통화와 실물경제간, 통화와 신용간의 관계가 약화되어 통화량 조절을 통해 신용을 제어하기도 쉽지 않게 되었던 것이다. 한편 통화정책의 역할 변화에 의한 점도 들 수 있다. 기존의 양적지표를 운용목표로 하는 통화목표제(monetary targeting)에서 단기금리를 운용목표로 하는 물가안정목표제(inflation targeting)로의 변화이다. 이런 정책은 물가의 상승 압력이 존재할 경우 단기금리 조정을 통해 물가를 안정시키는 수단이 될 수 있지만 앞서 말한바와 같이 자산가격의 상승을 일반물가 상승으로 취급해야할 당위성 따위가 존재하지 않고, 그를 위한 평가 방법 또한 없기 때문에 자산가격의 상승에 대한 대처방안이 느슨해 질 수밖에 없었던 것이다.

(3) 원화약세에서 원화강세로

우리나라가 1997년 외환위기를 겪으면서 원화의 가치는 하락함에 따라 달러화의 강세를 보이게 되었다. 그러나 최근 4~5년 전부터 환율이 하락하는 추세로 전환되었다. 미국의 대규모 경상수지 적자[23]나 지속적인 우리나라의 경상수지 흑자를 시현함에 따른 결과라 볼 수 있다. 이후 환율안정을 위한 외환정책으로 대규모 외환보유고를 축적하는 방법을 쓰고 있다. 2006년 2월말 약 2,200억불을 축적하고 있고,

---

23) 2006.2월말 현재 약 8,000불 적자임.

환율의 하락으로 인해 외환운용수익이 감소하고 있으며, 대규모 통화안정증권 누적으로 이자지급이 증가하고 있는 추세이다.

(4) 정보통신기술의 발달

경제 환경의 변화를 가져온 큰 요인 중에 하나가 바로 정보통신기술의 발달을 들 수 있다. 정보통신기술의 발달은 금융 상품의 접근성을 높이게 하고 금융 산업의 효율성을 높여주는 역할을 하였다고 볼 수 있는 것이다. 예를 들어 예전과 달리 요즘 들어 흔히 볼 수 있는 ATM기나 인터넷뱅킹 등을 들 수 있겠다. 인터넷 뱅킹의 경우만 하더라도 세계 어느 곳에서도 인터넷만 연결될 수 있는 환경이 주어진다면 사용가능하다는 편리성을 제공한다. 이처럼 정보통신의 발달은 금융의 자유화 및 국제화, 금융혁신, 규제완화의 급속한 진전 등의 효과를 가져왔다. 그리고 규제완화와 관련하여 주요 선진국은 법정지준의 완화나 폐지 추세를 보이고 있다. 이렇듯 정보통신기술의 발달은 편리한 경제활동이 가능하도록 환경을 조성해주고 있다고 볼 수 있다.

4. 금융정책 파급 메커니즘

금리가 인하되거나 통화의 공급이 확대되면 인플레이션에 대한 기대가 증가하게 되고 환율이 상승하게 된다. 환율이 상승한다는 말은 예를 들어 미국과 우리나라만 무역을 한다고 가정할 때 우리나라 원의 구매력이 미국 달러의 구매력에 비해 떨어진다는 것을 의미한다. 미국의 맥도날드 햄버거 1개가 1000원이고 환율이 1달러에 1000원이라고 한다면 우리나라의 돈 1000원으로 미국의 햄버거 1개를 구입할 수 있다. 하지만 환율이 1달러에 2000원이라면 미국의 햄버거 1개를 구입하기 위해서는 2000원이 필요하게 된다. 물론 환거래에 따른 수수료는 제외하였을 때를 말하는 것이다. 위 예에서 언급한 것을 나라 전체적인 것으로 보면 수입을 위한 상대 나라의 재화나 용역의 가격이 상승하였다는 것을 의미하고 가격이 상승하면 일반적으로 수입량은 감소하게 된다. 반대로 수출가격은 하락하여 수출량은 증가하게 된다. 수출이 증가하고 수입이 감소하면 외화의 유입이 많아지게 되고 국내 원화에 대한 수요에 영향을 미치게 된다. 즉 현대자동차가 만약 미국에 차를 수출한 대금을 원화가 아닌 미국 달러화로 받았을 경우에 우리나라의 근로자들에게 임금을 지급하기 위해서는 미국 달러화를 원화로 바꾸어야만 하는 상황이 생길 것이다. 이렇게 되면 원화를 필요로 하는 수요가 발생하는 셈이고 만약 적절한 통화량이 공급되지 않으면 원화의 가치가 상승하는 결과를 낳게 될 것이다. 전체적인 맥락에서 보았을 때 환율에 커다란 영향을 미치는 것을 알 수 있을 것이다.

금리가 인하되고 통화량의 공급이 확대되었을 때 일어날 수 있는 변화로는 가용재원의 증가하게 된다. 즉 금리가 인하됨으로서 저축을 하려는 사람들이 줄어들어 대신 더 수익률이 높은 수단을 찾게 된다는 의미다. 또한 통화량증가로 시중에 거래되는 화폐의 양이 늘어나게 된다. 보통 이러한 경우는 경기가 활황인 경우이다. 투자를 해야 할 곳이 넘쳐나고 물건은 거의 만드는 족족 팔려나가는 경우를 상상해 보면 될 것 같다. 가용재원이 증가함에 따라 은행으로부터의 대출도 따라서 증가하게 되고 기업은 회사채를 발행하여 필요한 자금을 조달하게 될 것이다. 금리인하와 통화 공급의 확대가 경제에 미치는 영향은 주가에서도 찾아볼 수 있다. 보통 금리인하를 단행한 나라의 경우 주가가 상대적으로 올라가는 경우를 볼 수가 있다. 이유는 역시 시중자금이 증가하게 되어 기업의 자금여건이 개선되기 때문이다. 주가의 상승은 개인이 보유한 주식의 가치가 올라가므로 개인의 부가 증대된다. 개인의 부 증대는 곧 소비와 저축의 증가에도 영향을 미치는 데 소비의 증가는 GDP에도 영향을 미치게 된다. 기업들의 가치도 증가하므로 기업투자가 증가하게 될 것이고 마찬가지로 경제성장의 밑거름으로 작용하게 될 것이다. 경제성장은 곧 그 나라 전체의 물가에도 영향을 미치게 된다. 금리경로 상으로는 단기시장의 금리가 하락함으로서 장기시장금리의 하락에도 영향을 미치게 되고 은행들의 대출금리 하락에도 영향을 미쳐 대출의 증가를 가져오게 된다.

통화정책의 파급효과를 설명하기 전에 일반적인 경제정책의 효과와 관련된 시차라는 용어를 이해할 필요가 있다. 시차는 내부시차와 외부시차로 나눌 수 있고 이들은 각각 내부적으로도 특성에 따라 구분된다. 내부시차는 정책의 필요성을 알게 되고 즉 인지하고 적절한 정책을 실행하는 데까지 걸리는 시간을 의미한다. 내부시차가 길어지면 정책의 시기적절성이 떨어지게 된다. 만약 경제가 침체기를 벗어나 부흥기를 맞으려고 하는 시점에 있다면 침체기에 맞는 통화정책을 써서 보다 악화시키기 보다는 부흥기를 대비한 정책을 쓰는 것이 보다 효율적일 것이다. 이런 타이밍을 정확하게 파악하는 것이 힘든 일이기는 하지만 매우 중요하다고 볼 수 있다.

외부시차는 실제로 정책이 실행이 되고 난 후 그 효과를 불러오는 데 걸리는 시간을 의미한다. 이는 정책이 경제에 얼마만큼의 속도로 반응하고 효과를 나타내는가를 보여준다. 재정정책과 비교했을 때 통화정책은 예산의 승인 및 세법의 개정 등 국회의 동의를 필요로 하지 않고 중앙은행이 단독적으로 실시한다는 점에서 내부시차는 짧지만 금리나 통화량 등이 간접적으로 실물부문에 영향을 준다는 점에서 외부시차가 긴 것이다.

통화정책은 먼저 금융시장과 외환시장을 통하여 총수요로 파급되고 궁극적으로는 그 나라의 GDP 와 물가에 영향을 미치게 된다. 즉 통화정책은 외부시차가 짧기 때문에 짧은 시차를 두고 금융시장과 외환시장의 각종 변수 (예: 가격 등)에 영향을 미치게 된다. 만약 가격변수가 변하였다면 어느 정도 시차를 두고 가계소비, 기업의 투자, 수출과 수입 등 총수요(AD)에 영향을 미치기 시작한다. 여기서 총수요가 변한다는 것은 곧 GDP의 변화를 의미한다고 볼 수 있다. 총수요의 변화로 나라 전체의 물가도 변하게 된다.

기존의 분석 결과에 따르면 우리나라의 경우 통화정책의 파급시차는 총수요에 적어도 2분기, 정책의 효과가 최대로 나타나는데 4~6분기가 소요된다고 하며, 구체적으로 물가에는 적어도 3분기 최대로 나타나는 데는 8~9분기가 걸리는 것으로 나타났다. 통화정책의 외부시차가 길기 때문에 경제상황을 적절히 이용한 미리 준비하는 식의 통화 정책 수행이 필요한 상황이다.

(1) 금융정책의 수단

　금융정책의 수단으로는 일반적 정책수단과 선별적 정책수단으로 구분할 수 있다. 일반적 금융정책 수단에서는 금융정책의 효과가 국민경제 전체에 영향을 미치는 수단으로서 공개시장조작, 재활인율 조정, 그리고 지불준비율 조정 세 가지가 있다. 구체적으로 살펴보면 다음과 같다. 첫째, 공개시장조작은 중앙은행이 증권시장에서 기관투자가나 민간을 대상으로 국공채 등 유가증권을 매입하거나 매각함으로써 통화량을 조절하는 정책을 말한다. 중앙은행이 채권을 매입하면 통화량이 증가하고, 채권을 매각하면 통화량이 감소한다. 둘째, 재할인율조정은 중앙은행이 금융기관에 빌려주는 자금의 금리를 조절함으로써 금융기관의 중앙은행으로부터의 차입규모를 조절하는 정책을 말한다. 중앙은행이 재할인율을 인상하면 통화량이 감소하고, 재할인율을 인하하면 통화량이 증가한다. 셋째, 지불준비율조정은 지급준비율을 통하여 금융기관의 신용창조능력을 조절하는 정책을 말한다. 중앙은행이 지불준비율을 높이면 통화량이 감소하고, 지불준비율을 낮추면 통화량이 증가한다.

　선별적 정책수단이란 어떤 특정 분야에 영향을 미칠 것을 목적으로 하는 금융정책을 의미한다.

(2) 금융정책의 효과

　통화량의 증가는 이자율을 변화시키고 이는 투자지출에 영향을 미쳐 국민소득에 영향을 미친다. 케인즈는 이 경로가 약하고 고장이 잘 난다고 보고 금융정책은 별 효과가 없다고 주장하였다. 금융정책에도 시차가 존재한다. 일반적으로 인식시차, 실행시차는 금융정책이, 외부시차는 재정정책이 작은 것으로 알려져 있다. 통화론자는 경제에 대한 우리의 지식이 불충분하며 불확실하므로 재량적인 정책 대신 준칙에 의한 정책이 바람직하다고 주장한다.

(3) 확장적 통화정책

이제 중앙은행이 통화정책을 변경할 때, 통화 화폐공급의 변화에 따라 총수요의 변화를 야기한다. 확장적 통화정책을 사용할 경우 화폐수요의 변화가 없는 상태에서 화폐공급 증가[24]는 화폐공급곡선의 우측 방향으로 이동하게 된다. 이는 이자율을 하락시켜서 중앙은행이 창출하는 추가 화폐에 대해 사람들이 이를 보유하도록 만들게 된다. 이 경우 화폐공급의 변화에 따라 실물－금융 시장에서 LM곡선의 우측이동을 유발하고 이로 말미암아 이자율이 하락하게 된다. 그리고 총수요의 증가분만큼 총수요곡선을 우측이동 시킴으로써 균형소득과 이자율 수준에 영향을 미치게 된다. 여기서 총공급곡선에 대한 가정을 어떻게 적용하는 가에[25] 따라 서로 다른 결과를 가져오는데, 단기와 장기로 나누어 설명하면 다음과 같은 결과를 도출할 수 있다.

(가) 확장적 통화정책(단기)

위에서 설명한 경로를 따라가다 케인즈적 관점에 따라 단기에서는 총공급 곡선이 수평선으로 놓여있을 경우 어떤 결과를 보여주는지 보자. 먼저 화폐공급의 증가로 인해 LM커브가 우측으로 이동한다. 그리고 LM커브가 우측으로 이동한 만큼 총수요 곡선의 이동을 유발하고 그로 인해 단기에서는 물가는 고정되고, 총수요곡선이 이동한 만큼 소득은 증가하게 된다. 여기서 한가지 유의할 점은 단기에서 총공급곡선은 수평선의 형태를 지님에 따라 총공급에 대한 구축효과는 발생하지 않는다는 것이다. 이상의 설명을 그래프로 나타내면 다음과 같다.

---

24) 예를 들면, 국공채를 매입할 경우를 생각하기 바람.
25) 케인즈적 관점과 고전학파적 관점으로 구분하였음. 이에 대한 자세한 내용은 재정정책 부문에서 설명하였기 때문에 따로 언급하지 않도록 하겠다. 자세한 내용을 알고 싶다면 다시 재정정책에서 가정을 살펴보기를 바람.

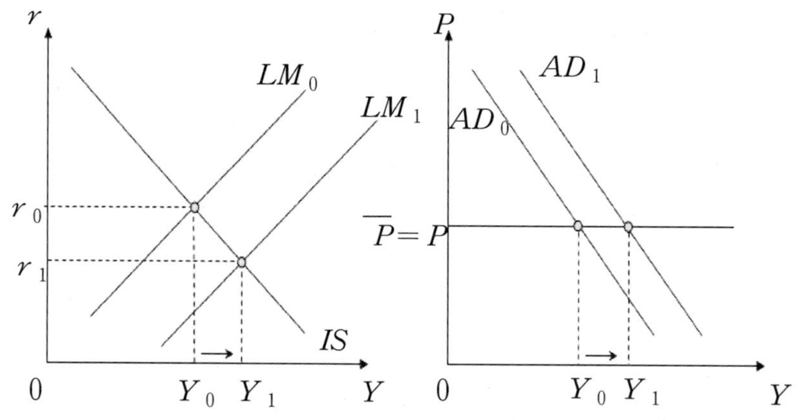

(그림 2-28) 확장적 통화정책 (단기)

단기에서 금융정책의 효과를 보면 균형국민소득의 상승($Y_0 \rightarrow Y_1$)하게 되고 물가는 단기에서 고정($\overline{P}=P$)되어 아무런 변동이 없다. 그리고 이자율은 r_0에서 r_1만큼 하락하였으며, 소득의 증가로 인해 가처분소득은 $C\uparrow = C(Y\uparrow - T)$로 증가하였다. 그리고 이자율이 하락함에 따라 투자는 증가하였으며, 국가채무는 하락한다. 종합해 보면, 균형국민소득, 소비, 투자가 각각 증가하였고 이자율과 국가채무는 하락하였으며 물가는 변동이 없다.

(나) 확장적 통화정책(장기)

이제 고전학파적 관점에 따라 총공급 곡선이 수직선의 형태를 띠고 있는 경우 통화정책의 효과를 알아보자. 중앙은행의 통화 공급의 증가로 인해 LM곡선이 우측으로 이동한다. 그로 인해 총수요곡선이 우측으로 평행이동하게 되고, 이는 총공급 곡선이 수직선의 형태를 띠기 때문에 결국 균형국민소득의 변화는 없고 물가만 상승하게 된다. 그리고 물가가 상승함에 따라 LM곡선이 다시 왼쪽으로 이동하게 된다. 이는 초기의 통화 공급수준으로 돌아갈 때까지 계속 된다. 이를 그래프로 나타내면

(그림 2-29)과 같다.

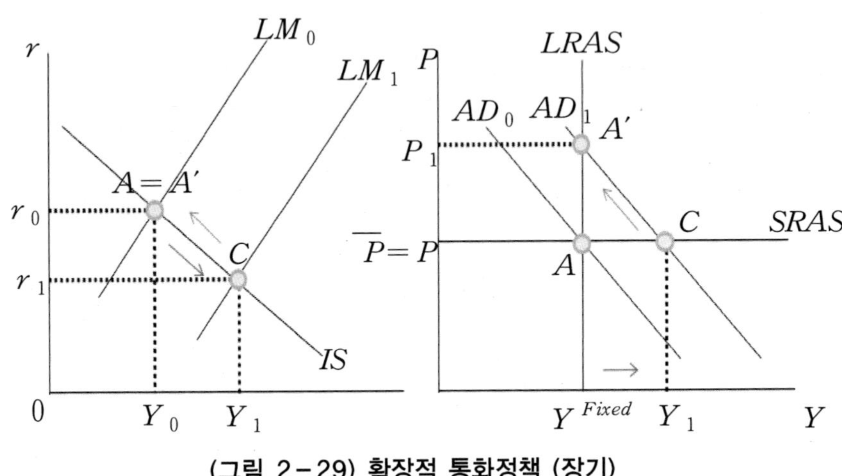

(그림 2-29) 확장적 통화정책 (장기)

　　장기에서 확장적 통화정책의 효과를 보면 균형국민소득은 아무변화가 없다. 장기 총공급 곡선이 수직선의 형태를 띠기 때문에 총수요 곡선의 이동은 물가를 상승만 시킬 뿐이다. 그리고 물가의 상승에 따라 LM곡선은 다시 좌측으로 평행이동 하는데 이는 원래의 LM곡선의 위치로 돌아갈 때 까지 계속된다. 따라서 물가 이외에 이자율, 소득, 투자, 국가채무의 변화량은 없게 된다. 고전학파의 관점에 따르면 화폐의 중립성으로 인해 이와 같이 물가만 상승하는 효과만 보인다고 하는데 이는 중앙은행의 통화 공급의 증가는 명목잔고의 변화이기 때문에 이는 실질잔고에 영향을 주지 않기 때문이고, 결국 물가만 상승한다고 본 것이다. 서로 다른 관점에서 분석한 바를 독자들은 잘 요약하길 바란다.

5. 우리나라 통화정책 운영체계

(1) 통화정책 운영체계

과거 우리나라의 통화운영체계는 앞에서 언급한 바와 같이 통화를 중간목표로 하는 통화목표제(monetary targeting)를 사용하였다. 이는 최종목표와 밀접한 인과관계를 가지고 있는 경제변수를 중간목표로 삼아 이의 달성에 주력하는 제도인 중간목표전략(intermediate target strategy)을 중점으로 한다. 여기에 사용되는 경제변수는 여러 가지가 있을 수 있다. 예를 들면 통화량, 환율, 명목 GDP 등을 들 수 있는데 각각이 중간목표가 된다면 통화목표제(monetary targeting), 환율목표제(exchange rate targeting), 명목 GDP목표제(nominal GDP targeting)로 나타낼 수 있다.

과거 통화목표제와 달리 현재 우리나라 통화정책의 기본 운영체계는 인플레이션 타게팅(inflation targeting)을 사용하고 있다. 이 인플레이션 타게팅은 명시적인 중간목표 없이 운용목표인 단기금리의 조정을 통해 사전에 설정된 물가목표를 직접 달성하고자 하는 통화정책 운영체계라고 할 수 있다. 이런 방법은 1990년대 들어 각국 중앙은행들이 채택하는 사례[26]가 증가됨에 따라 사용하게 된 배경이라고 볼 수 있다. 우리나라는 1998년 4월 개정된 한은법 시행과 함께 인플레이션 타게팅을 도입하여 현재까지 운영하고 있다. 우선 과거 통화량 목표제하에서 중간목표전략을 살펴보면, 아래 (그림 2-30)에서 보듯이, 중간목표전략은 통화정책 운용 시에 정책수단과 최종목표 사이에 중간목표를 개입하여 통화량을 중간목표로 사용하는 것을 말한다. 여기에 정책수단에 공개시장조작, 재할인, 지준정책이 있으며 운용목표는 단기금리 혹은 본원통화로 할 수 있다. 그리고 중간목표는 앞에서도 얘기 했듯이 통화량, 환률, 명목 GDP, 장기금리 등이 될 수 있다. 즉 정책수단을 사용하여 운용목표 및 중간목표를 거쳐 최종목표인 경제성장이나 물가안정을 수행하는 형태이다.

---

26) 1990년 3월 뉴질랜드가 최초로 도입한 이래 캐나다, 영국, 스웨덴 등이 도입하였으며 이후 점차 신흥시장으로 확산됨.

이와 달리 인플레이션 타게팅의 경우 운용목표의 조정을 통해 사전에 설정된 물가목표를 직접 달성하는 통화정책 운영체계라고 할 수 있겠다.

이런 인플레이션 타게팅의 경우 물가목표의 설정이 중요하다. 이는 중간목표전략 없이 바로 운용목표를 통해 최종목표인 물가목표에 도달해야하기 때문이다. 물가목표의 설정에 있어서 목표대상 물가지수는 근원인플레이션(underlying or core inflation)을 사용한다. 인플레이션 타게팅 도입의 초기인 1998~99년까지는 소비자물가(CPI)를 목표대상 지표로 채택하였다. 이후 2000년부터 소비자물가에서 '곡물이외 농산물 및 석유류' 품목을 제외하여 산출한 근원인플레이션으로 목표대상 지표를 변경하였다.

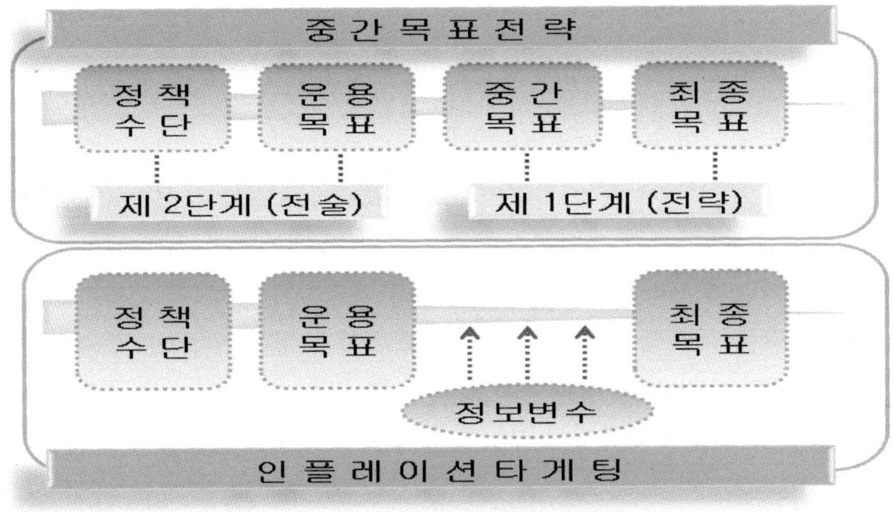

(그림 2-30) 통화정책의 변화와 개념

이런 목표달성에 대한 평가기간을 3년으로 두고 있는데, 도입 초기의 경우 연간 단위의 물가안정목표를 설정하였으나 2004년부터 중기 물가안정목표제로 이행[27]하

---

27) 한은법은 2004년 1월에 통화정책의 효과가 1년 이상의 시차가 있음을 고려하여 개정됨.

면서 3년으로 변경되었다. 목표 수준은 2004~2006년 중에 근원인플레이션율의 평균상승률 2.5~3.5%를 기준으로 정하였다. 이는 우리 경제의 안정적 성장을 뒷받침하고 기초경제여건에 부합할 수 있는 적정인플레이션이 3% 내외로 추정되는 점을 감안한 수치이다. 그리고 각종 불확실성을 고려하여 1% 포인트의 목표범위(range targeting)를 설정하고 있다.

이런 운영목표인 콜금리[28](단기금리)의 결정 혹은 변경은 다음과 같이 이루어진다. 이는 설정된 물가목표를 달성하기 위해 한국은행 금융통화위원회는 매월 콜금리 목표(운용목표) 수준을 결정한다. 이러한 기준은 현행유지, 인상, 그리고 인하로 나누어진다. 이는 원칙적으로 매월 둘째 주 목요일에 개최되는 정기회의에서 결정된다. 그리고 콜금리 목표수준 결정을 위해 금통위는 다음과 같은 사항을 종합적으로 판단하여 결정한다.

㉮ 국내외 여건변화가 장래의 인플레이션에 미치는 영향

㉯ 국내외 경제동향 (물가, 소비, 투자, 수출, 수입, 생산, 고용, 자산가격, 경제성장, 경기 등), 금융시장동향 (통화, 금리, 증시, 수신, 여신, 가계, 기업 자금상황 등), 외환 및 국제금융동향 (환율, 외화자금수급, 외채, 외환보유액, 자본이동상황 등) 등의 경제지표

㉰ GDP갭률, 안정실업률(NAIRU), 제조업 단위노동비율 상승률, P*비율 등과 같은 지표를 활용 (look-at-everything approach)하여 미래의 물가상승률을 예측한다.

㉱ 물가안정에 우선적인 주안점을 두지만 경제성장, 금융시장 안정 등 여타 정책

---

28) 콜금리란 금융기관 상호 간 초단기로 돈 빌리고 꿔줄 때 적용하는 금리를 의미한다. 일시적으로 자금이 모자라는 금융기관이, 자금이 넘치는 다른 곳에 자금을 빌려달라고 요청하는 것이 콜(call)이며 이러한 금융기관 간에 발생한 과부족 자금을 거래하는 시장이 콜시장임. 자금을 공급하는 쪽을 콜론(call loan), 수요하는 쪽을 콜머니(call money)라고 하는데 일반적으로 약칭해서 콜이라고 함. 콜금리는 이 거래에서 적용되는 이율이며 이러한 대차가 이루어지는 추상적 자금시장을 콜시장이라고 함. 통상 콜금리는 1일물(overnight)금리를 의미하며 단기자금의 수요와 공급에 의하여 결정된다.

목표도 함께 고려한다.

한편 콜금리의 목표는 일반적으로 0.25% 포인트씩 점진적으로 조정하며 조정의 필요성이 큰 경우에 0.5% 포인트씩 조정한다. (Greenspan's baby-step)

(2) 통화정책의 파급경로

한국은행이 콜금리 목표 조정을 하게 되면 금리, 자산가격, 신용, 환율, 기대경로를 통해 금융 및 실물부문에 파급된다. 먼저 금리 경로를 보면 한국은행의 콜금리 목표 변경[29]은 여타 단기시장금리의 변동을 가져온다. 이런 단기시장금리의 변동은 이후 장기시장금리 및 은행여수신금리의 변동을 가져온다. 그리고 이런 변동은 소비, 투자 등의 총수요의 변동을 가져오는 파급경로를 가진다. 다음으로 자산가격경로를 살펴보자. 금리의 조정은 주식 및 부동산과 같은 자산의 가치 변동을 가져오고 이는 부의 효과를 통해 소비, 투자 등의 총수요에 영향을 미친다. 신용경로의 경우 콜금리 목표 변경은 시중자금 가용량(availability) 및 자산가격 변화에 따른 담보가치 변동을 가져오고 금융기관의 대출변동을 가져온다. 그리고 환율경로의 경우 만약 조정을 통해서 국내 금리가 하락하게 되면, 원화채권 수익률이 상대적으로 외화채권에 비해 수익률이 감소하게 된다. 이럴 경우 외화채권에 대한 수요의 증가와 더불어 자본의 해외유출이 일어나게 되고, 원화가치의 하락을 불러온다. 이는 실물시장에서 수출의 증가를 가져오게 되고, 결국 물가 상승을 유발하게 되는 경로로 이어진다. 마지막으로 기대경로의 경우 정부정책의 신뢰성에 따라 달라진다. 즉 통화정책기조가 변경될 경우 경제주체들의 경기 및 물가 전망 등에 대한 기대를 변화시킴으로써 파급경로상의 각종 금융변수의 변동을 반영되거나 직접 소비, 투자, 물가 등에 영향을 미치게 된다. 이런 통화정책의 변경은 각 경로가 동시 다발적으로

---

29) 콜금리가 변동하면 양도성 예금증서(CD) 등 단기금융상품의 금리, 은행의 여수신금리, 채권수익률도 변동됨. 금융기관 간의 직거래 방식도 허용되고 있으며 1~30일까지의 자금거래가 이루어지고 약 90%이상이 1일물이다.

발현되는 특성을 가진다. 이를 표현해보면 아래의 그림과 같다.

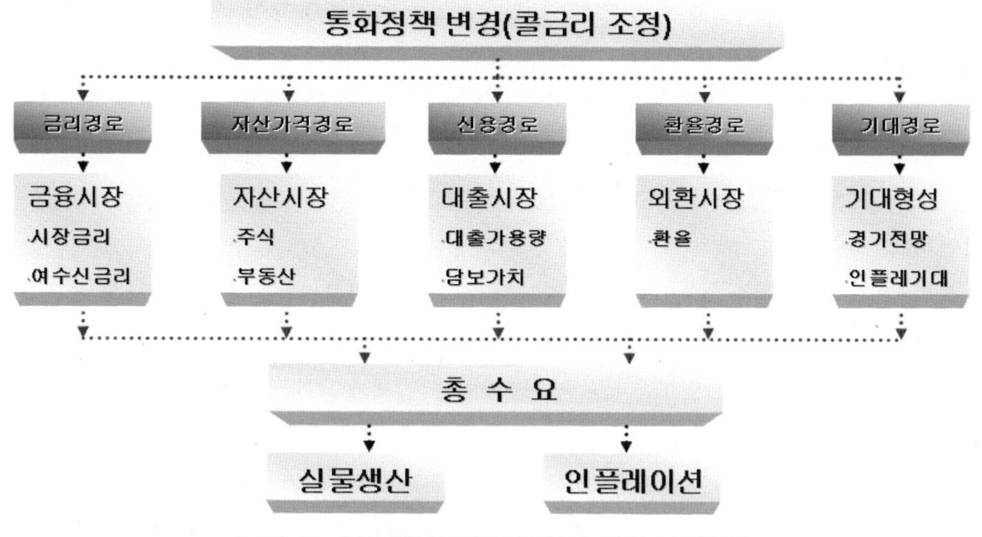

(그림 2-31) 통화정책의 변경에 따른 파급경로

6. 최근 통화정책의 주요 이슈

(1) 통화정책의 목표 재설정

전통적으로 대다수 국가의 중앙은행은 이중적 책무(dual objectives)를 가지는데 이것이 바로 통화안정(monetary stability)과 금융안정(financial stability)이다. 후자인 금융안정 책무의 경우 전자보다 역사적으로 훨씬 앞선다. 영국에 있어서 은행권발 행을 독점하는 유일한 중앙은행인 영란은행은 1850년에서 1860년대를 걸쳐 철도부 문에서의 과도한 투기버블이 나타나자 위기확산 억제를 통한 금융안정을 중시하였 으며, 미국의 경우 1907년에 은행부도 및 금융공황을 경험하면서 1913년 미 연방지준을 설립하였다. 한편 현재와 같은 통화안정 책무는 그 이후에 금융안정 책무 위에 접목하였다.

제2차 세계대전을 기점으로 이후 1950년에서 1970년대까지 각국의 정부는 경제성장과 고용증대에 주력하였다. 이런 과정에서 세계적인 인플레이션의 급등 현상을 경험하게 되면서 중앙은행은 통화안정을 통한 물가안정을 가장 중요한 책무로의 인식변화가 일어났다. 이러한 사실을 반영하여 중앙은행은 통화량을 중간목표로 지준을 운용목표로 하는 등의 주로 양적지표를 관리하는 방식으로 통화정책을 수행하게 되었다.

한편 1980년대 들어서는 일반물가가 상대적으로 낮은 수준에서 안정되는 경향을 보였다. 이는 통화정책 운용목표를 단기금리로 설정하였으며, 특히 1990년대에 들어서는 정보통신기술의 발달에 따른 생산성향상, 경제개방화 등으로 세계적인 저물가 환경에 놓여있었던 것이다. 낮은 금리수준의 지속적인 보장은 결국 신용이 과다하게 확대 계기가 되었다. 그래서 주식 및 부동산 등과 같은 자산가격 버블이 발생, 확대, 그리고 붕괴되는 과정에서 금융시스템이 무너지는 현상을 경험하게 되었다. 즉 금융위기, 경기침체, 그리고 부채디플레이션 등과 같은 현상[30]을 경험하게 되었던 것이다.

이러한 자산 가격버블이 형성되는 그 이면에서 항상 경기가 좋은 상황에서 과도한 신용확대에 따라 민간부채의 누적이 그 원인으로 작용된다. 자산가격 버블이 붕괴되어 기업과 금융이 동반 부실화되면서 금융시스템이 작동하지 못하게 되어 경기침체와 부채 디플레이션이 발생하게 되면 결국 중앙은행의 책임론[31]으로 귀결되게 되어있는 특징도 존재한다. 이러한 점에서 대다수 국가의 중앙은행에게는 최근 들어 물가안정도 중요하지만 신용량의 적절한 수속과 자산가격 안정을 통한 금융안정

---

30) 세계적 부채위기, 인본의 자산가격 버블 붕괴 후의 은행위기, 미국의 S&L위기, 스칸디나비아 국가들의 은행위기, 남미의 은행위기, 아시아 금융위기 등의 금융위기 발생의 빈도 증가함.

31) 결론적인 측면에서 서술한 내용으로써 바꾸어 얘기해보면 시중은행을 비롯하여 기업, 소비자 등의 경제주체들이 중앙은행에 대한 모럴해저드가 심각할 경우 금융위기가 도래할 수도 있음을 시사한다.

이 더욱 중요한 책무로 전면에 부상하고 있다. 왜냐하면 단기금리 조절을 통한 물가안정은 금융안정을 촉진하지만 금융안전을 보장하지 못하기 때문이다.

두 가지 통화 정책적 논점

1. 일반물가가 대체로 안정되어 있는 시기에 물가안정 위주로 설계되어 있는 형행 통화정책 운용방식은 과연 적절한 것인가?

이는 콜금리 정책의 한계점을 드러내는 대목이다. 중앙은행이 실시하는 콜금리 정책은 바로 물가상승의 압력이 존재해야 운용목표 조정을 통해 최종목표인 경제안정을 달성한다는 것이다. 그러나 물음에서도 나와 있듯이 일반물가가 안정되어 있는 상황, 거기에다 참여정부에 들어서 급등하게 된 자산가격의 급등하는 경우 과연 콜금리의 조절의 유인으로 작용할까? 앞서 보았듯이 콜금리 정책의 주요한 판단기준이 되는 일반소비자물가와 자산가격과는 그 성질이 다르기 때문에 함부로 콜금리의 변화를 줄 수 없다. 예를 들어 위와 같은 상황에서 자산가격의 상승과 또한 민간 부채가 과다하게 증가된 경우에 단기금리의 상승은 금리경로에 의해 장기금리의 상승을 유발하게 되고, 부채 부담하는 일반 소비자 및 기업의 입장에서 부담해야할 채무를 증가시키게 되어 민간경제주체들로 하여금 파산시키게 되는 결과를 가져온다. 그리고 이는 금융의 불안정 혹은 위기로 표현되는 국가적 위기에 봉착하게 되는 것이다. 이렇듯 최근처럼 일반물가가 낮은 수준에 안정되어 있는 상황에서는 금리를 신축적으로 조절할 수 있는 근거와 유인이 취약하다는 콜금리정책의 한계점을 가지며 이를 보완할 정책을 마련할 필요가 있다.

2. 통화정책의 책무가 물가안정과 금융안정을 함께 포괄하고 있다면 중앙은행은 이런 책무에 상응하는 거시적, 미시적 정책수단을 적절하게 확보하고 있는가?

특히 우리나라와 같이 감독기능이 분리되어 있는 국가의 중앙은행의 경우 단기

정책금리 조절 이외에는 과다한 신용확대를 효과적으로 수속할 수 있는 논리와 수
단이 미흡한 실정이다.

(2) 자산가격 상승에 대한 통화정책 대응

각국의 중앙은행들은 그동안 물가안정을 보다 중시하는 방향으로 통화정책을 수
행해왔었다. 최근 들어 물가가 상대적으로 낮은 수준에서 안정됨으로써 정책에 대
한 신뢰도가 크게 개선되었다. 그러나 일반물가가 낮은 수준에서 안정되는 가운데
명목금리가 장기적으로 낮은 수준에서 머물게 됨으로써 신용의 과다창출을 유발하
고 이것이 일반소비자물가로의 이전이 아닌 자산가격으로 이전되면서 자산가격의
버블이 발생되게 되었다.[32]

이런 자산가격의 버블 발생할 가능성은 일반물가가 안정된 시기에 더욱 크다. 경
제주체들은 물가안정이 중앙은행의 최우선 목표이기 때문에 어떠한 일이 있어도 인
플레이션율을 낮게 유지할 것으로 기대한다. 이는 중앙은행이 금리를 인상할 유인
이 없으며 안정적 성장은 무한히 지속될 것으로 믿게 된다. 그리고 물가가 낮고 안
정된 상황에서는 경제주체들이 경제적 도취감(economic euphoria)에 젖어 과도한 낙
관주의를 견지하게 된다. 따라서 차입을 늘리고 고위험, 고수익자산에 대한 투자를
확대함으로써 부채를 늘리게 된다. 한편 이런 자산가격의 상승에 대해 케인즈는 자
기실현적 예언(self-fulfilling prophecy)을 통해 이루어지며, 이런 생각을 가진 사람
끼리의 군중화 됨에 따라 가격은 천정부지로 높아지게 된다고 말하였다.[33]또한 버

---

32) 자산가격 버블 발생 사례를 보면 가장 빠르게는 네덜란드의 튤립버블을 비롯하여 1700
　　년대 남해버블사건, 1960년대 미국의 성장주와 신주의 열풍, 1970년대 미국에서 핵심우
　　량주를 중심으로 블루칩 버블사건, 1990년대 일본의 주식 및 부동산의 버블로 인한 장
　　기침체, 1990년대 말 인터넷관련 주식의 열풍과 버블 등을 들 수 있다.
33) 케인즈는 이런 일반적 행동 형태를 미인대회에 비유하였다. 예를 들어 미인대회를 선발
　　하는데 구경꾼들 모두가 심사위원이라고 하고 그들 중에 1위를 차지하는 여자를 맞춘다
　　면 상을 준다고 할 때, 이들은 상을 타기위해 서로 눈치만보다가 자기실현적 예언이 강
　　한 어떤 이가 한 여자를 선택할 경우 주위의 사람들은 그 것을 보고 그들 역시 그 여자
　　를 선택하게 된다는 것이다. 주식시장을 비유해보면 고명한 증권투자가가 권하는 종목이

블이 붕괴되기 전까지 그 버블의 형성을 유지하게 하는 것은 자기가 상승한 자산을 구매한 가격보다 더 높은 가격으로 자신의 자산을 살 사람이 있을 것이라고 믿는 것에서 비롯된다.(greater fool theory) 따라서 투기적 호황임을 알고서도 거품이 꺼지는 시기가 지금은 아닐 것이라는 기대감으로 번져가게 되는 것이다. 그러나 버블의 붕괴는 알 수 없는 시점에서 일어나고 버블의 형성정도가 높은 수록 장기침체에 빠지는 금융 불안정으로 회귀할 가능성을 높인다. 이처럼 자산가격의 버블 형성 및 붕괴, 그리고 금융 불안정으로 이어지는 경로를 그림으로 표현하면 다음과 같다.

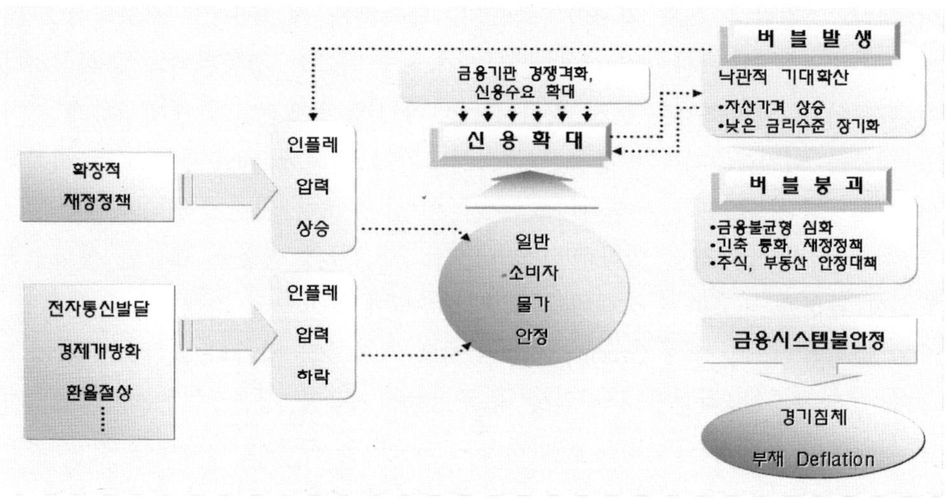

(그림 2-32) Boom & Bust Cycle

이런 일반소비자물가가 대체로 안정된 가운데 자산가격의 급 변동은 금융시장뿐만 아니라 거시경제 전반의 불안요인으로 여기어 진다. 그리고 그에 대한 정책적 대응이 필요하다는 것에 대해 일반적인 합의가 이루어지고 있으나, 그 대응방법에 있어서는 양자간의 견해가 존재한다. 먼저 간접적 대응방식을 들 수 있는데, 중앙은

한 여자에 해당될 것이고 일반투자자는 그 여자를 선택함으로써(군중화) 상을 타려고 할 것이다.

행은 자산가격 상승이 인플레이션 압력으로 나타나는 경우에 한해 자산가격 움직임에 통화정책으로 대응하는 것이 바람직하다는 것이다. 대표적인지지론 자들로는 Greenspan(2000), Bernanke and Gertler(1999), Batini and Nelson(2000), Goodhart and Hofmann(2001), Woodford(1999) 등이 있다. 이들은 자산가격의 특정수준을 염두에 두고 그 목표수준을 이탈할 때 통화정책으로 대응할 경우 오히려 인플레이션 및 성장률의 변동성이 확대되어 경제의 불안정을 초래한다는 입장이다. 그러나 이들 역시 자산가격이 경제기초여건을 크게 벗어나 장기간 이탈하는 경우 시의 적절한 사전 금리조정 등을 통해 버블발생을 조기에 억제하는 것이 바람직하다는 것에는 이견이 없다. 그렇다고 해도 자산가격 버블을 급격하게 제거하려고 시도해서도 곤란하다고 주장한다. 이러한 배경에는 자산가격과 금리와의 상관관계가 불확실하다고 보기 때문이다. 금리조정은 특정 자산시장뿐 아니라 경제전반에 광범위하게 무차별적인 영양을 미친다. 게다가 중앙은행이 자산가격 변동에 내포된 정보를 해석함에 있어서 시장참가자들보다 우월하다고 보기 어렵다. 또한 자산가격 거품에 대한 식별 자체가 어렵다는 점도 있다.[34] 마지막으로 자산가격 변동에 대응한 통화정책은 불확실한 환경을 내포하는 상태에서 수행될 수밖에 없으므로 정책착오를 일으킬 수 있다는 것이다. 이에 대해 Greenspan은 수시로 자산가격 평가의 불확실성을 강조해왔으며, 중앙은행이 적절한 금리인상 등을 통해 거품을 잡을 수 있다고 생각하는 것은 환상이며 선제적 통화정책을 펴더라도 거품만을 구분해 잡아내는 것은 불가능하다고 주장하고 있다. 이런 배경을 이유로 중앙은행은 선제적인 통화정책을 통해 자산가격의 거품을 추출해내는 것은 불가능하고 바람직하지 않다고 한다.

반면 적극적 대응방식의 경우, 최근 들어 자산가격 버블이 인플레이션 압력을 증대시키고 버블붕괴 시 금융 불안정이 심화되는 사례가 늘어나면서 일반물가가 안정되어 있는 시기라고 하더라도 금융안정을 위해 자산가격 급변동에 대해 선제적이면서도 적극적인 대응(leaning against the wind)해야 한다는 것이다. 대표적인 지지론 자들로는 Kent and lowe(1997, 2003), Alchian and Klein(1973), Cecchetti et al.(2000,

---

34) 자산가격상승이 fundamental에 의한 향상인지, 투기성 거품에 의한 것인지를 정확히 식별하기 어렵다.

2002, 2003), Borio and Lowe(2002), Bordo and Jeanne(2002), Been(2003), Crockett(1999, 2003) 등이 있다. 이들은 자산가격 버블은 주로 신용확대에 기인하므로 버블이 커지기전에 조기에 긴축재정과 함께 금융규제감독정책을 충분히 활용, 신용증가와 자산가격상승의 연결고리를 사전에 차단할 필요가 있다고 주장한다. 이런 연유에는 선진국의 경험에서 보듯이 자산가격이 급등한 배경에는 공통적으로 확장적 통화금융정책이 존재하였다는 것이다. 그리고 자산가격 버블의 확산 및 붕괴는 통화정책의 파급경로 상 중요한 역할을 하는 금융시장과 금융기관을 불안정하게 함으로써 통화정책 효과를 제약시킨다는 것이다. 또한 중앙은행이 자산가격 변동에 적극 대응할 경우 버블발생의 가능성을 초기에 낮추어 금융 및 거시 경제 안정을 도모할 수 있다. 만약 버블이 발생하게 되면 반드시 확산, 그리고 붕괴의 과정을 거칠 수밖에 없고 그것이 상당기간 진행된 후 붕괴된다면 부작용은 더욱 커지기 때문이다. 이는 일단 버블경제가 나타나면 통화정책적인 대응만으로는 해결이 불가능할 뿐만 아니라 금융시스템전반을 붕괴시키는 등 경제에 미치는 잠재적 비용이 막대하기 때문에 사전에 통화정책을 사용하여 거품의 발생을 억제할 필요가 있다는 것이다.

(3) 통화정책 운영방식과 정책수단의 문제점

현행 통화정책 운영방식은 앞서 본 바와 같이 '인플레이션 타케팅' 하에서 '지준공급 조절을 통해 단기금리를 관리'하는 방식이다.

(가) 인플레이션 타게팅의 구조와 한계

인플레이션 타게팅은 운용목표인 단기금리를 조절하여 최종목표인 물가안정을 직접 달성하는 구조로 되어있다. 여기서 금리의 조절은 인플레이션 압력이 존재한다고 판단될 때 단기금리를 상향 조절하는 방식을 취한다. 이를 위해서는 장래 인플레이션 압력의 정확한 판단이 중요하고, 그에 대응한 금리의 선제적 조절이 중요하다고 할 수 있다. 그러나 현실적으로 지금과 같이 수요측면에서의 인플레이션 압력이 없는 경우 금리의 선제적 조절은 불가능하다는 한계점을 가진다. 게다가 장래 3~5년 후의 인플레이션 압력을 정확하게 예측하는 것은 더욱 어려운 일이라는 것이다. 또한 장기적으로 물가가 안정되어 있는 상황에서 금리의 인하에 비해 금리의 인상은 상대적으로 비신축적일 수밖에 없다는 것이다. 이는 자산가격 변동이나 금융 불균형을 사전에 예방하기 위해 금리인상이 필요하더라도 경기가 좋지 않을 경우 금리인상에는 기본적인 한계가 존재하고, 금융인상에 대해 각 부문의 이해당사자들(stakeholder's)로부터의 큰 저항이 존재하기 때문이다. 그리고 미국의 연방지준의 경우도 금리인하에 비해 금리인상이 훨씬 보수적이란 연구결과도 있다.(Hu and Phillips 2002)

한편 인플레이션 타게팅제도 하에서 선제적 금리정책을 통해 자산가격 변동이나 금융 불균형을 사전에 예방하기가 실제로도 쉽지 않다는 점이다. 선제적인 통화정책은 자산가격 버블과 금융 불균형을 방지하는 것에 효과적일 수 있으나 통화정책을 선제적으로 수행하는 데 있어서 경제주체는 물론 정치권, 정부당국, 재계 등을 설득해야 하는 어려움(communication problem)이 존재한다.(Filardo 2003) 바꾸어 말하면 인플레이션 압력이 현재화되지 않는 상황에서 긴축정책의 필요성을 경제주체와 정치권, 재계, 정부당국에게 설득할 필요가 있고, 이를 위해 통화정책의 새로운 역할에 대한 정치 및 사회적 공감대를 확산시키기 위한 노력이 필요하다는 것이다.(Crockett 2003, Filardo 2003) 이처럼 인플레이션 타게팅에 대한 여러 측면에서 다양한 이견들이 존재하는 이유는 바로 금융안정을 위한 정책수단의 부재라고 할 수 있다. 즉 물가안정과 금융안정의 두 가지 목적에 금리라는 단 하나의 정책수단만 존재한다는 것이다. 결국 바로 이것이 인플레이션 타게팅의 큰 한계점이라고 할 수 있다.

(나) 통화정책 운용방식의 문제점

통화정책의 운용방식이 바로 지준공급 조절을 통해 단기금리를 관리한다는 것이다. 이는 여러 측면에서 문제점을 가지는데 살펴보면, 첫째로 전자지급수단 발달 등으로 지준수요가 지속적으로 감소하는 경우 금리조절능력이 약화 될 수 있다. 둘째 지준수요가 소멸하는 경우 지준을 모두 흡수해야 한다면 더 이상 공개시장조작을 통한 금리조절은 불가능 하다. 셋째, 명목 단기금리가 0(zero ldwer bound)에 이르면 거시경제안정을 위해 더 이상 목표금리를 인하하지 못한다. 넷째, 지준과 금리가 불가분의 관계에 있어 정책수단이 제약된다. 특히 넷째와 같은 경우 목표금리가 결정되면 상응하는 지준량이 자동적으로 결정되어 버린다. 이런 운용방식은 결론적으로 지준을 조절하여 단기 목표금리를 관리하는 통화정책 운용방식 하에서는 지준수요가 지속적으로 감소하거나 소멸할 경우 금리조절 능력이 약화될 수 있다는 것이다.

7. 통화정책 운영체계의 개편 내용 및 기대효과

(1) 추진일정

2007년 7월에 통화정책 운영체계 개선 방안에 대한 금융통화위원회의 보고가 있고난 뒤에 개선의 시안을 외부에 보도자료 배부의 방식을 통해 공표하였다. 그리고 2007년 7월과 10월 사이에 외부 전문가의 의견(설명회: 금융기관 및 정부 유관 부처의 실무 담당자, 간담회: 금융기관 임직원 및 정부, 학계 인사)을 청취하는 설명회 및 간담회를 개최하였다. 설명회와 간담회는 각각 7, 6회로 개최되었고 참여인원은 각각 100명, 35명이었다. 2007년 11월에는 통화정책 운영체계 관련 주요 결정사항의 검토내용을 금융통화인원회의 보고가 있었으며 통화정책 운영체계 개편방안을 확정 지었다. 그 후 12월에는 보도자료 배포 및 직원 대상 설명회를 열었으며 관련 규정 제정 및 개정과 전산시스템을 준비 중이다. 2008년 3월 7일 새로운 통화정책 운영체제를 시행하였다. 단 새로운 지준적립은 2008년 3월 6일부터 시작되었다.

(2) 개편 내용

(가) 정책금리

금융통화위원회가 매월 결정하는 정책금리를 당초 콜금리 목표에서 한국은행 기준금리로 변경된다. 이런 변화의 방향은 앞서 언급한 운용목표인 단기금리를 사용함에 따른 한계점을 극복하기 위한 방안으로 여겨진다. 그리고 정책금리의 변경을 통해 콜금리의 시장성이 제고될 수 있는 여건을 마련하기 위함이다. 한국은행의 기준금리는 당행과 금융기관 간 거래(ex. RP매매, 여수신 등)의 기준이 되는 금리를 말하고, 기준금리의 결정 및 공표 방식은 현행 콜금리 목표 결정 및 공표 방식을 유지하는 것으로 한다. 즉 새로운 통화정책 파급경로는 다음 (그림 2-33)와 같다고 볼 수 있다.

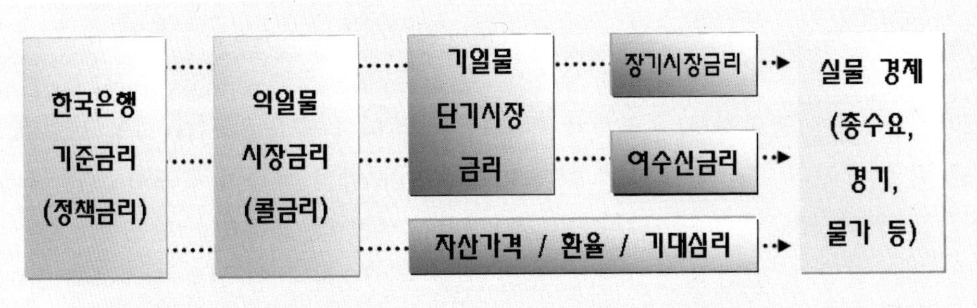

(그림 2-33) 새로운 통화정책 운영체계의 파급경로

(그림 2-33)이 (그림 2-31)과 다른 점은 한국은행 기준금리의 책정을 통해 콜금리의 수준이 자연적으로 정해지고 그 후의 파급경로는 모두 같다고 보면 될 것이다. 여기서 중요한 점은 콜금리 수준과 한국은행의 기준금리 수준이 비슷해야 한다는 것이다. 왜냐하면 콜금리는 통화정책 파급경로의 시발이 되는 시장금리로써 기능을 수행하기 때문에 콜금리가 기준금리 수준에서 크게 벗어나서는 안 되기 때문이다.

(나) 지준제도

지준제도의 변화 방향은 3가지로 나누어지는데 먼저 지급준비와 관련된 불확실성을 제거하고 지준적립일이 정책금리 결정일과 조화를 이룰 수 있도록 하는 것이다. 즉 지준적립기간을 완전하게 차례로 미루어 나가는 이연을 시키는 것이다. 현행 반월계산 7일 이연을 반월계산 1개월 이상 이연시킴으로써 지준적립기간 개시 이전에 필요지준 적립규모가 확립되게 한다. 이는 지준수요와 관련된 불확실성을 제거하도록 하기 위해서이다. 한편 지준금의 인정대상이 되는 시재금에 대한 보유시기를 변경한다는 것이다. 현행 지준적립기간 중 보유현금을 지준계산기간 중 보유현금으로 변경함으로써 현재 필요지준의 35% 범위 내에서 시재금을 지준적립금으로 인정할 수 있고, 현금 입출로 인해 발생할 수 있는 지준 과부족의 불확실성을 해소할 수 있다. 마지막으로 지준적립기간을 일자기준에서 요일기준으로 바꾼다는 것이다. 그러나 지준계산기간은 현행을 유지하는 반월 기준을 그대로 둠으로써 정례적 공개시장조작 및 정책금리 결정일과의 조화를 도모하고 지준적립기간의 변경에 따른 금융기관 일선영업점의 업무 혼선 여지를 최소화 시킬 수 있다. 구체적인 지준적립계산 및 적립기간을 살펴보면 현행 및 변경의 경우 (그림 2-34)와 같다.

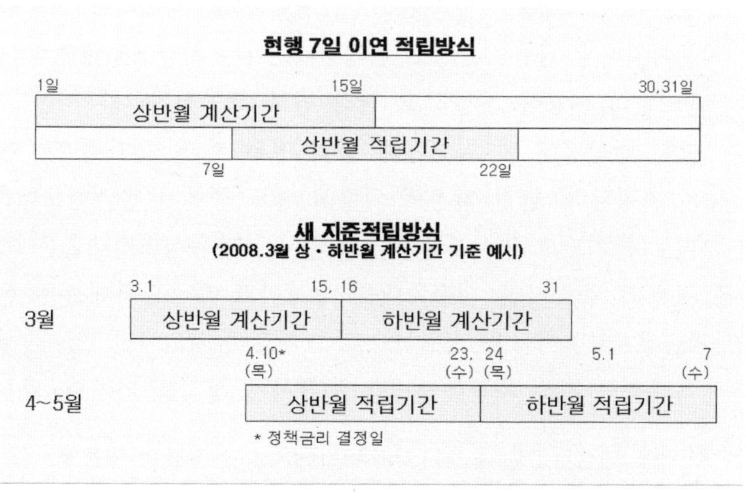

(그림 2-34) 현행 지준적립계산 및 기간

(다) 공개시장조작

공개시장조작의 경우 역시 그 시기를 정례화 하는 방향으로 바뀐다. 즉 금융기관과의 RP매매 시기를 원칙적으로 정례화하고 매매 시 적용금리를 정책금리에 연계하는 방식으로 변경된다. 매주 목요일에 7일물 RP매매로 단기 유동성을 조절하게 된다. 다만 7일물 RP매매 이후 콜금리가 불안정할 경우 예외적으로 1일물 등 단기 RP매매를 실시하게 된다. 정책금리 결정일이 목요일이 아니거나, 목요일이 휴일인 경우 정례 RP매매의 일자와 만기를 조정하게 된다. 그리고 기초적인 유동성 조절은 주 1회 통안증권 발매와 같이 현행과 같이 유지된다. 한편 RP매매 시 적용금리를 금융통화위원회가 매월 정하는 기준금리를 기준으로 변경된다. 게다가 7월물 RP매각 시 고정입찰금리를 적용하고 7월물 RP매입 시 최저입찰금리를 적용한다. 그 외 단기RP 매각 및 매입 시 고정입찰금리를 활용하게 될 것이다. 그리고 RP거래 대상기관은 현행 유지된다.[35]

(라) 여수신제도

여수신 제도는 기존 여수신 제도를 정비하고 대기성 여수신제도를 도입하게 된다. 대기성 여수신제도의 내용은 만기는 1일, 재대출 및 재예치를 허용한다. 그리고 대상기관은 지준예치대상 금융기관으로 한정한다. 이는 자금조정대출의 경우 건전성이 열악한 금융기관의 이용을 제한하고 적격 담보 제공범위 내에서만 자금을 지원하도록 한다. 또한 전산장애 및 자연재해 등의 경우 자금조정대출 및 예금의 금리, 만기, 담보 등은 조정된다. 한편 기존의 여수신 제도 중에서 총액한도대출이나 일중당좌대출은 그대로 존치되고 일시부족자금 대출이나 유동성조절대출은 폐지된다. 총액한도대출은 은행의 중소기업 대출확대를 유도하고 일중당좌대출은 은행의 하루 중 일시적인 지급결제부족자금을 지원하므로 그대로 유지되지만, 일시부족자금 대출이나 유동성조절대출의 경우 자금조정대출과 유사한 성격을 가지고, 특히 유동성조

---

35) 당행과의 RP거래 대상기관을 현재의 20개 기관으로 유지됨.(국내은행 14, 외은지점 4, 증권사 등 2) 그러나 새 운영체계 시행 이후 단기금융시장 여건 변화 등에 따라 필요시 대상기관의 조정을 검토

절대출은 이용실적이 거의 없기 때문에 폐지된다. 위 4가지 제도의 변화를 종합한 표가 아래에 있다.

(표 2-1) 새 통화정책 운영내용

구분	주요 내용
정책금리	- 한국은행 기준금리 : 당행의 對금융기관 거래 기준금리 - 콜금리는 운용목표금리 기능을 계속 수행
지급준비 제도	- 적립방식 : 반월 기준 완전이연 - 지준금인정대상 시재금 : 지준계산기간중 보유현금 - 적립기간 : 익월 둘째주 목요일~넷째주 수요일, 　　　　　　익월 넷째주 목요일~익익월 둘째주 수요일
공개시장 조작	- RP매매 : 매주 목요일 7일물 매매 (예외적으로 1일물 등 운용) 　• 기준금리를 매각시 고정금리로, 매입시 최저입찰금리로 활용 　• 1일물 등 단기 RP매매시에는 매각, 매입시 모두 고정금리로 활용 - 통안증권 발행 : 현행 유지
여수신제도	- 대기성 여수신제도 도입 　• 자금조정대출 및 자금조정예금 　• 여수신금리 : 기준금리±100bp (지준마감일은 ±50bp) - 총액한도대출 및 일중당좌대출은 존치 - 일시부족자금대출 및 유동성조절대출은 폐지

(3) 기대효과

첫 번째로 공개시장조작의 정례화, 대기성 여수신 제도의 도입 및 운영, 필요지준 규모의 사전 확정 등으로 통화정책수단이 단순하고 투명하게 운용될 것이다. 이는 통화정책에 대한 신뢰성을 높임과 동시에 통화정책 운용의 예측 가능성을 제고시킬 것이다. 두 번째로는 금융기관 자금운용 자율성 및 책임성을 강화 시킬 것이다. 이는 공개시장 조작이 정례화 됨에 따라 유동성 조절시기와 관련한 불확실성이나 한국은행의 재량이 축소되기 때문이다. 그리고 은행의 자금과부족 발생 시 대기성 여수신제도를 횟수, 금액 등에 구애받지 않고 이용할 수 있어서 자율적 자금운용의 여지가 확대되기 때문이다. 게다가 필요지준규모가 사전적으로 확정됨에 따라 은행이 지준을 보다 안정적으로 관리할 수 있는 여건이 마련된다는 점도 들 수 있다. 이는 금융기관들의 단기자금 운용기법을 고도화 시키는 효과를 가져 올 것이다.

세 번째는 기일물 단기금융시장의 발달 여건이 조성되고, 또한 기일물시장의 발달을 촉진하는 효과를 가져 올 것이다. 이는 콜금리의 변동성이 확대됨에 따라 금리변동의 위험이 상대적으로 적은 기일물에 대한 거래수요가 증가됨에 기인한다. 마지막으로 제도적 장치의 강화에 따른 금융시장은 안정을 기대할 수 있다. 대기성 여수신제도 및 지준제도 개선 등을 통해 콜금리의 과도한 변동을 방지하는 제도적 장치가 마련된다. 만약 콜금리가 크게 불안정한 변동을 가져올 경우 1일물 등 단기 RP매매를 실시하여 콜금리를 안정시킬 예정이다. 또한 새 운영체제하에서는 대기성 여수신제도를 위기대응장치로 활용할 수 있어서 지금보다 금융 불안에 대처하기 용이할 것이다.

8. 우리나라의 통화정책 추진내용

우리나라의 통화정책은 1957년 재정금융안정계획이 수립되면서 체계적인 틀 아래서 이루어지기 시작하였다. 재정금융안정계획의 수립은 정부수립과 6.25전쟁 이후 사회와 경제의 질서가 빠르게 변화함에 따라 그로 인해 재정운용이 방만해졌고 인플레이션이 급속하게 이루어진데 따른 대책이었다. 이 계획의 주요 내용은 연간 또는 분기 별로 통화(M1)의 공급한도를 결정하고, 민간, 해외, 기타부문 등으로 각 공급원천별로도 한도를 따로 정하여 그 한도 내에서 만 통화를 공급하는 것을 보여준다. 결과적으로 재정금융안정계획은 물가안정에 크게 기여한 면도 있었으나 재정에 의한 투자가 줄어들면서 국민경제가 위축되고 금융이 원활해 지지 못하면서 정부에 의한 금융특혜가 발생하였다. 5.16 군사정변 이후 성장정책을 실시함으로서 재정금융안정계획은 그 시행이 중단되었지만 당시 우리나라에 대한 국제사회의 원조가 축소되면서 외환사정이 크게 악화되었고, 다시 인플레이션 문제가 발생하기 시작하여 1963년에는 재정안정계획이라는 이름으로 부활하게 되었다.

이후 우리나라는 국제수지 적자가 계속되어 적자를 보전하기 위하여 1965년 3월 IMF와 대기성차관(Stand－by Credit)협정을 체결하고 그에 따른 조건으로 통화지표의 구체적인 목표를 IMF와 협의하여 결정하게 되었다. 이후 IMF 대기성차관은 국제수지가 개선된 1978년에서 1979년 중 일시적으로 중단되었고 1980년부터 재개되었으나 1980년대 후반 들어 경상수지가 흑자로 전환됨에 따라 1988년 잔액을 모두 상환하게 되었다. 이후 1997년 외환위기 때 다시 대가성차관을 도입하였으나 2001년 8월에 그에 대한 상환을 만료하게 되었다.

통화정책의 대상지표로 사용되던 M1은 이후 중앙은행의 순국내자산, 본원통화, 금융기관의 국내신용, 순국내신용으로 변경되었다. 하지만 M1의 움직임이 매우 불규칙하여 실제치와 목표치간의 괴리가 커지면서 1979년부터는 중심통화지표를 M2로 변경하였다. 이 시기에 통화공급목표는 EC(European Community)방식에 의해 결정되었다[36]. 즉 통화공급목표는 예상경제성장률과 예상물가상승률을 합한 값에 예상통화유통속도변화율을 차감한 것으로 정하게 되었다.

우리나라는 1990년대 중반까지 통화타케팅을 유지하였다. 이때까지만 해도 M2는 여전히 물가와 높은 상관관계를 가지고 있었고, 한국은행은 적절한 통화관리를 통해 대체로 M2를 목표범위에서 유지하게 되었다. 통화타게팅을 채택한 많은 나라들이 1980년대 들어 이 방식을 포기했던 것과 달리 우리나라에서는 통화 타게팅이 1990년대 중반까지 계속된 것은 금융자유화가 비교적 늦게 시작된 데다 금융자유화 환경에 금융기관이나 민간경제주체가 적응하는 데도 상당시간이 소요됨에 따라 금융혁신이 비교적 느리게 진행되었기 때문이다.

하지만 신탁제도가 개편되면서 신탁계정에서 이탈한 자금의 상당부분이 저축성예금으로 이동하면서 통화정책 기조의 변화와 관계없이 중심 통화지표인 M2의 증가

---

36) 이 방식은 피셔의 교환방정식 M(통화량) * V(유통속도)=P(물가) * T(공급량＝경제성장)에 그 이론적인 근거를 두고 있는 것으로 1972년 EC 각료이사회가 전 회원국에 채택할 것을 권고하면서 'EC방식'으로 지칭하게 되었다.

율이 크게 상승하였다. M2가 단지 제도의 변경으로 인해 변동됨에 따라 한국은행의 최종 목표 (물가 안정, 경제성장 등)와의 상관관계, 그리고 통화관리기관의 통제가능성 등으로 인해 M2는 그 유용성을 의심받게 된다. 이에 따라 한국은행은 1997년부터 M2와 MCT를 타겟으로 하는 복수통화지표를 도입하였다. MCT는 기존의 M2에 양도성 예금증서와 금전신탁이 포함되어 M2처럼 제도의 변경으로 인한 효과가 없어지지만 결국 MCT도 유용성이 떨어지기 시작한다. 이런 시행착오 끝에 외환위기를 겪게 되었고 1997년 말에 개정된 한국은행법은 매년 물가안정목표제를 명시적으로 공표하도록 함으로서 물가안정을 최우선으로 하게 되었다. 이렇게 됨으로서 단일목표를 설정을 통해 일률적인 통화정책을 시행하는 것이 가능하게 되었고 관리도 훨씬 수월해졌다고 생각된다. 목표가 너무 많을 경우 예를 들면 물가 안정이나 경제성장등을 같이 설정하였을 경우는 각 목표를 달성하는 동안 서로 반대의 효과를 내는 경우가 발생하여 궁극적으로 이루고자 하는 목표를 달성하기 어려워진다.

연습문제

1. 금융시장이란 무엇이며, 어떤 기준에 의거하여 어떻게 분류되는 가를 설명해보라.

2. 대부자금시장에서 균형이 가지는 의미에 대해 설명하고, 여기서 초과공급 및 초과수요가 발생할 경우 어떤 경로를 통해 균형점에 도달하게 되는가를 그래프를 그려 설명해보라.

3. 케인즈의 유동성선호이론을 바탕으로 LM곡선을 도출해보라.

4. 전환기의 금융환경에 대해 간략하게 기술해보라.

5. 확장적 통화(금융)정책을 사용할 경우 장기와 단기로 구분하여 설명하고, 장기

에서 나타나는 특징을 가장 잘 설명하는 가정은 무엇인지 기술하라.

6. 우리나라 통화정책의 운영체계가 어떻게 변화하였는 지를 설명하고 그 배경은 무엇인지 기술하라.

7. 콜금리 목표수준 결정을 위해 금통위는 어떤 사항을 기준으로 판단하게 되는가?

8. 통화정책의 파급경로를 5가지 경로로 나누어 설명해보라.

9. 중앙은행이 가지는 이중적 책무에 대해 기술해라.

10. 버블이 발생하는 경위에 대해 설명하라.

11. 통화정책 운영방식과 정책수단의 문제점을 적시하라.

Ⅳ. 대외경제정책

1. 대외경제정책개요

(1) 의의

대외경제정책이란 한나라의 대외경제관계에 영향을 주는 정부의 모든 행위를 말한다. 대외경제관계란 국가 간의 상품, 자본 및 노동력 등의 서비스에 관련되는 거래를 의미한다. 즉 우리가 흔히 알고 있고 들어봄직한 '무역'을 대외경제로 표현한 것이다. 이런 대외경제간 관계가 발생하는 이유는 각 국가에서 생산되는 모든 재화 및 서비스의 생산가격이 다르기 때문이라는 기본적 아이디어를 전제로 한다. 만약 이 세상의 모든 나라에서 같은 상품을 생산하며 또한 생산가격까지 같다면 대외경제간 관계 즉 무역이 발생할 필요가 없다. 이와 같이 서로 다른 생산가격을 지니는 나라에서 활동하는 상인들은 이런 생각을 할 것이다. '싸게 생산되는 지역에서의 생산물을 구입하여 비싸게 생산되는 지역에서 되팔면 이윤이 남지 않을까?' 이러한 단순한 개념을 행위로 옮긴 것이 차익거래(Arbitrage)가 되는 것이다. 이런 차익거래 행위는 오랜 기간 동안 지속되어 왔으며, 이는 국가 간의 거래 행위를 증가시키는 결과로 이어졌다. 국가 간의 거래 행위의 증가는 상호의존성의 증대를 가져왔다. 또한 이로 인한 대외 경제행위가 국민경제에서 차지하는 비중이 더욱더 커지게 되었다.

(2) 목표

대외경제정책의 목표는 국제수지의 균형, 즉 대외균형을 달성하는 것에 있다. 이런 국제수지 균형은 경상수지, 기초수지 및 종합수지 간의 균형여부를 판단한다. 경상수지라 함은 재화와 용역의 국가 간 흐름을 나타내는 것으로써 실물경제의 대외 경쟁력을 뜻한다. 또한 기초수지는 경상수지와 나라의 결제능력을 의미하는 장기자본수지를 더한 것을 말한다. 마지막으로 종합수지는 기초수지와 총괄적인 대외지불능력을 나타내는 단기자본수지를 합한 것을 말한다.

2. 개방경제하에서의 균형국민소득 결정

(1) 균형국민소득 결정모형

개방경제하에서의 균형국민소득 결정식은 아래 식과 같다.

$$Y = C + I + G + NX \tag{4-1}$$

식 (4-1)에서 국민소득은 소비와 투자, 정부지출, 그리고 순수출로 구성되어 있다. 여기서 순수출은 수출에서 수입을 뺀 값이 $(NX = EX - IM)$된다. 즉, 국내에서 사용되어지는 모든 재화와 서비스를 구성하는 것은 국내에서 생산되는 재화와 서비스, 그리고 해외에서 생산된 재화와 서비스가 될 수 있다. 개방경제에서는 타 국가와의 교역을 통해 수입 또는 수출이 발생함에 따라 순수출이 결정되고 이것이 국민소득에 영향을 끼치게 되는 것이다. 반면, 폐쇄경제모형하에서의 균형국민소득 결정은 한 나라 안에서의 국내 공급과 국내 수요에 의해 결정될 것이다. 하지만, 개방경제하에서는 국가 간 교역을 통해 순수출이 국민소득에 영향을 끼치는 내생변수가 되고 이것들이 균형을 이루게 된다.

(2) 국제무역이 수출국에 미치는 효과

앞서 설명하였듯이 국제무역이 없을 경우 국내에서 공급과 수요는 다음 (그림 2 - 35)와 같이 균형을 이루게 된다.

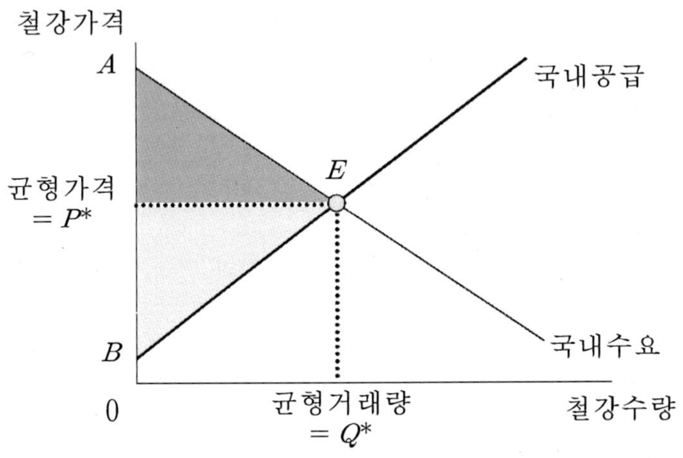

(그림 2-35) 국제무역이 없는 경우의 균형

철강시장을 예로 들어보자. 철강시장에서 국내의 수요와 공급에 따라 균형가격과 거래량이 결정되어 지고 보라색으로 표시된 △AEP*는 소비자 잉여를 나타내고, 노란색으로 표시된 △EBP*는 생산자 잉여를 나타낸다. 따라서 국가간 무역이 없을 경우 총잉여는 소비자 잉여와 생산자 잉여를 합한 것이 된다. 여기서 만약 세계 시장의 철강 가격이 자국 내 균형가격보다 높다고 한다면 이 나라는 상대적으로 다른 나라에 비해 생산비용이 낮고 공급가격이 낮기 때문에 더욱 공급량을 늘려 수출하려고 할 것이다. 이를 그래프로 나타내면 아래와 같다.

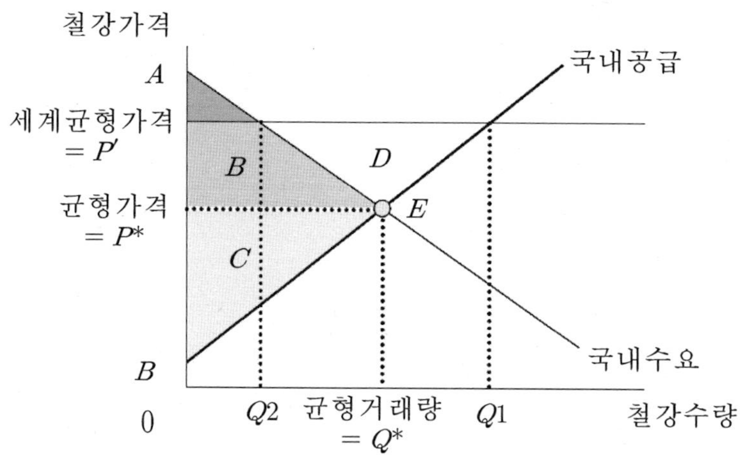

(그림 2-36) 국제무역이 수출국에 미치는 효과

위 그림에서 철강시장에서 세계균형가격이 국내균형가격보다 높은 P'에 설정되어 있기 때문에 공급자들은 공급량을 Q1만큼 늘리게 된다. 그리고 상승한 가격에 대해 국내 수요자들은 지불가격에 대한 수요량이 당초 균형거래량에서 줄어든 Q2에서 수요량을 결정하게 된다. 이렇게 되면 수출물량은 (Q1-Q2)가 된다. 여기에서 수출로 인한 또 다른 변화는 소비자와 생산자 잉여가 변화 된다. 즉, 당초 소비자 잉여분이었던 B가 생산자의 잉여로 이전되고 수출에 따른 새로운 잉여분 D가 역시 생산자 잉여로 속하게 된다. 즉 소비자 잉여는 줄어들고 생산자의 잉여는 증가하게 된다. 그리고 사회적 총잉여는 당초보다 증가한다. 소비자 및 생산자의 잉여의 변화를 표로 나타내면 아래와 같다.

	교역 이전	교역 이후	변화
소비자 잉여	A+B	A	-B
생산자 잉여	C	B+C+D	B+D
총 잉여	A+B+C	A+B+C+D	+D

(3) 국제무역이 수입국에 미치는 효과

국제무역을 하게 되었을 때 수출국이 존재한다는 것은 수입국이 존재한 다는 의미이다. 즉 세계시장가격이 한 나라의 국내시장가격보다 높다는 것은 그로 인해 수출이 발생함에 따라 그 물량을 싸게 구입할 나라가 존재한다는 것을 말하기 때문이다. 이런 관점에서 볼 때, 수입국에서의 국내시장가격은 세계시장가격보다 높다는 것을 의미한다. 즉 세계시장가격이 낮기 때문에 싼 물건을 구입해 국내에서 비싸게 되팔 수 있음을 시사한다. 이런 상황을 그래프로 나타내면 아래 (그림 2-37)과 같다.

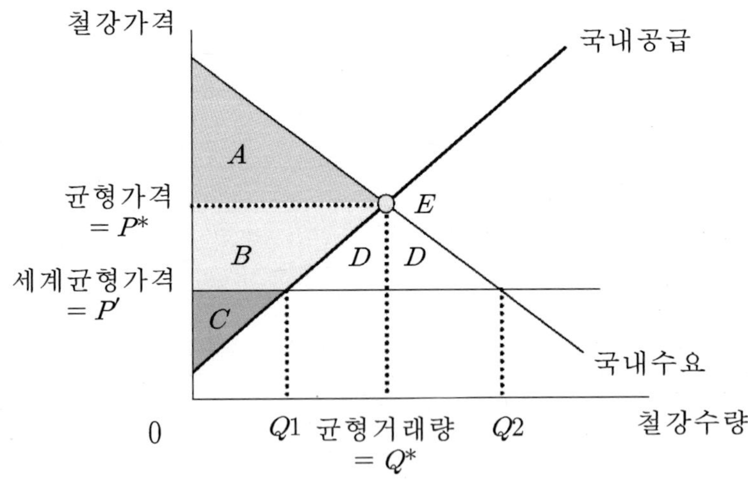

(그림 2-37) 국제무역이 수입국에 미치는 영향

(그림 2-37)을 보면 철강시장의 세계균형가격(P')이 한 나라의 국내균형가격(P*)보다 낮기 때문에 국내 철강시장의 공급자들은 Q1만큼 공급하려 할 것이고, 국내 철강수요자들은 세계의 낮은 가격으로 Q2만큼 구입하려고 할 것이다. 따라서 수입량은 (Q2-Q1)만큼이 된다. 수출국에서 보았던 것처럼 초기의 총잉여분은 D크기만큼 증가됨을 알 수 가 있다. 즉 수입으로 인해 당초 A+B+C만큼의 국내의 후생이 D만큼 증가된 모습을 볼 수 있다. 이는 수입으로 인해 공급물량이 기존보다 더 많아짐에 따라 사회적 총잉여분이 증가했기 때문이다. 여기서는 수출국과 반대로 소비자의 잉여가 당초 A에서 A+B+D로 증가하고, 생산자의 잉여는 B+C에서 C로 감소되었으며, 사회적 총잉여는 D만큼 증가하였다. 이를 표로 나타내면 다음과 같다.

(표 2-3) 국제무역 적용 후 수입국의 잉여변화

	교역 이전	교역 이후	변화
소비자 잉여	A	A+B+D	B+D
생산자 잉여	B+C	C	-B
총 잉여	A+B+C	A+B+C+D	+D

(4) 관세의 도입

앞서 개방경제하에서의 수출과 수입의 경제적 효과를 후생적 관점에서 살펴보았다. 수출 혹은 수입국이 되던 각 나라의 후생수준은 교역이전보다 높아짐을 알 수 있다. 국민경제적 관점에서 보면 수출이 수입보다 선호되기 마련이다. 따라서 수입물에 대한 관세 부과 등과 같은 무역장벽을 이용하여 수입을 억제하고 수출을 보다 늘리기 위해 노력한다. 무역에 있어서 비교우위의 이론을 적용해 보면 한 산업에서 생산성이 높은 지역이 낮은 지역보다 가격 및 공급량에 대한 비교우위에 놓이기 때문에 수출국이 되고 생산성이 낮은 지역은 수입국이 된다. 이는 수입국의 한 산업이 공급하는 물량을 하락시키게 하고 그로 인해 그 산업의 기업 경쟁력은 지속적으로 하락하여 몰락하게 된다는 관점에서 해석되는 것이다. 따라서 우리는 관세가 부과될 경우 수입국의 후생수준이 어떻게 변화되는 가에 대해 객관적으로 분석을 시도할 필요가 있다. 이제 수입국에서 T만큼의 조세를 부과하게 되면 세계균형가격에 조세 T만큼 더한 가격이 수입국이 받아들이는 균형가격이 될 것이다. 아래의 그림을 보자.

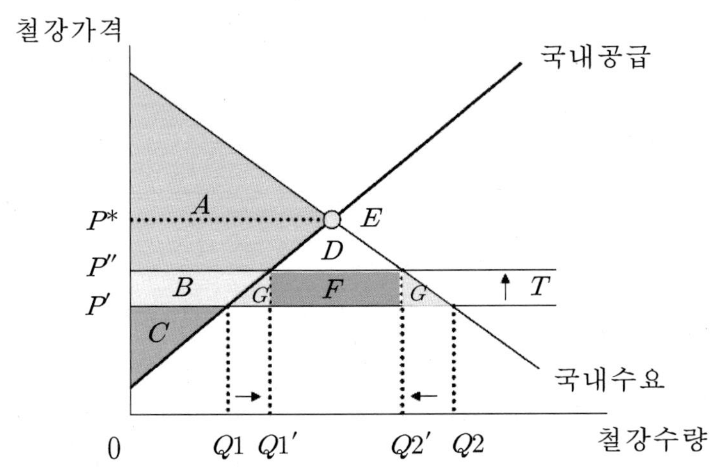

(그림 2−38) 수입국의 관세도입 시 나타나는 효과

(그림 2−38)에서 개방이전 폐쇄경제하 균형가격은 P^*이다. 개방경제 적용 후 세계균형가격은 P로 주어지고 이 나라는 수입국이 된다. 수입국은 자국의 산업을 보호하기 위해 수입물에 대해 조세를 T만큼 부과하게 된다. 따라서 수입국이 받아드리는 세계균형가격은 $P + T = P'$로 상승하게 된다. 이는 수입국에서 활동하는 수입업자가 초기의 공급가격에 세금이 부과되었기 때문에 수입물의 가격이 상승함에 따라 생긴 결과로 볼 수 있다. 이후 가격이 상승함에 따라 원래 수입국이 수입 통해서 증가시킬 수 있는 물량이 $Q2$에서 $Q2'$로 감소해버린다. 그러나 반대로 생각하면 관세의 부과로 인해 상승한 가격으로 인해 자국의 산업에서 공급하는 물량은 $Q1$에서 $Q1'$로 상승하는 모습을 볼 수 있을 것이다. 이는 조세의 부과와 자국 내 산업보

호의 관계를 직관적으로 보여주는 것이다.

이제 관세의 부과에 따른 수입국의 잉여변화를 살펴보도록 하자. 이는 폐쇄경제 하에서 개방경제로 변화에 따른 수입국의 잉여변화에서 다시 관세도입에 따른 잉여변화를 살펴보는 것이기 때문에 유의해야 한다. 소비자 잉여는 관세부과 이전에 (A+B+D+F+G)였고, 이후 −(B+F+G)만큼 감소한 (A+D)로 변화하였다. 생산자 잉여는 C에서 B만큼 증가한 (C+B)로 증가하였고 관세로 인한 정부의 수입은 F만큼 증가하였다. 그러나 이 과정에서 총잉여는 G만큼 감소하여 (A+B+C+D+F)로 감소하였다. 이는 관세의 부과로 인해 가격의 신호기능이 왜곡되어 자원의 효율적 배분을 저해함으로써 사라진 후생으로써 경제적 순손실(deadweight loss)이라고 정의된다.

(표 2-4) 수입국의 관세 도입에 따른 효과

	관세부과 이전	관세부과 이후	변화
소비자 잉여	A+B+D+F+G	A+D	−(B+F+G)
생산자 잉여	C	C+B	+B
정부관세 수입	0	F	+F
총 잉여	A+B+C+D+F+G	A+B+C+D+F	−G

이런 경제적 순손실의 발생은 정부의 관세수입 증가분이 관세로 인해 감소하는 소비자 잉여와 생산자 잉여의 의 감소분 보다 작기 때문이다. 관세와 함께 주로 무역장벽으로 사용되는 수입쿼터제도가 있다. 이는 가격에 직접적 영향을 주기 보다는 수입량을 일정수준으로 제한을 가함으로써 관세와 유사한 효과를 노리는 제도라고 할 수 있다. 그러나 수입쿼터제도는 관세와 조금 다른 효과를 가져 온다. 기본적으로 수입쿼터제도에 의해 수량이 일정량으로 제한되면 그로 인해 쿼터제도 이전에 소비 가능한 물량보다 줄어들기 때문에 가격이 상승한다. 이런 가격의 상승에 따라 국내소비자들은 손해를 보고, 수입품과 같은 상품을 제공하는 국내 생산자들은 혜택을 본다. 이 과정은 유사하지만 관세부과에 따른 정부의 수입이 수입상들에게 이

전되게 된다. 즉 수입쿼터를 배정받은 수입상들이 국제가격과 국내가격의 차이를 이용하여 이득을 얻게 된다는 것이다.

관세와 수입쿼터의 경우 무역제한의 효과를 가진다. 양자 모두 수입품의 가격 상승으로 국내 소비자가격이 상승하게 된다. 가격의 증가는 공급물량을 줄이게 되고 또한 가격신호 기능의 왜곡을 유발하기 때문에 소비자의 잉여는 감소하게 된다. 반대로 가격 상승으로 국내 생산자들의 공급량 증가로 인해 잉여가 증가하게 된다. 그러나 감소한 소비자의 잉여가 생산자의 공급증가와 정부 수입 등으로 증가하는 잉여분 보다 크기 때문에 총잉여는 줄어들고 경제적 순손실을 초래하는 결과를 가져온다.

(5) 개방경제하 자본의 이동

개방경제를 도입하기 전에 보다 논의를 쉽게 이끌기 위해 폐쇄경제하에 균형소득결정모형식의 결정을 위한 조건식을 도출해 보고 개방경제를 적용하여 설명하도록 할 것이다.

폐쇄경제하 균형소득결정모형은 아래의 식과 같다.

$$Y = C + I + G \qquad\qquad (4-2)$$

식 (4-2)을 변형하면 식 (4-3)과 같이 고쳐 쓸 수 있다.

$$Y - C - G = I \qquad\qquad (4-3)$$

식 (4-3)이 의미하는 바는 총소득에서 소비되는 부문과 정부지출을 뺀 부문이 투자와 같아져야 한다는 것이다. 그리고 가계는 소득을 가지고 조세를 납부한 다음 소비와 저축을 나누어 쓰기 때문에 식 (4-4)와 같이 나타낼 수 있다.

$$Y - C - T = S \tag{4-4}$$

식 (4-3)과 (4-4)에서 정부재정치출의 수단이 조세이기 때문에 재정지출의 증가분은 곧 세금의 증가분이 되기 때문에 같은 의미로 사용될 수 있고 따라서 식 (4-5)와 같이 쓸 수 있다.[37]

$$I = S \tag{4-5}$$

식 (4-5)는 가계나 기업 그리고 정부의 저축부분은 투자로 모두 이어지는 것을 말하고 그것은 균형소득결정모형을 결정하는 조건식에 해당된다. 그리고 식 (4-5)를 식 (4-3)에 대입하면 $Y - C - G = S$로 쓸 수 있고 우변에 조세를 더하고 빼면 식 (4-6)으로 나타낼 수 있다.

$$(Y - C - T) + (T - G) = S \tag{4-6}$$

식 (4-6)에서 $(Y - C - T)$는 민간저축 부분이 되고 $(T - G)$는 정부저축 부문이 된다. 정부저축의 경우 흑자재정으로 전환이 되어있는 상황이어야 가능하다는 점을 유의해야 한다.

그렇다면 개방경제하에서 소득을 결정하는 조건식은 어떻게 될 것인가?

개방경제하의 균형소득결정식은 식 (4-1)과 같다. 식 (4-2)와 비교해 보면 수출과 수입의 차이를 나타내는 순수출 NX가 포함되어 있을 뿐이다. 위 폐쇄경제하에서와 마찬가지로 식을 전개해보면 다음과 같이 식 (4-7)로 나타낼 수 있다.

$$(Y - C - G) - I = NX \tag{4-7}$$

---

37) 보다 논의를 편하게 하기위해 다음과 같이 식을 전개한다. 보통의 거시경제학 책에서는 저축을 $(I - S) + (T - G) = 0$으로 표시한다. 이 식에서도 위의 내용과 마찬가지로 $I = S$, $G = T$를 만족한다.

식 (4-7)의 좌변에서 $Y - C - G = S$로 나타낼 수 있기 때문에 다시 다음과 같이 나타낼 수 있다.

$$S - I = NX \tag{4-8}$$

식 (4-8)이 의미하는 것은 국가의 총저축분에서 투자된 부분을 제외하면 무역수지가 된다는 것이다. 또한 이는 경제의 대내균형과 대외균형의 관계를 보여주는 것이다. 그리고 $(S-I)$의 크기에 따라 여유분 및 부족분이 해외로 유출되거나 유입되기 때문에 이를 순해외투자라고 할 수 있다. 결과적으로 순수출(수출-수입)은 저축과 투자의 차이와 같아야 한다는 것인데 이는 3가지의 상황을 보여줄 수 있다. 먼저 ① $S-I > 0$다면 국내저축이 국내투자보다 크기 때문에 이자율이 타국보다 상대적으로 낮아지게 되고 이자율이 낮은 곳에서 높은 곳으로 항상 자본은 이동하기 때문에 자본이 해외로 유출되게 된다. 자본의 유출로 인해 순해외투자는 증가하게 되고 이는 무역수지의 흑자가 됨을 나타낸다. 물론 실질환율이 고려되지 않는 조건을 달고 있다. 다음으로 ② $S-I < 0$가 된다면 국내저축이 국내투자보다 적다는 것이다. 국내투자가 국내저축보다 크다면 자본을 해외에서 빌려와 국내투자를 해야 하기 때문에 자본의 유입이 발생된다. 바꾸어 말하면 이자율이 세계균형이자율보다 높기 때문에 자본의 유입이 일어나게 되는 것이다. 또한 자본의 유입으로 인해 순해외투자는 감소하게 되고 이는 무역수지가 적자가 됨을 나타낸다. 마지막으로 ③ $S-I = 0$의 경우인데 이는 자본의 유입과 유출이 같다는 것을 나타내고, 국내 이자율과 세계균형이자율이 같기 때문에 자본의 이동에 균형을 이룬다는 것이다. 즉 변동성은 있으나 균형을 이룬다는 말과 같다.

이를 그래프로 나타내면 다음과 같다. (그림 2-39)에서 세로축은 이자율을 나타내고 가로축은 저축과 투자를 나타낸다. 즉 이자율에 관해 저축과 투자에 대해 두 가지의 곡선을 도출 가능하다. 이자율에 대해 투자는 감소함수의 관계를 가지기 때문에 원점에 우하향하는 곡선으로 표시할 수 있다. 그리고 저축은 이자율과 관계없이 소득에서 소비 및 정부재정지출분을 제한 것으로써 외생적으로 주어지기 때문에 수직선의 형태를 띤다.

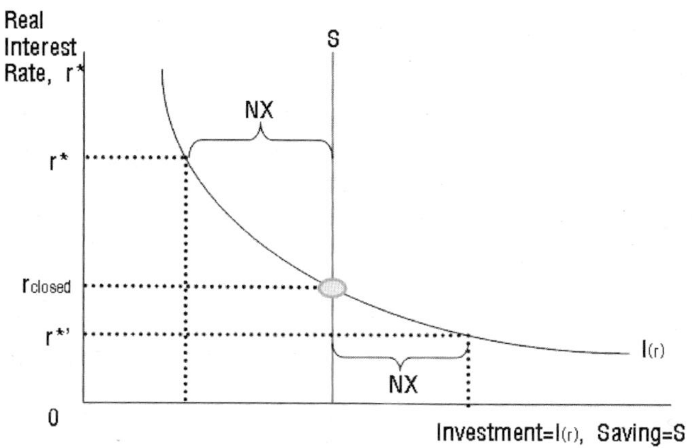

(그림 2-39) 소규모개방경제에서 저축과 투자

　여기서 실질이자율은 세계균형이자율을 뜻한다. 폐쇄경제하에서 자국균형이자율을 뜻하는 r_{closed}와 세계균형이자율 $(r^*, r^{*'})$간의 차이가 날 경우 앞서본 것처럼 자본의 이동이 일어나게 된다. 세계균형이자율이 자국균형이자율보다 클 경우$(r^* > r_{closed})$ 자본은 수익률을 더욱 많이 제공하는 곳으로 이동하기 때문에 자본이 해외로 이전되게 된다. 이는 순해외투자가 증가하게 됨을 말하고 국내저축이 국내투자보다 많음을 나타낸다. 그리고 무역흑자를 기록하게 된다. 그리고 세계균형이자율과 자국의 균형이자율이 같아지는 점에서 자본의 이동은 멈추게 된다. 한편 반대로 세계균형이자율이 자국 균형이자율보다 작을 경우$(r^* < r_{closed})$ 국내로 자본의 유입이 일어나게 되고 무역적자를 기록하게 된다. 이러한 배경에는 국내투자가 국내저축보다 크기 때문이다. 이 역시 자본의 이동이 멈출 때에는 자국균형이자율과 세계균형이자율이 같아지는 점이 된다. 여기서 중요한 것은 이자율의 차이에 따라 자본의 유입 및 유출이 일어나서 국내저축과 투자의 차이만큼을 가짐으로써 개방경제의 국민소득모형에 균형을 이끌어낸다는 것이다.

　만약 세계균형이자율과 자국균형이자율이 균형을 이루는 단 하나의 이자율이 존재하고 있을 경우 아래 (그림 2-40)에서 보듯이, 자국의 정부가 재정지출을 증가시키면 국내저축은 감소하기 때문에 $S => S'$로 이동하게 된다. 이는 자국균형이자율을 상승시키게 되고, 이자율의 상승은 화폐시장의 균형을 맞추기 위해 물가가 상승하게 된다. 그리고 이자율 상승에 따른 실물시장에서 투자의 감소를 가져오고 총수요 또한 감소시키게 된다. 이는 총소득을 감소시키게 됨을 알 수 있다. 이런 소규모개방경제하 정부의 확장적 재정정책의 효과를 그래프로 표현하면 다음 (그림 2-40)과 같다.

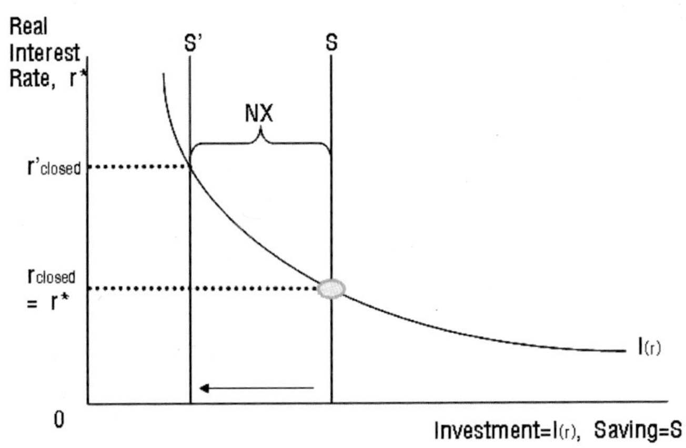

(그림 2-40) 소규모개방경제하에서 확장재정정책의 효과

　저축과 투자가 균형을 이룬 상태, 즉 국내의 이자율이 세계시장의 균형이자율과 같아지는 점에서 확장 재정정책을 사용하게 되면 소위 쌍둥이 적자(The Twin Deficits)를 일으키게 된다. 이는 정부가 과도하게 재정지출을 증가시키게 되면 국내저축을 감소시키게 하고 그로인해 투자가 저축보다 크게 되면서 자본이 유입되고, 무역수지 적자를 유발한다. 즉 정부재정지출 확대는 정부재정적자를 유발함과 동시에 무역수지적자를 발생시킨다는 점에서 쌍둥이 적자라고 불리 운다. 이는 국내투자와 저출이 균형을 이룬 상태에서 재정지출이 조세보다 크다면 그때 발생하는 재정적자를 경상수지의 적자로 보전하게 됨을 보여주는 것이라 할 수 있다.

3. 환율

(1) 환율의 기본개념

개방경제의 거시현상을 이해하기 위해서 앞서 도입한 무역수지에서 환율을 추가함으로써 보다 적합한 현실경제를 분석할 수 있게 한다. 즉 경제순환에 있어서 대내와 대외로 나누었을 경우 대외경제활동에 중요한 변수가 되는 것이 환율이기 때문에 추가의 필요성을 가진다고 할 수 있다. 환율이라 함은 서로 다른 나라화폐간의 교환비율(exchange rate)로 정의된다. 환율은 각기 다른 나라의 상대적 화폐의 교환비율로 이해할 수 있다. 예를 들어 우리나라의 주요 무역상대가 미국과 일본이라고 한다면 각 나라의 경제력 차이로 인해 우리나라의 각 상대국별 화폐가치의 교환비율은 달라진다. 그러나 이 세 나라 사이에 환율의 어떤 법칙이 존재해야 한다. 예를 들어 원-달러 환율이 1\$-1200원이라고 하고 원-엔화 환율이 100¥-1200원이라면 엔-달러 환율은 1\$-100¥이 되어야 한다. 그렇지 않으면 화폐간의 재정거래(arbitrage)가 일어나기 때문이다.

그리고 환율은 구매력평형과 이자율평형을 이루어야 한다. 구매력평형의 경우 일물일가법칙에 의해 재화의 이동이 완전히 자유롭게 이동함을 전제하기 때문에 그에 맞추어 환율이 일정한 수준에서 정해져야 한다는 것이다. 예를 들면 맥도날드햄버거를 사는데 같은 내용물을 가진 햄버거가 미국에서 1개에 1\$를 하고 우리나라에서는 1개에 1200원을 한다면 환율은 1달러에 1200원이 되어야 한다. 만일 환율이 이와 크게 다를 경우에 재정거래가 발생하고 이런 재정거래는 오래 유지될 수 없기 때문에 원래의 수준으로 돌아가게 된다. 이렇듯 환율이 각국 화폐의 실질구매력이 평형을 이루는 수준에서 결정된다는 것은 구매력평형이라고 한다. 게다가 환율은 장기적으로 수송비, 내국세, 관세, 기타 무역장벽 등을 고려한 구매력평형이 이루어지는 수준에서 결정되게 된다. 이자율평형의 경우 일물일가법칙을 자본시장에 적용하여 국가간 자본이동이 완전 자유롭다고 가정한다면 자본비용인 이자율도 국가 간 평형을 유지해야 한다는 것이다. 자국의 이자율은 r_0 라고 하고 타국의 이자율을 r_1 이라고 하자. 자국에서 원금 P 만큼을 예금하면 1년 뒤 받게되는 금액은 $P(1+r_0)$ 가 된다. 이 원금 P 를 외국에 투자하게 될 경우 환율의 적용을 받게 되어 원금은 (P/e_0) 가 되고 1년 뒤 받게 될 금액은 $(P/e_0)(1+r_1)$ 가 된다. 이는 1년 뒤에 환율을 적용하여 원래의 자국화폐로 환산해야 하기 때문에 1년 뒤의 환율을 e_1 이라 한다면, 1년 후 받게 되는 $(P/e_0)(1+r_1)e_1$ 가 되고 이는 $P(1+r_0)$ 와 같아져야 한다. 따라서 이를 전개하면 식 (4−9)와 같아진다.

$$r_0 = r_1 + \frac{e_1 - e_0}{e_0} \tag{4-9}$$

식 (4−9)가 의미하는 바는 국내이자율과 국제이자율은 예상되는 환율상승률만큼 차이를 지니게 됨을 알 수 있다. 그리고 이 식의 성립할 때 이자율평형이라고 불리어질 수 있다. 물론 이것도 국가위험도, 투자수익률의 차이 및 조세율의 차이 등을 고려한 후에 성립하는 관계임은 두말할 나위가 없다.

한편 한 나라에서 생산된 재화 한 단위가 다른 나라에서 생산된 재화 몇 단위와 교환되는가를 나타내는 척도를 실질환율이라고 한다. 예를 들어 우리나라에서 생산된 한 재화의 가격이 P 원이고 미국에서 생산된 동일 재화의 가격이 P_a 달러라고 한다면 미국에서 생산된 재화의 원화표시 가격은 eP_a 가 된다. 이는 미국에서 생산된 동일재화 한 단위의 실질가치가 우리나라에서 생산된 재화의 eP_a/P 개에 해당된다. 이렇게 실질가치로 평가된 교환비율을 실질환율이라고 하고 실질환율은 재화간의 상대가격에 해당된다. 실질환율을 ε 으로 나타내면 실질환율과 명목환율 e 사이에는 다음과 같은 관계가 성립하게 된다.

$$\varepsilon = \frac{eP_a}{P} \tag{4-10}$$

식 (4-10)이 의미하는 바는 결국 재화의 수출입, 즉 무역수지에 영향을 주는 것은 한 나라의 화폐와 다른 나라의 화폐의 교환비율인 명목환율이 아니라 한 나라의 상품과 다른 나라 상품간의 교환비율인 실질환율이 되는 것이다.

(2) 실질환율과 무역수지와의 관계

결론적으로 실질환율과 무역수지는 부(-)의 관계를 가진다. 그렇다면 순수출과 실질환율은 부의 관계를 가지는가? 먼저 환율이 상승했을 경우를 가정해보자. 환율이 상승했다는 것은 자국의 통화가치가 하락하여 타국의 통화에 비해 평가절하가 되었다는 것이다. 평가절하가 이루어졌을 경우 이는 수출이 수입보다 많아지게 되어 순수출은 (+)의 값을 가지게 된다. 이는 자본이 유출됨으로써 순해외투자 역시 0보다 큰 값을 가지게 한다. 반대로 환율이 하락하면 이는 자국의 통화가치가 증가하여 평가절상이 이루어졌다는 것이 되고 이는 수출보다 수입이 많아지는 환경에 직면하게 된다. 이는 순수출이 0보다 작아짐을 의미하고, 또한 자본의 유입이 일어나 순해외투자가 0보다 작아짐을 의미한다. 따라서 순수출과 환율은 (-)의 관계를 가진다. 한편 실질환율은 국내저축과 투자에 영향을 미치는 변수가 아니기 때문에 수직선 형태가 된다. 이런 실질환율과 순수출, 순해외투자의 관계를 그래프로 나타내면 아래 (그림 2-41)과 같다.

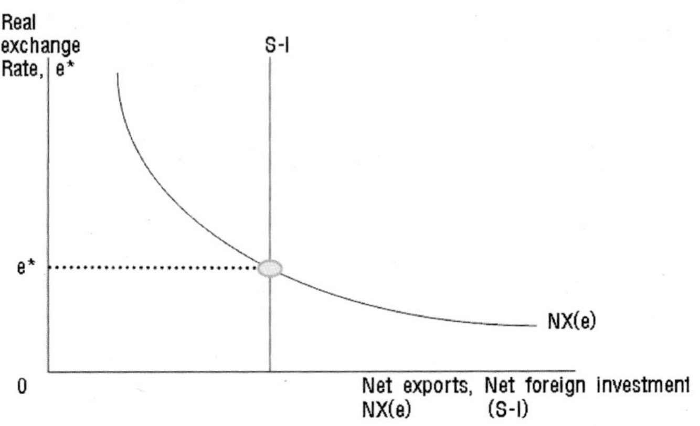

(그림 2-41) 실질환율, 순수출, 순해외투자의 관계

(그림 2-41)에서 찾을 수 있는 점은 실질환율에 대해 감소함수의 형태를 취하는 순수출과 수직선으로 서있는 순해외투자가 만나는 점에서 바로 실질환율이 결정된 다는 것이다.

4. Mundell-Fleming 모형

지금까지 폐쇄경제에서 개방경제로의 전환에 따른 각 분야별 기본개념에 대해 설명을 하였다. 정부의 정책은 바로 여러 실물변수의 조정을 통하여 총수요, 물가 등의 영향에 관심을 가지기 때문에 먼델-플레이밍 모형을 도입하여 개방경제 환경을 정의하고 그 안에서 정부의 정책이 가지는 효과를 살펴보도록 하겠다.

(1) 모형의 가정

Mundell-Fleming 모형은 IS-LM모형을 개방경제로 확장시킨 것이다. 이 모형

또한 총공급이 완전 탄력적이어서 물가가 고정되어 있는 가운데 총수요에 의해 균형소득이 정해진다는 IS-LM모형의 가정을 따르고 있다. 조금 더 자세히 가정을 살펴보도록 하자.

먼저 Mundell-Fleming 모형은 IS-LM의 방정식을 가진다. 이는 식 (4-11), (4-12)와 같다.

$$IS : \ Y = C(Y-T) + I(r^*) + G + NX(e) \qquad\qquad (4-11)$$

$$LM : \ \frac{M}{P} = L(r^*, \ Y) \qquad\qquad\qquad (4-12)$$

이 식에서 이자율 r^*는 국내이자율과 세계이자율이 같다는 전제 조건을 단다. 다르다면 국내저축과 국내투자의 차이가 생기게 하고 또한 순수출이 지속적으로 변화하기 때문에 국내와 세계의 이자율이 같다고 봄으로써 초기의 경제 환경을 균형으로 놓고 분석하기 위함이다. 마찬가지로 물가수준은 단기에 고정되어 있다. 물가의 고정과 함께 화폐의 공급은 중앙은행에 의한 정책변수로써 고정되어 있다고 본다. 이러한 가정은 결국 이자율이 아닌 환율에 대해 LM커브를 수직선으로 존재하게 한다. 즉, 폐쇄경제가 아닌 개방경제의 도입으로 인해 환율에 대한 IS-LM곡선의 적용을 통한 총수요의 변화 방향을 알아보기 위함이다. 보다 자세한 내용은 LM커브의 도출시 논의하도록 하겠다.

(2) IS 곡선의 도출

IS 곡선의 도출을 위해 케인즈의 교차도표를 이용한다. 여기서 우리의 분석 대상이 되는 것은 소비, 투자, 그리고 정부지출이 아닌 실질환율에 연계된 순수출에 초점을 맞춘다. 이런 순수출의 변화에 따른 총소득 및 총수요의 변화가 목적인 셈이다. 그런 순수출에 영향을 미치는 것은 바로 실질환율이다. 이 실질환율에 따라 IS 곡선 도출이 가능하게 됨을 우리는 알 수 있다. 먼저 케인즈의 교차도표에서 실제 판매와 계획된 판매의 정도에 따라 균형소득결정모형의 식을 도출하도록 하겠다.

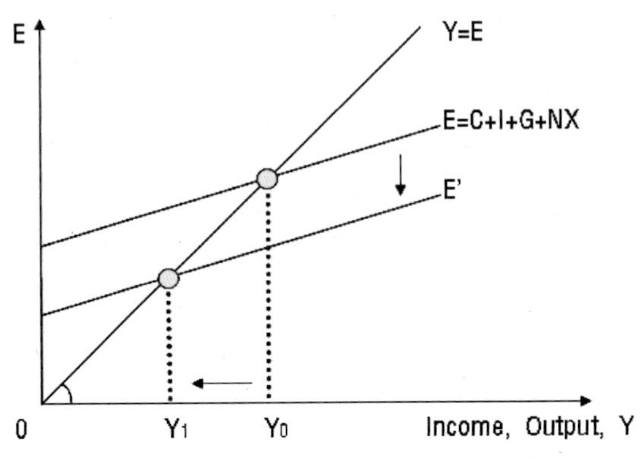

(그림 2-42) 케인즈의 교차도표

위 그림에서 실제 판매와 계획된 판매가 만나는 점에서 균형을 이룬다. 실제 판
매와 계획된 판매가 서로 다르다면 경제주체는 변화를 통해서 균형에 도달하려고
할 것이기 때문이다.[38] 이러한 이유로 균형소득결정모형은 식 (4-11)로 설명될 수
있다. 여기서 순수출에 영향을 주는 실질환율이 상승하였다고 가정해보자. 실질환율
의 상승은 순수출을 감소시키기 때문에 결국 총소득을 감소시키게 된다. 결국 실물
시장을 대표하는 IS곡선 역시 실질환율상승으로 인해 총소득이 감소하는 감소함수
의 형태를 취하게 되는 것이다. 이를 (그림 2-43)으로 표현하면 다음과 같다.

---

38) 만약 계획된 판매가 더욱 크다면 재고량이 많다는 의미이고 이는 기업이 투자와 고용을
줄이고, 즉 실업이 증가함에 따라 가계의 소비가 감소함에 따라 총수요는 감소하게 되어
버린다. 이상 더욱 자세한 내용은 재정정책의 부분으로 다시 돌아가 공부할 수 있도록
하자.

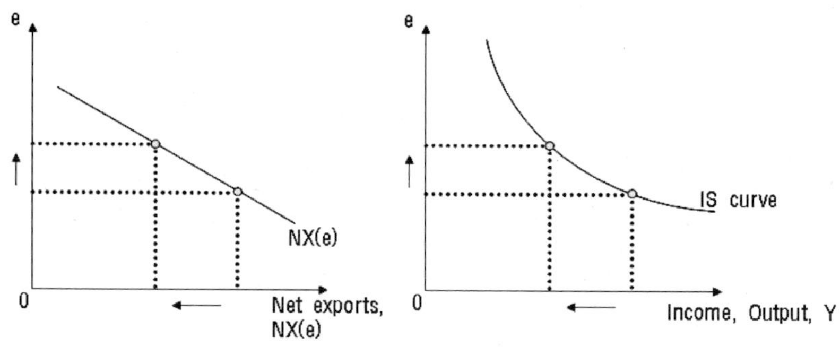

(그림 2-43) IS curve의 도출

(그림 2-42)와 (그림 2-43)에 의해 순수출의 변화에 따라 계획된 판매를 하방이동 시킴으로써 실제 판매와 만나는 점에서 국민소득은 감소된 상태에서 균형을 이루게 된다. 이로써 식 (4-11)을 통해 IS 곡선을 도출하면 개방 실물경제하에서의 실질환율과 소득의 관계를 규명 짓는 것으로써 실물시장, 생산물시장에서의 균형을 내포한다.

(3) LM 곡선의 도출

화폐 및 금융시장의 균형을 나타내는 LM곡선에 대한 기본적인 가정은 IS곡선에서와 같다. 여기에 개방경제로 전환됨에 따라 이자율 수준에 따라 화폐 및 금융시장의 변동이 일어날 것이다. 그러나 가정에 의해 세계이자율과 국내이자율이 같다고 하였기 때문에 개방경제하에서 LM곡선의 도출이 용이해 진다. 아래 (그림 2-44)를 보자. 화폐시장과 금융시장의 균형을 나타내는 LM곡선은 이자율이 세계이자율과 국내이자율이 같고, 이는 소득에 대해 일정수준의 이자율로 고정되어 있음을 말한다. 또한 물가가 고정되어 있음과 상호작용하여 피셔의 방정식을 적용하면 기대인플레가 존재하지 않기 때문에 실질이자율과 명목이자율이 같아짐을 전제한다. 실질이자율과 명목이자율이 같고 이것이 세계이자율과 같아짐과 함께 통화 공급 또한 중앙은행에 의해 고정된 상태를 가정하기 때문에 이자율은 소득에 대해 완전 탄력적인 값을 가지게 된다. 이자율은 화폐시장의 조정을 일으키는 변수이므로 이자율이 고정되어 있다면 이는 실질환율과 총수요의 관계에서 실질환율의 변화가 화폐시장을 통한 총수요를 변화시킬 수 없음을 의미하게 된다. 중요한 것은 실질환율로써 자국 혹은 타국의 화폐가치가 총수요에 영향을 미칠 수 없음을 벌써 시사하고 있는 것이다. 즉 실질환율의 변화는 화폐시장에서 어떤 영향을 미칠 수 없다고 미리 가정하고 있다는 것이다. 따라서 LM곡선은 수직선의 형태로 존재하게 되는 것이다.

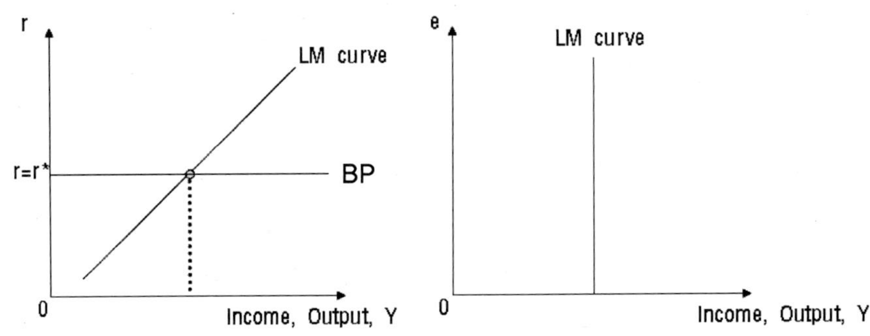

(그림 2-44) LM 곡선의 도출

이제 IS-LM곡선을 함께 적용하면 (그림 2-45)로 나타낼 수 있다. (그림 2-45)에서 IS와 LM곡선이 만나는 점에서 균형 실질환율이 결정되고 균형소득 또한 결정되게 된다.

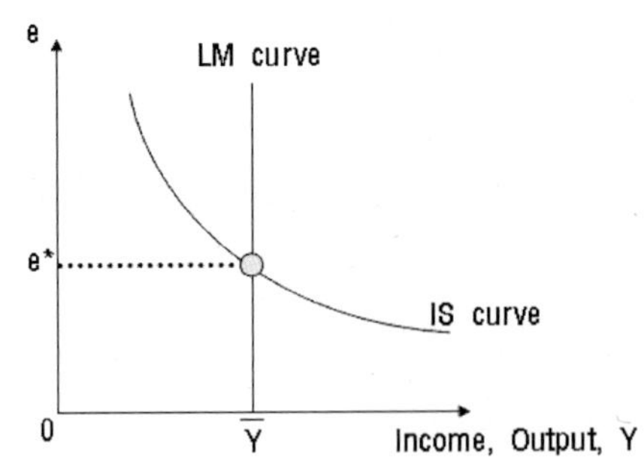

(그림 2-45) The Mundell-Fleming Model

지금까지 The Mundell-Fleming의 모형에서 수식이 의미하는 바를 풀어서 그래프로 표현해 보았다. 이런 모형을 기반으로, 정부는 두 가지의 개방경제 환경을 고려할 수 있다. 먼저 환율에 대해 한 나라의 개방경제가 직면하는 위치는 고정환율 혹은 변동환율제도를 택하는가이다. 왜냐하면 고정환율제도와 변동환율제도하에서 정부의 재정정책과 통화정책의 효과가 상반되기 때문이다. 따라서 우리는 고정환율제도에서 어떤 정책이 더욱 효과를 발휘하는가를 먼저 알아보고 후에 변동환율제도를 살펴보도록 하겠다.

(4) 고정환율제도 하에서 재정 및 통화정책

고정환율제도는 중앙은행이 이미 결정된 가격으로 외국통화에 대해 국내 통화를 팔거나 살 준비가 되어있는 제도로 이미 정한 환율수준을 지속적으로 고정시켜 통제하는 방식을 말한다. 즉 외부의 경제 환경이 바뀌더라도 정부가 정한 환율 수준을 그대로 적용하는 것을 말한다. 먼저 세계균형환율이 자국의 환율보다 높게 형성되어 있는 경우를 살펴보자. 여기에서는 원-달러 환율시장을 가정한다.

먼저 고정된 자국의 환율보다 세계균형환율이 높게 설정되어 이는 경우를 생각해 보자. 우리나라의 입장에서 세계균형환율을 고정환율수준으로 낮추기 위해 달러를 사들이기 시작할 것이다. 환율의 불균형으로 인해 환차액이 발생하게 되고 여기에는 재정거래인이 보다 높은 가격으로 달러를 팔아 차익을 남기려는 행동을 하게 될 것이다. 그리고 우리나라는 달러매입을 통해 외환시장의 외환공급량이 증가하게 되어 LM* 곡선은 오른쪽으로 이동하게 된다. 이런 이동은 세계균형환율이 국내환율과 같아지는 점까지 계속되고, 국민소득은 증가하게 된다.

반대로 세계균형환율이 국내환율보다 낮게 측정되어 있는 경우를 상정해보자. 이 경우 역시 환차액이 발생한다. 한국은행은 세계균형환율의 수준을 자국수준으로 끌어내리기 위해 달러를 팔기 시작한다. 반면 재정거래인은 미래의 재정거래의 기대로 인해 달러를 매입하게 된다. 그로 인해 외환보유고가 감소하기 시작하고 이는

LM*곡선을 좌측으로 이동시키게 된다. 이런 이동은 세계균형환율이 국내고정환율 수준과 같아지는 점까지 계속되고, 국민소득은 감소하게 된다. 이를 그래프로 나타 내면 다음(그림 2-46)과 같다. 세로축에서 세계균형환율은 e^*이고 국내고정환율은 $\overline{e}$이다. 세계균형환율이 고정환율보다 높게 형성되어 있을 경우 한국은행은 재정거 래인으로부터 달러를 사들여 국내 외환보유고를 높이게 되고 그로 인해 LM*곡선이 오른쪽으로 이동하다가 세계균형환율과 고정환율이 같아지는 점에서 이동을 멈추게 됨을 보여준다. 그리고 세계균형환율이 고정환율보다 낮게 형성되어 있는 경우는 그 반대로 해석하면 될 것이다.

이렇듯 고정환율제도는 자국의 환율이 일정수준으로 고정되어 있기 때문에 세계 균형환율이 어느 위치에 해당하는가에 따라 소득증가 및 감소의 방향이 달라진다. 이런 환경 하에서 확장적 재정정책 혹은 통화정책을 사용하면 어떻게 될까? 개방경 제하의 가정에서 볼 수 있듯이 환율수준이 고정되어 있는 상황이라면 통화는 일정 수준에서 지속적인 균형을 이루려는 성질을 가지기 때문에 통화정책의 사용보다는 재정정책을 사용하는 것이 훨씬 더 실효성을 가지는 정책수단이 될 것이다. 그럼 이에 대한 설명을 그래프를 이용하여 하도록 해보자.

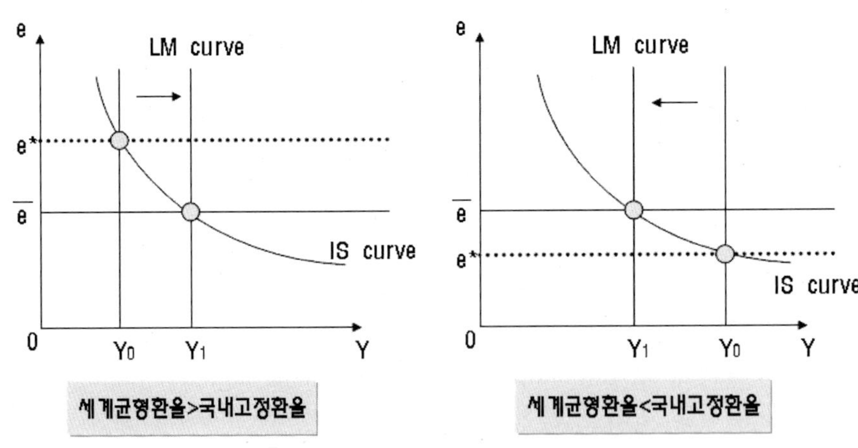

(그림 2-46) 고정환율제도하의 환경

(가) 고정환율제도에서의 확장적 재정정책

우선 확장적 재정정책을 사용하게 되면 IS*곡선을 우측 평행이동 시키게 된다. 그로 인해 초기 형성되어 있던 LM*곡선과 만나는 점에서 새로운 환율 $e*$를 만들어 내게 된다. 그러나 환율은 정부나 중앙은행에 의해 고정된 환율 $\bar{e}$를 유지하려고 하기 때문에 환율사이에 괴리가 발생하고 그에 따라 재정거래의 기회가 발생한다. 따라서 재정거래인은 달러를 팔기 시작하고 중앙은행은 고정된 환율 수준으로 회귀하기 위해 달러를 사들이기 시작한다. 따라서 국내의 외환보유고가 증가하기 시작하면서 LM*곡선을 우측으로 이동시키게 되고 이런 이동은 고정된 환율 수준과 만나는 점까지 계속되게 될 것이다. 그로 인해 총수요 및 총소득은 증가하게 된다. (그림 2-47)에서 보면 초기 IS*와 LM*이 만나는 점 a에서 균형실질환율과 총수요가 결정된다. 이후 재정정책에 의해 IS가 IS'로 이동하게 됨에 따라 새로운 균형점 b에서 고정환율보다 높은 균형환율이 결정되고 그로 인해 중앙은행이 달러를 사들이면서 외환보유고가 증가함에 따라 LM이 LM'로 이동한다. 그 결과 초기 국민소득 Y_0에서 Y_1으로 증가하는 모습을 보인다.

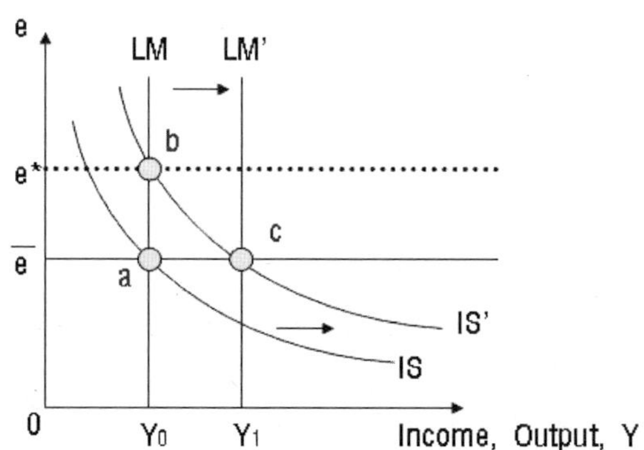

(그림 2-47) 고정환율제도 하 확장적 재정정책

(나) 고정환율제도하 확장적 통화정책

이제 고정환율제도 하에서 확장적 통화정책 시행으로 인한 정책변화를 살펴보도록 하자. 우리는 개발경제 하 통화정책을 얘기하기 전 앞에서 고정환율제도 환경에 대한 분석을 하였다. 분석을 통해 알 수 있는 것은 LM*곡선의 이동은 단지 새로운 환율수준을 형성하도록 하여 재정거래의 기회를 창출하지만 결국 원점으로 다시 돌아오게 된다는 것이다. 즉 외환보유고를 늘려감에 따라 시작하면 LM*곡선이 우측으로 이동하게 되고, 이는 고정된 환율수준보다 낮은 수준의 균형환율이 형성됨을 의미한다. 즉 앞의 (그림 2-46)에서 세계균형이자율보다 국내고정환율이 큰 경우와 같다는 것을 쉽게 알 수 있을 것이다. 결국 이 환율 차이는 LM*곡선으로 하여금 다시 왼쪽으로 이동하게 하는 압력으로 작용하게 되고 다시 원점으로 돌아가게 된다. 이를 나타내면 다음 (그림 2-48)로 표현할 수 있다.

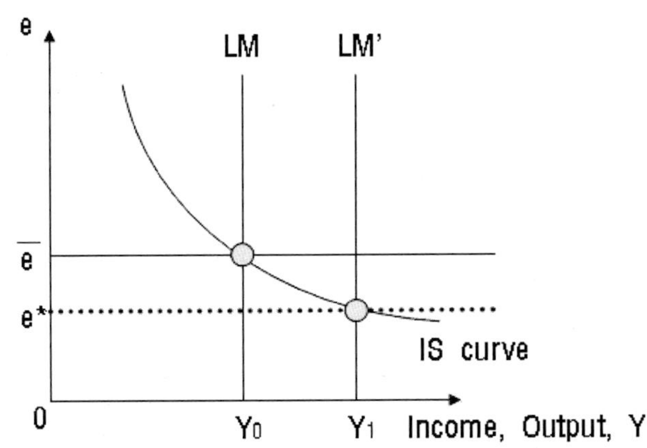

(그림 2-48) 고정환율제도 하 확장적 통화정책

(5) 변동환율제도에서 재정 및 통화정책

(가) 변동환율제도 하 확장적 재정정책

이제는 환율의 변동성에 대해 정부나 중앙은행의 관여가 전혀 없는 변동환율제도를 살펴보기로 한다. 즉 시장에서 외화에 대한 수요와 공급 상황에 따라 자유롭게 환율이 결정되도록 허용하는 제도를 변동환율제도라고 할 수 있다. 이럴 경우 앞서 고정환율제도와는 전혀 다른 시장상황에 직면하게 된다. 즉 환율의 변동성에 대한 제재를 가하지 않기 때문에 재정정책 또는 통화정책 사용 시 그 효과가 고정환율제도와는 다르게 나타난다.

먼저 변동환율제도 하에서 확장적 재정정책의 효과를 살펴보자. 재정지출의 증가로 인해 IS*곡선은 우측으로 이동하여 IS'로 이동한다. 따라서 LM*곡선과 만나는 점이 a에서 b로 이동함에 따라 새로운 환율수준 b로 바뀌고 소득에는 변화가 없게 된다. 조금 더 쉽게 설명하기 위해 먼저 폐쇄경제를 생각해 보자. 폐쇄경제하에서 정부재정지출의 증가는 총소득을 증가시키고 그에 따른 이자율 역시 상승하게 된다. 이 시점에서 개방경제환경으로 다시 전환해보면 이자율이 높아짐에 따라 자본의 유입이 일어나게 되고 이는 세계균형이자율과 같아지는 점까지 계속된다. 이는 다시 이자율을 하락시키는 역할을 할 것이고, 원래의 균형이자율로 돌아오는 점까지 구축효과가 발생하기 때문에 소득수준의 변화는 0이 되게 된다. 이상의 설명을 그래프로 그려보면 다음 (그림 2-49)와 같다.

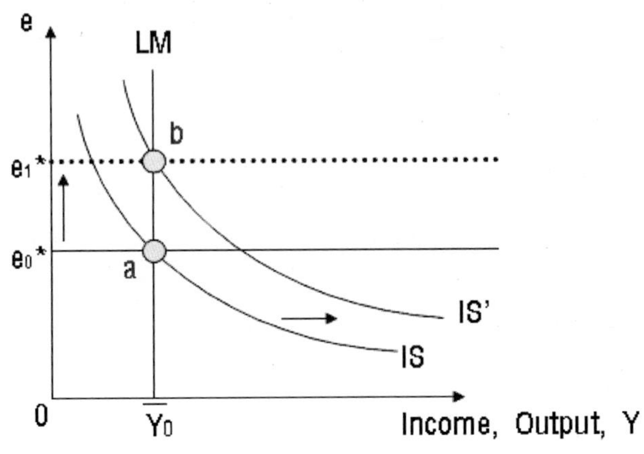

(그림 2-49) 변동환율제도 하 확장적 재정정책

(나) 변동환율제도 하 확장적 통화정책

변동환율제도 하에서 확장적 통화정책을 실시하게 되면 LM*곡선을 우측으로 평행이동시켜 LM'로 이동하게 된다. 이 평행 이동된 LM'곡선과 기존의 IS*곡선이 만나는 점에서 균형실질환율과 총수요가 결정된다. (그림 2-50)을 보면 환율은 $e_0{}^*$에서 $e_1{}^*$로 하락하게 되고 총수요는 Y_0에서 Y_1로 증가하게 된다.

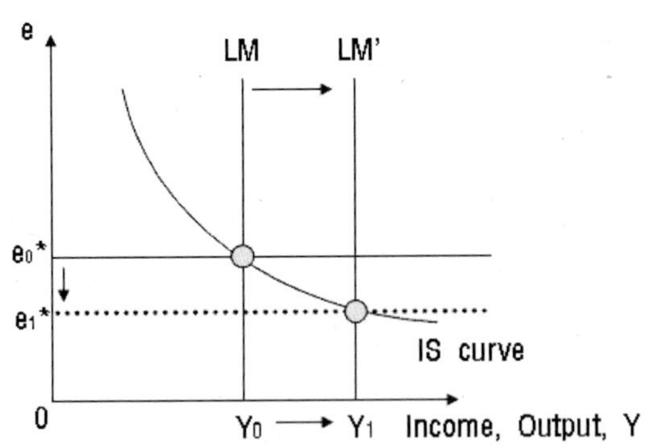

(그림 2-50) 변동환율제도 하 확장적 통화정책

(6) 소규모개방경제에서 재정 및 통화정책의 효과

지금까지의 분석내용을 종합하여 보면, 우선 고정환율제도하에서 재정정책은 균형국민소득을 증가시키는 매우 효과적인 수단이 될 수 있다. 이는 재정지출의 증가가 환율의 상승을 유발하지만 정부 혹은 중앙은행의 통제로 인해 인위적으로 환율을 일정수준으로 떨어뜨리기 위해 통화 공급을 증가시키게 됨에 따라 이자율이 하락하고 투자를 증가시키게 되어 총소득을 늘리게 하는 결과를 가져오게 되는 것이다. 반대로 통화정책은 아무런 효과를 가져 오지 못한다.

반면 변동환율제도하 재정정책은 환율만 상승시켜 오히려 무역수지의 적자를 유발할 가능성을 보여준다. 반면 통화정책은 환율을 떨어뜨리고 그로 인해 실물시장에서 수출경쟁력을 높여 무역수지를 개선함에 따라 순수출을 증가시켜 총소득을 증가시키는 경로를 보여준다. 이렇듯 환율제도가 어떤 환경에 처해 있는 가에 따라 재정 및 통화정책의 효과가 달라짐을 유의해야 한다. 직관적으로 생각해보면 고정환율을 유지하기 위해 통화공급량은 내생적으로 결정되기 때문에 중앙은행이 임의로 통화공급량을 늘리거나 줄여도 고정환율수준으로 자연적으로 돌아올 수밖에 없음을 의미하고 이는 통화정책이 가지는 효과가 없다는 것을 말하는 것이 된다. 반대로 변동환율제도는 더 이상 통화량공급이 내생적으로 정해지는 것이 아니게 되기 때문에 통화 공급에 따른 이자율과 총소득의 변화가 필수적으로 수반되게 된다. 이는 중앙은행 혹은 예금은행 등이 영향을 미쳐 총소득에 변화를 줄 수 있게 됨을 말한다. 그리고 통화량의 증가 및 감소는 이자율에 변화를 주고 이런 이자율의 변화는 실물시장과 구축효과를 발생시켜 실물시장은 더 이상 총소득에 영향을 주는 변수로 설명되어 지지 못하게 되는 것이다.

5. 우리나라 무역정책 집행 내용

우리나라는 경제개발을 하는 과정에서 주로 수출주도형 공업화전략을 채택하여 수출로 먹고 산다는 생각으로 수출에 매진하였다. 1960년대 초부터 1970년대 중반까지는 경공업에 치중하였고, 1970년대 말 이후부터는 중화학공업에 초점을 맞추었다. 1,2공화국 때 말로만 실시될 것처럼 여겼던 경제개발계획이 5.16 군사정변이후 박정희 주도하에 시행되었다. 그 당시만 해도 국민의 관심을 정치로부터 돌리기 위한 한 방편에 불과했다는 사실도 부정할 수는 없지만 우리나라 경제 개발의 초석을 놓았다는 측면에서 큰 의의를 가진다고 볼 수 있다.

1962년의 경제개발계획은 정부 주도의 정책 수립이 이루어졌고 거대한 내수 시장을 확보하지 못하고 있던 우리나라로서는 비교적 노동을 많이 활용할 수 있는 제품을 생산하여 다른 나라에 수출하는 수출드라이브정책과 되도록이면 수입을 줄여 국부를 늘리기 위한 수입억제 정책을 실시하였다. 이를 위해 각종 수출을 장려하는 법을 제정하기 시작하였고 수출입링크제등을 통해 수출실적을 수입에 연결시키는 제도를 만들기도 하였다. 1960년대는 전후에 혼란스런 상황 속에서도 경제성장을 위한 기초를 다져다는 측면에서 큰 의의가 있다.

이후 제2차 경제개발 5개년계획을 추진하였는데 주로 수출 촉진에 관한 내용이 많다. 제3차 경제개발 계획부터는 보다 원가대비 이윤창출력이 좋은 중화학공업을 수출주력산업으로 변화시켰다는 점에서 의의가 있다고 본다. 그리고 수출주도형 정책의 중심에 있던 산업에 비해 열세에 있었던 농업부문에 대한 개발을 위하여 노력하였고, 외교를 통한 무역정책이 큰 주류를 이루게 되었다.

제4차 경제개발 5개년 계획은 주로 제3차의 내용을 주로 하되 기존의 산업들을 보다 고도화시키는 정책을 시행하였으며 2차례의 석유파동으로 인해 제품원가의 상승으로 인하여 이에 대한 교역조건개선 정책이 시도되기도 하였다. 1979년부터 일어난 두 차례의 석유파동은 우리나라의 중화학공업에도 큰 영향을 주어 원자재 및 기계의 수입 등으로 무역수지의 적자가 지속되기도 하였다. 그때는 박정희 대통령의 자원외교 등으로 어려운 상황을 극복해 나가려하는 상황이기도 하였다. 1962년부터 시행된 경제개발계획이 급격한 경제성장이라는 우리들에게 큰 힘을 준 것도 사실이지만 수출만 장려하고 수입은 규제하는 일종의 보호무역적인 무역정책으로 인하여 국내의 물가 문제는 심각하였다. 그리하여 1979년의 석유파동이후 경제성장과 물가안정이라는 목표를 동시에 달성하기 위한 무역정책을 추진하게 되었다.

1980년대부터는 세계적으로도 미소냉전의 분위기가 차츰 가라앉고 있던 시기였기 때문에 무역은 자유와 경쟁을 추구하게 되었다. 이 시기에는 우리나라의 경우 아직도 세계 경제 대국들에 비하여 열세인 산업이 많은 관계로 그나마 경쟁력이 있다고 생각되는 산업에 속한 기업들에 한하여 수출에 대한 자유화 및 개방화 등의 요건을 따르게 하였고 반대로 비교열위에 있는 산업은 국가의 철저한 보호를 받으면서 앞으로 단계적인 개방을 통하여 경쟁력을 개선하기 위한 조치를 취하게 되었다. 1995년까지 지속되어온 GATT체제는 관세와 비관세 문제에 대한 명확한 해결을 도모하지 못하고 해체되었고 곧 WTO가 출범하게 되었다. WTO의 출범으로 인하여 보다 자유롭게 무역을 하는 조치가 취해지면서 그동안 보호무역정책을 실시해오던 나라들은 큰 혼란에 빠지기도 하였다.

연습문제

1. 무역이 왜 발생하는 가를 설명하고, 정부가 대외경제정책을 사용하게 되는 이유를 설명해보라.

2. 국제무역이 수출국과 수입국에 미치는 영향을 그래프를 사용하여 설명하라.

3. 위 2번 문제에서 만약 정부가 관세나 쿼터제도의 도입을 통해 수입을 감소시키고자 하려는 정책을 사용하려고 할 경우, 양자가 가지는 공통점은 무엇이고 차이점은 무엇인가?

4. 개방경제하에서 자본의 이동이 어떻게 발생되는 가를 균형국민소득결정식을 이용하여 설명하라.(폐쇄경제모형에서 개방경제모형으로 변화시켜 설명하라.)

5. 소규모개방경제하에서 쌍둥이적자가 발생하게 되는 경위를 설명하라.

6. 환율은 무엇이며, 명목환율과 실질환율이 어떻게 다른지 예를 통해 설명해보라.

7. 실질환율과 무역수지는 왜 음의 관계를 가지게 되는지 직관적으로 설명하라.

8. Mundell-Fleming 모형의 가정이 무엇인지를 적고, 그게 의미하는 바가 어떤 것인지 설명하라.

9. Mundell-Fleming 모형에서 LM곡선이 왜 수직선의 형태를 띠는가를 설명하라.

10. 고정 및 변동환율제도 하에서 재정 및 통화정책 중에서 어떤 것이 더 실효성을 가지는지 각각 나누어 설명해보라.

11. 우리나라 무역정책 집행내용을 연도별로 나누어 간략히 설명해보자. 그런 정책이 왜 사용되었는가에 대해서도 언급하라.

Ⅴ. 산업정책

1. 산업정책의 의의

산업정책이란 정부가 산업의 생산 활동에 직접적으로 개입하여 시장에 의한 자원배분에 영향을 주는 모든 행위로 정의된다. 이를 구체적으로 보면 관세·금융 및 조세 등을 통하여 정부가 직접적인 시장에 개입하여 자원배분을 함으로써 경제성장과 국제경쟁력강화를 추구하고, 동시에 규제 및 조정을 통하여 특정산업의 생산 및 투자활동에 대해 개입하는 것 등이었다. 이러한 정부의 직접적인 개입은 바로 시장실패를 보정하거나 앞에서 설명한 바와 같이 동태적 비교우위를 확보하기 위한 전략적 정책체계를 의미하는 것으로 구조정책 혹은 조정정책, 그리고 산업전략 등의 용어와 혼용하여 사용하기도 한다. 특히 시장실패의 경우 자원배분의 기능은 시장이 완전경쟁일 경우 소비자와 생산자로 이루어진 시장에 의해 자연스럽게 이루어지는 것과는 달리 불완전경쟁으로 존재하는 시장이 대부분을 차지하고 있기 때문에 정부가 산업정책을 통해 적절한 규제와 감독을 행함으로써 사회적 후생을 높이게 하기 위함이다. 예를 들어 전기사업과 관련하여 이를 사적 기업에게 맡기면 독점기업으로써 가격을 올리고 전력생산량을 줄임으로써 이윤극대화를 추구하게 될 것이다. 그러나 전기는 공공재 및 필수재적 성격으로 사회적 총생산량을 높여 후생을 높여야 할 당위성을 가지므로 사적 기업의 이론으로는 설명되지 못하는 재화에 속한다. 이처럼 자원의 비효율적 배분을 원천적으로 봉쇄하기 위해, 그리고 시장실패를 방지하기 위해 산업정책을 사용하게 된다.

이러한 산업정책은 산업조직에 대한 연구에 의해 발전되어 왔다. 산업조직론은 각 산업에서 자유롭고 공정한 경쟁이 잘 이루어질 수 있는 조건이 무엇이며, 어떻게 이 조건을 달성할 것인가에 대한 분석하는 경제학의 한분야인 것이다. 여기에는 산업별 시장구조 연구를 통해 시장성과를 살피는 연구자들을 하버드학파로 분류되며 대표적인 학자로는 J. S. Bain이 있다. 그리고 기업의 행동에 의한 성과를 연구하는 부류를 시카고학파로 구분된다. 어떤 분석 방법이 되었던 시장을 보다 경쟁적으로 만들기 위해 인위적인 힘을 가해주어야 한다는 설명력이 힘을 가진다. 현실적 산업정책의 수단이나 방법 등을 보다 쉽게 이해하기 위해 이론적인 측면의 설명을 먼저 하도록 하겠다.

2. 산업정책의 배경

산업정책을 사용하게 되는 이론적 배경은 바로 시장실패의 요인으로 꼽는다. 시장실패가 발생하였다는 것은 시장에 존재하는 환경 및 생산구조, 시장구조 등에 의해 경쟁적 환경이 비경쟁적 환경으로 변화되어 자원이 비효율적으로 배분되었음을 뜻한다. 특히 이런 비효율적인 시장으로 변화하는데 주로 큰 역할을 하는 것이 기업이기 때문에 그에 대한 정부의 적절한 감독 및 규제를 통해 시장실패 정도를 완화시키고자 하는 것이다. 이제 완전경쟁의 성립을 방해하는 요소에 대해 살펴보자.

(1) 외부효과

외부효과(external effect)라 함은 경제활동에 따라 다른 사람에게 의도하지 않은 혜택이나 손해를 주면서도 그 대가를 지불하지 않는 것을 말하고, 외부성이라고도 한다. 즉 시장의 테두리 안에서 존재하지 않고 시장의 테두리 밖에 머무르게 된 혜택이나 손해를 말하는 것으로 이는 이로운 것과 해로운 것으로 구분된다. 생산활동이나 소비활동에서 이로운 외부효과를 외부경제(external economy)라고 하고, 해로운 외부효과를 외부불경제(external diseconomy)라고 한다. 이런 외부경제 및 불경제가 시장실패를 가져오는 이유는 보통 사회적으로 필요로 하는 양보다 더 많거나 적게 생산 및 소비되기 때문이다. 예를 들어 오염물질을 배출하는 기업이 있고 그 주위에 고기를 잡는 어부가 있다고 치자. 오염물질의 배출을 많이 할수록 기업의 이윤은 더욱 증가한다. 그러나 오염물질의 배출로 인해 주위의 고기를 잡는 어부는 어획량이 감소함에 따라 시장의 어떤 기능도 거치지 않고 손해의 발생을 가지게 된다. 이러한 상황에서 기업에게 어떤 제재가 가해지지 않는 경제 환경에 놓여 있다고 한다면 기업은 어부의 손해에 대해 어떤 대가도 지불할 필요가 없게 된다. 따라서 사회적으로 필요한 적정수준의 오염배출보다 기업은 어떤 제재가 없는 경우 더 많은 오염을 배출할 유인을 가지게 된다는 것이다. 반대로 독감예방접종의 경우를 보자. 독감예방을 위해 주사를 맞아야 하는 소비자는 그 주사를 맞을 수도 있고 맞지 않을 수도 있다. 많은 사람들이 주사를 맞으면 맞을수록 감기에 걸릴 확률이 낮아져 보다 나은 사회적 생활이 가능하도록 할 것이다. 그러나 맞지 않더라도 사회생활이 가능하기 때문에 시간을 들여 맞으려고 하지 않을 것이다. 그래서 사회적으로 필요한 양보다 적게 생산되고 소비되기 때문에 보조금을 통해 소비 및 생산량을 증가시키려고 하는 것이다.

이제 그래프를 통해서 외부경제 및 불경제에 대해 논의 해보도록 하자. 어떤 그래프를 상정하고자 가로축을 생산량, 세로축을 가격이라고 하면 수요곡선은 소비자가 만족하는 효용정도를 표시한 것으로써 편익에 해당할 수 있을 것이다. 더 정확히 표현하면 사적 한계편익(Private Marginal Benefit: PMB)으로 대변된다. 왜냐하면 생산량 한 단위 변화에 따른 지불용의가격으로써 추가적으로 지불하고자 하는 가격으로 표현할 수 있기 때문이다. 또한 개별 사적 한계편익에 외부경제에서 발생한 편익을 더한 것을 사회적 한계편익(Social Marginal Benefit)이라 할 수 있다. 반면 개별기업이 가지는 공급량은 결국 공급할 때 드는 비용이 될 것이고 이는 사적 한계비용(Private Marginal Cost:PMC)이 된다. 마지막으로 사회 전체적으로 드는 비용은 사회적 한계비용(Social Marginal Cost: SMC)으로 정의될 수 있다.

(가) 외부경제와 피구의 보조금[40]

이제 외부경제에 대해 분석해 보자. 외부경제에서는 사적 한계편익 수준이 사회

---

39) 외부경제의 발생은 생산과 소비측면에서 분석가능하다. 대부분의 공공경제학에서 다루는

적 한계편익 수준보다 낮게 형성된다. 왜냐하면 이 사적 한계편익은 외부경제에서
나타나는 편익을 포함하고 있지 않기 때문에 사회적 한계편익은 사적 한계편익에
외부편익을 더한 것이 되어야 한다. 그리고 외부경제의 발생으로 인해 사적 한계비
용이나 사회적 한계비용은 같게 된다. 개별 경제주체의 입장에서 사적 한계비용과
사적 한계편익이 만나는 점이 균형가격과 산출량을 결정한다. 그러나 이는 외부편
익을 포함하는 것이 아니기 때문에 그것을 포함한 사회적 한계편익과 사적 한계비
용이 만나는 점에서 이루어져야 한다. 그 결과 산출량은 증가하고 가격 또한 상승
한다. 이 가격 상승부문에 대해 정부의 보조금을 제공한다면 자연스럽게 산출량을
사회 적정수준으로 끌어올릴 수 있게 되는 것이다. (그림 2-51)을 보면 보조금을
통해 사적 편익을 사회적 편익수준으로 끌어올림과 동시에 외부편익을 가격체계에
내부화시킴을 알 수 있다. 이를 피구의 보조금이라고 한다.

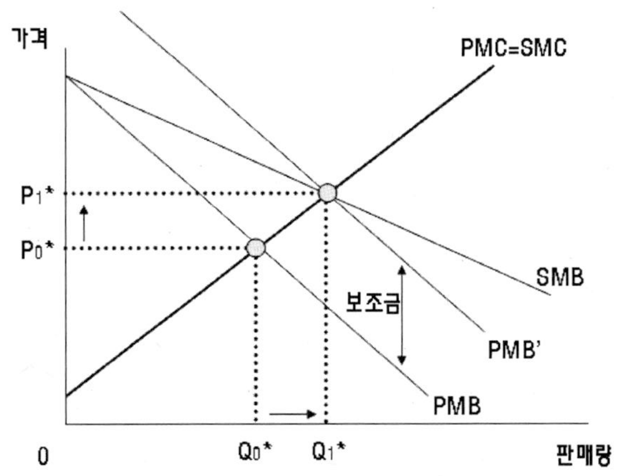

(그림 2-51) 외부경제와 피구의 보조금

것이 생산에 대한 접근이기 때문에 여기서는 소비에 대한 접근법을 사용한 것이다. 서론
에서 말한바와 같이 예방접종과 같은 경우 이는 소비의 측면에서 해석이 가능하다는 점을
명심하길 바란다. 반대로 공급의 측면이라고 한다면 양로원이나 고아원 등을 들 수 있겠
다. 개인이 운영하기에 사적 한계비용이 사회적 한계비용보다 높기 때문에 공급량이 적을
수밖에 없다. 그래서 정부의 보조금을 통해 사적 한계비용을 사회적 한계비용수준으로 떨
어뜨려 공급량과 가격을 높일 수 있는 것이다. 이에 대한 그래프는 각자 그려보기 바란다.

(나) 외부불경제와 피구의 조세

이제 외부불경제가 발생하는 경우를 살펴보자. 담배의 경우 담배를 소비함으로써 느끼는 사적 편익보다 그 담배연기로 인해 느끼게 될 더 많은 사람들의 사회적 편익은 낮은 수준에서 형성될 수밖에 없다. 이럴 경우 위에서 보는 바와 같이 정부는 세금을 통해 흡연자로 하여금 가격 압박을 가하여 사회적 편익 수준으로 낮출 수 있을 것이다. 이를 그래프로 그려보면 다음과 같다. (그림 2-52)에서 보는 바와 같이 사적 한계편익은 사회적 한계편익보다 높게 설정되어 있다. 사적 한계편익과 비용곡선이 만나는 점에서 초기 균형 가격과 생산량이 나타난다. 이는 외부불경제에 나타난 감소된 편익분을 포함하지 않기 때문에 사회적 한계편익과 비용곡선이 만나는 점에서 더욱이 낮은 산출량과 가격이 책정되어야 한다. 그러나 조세가 부과됨에 따라 소비자가 받아들이게 되는 가격도 $P_D{}^*$로 나타나며 공급자가 받게 되는 가격은 $P_S{}^*$로 바뀌게 된다. 따라서 가격은 기준의 균형가격보다 높아지게 되고 산출량은 낮아지게 되는 것이다. 이러한 조세를 통해 외부 효과를 내부화시킬 수 있고, 이를 피구의 조세라고 한다.

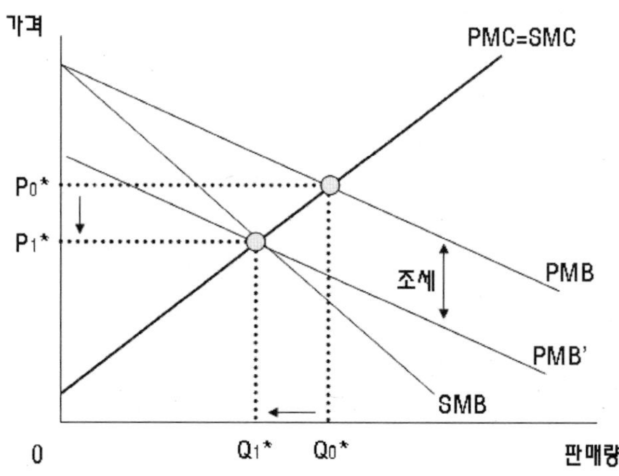

(그림 2-52) 외부불경제와 피구의 조세

(다) 공유지의 비극

일반적으로 시장경제에서 재화의 수요는 그에 상응하는 대가를 지불해야 한다. 그리고 그 재화를 소유한 자는 재산권을 가진다. 재산권이란 어떤 자원의 사용에 대한 그 소유주의 배타적인 권리를 말한다. 대부분의 사용재의 경우 이에 해당하지만 공공재화의 경우 재산권을 행사하지 못하는 것이 일반적이다. 일반적으로 재산권은 보편성, 배타성, 이전성, 강제성 등의 요건을 충족해야 한다. 보편성은 모든 자원이 보편적으로 사적 소유가 되어야 하고 그 소유권이 명확히 정립 가능해야 한다. 배타성은 자원으로부터 발생되는 모든 편익과 비용은 그 소유자에게 돌아가야 함을 말한다. 다음으로 이전성은 자발적 합의에 의해 소유주간 이전이 가능해야 한다는 것이다. 마지막으로 강세성이라 함은 다른 사람에 의한 침해로부터 재산권은 안전하게 보호되어야 하고 침해에 대해 강제적인 조치를 가해야 한다는 것이다. 이런 재산권이 중요한 이유는 재산권이 없는 공공재 혹은 공유자원의 경우 일반 사적 재화와 달리 경합성은 있지만 배제성이 없는 재화로써 문제가 될 수 있다는 것이다. 예를 들어 목초지의 경우 공유자원으로써 방목을 할 때 원하는 사람 누구나 거저 사용할 수 있으나, 그 공유자원의 소비에 있어서 경합성이 있다는 것이다. 즉 한 사람이 공유자원을 사용하면 다른 사람이 제한을 받게 된다는 것이다.

결국 시장경제에서 재산권은 그 소유자가 그 자원의 가치하락이 자신의 손실로 귀결됨에 따라 이를 방지하기 위해 그 자원을 효율적으로 사용할 수 있다. 그러나 재산권이 잘 정의되지 않은 공공재 및 공유자원의 경우 자원이 비효율적으로 배분될 수 있음을 보여줄 수 있다는 것이다. 앞에서 예를 든 목초지와 관련하여 재산권이 잘 정의되지 않은 재화에 대해 비효율적 자원 배분의 가능성을 살펴보도록 하자.

공유자원의 형태로 존재하는 목초지의 경우 그 것을 사용하기 위해 모든 목축업자들은 가축을 사육함에 있어서 자유롭게 사용할 수 있다. 그러나 이 목초지의 재산권이 잘 정의되어 있지 않기 때문에 사회적으로 적정한 수준보다 더 심하게 훼손될 수 있다. 즉 가축을 방목하는데 있어서 더 많은 목초를 먹임으로써 양질의 가축을 생산가능하고 더 많은 가축을 기를 수 있기 때문이다. 이런 상황에서 목초지를 관리하는데 드는 비용은 시간에 비례하기 때문에 평균적으로 일정한 비용을 가진다. 그러면 그에 대한 한계비용도 평균비용과 동일하게 나타나게 된다.

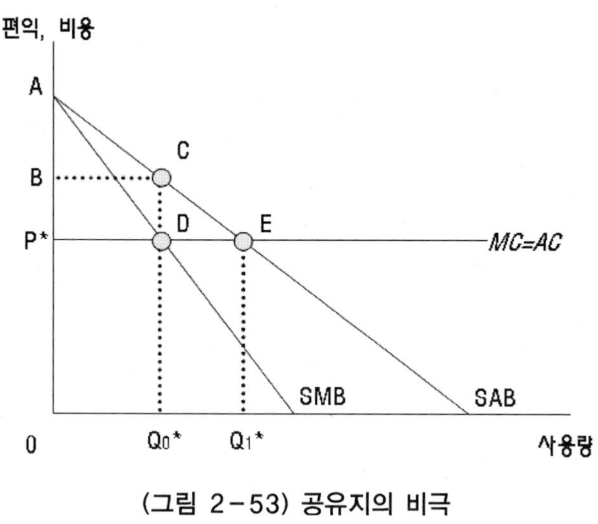

(그림 2-53) 공유지의 비극

그리고 사회적 한계편익은 추가적으로 한 단위를 사용할 때마다 가축의 질이 향상되어 편익이 높아지지만 반대로 목초지의 훼손에 따라 가축이 성장하는 정도가 줄어들게 되므로 우하향하는 곡선으로 나타난다. 따라서 사회적 평균편익곡선은 사회적 한계편익곡선보다 위에 놓이게 된다. 이를 그래프로 나타내면 (그림 2-53)과 같다.

이때 이 목초지의 사회적 최적사용량은 사회적 한계편익과 사회적 한계비용이 일치하는 Q_0^*이다. 이때의 순편익은 $\square BCDP^*$가 된다. 여기서 개별목축업자는 이때 편익이 비용을 넘어서 순편익이 존재하기 때문에 목축업자들은 사회적 최적수준인 Q_0^*를 넘어서 계속 사용하게 될 것이다. 만약 이 목초지에 재산권이 확립되어 있다면 구역별 재산권을 가진 경제주체는 목초지 한 단위를 사용할 때마다 BP^*만큼 사용료를 받아 목초지의 최적 사용량인 Q_0^*를 유지하려고 할 것이고 그로 인해 경제적 지대(순편익분) $\square BCDP^*$만큼을 확보하게 될 것이다. 그러나 재산권의 미확립으로 경제적 지대까지 없애는 것을 공유지의 비극이라고 한다.

이런 공공재 및 공유자원에 대해 재산권이 적절하게 정의될 경우 정부의 간섭 없이도 협상을 통해 적절히 외부성의 문제가 해결되고 효율적인 자원배분을 달성할 수 있다. 이를 코오즈(R. coase, 1960)의 정리라고 한다. 이런 재산권이 정의된 경우 협상을 통해 외부성을 해결하는 경우를 설명하기 위해 먼저 오염을 배출하는 화학공장과 근방에 고기를 잡는 어부가 있다. 그리고 맑은 물에 대한 재산권이 누구에게 있든지 화학공장과 어부 간의 협상을 통해 어떻게 오염배출이 사회적 적정량 수준으로 이루어지는지 보도록 하자. 다음 (그림 2-54)를 보면 수평축은 오염배출량, 수직축은 오염배출행위에 대한 편익과 비용을 나타낸다. 한계편익은 오염이 배출됨에 따라 줄어들 것이고, 한계비용은 오염증가에 따른 정화비용이 증가하기 때문에 증가함수의 형태를 띠게 될 것이다.

여기서 한계편익과 한계비용이 만나는 점에서 적정 오염배출수준인 Q^*가 결정된다. 우선 화학공장이 물에 대한 재산권을 가지고 있다고 하면, 이는 곧 물을 오염시킬 수 있는 권리를 가지게 되는 것이다. 그러면 화학공장은 총편익을 극대화시키기 위해 Q_1에서 생산하게 될 것이다. 이 경우 어부는 화학공장이 오염배출 수준을 Q_1에서 Q^*로 줄인다면 그 대가를 (D+E+F)만큼 지불할 용의가 있다. 그리고 화학공장은 Q_1에서 Q^*만큼으로 줄일 경우 (D)만큼의 보상을 원할 것이다. 따라서 양자 간에 협상을 통해 (E+F)만큼을 나누어 갖는다면, 어느 누구도 손해를 보지 않고 오염수준을 Q^*로 줄이는 것이 가능해진다. 반대의 경우는 독자가 직접해보기 바란다. 결론적으로 앞에서 서술한 바와 같이 재산권이 어느 누구에게 있건 간에 협상을 통해 적정한 오염수준을 달성 가능해진다.

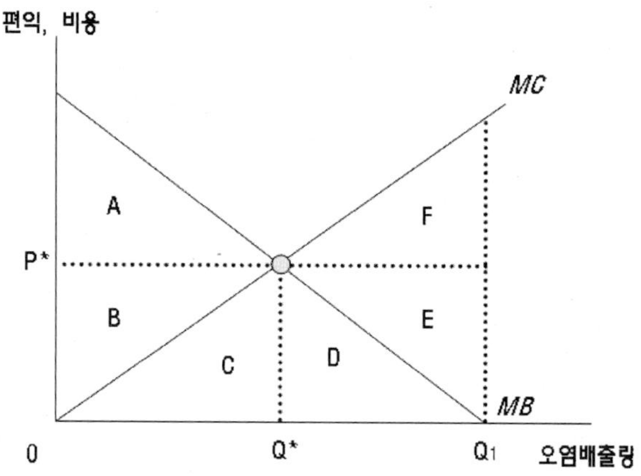

(그림 2-54) 코오즈의 협상을 통한 외부성 제거

그러나 이러한 코오즈의 정리에도 문제점을 가진다. 먼저 코오즈 정리가 성립하기 위한 전제조건 자체가 모순이라는 것이다. 즉 비용과 편익에 대한 모든 정보를 협상 당사자들이 가지고 있어야 한다는 것이다. 이는 현실적으로 불가능하고 어느 한쪽이 정보를 더욱 많이 가지고 있을 경우 이를 이용하여 더 많은 이익을 보려고 할 것이기 때문이다. 두 번째로 협상비용이 무시할 정도로 적어야 한다는 것인데, 이 역시 실제로 협상의 과정에서 무시할 수 없을 정도의 비용이 들어가기 때문에 맹점으로 지적되는 것이다. 이렇듯 외부성을 피구의 조세 및 보조금을 통해 내부화하는 방법이 훨씬 효율적이기 때문에 정부의 정책 수단으로 사용되고 시장실패를 방지한다는 의의를 가진다.

(2) 규모의 경제

규모의 경제라 함은 생산량, 공장규모 및 기업규모가 증가함에 따라 단위생산비용이 감소하는 경제환경을 의미한다. 즉 단위당 생산비가 가장 낮아지는 규모까지 규모의 경제가 나타난다. 예를 들어 컴퓨터는 1년에 100만대 생산하는 규모까지 단위당 생산비가 계속 하락한다면 컴퓨터 회사는 연 100만대 생산규모까지 규모의 경제가 존재한다. 그리고 우리나라의 컴퓨터 수요가 200만대라고 하고 참여기업이 4개라고 한다면 연 100만대까지 규모의 경제가 존재하기 때문에 자연스럽게 2개의 기업만 있어도 된다. 이러한 규모의 경제는 시장구조의 중요한 결정요인이 되는데, 규모의 경제로 인해 시장구조를 비경쟁적이게 하고, 불완전경쟁을 유발하므로 이는 시장실패의 요인이 되는 것이다.

규모의 경제는 크게 두 가지로 나뉘는데 기술적 규모의 경제와 금전적 규모의 경제이다. 기술적 규모의 경제는 상품, 공장, 기업기준 규모의 경제로 분류되고 각각 생산량의 증가, 공장규모의 증가, 공장 수의 증가에 따라 평균 생산비의 감소를 가져오게 된다. 그로 인해 생산단가가 하락하게 되면 시장에서 보다 저렴한 가격에 제품을 공급할 수 있게 된다. 그 결과 매출의 증가를 높이고 시장점유율을 높여 시장지배력을 가지게 된다. 그리고 금전적 규모의 경제는 자금조달 시 대기업의 경우 중소기업 보다 더 낮은 이자를 지불하고 더 많은 자금을 조달할 수 있는 여건으로 인해 투자에 유리한 위치를 점유하고 그로 인해 신제품 생산 등에 더욱 효율적으로 접근할 수 있게 함으로써 시장지배력을 가지게 하는 것이다. 이후 지배력을 이용하여 초기 평균비용을 만회하기 위해 가격 상승과 산출량을 제한하게 되면 후생은 감소하고 자원의 효율적 배분을 이루어 지지 못하게 된다.

또한 규모의 경제가 최대로 발휘될 수 있는 생산규모 중에서 가장 작은 생산규모를 최소효율규모(MES: minimum efficient scale)한다. 초기고정비용이 하락하는 산업에서 다수의 기업에 의한 생산 보다는 한 기업이 생산할 때 생산비용이 최저가 되어 자원의 효율적 배분의 측면 및 기업의 비용최소화를 통한 이윤극대화 측면에서 효율성이 극대화되기 때문에 자연스럽게 한 기업만 존재하게 되는 것이다. (그림 2-55)에서 최소효율규모는 A점이 되는데 만약 A점을 만족하는 기업이 하나라고 한다면, 두 개의 기업이 존재하게 되면 0-A사이에 어떤 점에서 생산하게 되며 생산비용은 기업이 하나일 때의 경우보다 더 높게 된다. 그리고 이를 규모에 대한 수확체증이 나타나는 구간이라고 할 수 있다. 한편 AB의 구간은 규모에 대한 보수불변이 되고 B이후로는 규모의 비경제, 즉 규모의 수확체감이 나타난다. 규모의 비경제가 나타나는 이유는 단일상품의 생산량을 계속 증가시킬 경우 일정시점이 지나면 노동 혹은 자본의 한계생산성의 체감에 따라 임금이나 지대의 상승을 유발하며 이는 평균생산비에 영향을 미쳐 규모의 비경제를 유발하게 된다. 예를 들어 공장규모가 확장될수록 점점 더 먼 지역으로부터 노동자를 확보해야하는 기업은 노동에 소요되는 임금에 통근비용과 같은 암묵적비용의 상승으로 임금의 상승을 유발하게 되어 더 높은 임금을 지불해야한다. 따라서 공장규모가 어느 범위를 넘어서서 더 확장될 경우 평균생산비는 증가하게 되고 규모의 비경제가 나타나게 된다.

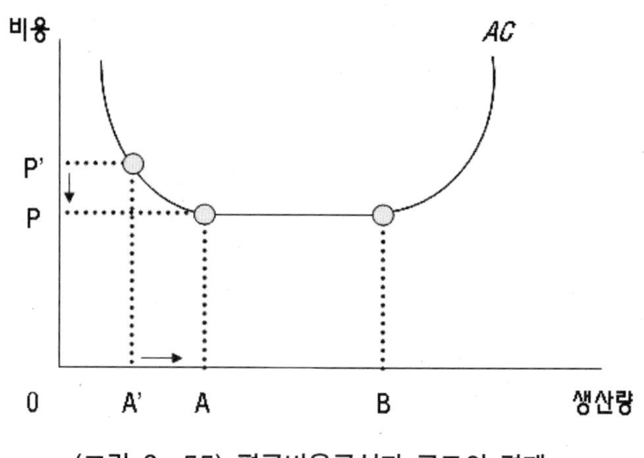

(그림 2-55) 평균비용곡선과 규모의 경제

그렇다면 이 규모의 경제에 대한 측정은 어떻게 할까? 먼저 생산비 접근법을 들 수가 있다. 생산비 접근법은 장기평균비용곡선의 모양을 측정하여 규모의 경제를 파악하는 방법이다. 이 방법은 평균비용과 한계비용의 비율을 S로 두고 그 크기를 확인하여 규모의 경제를 측정하는 방법이다. (그림 2-56)에서와 같이 한계비용은 평균비용의 최저점을 통과하기 때문에 규모에 대한 보수가 어떤가에 따라 S값은 달라진다. 여기서 규모의 경제가 발생함은 수확체증이 일어난다는 것이고, 또한 보수가 증가한다는 것으로 이는 평균비용이 한계비용보다 높은 경우를 말한다. 그렇게 되면 평균비용과 한계비용의 비율인 S가 1보다 큼을 의미한다. 그리고 규모에 대한 수확불변의 경우 한계비용과 평균비용이 같아지는 지점이기 때문에 S는 1이 된다. 마지막으로 규모에 대한 수확체감하면 한계비용이 평균비용보다 높은 경우를 말하고 이는 S가 1보다 작게 된다. 이 방법은 이론적으로 간단하지만 실제로 한계비용 및 평균비용을 측정하는데 어려움이 따른다. 즉 생산량과 단위당 생산 사이의 관계를 측정하기 위해 생산량, 생산요소의 사용량, 생산요소의 가격 등의 자료 수집이 용이하지 못하고 설사 수집이 되었다고 하더라도 그 자료의 신빙성의 문제가 제시될 가능성이 있다.

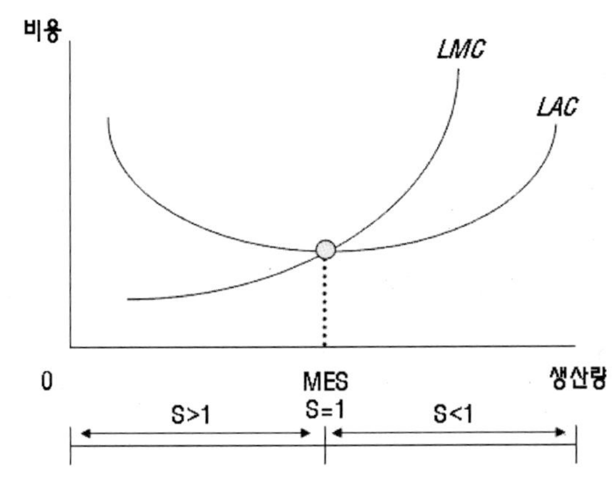

(그림 2-56) 생산비 접근법에 의한 규모의 경제 측정

또 다른 방법으로 George Stigler(1968,「The economies of scale」)에 의해 제안된 것으로 생존자 검정법이 있다. 그는 공장들을 규모별로 여러 단계로 분류하고 그 중에서 어떤 규모의 기업이 가장 번창하는지 찾아보았다. 그리고 일정 시점이 지난 이후에도 생존 혹은 번창하는 기업은 적정규모를 가진 기업이고, 그 반대의 경우 기업은 적정규모를 가지지 못한 기업이는 판단기준을 제시하였다. 이런 방법을 통해 규모의 경제를 비롯하여 기업 및 산업 환경이 직면한 모든 문제를 포함했을 때에는 생존 및 번창하는 기업은 적정규모를 가졌다라고 주장할 수 있는 장점을 가진다. 그러나 이는 시간의 흐름에 따라 생존의 유형이 변경을 내포하지 못한다. 뿐만

아니라 생존기업의 규모와 비생존기업의 규모를 구분하는 기준 또한 주관적 견해가 상당히 내포되어 있기 때문에 분석자의 의도에 따라 다른 결과가 나타날 수 있다는 단점을 가진다. 따라서 이 생존자 검정법은 다른 방법들을 보완하기 위해 사용되는 것이 적절하다.

한편 규모의 경제가 일어나는 산업의 예를 들어보면 사회간접자본 형성과 관련된 산업을 들 수 있다. 보통 상수도, 전기, 통신 등과 같이 초기고정자본 비용 (설비투자 부문)이 과다하게 드는 사업으로써 다수의 사업자의 참여보다는 한 사업자의 형태를 취하면서(정부 주도하 공기업 형태) 비용을 최소화 한다. 게다가 초기고정자본 비용이 과다하게 드는 점은 결국 하나의 진입장벽의 형태가 되고, 국내시장규모에 비해 최소효율생산규모 그 자체가 크면 해당산업은 자연스럽게 독점화 된다. 또한 시장의 선두 진입자는 초기고정자본 비용을 회수하기 위해 고정비용보다 높은 수준에서 높은 가격－적은 공급량을 결정할 가능성이 높고, 그로 인해 사회적 후생이 감소하는 결과를 초래한다. 그러나 이런 사회간접자본이 공공재 및 필수재적 성격으로 말미암아 정부의 가격 규제 등을 통해 공급량을 늘리고 기업 손실부문을 보조금형태로 지불하여 후생의 손실부문이 최소화 되도록 하는데 정부정책의 의의를 둔다.

(3) 진입장벽

시장실패를 유발하는 요소로써 진입 및 퇴출 장벽이 있다. 진입 장벽의 경우 여러 가지 요인에 의해 생성되는 데 먼저 앞서 기술한 규모의 경제와 관련해 자연적 형성요인이 있다. 시장 선두진입자가 가지는 규모에 비해 적은 규모로 진입하려는 잠재 기업은[40] 전자에 비해 비용 측면에서 경쟁 열위에 놓이기 때문에 자연적으로 잠재기업의 진출을 제한하게 되는 요인으로 작용하는 것이다. 이는 시장을 불완전 경쟁으로 존재하게 하여 자원이 효율적으로 배분되지 못하게 한다. 두 번째 요인으로는 제품 차별화에 의한 진입장벽이 생길 수 있다. 실질적 제품 차별화는 생산기

---

40) 잠재기업이라 함은 현재는 그 산업에서 경쟁 활동을 하고 있지는 않지만 잠재적으로 그 산업에 진출할 가능성을 가지는 기업을 말함.

술, 원료 등의 차별성에 기인하고 이미지 차별화는 소비자들의 상표에 대한 충성도에 기인하는 것으로 나타난다. 이런 기업의 제품 차별화에 의해 형성된 진입장벽은 기존 사업자로 하여금 시장 점유 및 지배력 차원에서 높은 경쟁적 우위를 확보 가능하게 한다. 세 번째로 생산비 조건에 의한 진입장벽을 들 수 있는데 기존 기업이 그 시장에서 구축해 놓은 환경이 잠재기업 보다 낫기 때문에 자본조달이 용이하다거나 생산 기술의 배타적 활용이 가능하게 되는 것이다. 특히 생산요소 시장에서 장기적 공급계약에 의해 생산요소의 공급을 장기적으로 독점하고 있다면 잠재 기업의 진입이 어려울 것이다. 그리고 신규기업의 진출로 인해 생산요소가격이 상승하게 되었을 경우 신규진입기업은 많은 생산비를 부담하게 되어 신규 및 잠재 기업으로 하여금 진입에 대한 매력을 잃게 할 것이다. 이를 학습효과라고 하는데 기존의 기업이 오랜 기간 동안의 생산 활동을 통해 터득한 경험, 지식, 노하우(Know-How) 등에 의해 생산비를 낮출 수 있다면 새롭게 시장에 진입하고자 하는 신규기업에 비해 유리한 입장에 서게 되어 단위생산비용이 체감하게 되며 생산비 상에서 우위에 서게 되는 것을 가리킨다.

반면 퇴출장벽의 경우 매몰비용이 과다하게 드는 사업의 경우 기업이 퇴출 시 회수불가능 금액이 높아지게 되어 그것이 곧 진입장벽으로써의 역할을 하게 되는 것을 말한다. 예를 들어 초기자본비용(ex.설비투자)이 과다하게 드는 산업의 경우 잠재기업이 산업에 뛰어들게 할 요인을 없애는 장벽의 역할뿐만 아니라 퇴출 시에 회수불가능한 매몰비용이 크기 때문에 시장 선두사업자나 독점사업자로 하여금 잠재기업과의 경쟁 환경에서 우위를 가지게 되고 그 산업의 경쟁정도는 낮아지게 하고 결국 사회적 후생손실을 불러일으키게 하는 요인이 되는 것이다.

(4) 불완전성

불완전성에 대해 우리는 3가지를 동시에 고려해야 한다. 이는 경쟁, 시장, 정보를 가리키는데 먼저 불완전 경쟁의 경우를 살펴보도록 하자. 시장실패는 자원이 효율적으로 분배되지 못함을 얘기한다. 다시 말해서, 자원이 효율적으로 분배되는 시장은 바로 완전경쟁시장임을 말한다. 완전경쟁시장에서는 수많은 소비자와 생산자가 존재하기 때문에 이들은 모두 가격순응자(price-taker)로써 생산물의 조절을 통해 가격을 조정할 수 없을뿐더러 가격은 추가적 한 단위 생산비용인 한계비용과 정확히 일치하여 효율적인 자원배분을 달성한다. 그러나 불완전경쟁시장에서는 생산자가 가격에 영향을 미칠 수 있기 때문에, 즉 한계비용보다 가격을 높게 설정함으로 말미암아 사회적 후생이 감소하고 이는 자원이 비효율적으로 배분됨을 보여주는 것이다. 이와 같이 불완전경쟁시장에서 정부의 역할은 공정거래법, 독과점 금지법 등을 통해 시장의 경쟁정도를 높일 수 있도록 하는 것이다. 독점에 대한 이야기는 다음 장에서 자세히 다루도록 하겠다.

다음으로는 불완전 시장을 들 수 있다. 완전경쟁시장이 효율적이기 위해 모든 재화에 대한 시장이 존재해야 한다. 이는 몇몇 재화에 대한 시장이 존재하지 않게 되면 그 재화에 대한 가격이 형성될 수 없으며, 가격이 성립되지 않음은 시장의 효율 조건을 논하지 못하는 상황으로 치닫게 된다. 물론 이 때의 시장은 물질적으로 존재하는 시장을 떠나서 시간에 의한 불확실성, 불확실한 사건이 발생했거나 하지 않았을 때를 나타내는 모든 것을 포함한다. 즉 불안정한 공급에 직면한 석유의 가격은 시간에 따라 달라지고, 호황과 불황에서의 임금이 서로 다름을 말한다. 전자는 선물시장이 필요할 것이고 후자는 보험시장이 필요하게 된다. 이런 시장은 보통 존재하기 어려운데 그 이유는 역선택(adverse selection)[41]과 도덕적 해이(moral hazard)[42]

---

[41] 자기에게 유리하게 하려고 상대편에게 불리한 것을 고르는 일. 공급자와 수요자가 갖고 있는 정보가 각각 다르기 때문에 발생하는 경제 현상이다. 예를 들어 보험 계약을 할 때 주로 보험금을 탈 가능성이 큰 사람이 자신에게 유리한 보험을 선택함으로써 보험회사의 편에서는 불리한 조건을 선택하게 되는 경우가 해당한다.

[42] 보험계약자·피보험자 또는 보험수취인의 부주의·고의 등 도덕적 요소에 기인하는 보험사고의 발생률이 증대하거나 손해가 확대될 염려가 있는 위험으로써 모럴리스크(moral risk)라고도 하며 물적 위험(物的危險: physical hazard)에 대응하는 말이다. 가령 화재보험 계약자 중에 방화(放火)한 전력자(前歷者)가 있거나 자동차보험 계약자 중에 사고 경력이 많은 자가 있을 경우에는 모럴해저드가 있다. 최근 보험 이용자 중에는 불건전한 이용자가 늘어나 모럴해저드가 증가하고 있다.

때문이다. 이런 정보의 비대칭성으로 인해 발생되는 시장실패를 완화시키기 위해 정부는 정보공개 등의 수단을 사용한다. 예를 들면 금융실명제도나 부동산거래신고제도, 아파트분양가 공개 등을 들 수 있겠다.

마지막으로 불완전한 정보에 의한 시장실패이다. 완전경쟁시장에서 존재하는 모든 사람들이 완전한 정보를 가지고 있다는 것을 가정한다. 그러나 현실은 개인들이 자신들이 선택을 하기위해 필요한 정보를 획득하는데 많은 시간과 비용이 들고, 정보 자체를 구할 수 없는 경우도 있다. 이처럼 정보가 완전하지 않은 경우 비효율적 자원배분이 초래될 수 있다. 앞서 설명한 바와 같이 시장이 존재하지 않기 때문에 발생될 정보의 비대칭성에 의하거나 이미 존재하는 시장에서 각 경제주체가 가지는 정보의 비대칭성에 의해 정보가 왜곡되고 소비자 및 생산자가 선택에 있어서 비효율적 자원배분이 된 상태에서 하게 됨으로써 사회적 총후생이 감소할 수밖에 없는 경로를 가지는 것이다. 예를 들면 중고차시장, 보험시장, 증권시장에서 내부자거래 등을 들 수 있다. 따라서 정보는 정부가 모든 사람에게 추가적인 비용이 없이 비경합성, 비배제성을 가질 수 있는 공공재로써의 성격을 가질 수 있도록 해야 한다. 이를 위해 정부는 정보를 수집, 처리, 배포할 수 있으며, 또한 시장에서 과대광고를 규제하여 그릇된 정보로 인한 자원배분의 왜곡을 막을 수 있도록 해야 한다. 만약 광고로 인해 잘못된 정보를 그대로 의사결정에 반영하게 될 경우 어떻게 자원배분의 왜곡을 가져오는지 그래프로 살펴보자.

(가) 위임의 오차 [44]

제품의 잘못된 정보로 인해 의사결정을 하게 될 경우, 먼저 과대광고를 한 기업

---

43) 광고는 정보를 제공하지만 광고를 통해 전달되는 정보는 소비자보다는 생산자에게 유리하게 편향되어 있는 경우가 많으며 소비자가 광고내용의 진실성을 파악하게 될 때는 이미 구매행위가 일어난 후이다. 만약 소비자가 어떤 제품에 대하여 실제 이상으로 높은 평가를 하고 구매하였다면 구매자의 평가는 물론 광고의 영향을 받은 것이며, 제품의 진실한 특성에 대하여 잘못된 정보를 전달받은 것이다. 이와 같이 광고로 인해 잘못된 정보를 가지고 소비자가 구매하게 되는 것을 위임의 오차 또는 구매착오라고 한다. 즉 광고내용을 그대로 믿고 구매하였으나 실제 재화의 품질과 특성은 기대 이하인 경우이다.

의 제품을 소비자는 그대로 인식하게 되어 더욱 많은 수요를 가져오게 한다. 따라서 아래 그래프에서 수요곡선이 우측으로 평행이동하게 되고, 그 제품의 가격이 P_0라고 한다면 수요량은 Q_0에서 Q_1으로 증가하게 된다. 이 경우 원래의 소비자의 잉여는 D곡선 아래의 면적이여야 하지만 D'으로 이동함에 따라 잉여수준이 더 커진 것처럼 보인다. 그러나 이는 불완전정보로 인한 자원배분의 왜곡이 발생하여 커진 것이기 때문에 자원의 과잉분배로 볼 수 있다. 따라서 정보의 왜곡으로 인해 구매함으로써 지불가능한 비용인 $\square ABQ_0Q_1$에서 실제정보를 받았더라도 감수하는 비용이 되는 $\square ACQ_1Q_0$를 제외한 $\triangle ABC$만큼이 후생손실분이라 할 수 있다.

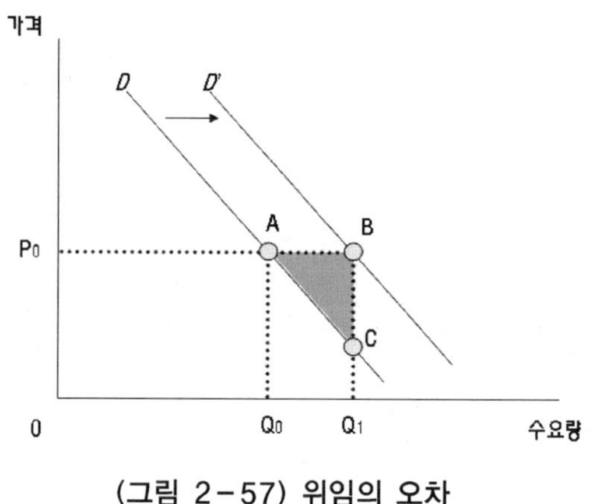

(그림 2-57) 위임의 오차

(나) 누락의 오차

위임의 오차와는 반대로 과소광고로 인해 정보가 누락되어 원래 구매량보다 적게 구매하게 되는 경우를 누락의 오차라고 한다. 이 역시 광고가 제품의 정보를 완전하게 포함하여 소비자가 제품구매에 대한 의사결정이 합리적일 경우보다 정보의 누락으로 인해 소비자가 제품구매의 대한 의사결정에 왜곡을 가져오기 때문에 사회적

따라서 구매착오는 부족한 또는 부정확한 정보를 바탕으로 이루어진 구매행위에서 비롯되며 특정한 재화에 자원을 과잉배분하게 만든다.

후생손실을 유발한다. 다음 (그림 2-58)을 통해 얼마만큼의 후생손실을 가져오는지 보자.

정보의 누락으로 인해 소비자는 완벽한 정보에 따른 의사결정 수준, 즉 원래의 수요곡선 D보다 적은 수요를 가져오기 때문에 D'로 좌측 평행이동하게 된다. 그로 인해 제품의 가격 P_0와 만나는 점에서 수요량 역시 Q_0에서 Q_1으로 감소하게 된다. 원래의 수요곡선 상에서 Q_1의 수요량을 가질 경우 지불용이한 비용인 $\square CBQ_0Q_1$에서 실제정보를 받았을 때 부담할 수 있는 비용 $\square ABQ_0Q_1$을 제한 $\triangle ABC$ 만큼이 후생손실분이라고 할 수 있다.

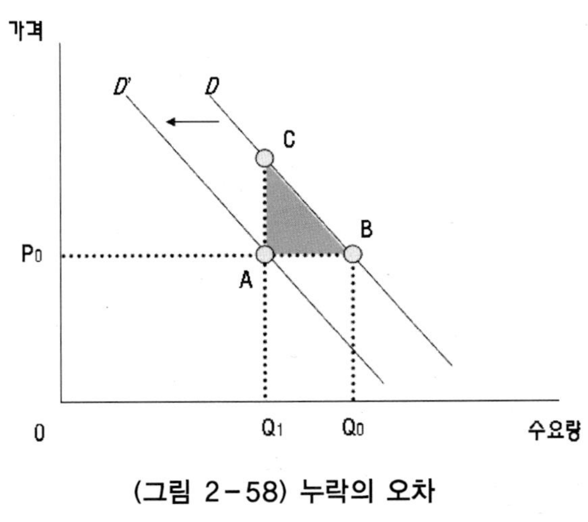

(그림 2-58) 누락의 오차

3. 산업정책의 수단

(1) 보조금

보조금은 정부가 재정에서 특정한 경제활동에 대해 일정금액을 무상으로 지원해

주는 것으로써 기술개발 지원, 수출촉진, 지역개발, 사양 산업지원, 고용안정 등의 목적을 지닌다. 1980년대의 경우 기술개발지원과 수출촉진을 위해 사용되었으나 1997년 외환위기 이후로 사양산업의 보호 혹은 고용안정, 그리고 지역균형개발 등을 위해 사용되고 있는 실정이다. 특히 유치산업의 육성과 사양산업의 보호를 목적으로 사용되는 보조금은 생산요소가격에 영향을 미치어 평균생산비용을 낮춤으로써 자국 산업의 국제경쟁력 확보의 수단으로 사용된다. 그리고 사양 산업에 대한 보조금은 사회적구조조정비용을 어느 정도 줄이는 효과를 가진다. 그러나 이런 보조금의 정책수단은 그 원천이 세금으로 쓰여 지기 때문에 미래세대로의 부담을 전이시키는 부정적 영향을 가져온다. 그리고 보조금을 받는 해당 산업의 기업가로 하여금 구조조정이나 기술혁신을 위한 유인을 가지지 못하게 함으로써 지연의 결과를 가져온다. 게다가 지속적인 보조금 지급은 기업의 독창적인 투자활동을 둔화시킨다. 또한 현실적으로 기업에 대한 지원은 반드시 정부개입을 수반한다.

(2) 환율적 수단

환율을 정책적 수단으로 쓰는 것은 환율의 변동이 수출과 수입에 상당한 영향을 미치기 때문이다. 실제로 환율의 변동은 자국의 통화가치가 실제가격 이하로 평가절하(과소평가) 되거나 실제가격 이상으로 평가절상이(과대평가) 이루어지면 산업의 국제경쟁과 수출에 영향을 미친다. 자국의 통화가치가 평가절하 혹은 과소평가가 될 경우 상대적으로 타국에 비해 저렴해진다는 것이고 이는 동일상품의 시장가치가 자국이 더욱 저렴해지기 때문에 가격경쟁력이 발생한다. 타국에서는 자국에서 생산되는 동일상품의 가격이 더욱 저렴하다는 것을 알고 있기 때문에 수입을 하여 마진을 남기려고 할 것이고 이는 자국의 동일상품에 대한 수출의 증가로 이어지게 되는 것이다. 반대로 평가절상 혹은 과대평가가 이루어지면 이는 자국의 통화가치가 타국에 비해 비싸지기 때문에 타국에서 생산되는 동일제품을 수입하여 마진을 남기려고 하기 때문에 무역수지가 악화되는 결과로 이어진다.

우리나라의 경우 국가계획에 의한 경제발전을 급속도로 이룬 국가임과 동시에 부존자원이 부족하여 가공에 의한 무역을 통해 성장을 이룬 나라이기 때문에 환율에 상당한 영향을 많이 받았다. 그래서 환율안정을 위해 고정환율제도를 사용하였다. 그러나 환율을 고정시키기 위해 외환보유고가 일정수준 이상으로 충분해야 했기 때문에 외환을 관리 및 유지하기 위한 비용이 과다하게 발생하는 문제점을 갖게 되었다. 또한 환율수준을 지속적으로 낮게 유지할 경우 산업구조조정이나 기술혁신, 그리고 생산성 향상을 위한 노력을 지연시키는 문제를 내포하고 있었다. 이런 여러 가지 문제점에 직면한 정부는 변동환율제도로의 변화를 가져오게 되는데, 이는 외환보유고를 적게 유지해도 되는 장점이 있었으나 환율의 변동이라는 외생적 충격을 방어할 수 있는, 즉 대처능력이 떨어지는 문제점을 가지게 되었다.

이와 맞물려 개방화 압력에 의해 실물시장을 비롯한 금융시장의 개방을 하게 되었고 이 과정에서 단기로 외국자본을 빌려와 장기로 갚아나가야 하는 상황에서 변동환율제도는 악영향을 줄 요인이 충분하였다. 왜냐하면 장기에서는 환율의 변동정도가 어느 정도인지 모를 뿐만 아니라 우리나라와 같이 원－달러의 환율상승이 크게 나타날 경우 지불해야 하는 금액이 기하급수적으로 증가했기 때문에 지불능력이 고갈되어 결국 외환위기를 맞이하게 되었던 것이다. 예를 들어 한 회사가 외국자본을 단기로 1억을 빌려왔다. 그때의 원－달러 환율이 1000원이었다고 하자. 계산의 용이를 위해 이자는 없다고 하고 만약 환율이 1년 뒤 1300원이 되었다고 하면 이 회사가 지불해야 할 금액은 1억 3천만원으로 이자비용을 제외하더라도 3천만원의 손해를 볼 수밖에 없는 것이다. 만약 차입금이 200억이라면 60억의 손해를 보게 되는 것이다. 이러한 변동관리제도의 위험성을 인식한 우리나라 정부는 관리변동환율제도로 변화를 가져오게 된 것이다. 이와 같은 환율제도의 변화는 환율이라는 외생적 충격에서 각 제도마다 자생적 방어능력이 어떤 부분에서건 무너지기 마련이었기 때문이고, 지금에 와서는 정부가 환율시장을 하나의 고유의 시장으로써 수요와 공급에 의해 결정이 가능하도록 맡기는 추세로 가고 있으며, 이는 정부의 개입을 최소화하는 방향으로 나아가고 있다는 것을 의미한다.

(3) 수요관리적 수단

　정부 혹은 이에 준하는 공공기관이 제품의 구매자로써 수요관리측면에서 산업정책을 실시하는 것을 말한다.

　저개발 및 개도국의 경우 자본집약적 성향보다 노동집약적 성향이 강하게 나타난다. 즉 노동에 대한 대가인 임금수준이 저렴하기 때문에 선진국 등에서 사양 산업으로 치부되는 산업이 저개발국에서는 유용하게 운용될 수 있는 여건을 제공하기 때문이다. 이 과정에서 정부는 자본을 보다 효율적으로 사용하기 위해 몇몇 자국 기업에게 강력한 지원을 통해 국가소득을 증대시키려고 한다. 그리고 정부는 사회 간접자본의 형성을 위해 재정지출을 확대하는데 이 과정에서 정부는 기업으로부터 구매를 해야 한다. 정부의 구매를 위해 공급하는 기업은 몇몇 기업으로 압축될 수 밖에 없고, 자연적으로 그 기업은 지속적인 이윤확보구조를 확립하기 위해 정부에게 강력한 로비를 하게 된다. 그로 인해 그 기업은 정부에게 공급하는 것이 일종의 보장된 시장으로 간주하여 독점화되고 그로 인해 불공정거래행위를 일삼으며 시장지배력을 유지하려고 하는 문제점을 가지게 된다.

　그리고 수요관리적 수단으로써 가격프리미엄제도가 있는데 이는 기술집약상품의 개발을 지원하기 위해 정부가 시제품을 구매할 때 실제원가 이상의 프리미엄을 언진 높은 가격으로 구매하는 것이다. 이는 제품개발자가 신제품개발 초기에 부담해야 하는 자금 부담을 경감해주는 효과를 준다. 그러나 이런 수요관리적 수단과 관련해 '우루과이 라운드' 등을 거치면서 국제협정에 의해 국제적 경쟁제한이라고 판단하여 이 협정에 가입한 국가는 산업정책의 한 수단으로써 상당한 의미를 상실하게 되었다.

(4) 입법적 수단

　이는 특정산업을 육성하거나 산업구조조정을 원활하게 하기 위해 임시조치법 등의 특별입법조치를 통해 산업정책을 실시하는 것을 말한다. 예를 들면 우리나라의 경우 지역간 소득격차를 줄이기 위한 국가균형개발특별법이나 과거 섬유산업육성법, 등이 있다. 이런 입법조치에 의한 산업정책을 가장 효율적으로 사용한 국가로는 일본이 있다. 일본은 급격한 비교우위 변화나 석유파동 등에 의한 외부적 충격요인에 적절히 대응하여 산업정책의 효율성을 높인 것으로 평가된다. 그 예로 1970년대까지 산업별 임시조치법을 통해 기계공업진흥(1956), 전자공업진흥(1957), 항공기산업진흥(1961) 등으로 대표된다. 그 후 석유파동을 겪으면서 기능별 임시조치법을 발효하여 사양산업이나 구조적 불황업종의 구조조정, 중소기업대책, 특정불황지역대책 및 고용대책 등을 제정하였다. 그러나 이러한 배경에는 한 집권당의 장기적 집권과 함께 입법부와 행정부의 긴밀한 관계가 있던 것이다. 또한 비교적 탁월한 성과를 보여주는 임시조치법이 남발이 지속될 경우 사양산업 종사자가 구조조정과 관련 없이 자신의 이익을 위해 사용될 경우 그 폐해는 고스란히 국민에게 돌아가게 되므로 조심해야 할 필요가 있다.

(5) 비전제시

　정부가 산업이 나아가야 할 미래의 비전을 제시하여 줌으로써 민간기업의 투자나 생산활동을 산업정책이 목표하는 방향으로 유도하는 것을 말한다. 이러한 정부의 비전 제시는 투자와 수요에 있어 밀접하게 상호결합되어 있는 산업군에 있어서 보다 효과적인 산업정책 수단으로 쓰여질 수 있다. 예를 들면 철강산업과 철강을 수요하는 자동차 및 선박산업, 섬유산업과 섬유기계산업의 관계 등이다. 그러나 포터(M.Porter, 1990)에 의하면 정부가 내세우는 비전에서 특정산업이 전략산업으로 선정되었다면 이는 정부가 이 산업을 지원하겠다는 암시성을 포함하고 있기 때문에 직접적 정부의 지원이 없이도 그 비전제시 자체만으로도 민간기업의 투자를 그 산업으로 끌어들이는 효과를 가진다고 한다. 이런 비전제시는 중앙정부에 의하던 지방정부에 의하던 특정산업의 강력한 투자를 유발하여 혁신클러스터로 발전할 수 있는 원동력이 된다.

(6) 기타

산업정책을 달성하는 방법으로 정부의 비공식적인 행정지도(informal administrative guidance)를 이용할 수 있다. 이는 조정, 권고, 지침 등의 다양한 표현으로 나타낼 수 있고, 우리나라나 일본, 프랑스와 같이 정부와 기업 간의 긴밀한 관계가 형성되어 있을 경우 보다 효율적으로 발휘된다. 특히 일본의 경우 통산성의 행정지도를 통해 1950~60년대 까지 고도성장이나 1970년대에 구조조정시기 산업의 합리화나 생산조정의 유효한 수단으로 사용되었다.

한편 정부가 재정 등을 이용하여 특정경제활동에 대한 정책적으로 금융지원을 해주는 것을 정책금융이라고 한다. 이런 정책금융을 수단으로 사용함에 있어서 보통 보조금과 같은 의미로 해석하면 이해가 빠를 것이다. 정책적으로 금융지원을 통해 기술개발촉진, 수출촉진, 특정산업부문의 보호 등의 효과를 볼 수 있다. 이런 금융지원의 방법은 이중금리제도를 운영하여 정책금융에 대해 낮은 이자율을 적용하거나 혹은 각종 기금을 형성하는 것이다. 우리나라의 경우 기술개발을 위한 공업발전기금, 중소기업의 구조조정과 창업지원을 위한 중소기업 구조조정기금 등이 있다. 그러나 이런 정책금융도 개방화압력에 의해 산업정책의 수단으로써 제약을 받을 수밖에 없다. 왜냐하면 이중금리제도 자체가 금융시장의 자율화 및 국제화 추세와 배치되기 때문이다.

다음으로는 산업부문간 자금흐름의 조정을 들 수 있다. 이는 방금 언급한 정책금융(보조금)과 달리 정부가 자금의 흐름을 조정하는 것을 말한다. 예를 들어 비제조업 산업에서 제조업 산업으로 집중시킬 수 있고 그러한 방법에는 금융기관의 제조업에 대한 의무대출비율제도나 서비스업에 대한 대출억제제도 등을 사용한다. 그러나 이런 방법 역시 금융시장의 자율화로 인해 정부의 통제력이 약화됨으로써 정부개입의 여지는 줄어들고 있다.

그리고 정부가 산업구조조정을 위해 특정 산업에 대한 투자를 할 경우 해당 기업에게 세제를 감면해주는 세제적 수단을 들 수 있다. 이것은 기업으로 하여금 투자를 하게할 유인으로 작용하며 정부의 입장에서는 해당산업으로의 투자를 유도할 수 있는 장점이 있다. 예를 들면 경제자유구역을 들 수 있을 것이다. 이 지역에 진출하는 기업에게 어느 세제혜택을 줌으로써 기업진출의 장려 및 외국인투자장려 등의 효과를 동반한다. 그러나 이런 세제혜택의 경우 어느 일정 시점까지 제한할 필요가 있다. 왜냐하면 지속적으로 이루어질 경우 정부의 조세수입 감소나 정부의존적 기업문화형성 등의 부작용을 수반하기 때문이다. 우리나라의 경우도 조세감면임시조치법으로 제한적 성격을 분명히 하고 있다.

마지막으로 규제적 수단을 들 수 있다. 정부가 직접 민간의 경제활동에 개입하여 특정행동을 제한하여 자원을 강제적으로 배분하는 것이다. 이런 경우 정부는 시장을 직접적으로 개입함으로써 시장기구의 작동을 정지시킬 수 있다는 점에서 강력하고 직접적인 수단일 수도 있지만 정부실패를 유발할 가능성도 있다. 따라서 직접적 정부개입이 필요한 산업을 분류하여 거기에 대한 정확한 기준을 제시할 수 있어야 한다. 예를 들면 독과점금지 및 불공정거래행위 규제, 최저임금제도, 이중고가제도 등을 들 수 있다.

4. 독과점적 기업의 행태

지금부터는 산업에서의 시장구조가 주어진 상태에서 독과점적 기업의 행태를 살펴봄으로써 성과를 평가하도록 하겠다. 앞서 3장에서는 시장구조에 의한 시장성과를 살펴봄으로써 폐해가 나타나는 부분에 대해 정부가 어떻게 개입을 할 것인가에 대한 논의를 하였다고 볼 수 있다. 4장에서는 독과점적[44] 기업이 사용하는 가격차

---

44) 보다 논의의 전개를 쉽게 하기위해 독과점의 기업을 독점기업을 우선적으로 생각하고, 복합기업, 과점형태의 기업 등을 모두 포괄하는 개념임. 보다 자세하게 설명하자면 독점기업이 실시하는 가격차별을, 복합기업이 실시하는 약탈가격전략, 교차보조, 상호구매를,

별, 재판매가격유지, 약탈가격설정, 끼워팔기, 교차보조 등의 기업행동 형태를 확인
해보고 그 효과에 대한 정부의 개입 여부를 논의해보는 장이라고 보면 될 것이다.

(1) 가격차별(price discrimination)

가격차별은 생산비가 같은 재화에 대해 누가, 언제, 얼마나, 어디서 구입하는 가
에 따라 기업이 다른 가격을 부과하는 것을 말한다. 같은 상품이라도 소비자에 따
라 혹은 판매지역에 따라 그 가격이 달라지기도 한다. 예를 들어 우리가 쉽게 알
수 있는 현대자동차의 경우 우리나라에서 판매되는 금액과 미국이나 유럽 등지에서
판매되는 금액이 다르다. 그리고 영화를 볼 때 아침에 보는 조조할인된 금액과 저
녁에 보는 영화금액도 차이가 난다. 이런 가격차별은 시장에서 어느 정도의 독점력
을 가진 사업자에 의해 발휘된다. 즉 가격차별은 완전경쟁시장이 아니기 때문에 발
생되는 것으로 독점적 사업자의 행동에 의한 시장구조의 변화를 가져올 수 있게 하
는 유인을 제공한다.

(가) 가격차별의 전제조건

판매자가 소비자에 대해 가격차별화를 실시하기 위해서 적어도 3가지의 조건을
만족해야 한다. 먼저 완전경쟁시장에서의 조건인 다수의 공급자와 다수의 소비자가
아니라 소수의 공급자와 다수의 소비자가 되어야 한다. 즉 이는 당연히 가격에 대
한 통제권을 기업이 가져야함을 말한다. 왜냐하면 다수의 공급자와 소비자가 존재
하게 되면 가격순응자(price taker)에 불과하기 때문에, 그 어떤 판매자도 가격차별을
실시하지 못한다. 두 번째로는 제품에 대한 수요의 가격탄력성이 그룹지울 수 있어
야 한다는 것이다. 만약 소비자가 한 제품에 대한 가격탄력성이 모두 같다면 가격
차별화의 유인이 사라지기 때문이다. 반대로 소비자가 한 제품에 대한 수요의 가격

독점력을 가지는 기업이 실시하는 수직적 거래제한으로 재판매가격유지, 판매지역제한,
배타적거래, 총괄구매계약, 연계판매로 형태를 각 기업별 분류 가능함.

탄력성이 그룹화 시킬 수 있다면 그룹별로 서로 다른 가격을 제공하고, 생산자의 잉여를 높일 수 있기 때문이다. 마지막으로 서로 다른 탄력성을 가지는 그룹에 제공되는 가격차별에 대한 중간 판매의 기회는 없어야 된다. 이는 낮은 가격으로 판매되는 제품을 구입하여 높은 가격으로 제품을 사는 곳에서 파는 행위가 제한되어야 한다는 것이다. 예를 들어 자동차가 미국과 한국에서 서로 다른 가격에 판매되더라도 중간판매의 기회가 없기 때문에 가격차별화를 실시 할 수 있는 것이다.

(나) 가격차별화의 유형[45]

1) 완벽한 가격차별(perfect price discrimination)[46]

공급자가 모든 소비자의 개별적인 최대지불용의를 완전하게 파악하고 있을 경우에 한해 공급자가 소비자에게 최대 지불용의 가격을 부과하는 것을 완벽한 가격차별이라고 한다. 이는 한 제품에 대해 소비자의 수요가격탄력성이 다 틀리기 때문에 그룹화 지을 수 없고, 따라서 공급자는 모두 각기 다른 가격을 부과할 수 있는 것이다. (그림 2-59)에서 독점기업이 일정한 가격($P_0 > MC = MR$)에서 공급수준 Q_0만큼 제공하고 있었다고 가정하자. 위의 상황을 기업은 인식하면서 각 소비자들에게 차등된 가격으로 물건을 판매할 수 있다. 이때 기업은 $P = MC$가 되는 점까지 차등가격을 부여한다. 이를 표현하면 그림안의 보라색 점선이 무수히 많다고 생각하면 각 생산량에 대한 가격을 차등하여 소비자에게 판매한다고 쉽게 생각할 수 있을 것이다. 그렇다면 이 기업의 잉여는 어떻게 변할까? 완벽한 가격차별을 실시하지 않았을 경우 □P_0bQ_0가 생산자의 잉여분이 될 것이다. 그리고 사회적 후생손실이 발생한다. 그러나 가격차별을 실시하고 난 경우 단일가격 하에 소비자의 잉여부분을 모

---

45) 가격차별화를 완벽한(1단계) 가격차별, 2단계가격차별, 3단계가격차별로 구분하는 것은 A.C.Pigou에 의해 첨으로 분류되었다. 자세한 내용은 A.C.Pigou, *The Economics of Welfare*, London 참조.

46) L.Pepall이나 D. J. Richards에 의해 간단한 2단가격(two-part tariff)모형으로도 설명가능함. 보다 자세한 내용은 L. Pepall, D. J. Richards and G. Norman, *Industry Organazation: Contemporary Theory and Practice*, South-Western College Publishing, 1999 참조.

두 흡수할 수 있기 때문에 생산자 잉여는 $\square P_0 b Q_0 0$에서 $\square ae Q_n 0$로 늘어나게 된다. 그리고 $P = MC$되는 점까지 생산을 계속하기 때문에 사회적 후생손실은 없게 된다.

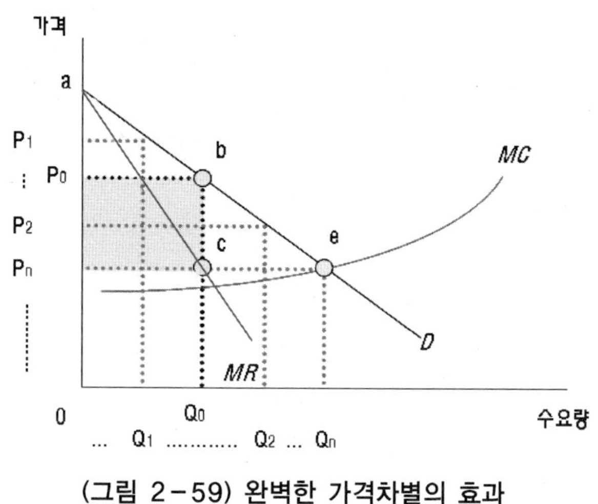

(그림 2-59) 완벽한 가격차별의 효과

2) 2단계 가격차별(second degree price discrimination)

완벽한 가격차별은 현실적으로 존재하지 않는다. 이는 기업이 대상 소비자의 가격탄력성을 모두 알아야 한다는 가정 하에 성립하기 때문이다. 그러나 현실세계에서는 기업이 소비자의 모든 정보를 알 수 없기 때문에 보다 현실적으로 접근된 2단계 가격차별을 소개하도록 하겠다. 2단계 가격차별은 완벽한 가격차별과 비슷하지만 소비자의 모든 정보를 알고 있다는 가정을 수정하여 그룹지울 수 있다고 가정함에 따라 그룹에 대한 생산량 수준과 그에 대한 가격을 차별할 수 있다는 것이다. 보다 논의를 간단히 하기 위해 제품에 대한 지불용의가격을 가지는 소비자 그룹을 A, B라고 가정한다. 즉 가격차별을 하기 전의 독점가격 수준으로 구매하려는 그룹과 기업이 $P = MC$수준까지 생산량을 늘릴 경우 기업의 이윤은 증가함을 아는 소비자의 그룹으로 나눌 수 있다. (그림 2-60)에서 그룹의 수요량은 Q_0와 Q_1으로 놓을 수 있고 그에 대한 가격은 P_0와 P_1으로 나타난다.

A그룹은 Q_0만큼을 P_0의 가격으로 제공하고 B그룹은 Q_1만큼을 P_1의 가격으로 제공한다. 그리고 그룹별 일정 가격 수준에 맞게끔 제품을 제공하기 때문에 소비자의 잉여가 완벽한 가격차별과 달리 존재한다. 그 크기는 아래의 $\triangle aP_0b$와 $\triangle bce$의 면적에 해당된다. 반면 기업은 완벽한 가격차별보다 잉여가 줄어든 $\square P_0bcP_1$의 면적만큼 추가로 얻게 된다.

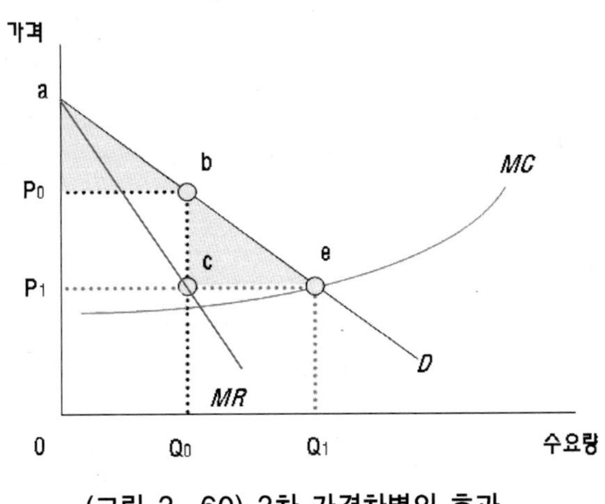

(그림 2-60) 2차 가격차별의 효과

한편 사회적 총추생은 감소하지 않았다. 왜냐하면 가격차별이 실현되었기 때문에 완벽한 가격차별과 같이 생산수준이 Q_1으로 $P=MC$가 되어 자원이 효율적으로 배분되었음을 보여준다.

3) 3단계 가격차별(third degree price discrimination)

지금까지 본 완벽한 가격차별 및 2단계 가격차별은 동일상품을 동일시장에서 구매자의 경향에 따라 다른 가격을 부과했다고 볼 수 있다. 그러나 3단계 가격차별의 경우 소비자를 2개 이상의 다른 시장으로 완전히 분리시켜놓고, 분리된 시장에 따라 각기 다른 가격을 부과하는 것을 말한다. 소비자들은 주로 나이, 소득수준, 노동수준, 거주지역 등에 따라 다른 시장으로 분리된다. 이렇게 시장이 분리될 경우 시장에서 형성되는 수요곡선은 각기 다르게 나타난다. 왜냐하면 이 수요곡선은 제품에 대한 가격의 수요탄력성 역시 다르기 때문이다. 따라서 공급자 및 판매자는 각기 다른 가격을 책정함으로써 이윤을 증대시킬 수 있다.

이때 기업은 각 시장에서 이윤극대화를 추구하게 될 것이다. 이 기업이 생산하여 공급하는 양이 정해져 있을 경우 이 기업은 어떤 방법으로 제품을 각 시장에 분배하여 총수입을 극대화시킬 수 있을까? 그 조건은 바로 각 시장의 한계수입을 일치시키는 것이다. 이를 식으로 표현하면 다음과 같다.

$$MR_A = MR_B \tag{5-1}$$

식 (5-1)에서의 조건이 성립하지 않으면 어떻게 될까? 만약 $MR_A > MR_B$가 될 경우 시장 B에서 제품을 빼어 시장 A에서 판매하면 총수입이 더욱 증가하게 된다. 반대로 $MR_A < MR_B$가 된다면 시장 A의 제품을 빼내서 시장 B에서 판매함으로써 총수입을 증가시킬 수 있게 된다. 이제 기업은 배분의 문제에서 생산의 문제에 직면한다. 즉 일정량을 생산하게 될 경우 두 시장간 얼마만큼 배분을 통해 이윤을 극대화시킬 것인가에 대해 생각하게 될 것이다. 결론적으로 기업의 이윤극대화 조건은 여기서도 그대로 적용된다. 즉 한계수입과 한계비용이 같아지는 점에서 생산량을 결정할 때 이윤은 극대화 시킬 수 있게 된다. 왜냐하면 한계수입보다 한계비용이 높은 경우는 생산을 한 단위씩 줄임에 따라 비용을 낮추고 그로 인해 상대적으로 한계수입이 상승함에 따라 이윤을 높일 수 있기 때문이다. 그리고 반대로 한계수입이 한계비용보다 높은 경우 생산을 높여 제품 1단위를 추가로 더 생산함으로써 이윤을 높일 수 있게 된다. 따라서 식 (5-2)와 같은 이윤극대화 조건을 기업은 가지게 된다.

$$MR_A = MR_B = MC \tag{5-2}$$

식 (5-2)를 만족하는 산출량과 두 시장의 배분 정도는 다음 (그림 2-61)과 같이 나타날 수 있다. 시장 A와 B의 수요곡선은 가격탄력성이 틀리기 때문에 서로 다른 기울기를 가진다. 그로 인해 서로 다른 한계수입곡선 MR_A와 MR_B를 구할 수 있다. 이 두 한계수입곡선을 수평으로 합하여 기업이 직면하는 한계수입곡선 MR_T를 도출 할 수 있다. 그리고 그 기업의 한계비용곡선 MC와 만나는 점에서 이윤극대화점 E_T를 찾을 수 있다. 그리고 총 산출량은 Q_{A+B}로써 A시장과 B시장으로 배분된다. 여기서 E_T점에서 수평으로 그은 선과 각 시장의 한계수입곡선이 만나는 점 a와 b에서 공급량 Q_A와 Q_B를 찾을 수 있고, 또한 가격 P_A와 P_B를 가진다. A시장에서는 P_A가격으로 Q_A만큼 공급되고, B시장에서는 P_B의 가격으로 Q_B만큼 각기 다른 가격과 산출량으로 공급됨을 알 수 있다. 이와 같이 그래프를 통해 산출량의 결정 및 각 시장으로 배분 과정이 식 (5-4)를 만족함을 볼 수 있다.

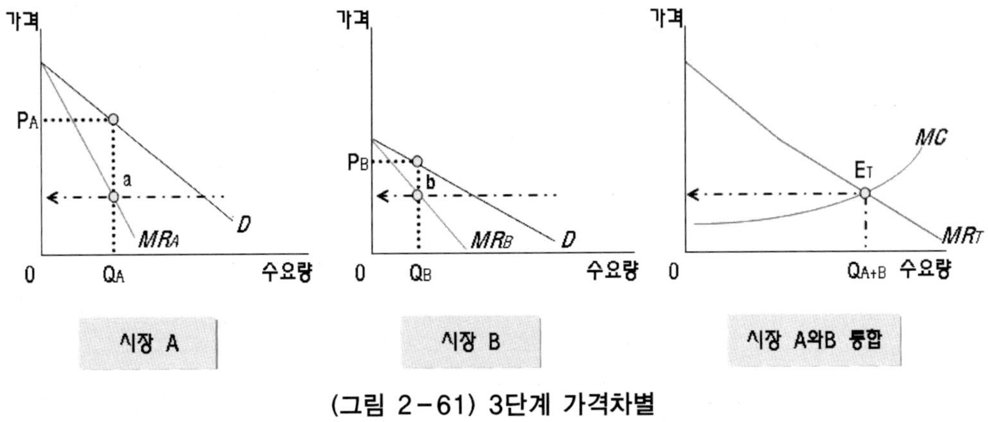

(그림 2-61) 3단계 가격차별

한편 시장 A의 가격이 시장 B에 비해 높다는 것을 알 수 있을 것이다. 이는 시장의 분리됨이 수요의 가격탄력성과 연관이 있음을 보여주는 대목이다. 즉 A시장의 가격탄력성이 B보다 더 비탄력적이라는 것이다. 가격과 한계수입 사이에 다음과 같은 식을 도출할 수 있다.

$$TR = P \times Q \tag{5-3}$$

$$MR = \frac{dTR}{dQ} = P + Q\frac{dP}{dQ} = P + P\frac{Q}{P} \times \frac{dP}{dQ} = P - \frac{P}{e}$$

$$\text{단, } e = -\frac{dQ}{dP} \times \frac{P}{Q}$$

식 (5-3)을 통해 $MR = P(1 - \frac{1}{e})$로 나타낼 수 있고, 이를 식 (5-1)에 적용해보면 다음 식 (5-4)과 같이 나타낼 수 있다.

$$P_A(1 - \frac{1}{e_p^A}) = P_B(1 - \frac{1}{e_P^B}) \tag{5-4}$$

따라서 탄력성이 더 낮은 A시장이 B시장보다 당연히 가격이 더 높아야 함은 두 말할 나위가 없다. 이와 유사한 시장을 예를 들어보면 전화요금의 경우도 수요탄력성이 낮은 낮 시간에는 수요탄력성이 높은 밤 시간보다 더 높다. 그리고 극장 요금도 수요탄력성이 낮은 저녁때가 수요탄력성이 높은 조조보다 도 높다. 이런 것들이 모두 3단계 가격차별화의 예에 해당한다고 볼 수 있다.

4) 가격차별화의 효과

가격차별화의 효과에 대해 자원의 효율성측면과 소득재분배에 대한 측면으로 분석해보면 우선 효율성측면에서 독점기업이 $P > MC = MR$의 이윤극대화 조건에서 $P = MC = MR$의 조건으로 변화됨에 따라 완벽한 가격차별과 2단계 가격차별 모두 사회적 총후생이 증가됨을 알 수가 있다. 그러나 3단계의 가격차별의 경우 효율성의 효과는 애매모호하다. 즉 3단계의 가격차별화가 획일적인 단일가격 책정 때보다 생산량을 증대시켜 자원의 효율적 배분을 달성한 것인지를 찾아내기 불가능하다는 것이다. 이는 단일가격 설정으로 인해 그 가격에 대한 수요가 불충분하여 기업의 이윤이 보장되는 어떤 생산도 할 수 없을 경우, 3단계 가격차별을 실시하면 자원의 효율적 배분은 어느 정도 달성될 수 있다. 예를 들면 소득수준이 낮은 시골마을에서 의사의 진료행위에 대한 단일적 가격획정이 이루어지면 소득수준이 낮은 주민들은 진찰을 받지 않을 것이고, 그로 인해 의사는 그 누구도 개업하지 않을 것이다. 그러나 그 마을에 유지를 비롯하여 소득수준이 높은 사람에게 높은 진료비를 받고, 그 이외의 사람에게 낮은 진료비를 받는다면 의사들은 그 마을에서 개업하려고 할 것이다.

한편 소득재분배와 관련하여 차등하게 부여된 가격은 단일가격보다 공급 및 생산자로 하여금 더욱 높은 수준의 이윤을 주게 된다. 즉 앞에서 본 것처럼 소비자의 잉여분이 생산자에게로 이전됨에 따라 공급자에게 소득을 재분배시킨다. 그러나 이런 가격차별화가 좋은 것인지 나쁜 것인지는 다분히 주관적 가치판단의 문제이며 일반적인 의견일치를 얻을 수 있는 문제는 아니다. 다수의 경제학자들은 가격차별화로 인해 증가된 독점가의 이윤이 기업의 자본가가 아닌 일반대중으로 재분배되어야 사회후생이 증대된 것이라고 본다. 즉 3단계 가격차별화의 경우 수요탄력성이 낮고 가격이 높은 시장에 존재하는 부자에게서 수요탄력성이 높고 가격이 낮은 시장에 존재하는 가난한 사람으로의 소득재분배가 일어나기 때문에 가격차별화는 사회후생을 증대시킨다고 한다.[47](Joan Robinson, 1993)

이런 가격차별화의 효과는 자연독점의 규제에 관해서도 시사점을 제공한다. 만약 정부가 자연독점기업에 대한 가격규제를 할 경우 기업의 손실부분을 보조금을 통해 그 기업을 지원할 수밖에 없고 이는 조세부담을 증가시킴에 따라 사회적 총후생은 감소하게 된다. 만약 이 기업이 가격차별화를 실시함을 허용할 경우 정부의 보조가 없이도 초과이윤획득 및 자원의 효율적 배분이 가능하게 된다.

(그림 2-62)의 경우 높은 가격에서도 지불의 용의가 있는 사람에게 높은 가격을 받고, 낮은 가격에 지불용의가 있는 사람에게 낮은 가격을 받음으로써 기업은 초과이윤을 달성하고 최적생산을 이룰 수 있으며, 이는 자원의 효율적 배분 또한 달성

---

47) Joan Robinson, *The Economics of Imperfect Competition*, London: Macmillan, 1993, P.204

가능해 진다. 즉 (그림 2-62)에서 주황색으로 빗금처진 자연독점기업의 손실부분을
하늘색으로 빗금처진 초과이윤으로 상쇄하고도 초과이윤을 보전가능하게 됨을 일컫
는다. 따라서 가격차별화는 생산량을 확장시켜 자원의 효율적 배분을 개선시킨다.
그렇다면 이런 가격차별화는 시장의 경쟁구조를 변화시키는가? 이는 앞으로 보게
될 독점의 기업이 가지는 행태에 따라 달라진다. 이런 행태는 주로 시장경쟁을 위
축시키는 경향이 강하게 나타난다. 왜냐하면 기업은 시장구조가 독점적이 될수록
자신의 이윤극대화에 유리한 입장에 설 수 있기 때문이다.

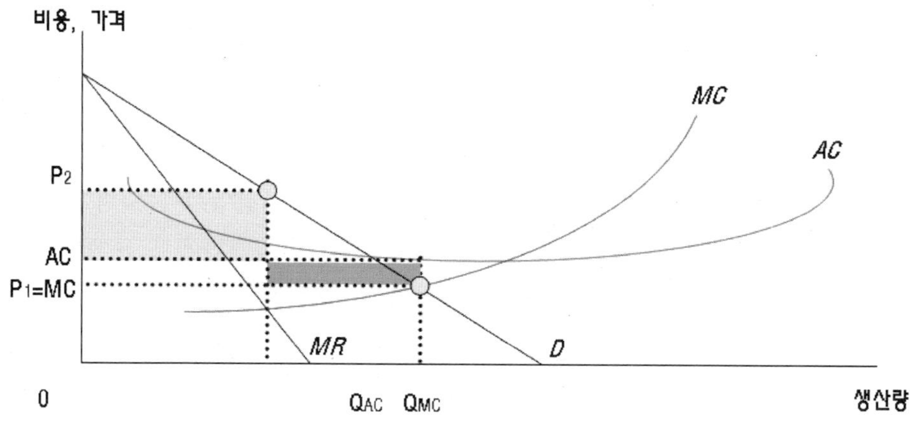

(그림 2-62) 자연독점기업의 가격차별화

시장지배력을 가지는 사업자는 재판매가격유지, 판매지역제한, 배타적 거래, 총괄
구매계약, 끼워팔기, 약탈가격책정, 교차보조, 상호구매 등의 행태를 보임으로써 과
점기업은 독점기업화 되거나, 독점기업은 지위확보를 위해 사용되어 진다. 따라서
정부는 과도한 기업의 행태로 인해 발생되는 시장의 불공정거래행위에 대한 규제가
필요한 것이다.

(2) 약탈가격책정

어느 한 시장에서 시장지배력이 높은 독점적 지위자의 경우 잠재적인 기업이 시장에 들어올 가능성을 배제시키기 위해 사용되어지는 독점기업 행태의 일부로써, 독점력이 높은 기업이 일반적으로 자금력[48]에서 우위에 서기 때문에 생산비용보다 낮은 가격으로 제품을 시장에서 제공함으로써 잠재기업을 배제시키는 방법이다.[49] 즉 독점기업이 잠재기업의 생산비 혹은 자신의 생산비보다 낮은 가격으로 제품을 공급함으로써 그 시장에 진입을 금지시키거나 잔존하는 소규모 기업으로 하여금 이탈하게 하는 효과를 가져 온다. 이는 자신이 독점력을 높임으로써 시장에서 그 지위를 확보함에 목적을 둔다. 물론 단기적으로 생산비 이하로 제품을 공급함에 따라 독점기업의 손실이 발생할 수도 있으나 독점력이 생긴 후에 장기적으로 가격을 상승시켜 초과이윤 확보를 통한 이윤을 높일 수 있다. 만약 이 기업이 장기적으로 약탈가격 책정을 통해 손실이 발생할 경우 이 기업은 다른 산업이나 지역에서 벌어드리는 이윤으로 보정해야 지탱할 수 있다. 예를 들면 복합기업에서 문제시 되는 교차보조가 이에 해당된다고 할 수 있다.

---

48) 충분한 자금가설(deep pocket hypothesis)라고 불리며, 보다 자세한 내용은 Corwin D. Edwards, "Conglomerate bigness as a source of power", in the National Bureau of Economic Research Conference Report, *Business concentration and price policy*, Princeton: Princeton University Press, 1995를 참조하라.
49) 이를 과점기업으로 확대하면 진입봉쇄전략과 같은 맥락으로 생각할 수도 있을 것이다.

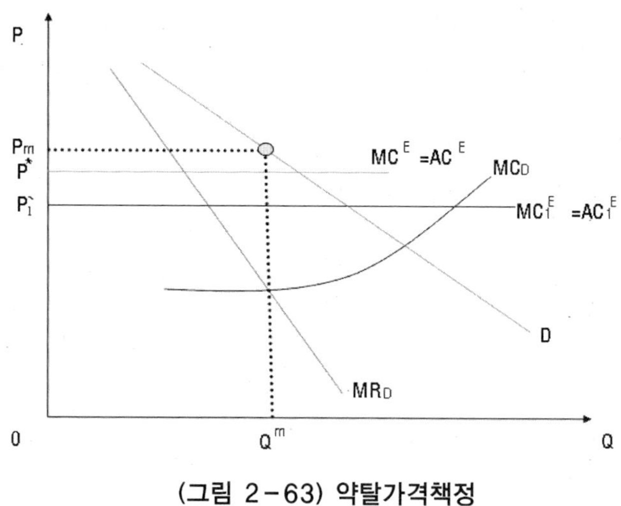

(그림 2-63) 약탈가격책정

(그림 2-63)을 보면 독점기업이 직면한 수요곡선은 D이고 한계수입과 한계비용은 각각 MR_D와 MC_D이다. 원래 이 기업은 P_m 가격에 Q_m 만큼을 공급해야 한다. 여기서 독점기업 이외에 이 산업에 존재하는 기업 혹은 잠재적으로 진입 가능한 기업은 최저 P^*의 가격을 받아야 하지만 독점기업이 P_m이 아닌 P_1 가격으로 제품을 제공함에 따라 기업이 퇴출되게 하거나 진입을 못하게 하는 효과를 준다.

이러한 약탈가격책정을 행사한 기업 중 가장 유명한 경우를 소개하도록 하겠다. 미국의 Standard Oil Company는 1870년과 1899년 사이에 미국 정유 산업의 시장점유율을 90%나 차지하는 대규모복합기업이었다. 이 회사는 자신과 경쟁을 하고 있는 지역에는 매우 낮은 가격을 부과함으로써 경쟁상대의 기업으로 하여금 퇴출하도록 하였고, 반면 경쟁자가 없는 지역의 경우 높은 독점가격을 책정하였다. 경쟁자가 없는 지역에서 발생하는 독점이윤을 약탈가격 책정지역으로 보조함으로써 경쟁기업들이 퇴출하거나 합병을 요구할 때까지 계속하였다. 기업이 이러한 약탈가격책정을 쓰게 되는 유인으로는 과시효과(demonstration effect)로써 약탈가격책정으로 인해 다른 시장의 기업들로 하여금 신중한 행동을 유발한다는 것이다. 이는 앞서 설명된 기존기업 및 진출예정 기업을 퇴출 및 진입금지의 효과 이외에 이 기업이 복합기업으로써 타 시장에서 약탈가격책정을 할 가능성을 보여줌으로써 다른 시장에 상존하는 기업들이 섣불리 공격적 시장행위를 하지 못하도록 방지하는 것이다.

(3) 교차보조(Cross‐subsidizing)

약탈가격책정을 하는 시장을 비롯하여 복합기업에게 있어서 타 산업에 비해 이윤이 시원찮은 경우에 독점이윤이 보장되는 산업으로 하여금 보조를 하는 행위를 말한다. 즉 한 업종의 판매수입이 그 상품의 생산비에 미치지 못할 경우에 발생되는 손실분에 대해 다른 업종의 초과이윤으로부터 보조해주는 것을 말한다. 따라서 교차보조는 한 산업에서 독점적 위치를 가지는 기업을 포함하는 여러 산업으로 다각화된 복합기업에게만 해당된다. 이런 복합기업은 교차보조를 하더라도 다각화된 산업에서 발생하는 손해와 이윤을 살펴보면 손해가 적기 때문에 복합기업만 가능한 것이다. 예를 들어보면 우리나라의 경우 통신회사들이 초기에 저렴한 가격으로 3G 서비스를 제공하면서 그 손실분을 타 계열사로부터 보조받는 경우를 들 수 있다. 그리고 삼성그룹이 자동차업종에 진출할 때 타 계열사로부터 보조를 받는 경우도 그 예라고 할 수 있겠다.

이런 교차보조는 두 가지 가능성에 대해 서로 다른 효과를 가지게 한다. 만약 교차보조 되는 시장에서 시장점유율이 높은 독점력을 가지고 있다면, 보조를 통해 자신의 지위를 고수함으로써 시장을 보다 비경쟁적으로 변화시킬 수 있다. 반면 복합기업이 새로운 시장으로의 진출이나 혹은 치열한 경쟁이 존재하는 시장에 이미 투입된 경우는, 즉 매우 낮은 점유율을 가지고 있는 경우, 교차보조를 통해 오히려 시장을 경쟁적으로 만들 수 있다. 이런 교차보조는 손해를 보는 산업으로 초과이윤이 이동되게 됨으로써 교차보조를 받는 상품으로 하여금 자원이 과잉 배분되게 하고 교차보조를 가능케 하는 독점 상품에는 자원이 과소 배분되게 하는 비효율성을 가져올 수도 있다.

(4) 상호구매(reciprocal buying)

상호구매는 복합기업이 생산하기 위해 사들이는 원재료를 파는 기업에게 자신의 생산품 중의 일부를 구매하게 하는 행위를 말한다. 따라서 기업 간에 서로 구매자가 되거나 판매자가 될 수 있다. 예를 들어 A 기업이 a1을 생산하기 위해 B 기업의 b1이라는 원자재를 필요로 한다. 그리고 기업 B는 b2를 생산하기 위해 A 기업의 a2라는 원자재를 필요로 한다. 따라서 기업 A는 기업 B로 하여금 자신의 a2에 대해 구매해줄 것을 요구할 수 있다. 이렇게 협의된 구매를 상호구매라 한다. 특히 여러 업종에 관여하고 있는 대규모적인 복합기업의 경우 이런 상호구매의 전략을 활용할 가능성이 높다.

상호구매가 발생될 수 있는 환경적인 조건은 먼저 복합기업들이 시장별 과점구조를 형성하고 있을 경우이다. 그리고 가격경쟁이 한계에 도달하여 비가격경쟁이 치열한 시장이여야 한다. 이들에게 가격경쟁은 더 이상 무의미하기 때문에 원자재 구입을 위해 상호구매를 활용함으로써 생산단가를 낮출 수 있기 때문이다. 두 번째로 생산자들이 초과설비를 가지고 있고, 이를 가동시키기 위해 비가격경쟁을 통해 더 많은 주문량을 얻어낼 필요가 있다. 이는 불황일 때의 유휴설비가 많아짐과 연결해 보면 호황일 경우 상호구매는 더욱 줄어들게 된다. 세 번째는 기업 간에 상호보완적 거래가 있어야 한다는 것이다. 즉 A 기업은 B 기업에게 판매하는 상품이 있고, B 기업은 또한 A 기업에게 판매하는 상품이 있어야 함을 말한다. 마지막으로 동일시장에서 기업의 규모가 비대칭적일수록 상호구매가 일어날 가능성이 높다. 이는 대규모 복합기업과 소규모의 전문기업이 존재할 경우 상호구매의 가능성이 높아지기 때문이다.

이런 상호구매의 효과는 가격, 품질, 서비스 등의 모든 조건이 동일할 경우 판매량을 재분배하는 효과를 가진다. 따라서 배분의 효율성은 약화되지 않는다. 그러나 경우에 따라 상호구매는 문제를 발생시킨다. 만약 기업들이 상호구매에 대한 타성에 짙어져 가격할인의 노력을 게을리 하게 되면 경쟁적인 가격결정이 이루어지지 않게 된다. 또한 상호구매로 인해 가격이 최저가격보다 높게 정해지게 되면 가격의 기능에 왜곡을 일으켜 자원의 효율적 배분을 방해하고 사회후생은 감소하게 된다. 게다가 복합기업과 그 외의 기업들 간의 시장교섭력이 복합기업에 치우쳐있다면 상호구매는 전문기업을 희생시켜 대규모 기업의 시장점유율을 더욱 증가시키고 이로 인해 독점력이 상승하여 사회적 후생이 줄어들 가능성을 가진다.

(5) 수직적 거래제한

수직적 거래제한이라 함은 제품의 생산에서 소비자로 이전되는 과정에서 기업은 판매자와 판매자간의 수평적 거래보다 판매자와 소비자 간의 수직적 거래에 제한을 두는 것으로써 이는 시장거래를 비경쟁적으로 만들어 독점력을 유지하려고 한다. 서로의 이해관계를 달리하는 판매자와 구매자간의 거래로써 판매자가 공급에 제한을 두게 되면 구매자는 불리할 수밖에 없어진다. 즉 수직적 거래당사자들 중 어느 한쪽이 다른 한쪽에게 특정한 거래유형을 강요한다던지 당사자 간의 합의에 의해 특정거래유형을 가질 때 이를 수직적 거래제한이라고 한다. 이런 수직적 거래제한은 보통 생산자와 유통업자 간의 경우가 다분하다. 그리고 수직적 거래제한이 이루어 졌을 경우 최종소비자의 후생 변화에 영향을 끼친다. 이런 수직적 거래제한은 재판매가격유지, 판매지역제한, 끼워 팔기 등을 들 수 있다.

(가) 재판매가격유지(resale price maintenance)

대부분의 상품은 생산자로부터 최종소비자에 이르기까지 여러 유통구조를 거친다. 재판매는 이런 생산자에서 유통업자에게 판매되고 난 뒤 이 상품을 다시 최종소비자에게로 판매됨을 일컫는다. 이 과정에서 생산자가 미리 가격을 책정하여 유통업자가 재판매에 대한 영향력을 행사하는 것을 재판매가격유지라고 한다. 예를 들면 우리가 슈퍼에서 일상적으로 살 수 있는 물건들을 보면 가격이 정해져있음을 볼 수 있다. 이는 생산과정에서 출하가격을 표시하는 것이 아닌 재판매가격을 생산자가 미리 정하여 표시함을 말한다.

이런 재판매가격유지가 실시되는 것은 생산업자가 각 판매단계의 가격을 미리 결정함으로써 각 판매단계에서 이루어질 수 있는 가격담합을 더욱 용이하게 해주는 담합보조수단이 될 수 있다. 만약에 생산업자들이 담합에 참가하고 있으면서 재판매가격유지를 실시하고 있을 경우, 재판매가격유지 위반은 바로 생산자담합협정을 위반한 것으로 포착되어 보복을 받게 되기 때문이다. 예를 들면 재판매가격유지가 실시되고 있는 상황에서 특정유통업자의 시장점유율이 증가하면 이것은 유통업자가 재판매가격유지를 위반하고 할인판매의 행위를 하고 있다고 간주할 수 있다. 게다가 이러한 할인판매의 배경에 생산자로부터 담합가격이하의 낮은 가격으로 유통업자는 공급받고 있다고 할 수 있다. 따라서 재판매가격유지를 어기는 것이 포착되면 이것은 생산업자간 담합협정을 어기는 행위로 간주할 수 있는 것이다.[50]

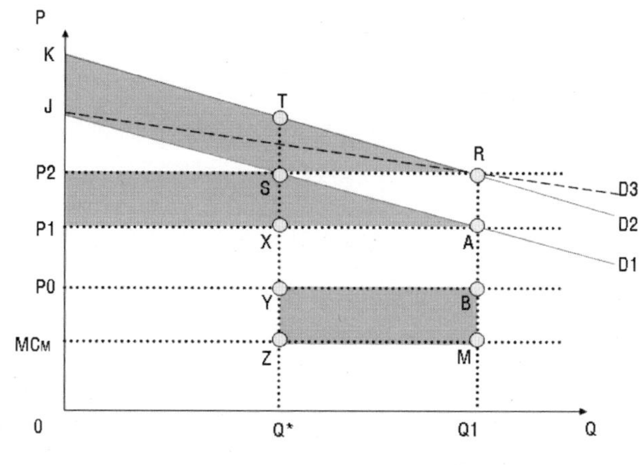

(그림 2-64) 재판매가격의 후생효과

　(그림 2-64)는 재판매가격유지가 발생했을 경우 소비자의 후생의 변화를 보여준다. 먼저 생산자의 한계비용이 MC_M이고, P_0가격을 받고 유통업자에게 상품을 넘긴

---

50) 그 외에 판매촉진가설이 있는데 보다 자세한 내용은 Lester G. Telser, "Why sound manufactures want fair trade?", *Journal of Low & Economics*, Vol.3, 1960

다. 상품을 P_0로 산 유통업자는 최종판매자에게 넘기기 위해 판촉비용을 $P_1 - P_0$만큼 소비하고 있기 때문에 이 유통업자는 정상이윤만 벌고 있는 셈이 된다. 그리고 상품시장에는 P_1의 가격으로 Q_1만큼 공급된다. 여기서 생산자는 $\square MC_M P_0 BM$만큼의 초과이윤을 벌게 된다. 그러나 만약 유통업자들로 하여금 판매촉진을 위해 재판매가격유지를 실시하고자 한다. 그렇다면 생산자가 유통업자에게 초과이윤을 보장해 주어야하기 때문에 당초 유통업자가 P_1의 가격에서 제공하던 제품을 P_2로 재판매가격유지를 해준다고 하자. 그렇게 되면 유통업자는 $P_2 - P_1$만큼의 초과이윤을 가질 수 있고, 이는 유통업자로 하여금 최종소비자에게 더욱 많은 판촉비용을 들여 제품을 팔려고 할 것이다.[51] 이로 인해 최종소비자의 수요가 변화하게 된다. 그리고 수요가 변화하는 정도에 따라 후생은 증가 혹은 감소, 그리고 중립적으로 변하게 된다. 그림에서 소비자 수요곡선이 D_1에서 우측으로 상승된 가격만큼 평행이동하게 되어 D_2가 되는 경우, D_2로 이동에 따른 소비자 잉여의 감소분 $\square P_2 P_1 AS$과 증가분 $\square JKRS$와 정확히 일치하기 때문에 후생중립적 재판매가격유지라고 한다. 한편 재판매가격유지로 인해 유통업자의 판촉활동이 소비자의 가격에 대한 수요탄력성을 변화시켜 D_3로 이동하게 되면 소비자 잉여 감소분 $\square P_2 P_1 AS$보다 잉여의 증가분 $\square JRS$보다 크기 때문에 후생감소 재판매가격유지가 된다. 마지막으로 그림에는 표시되어 있지 않으나 수요곡선이 상승된 가격분 보다 더 크게 우측으로 이동할 경우 후생증가 재판매가격유지가 된다. 즉 결과적으로 재판매가격유지가 실시될 경우 소비자의 탄력성이 변화되는 정도와 가격 상승분만큼 이동하는가의 여부에 따라 후생 정도는 달라진다는 것이다.

이런 재판매가격유지는 소비자로 하여금 획일화된 가격책정으로 인해 선택의 범위를 좁히고, 앞에서 본 바와 같이 상품의 가격을 상승시키며, 유통업자간의 경쟁을 제한과 더불어 대체상품 사이의 경쟁도 제한할 수 있다.

---

51) 만약 재판매가격유지가 시행되고 난 후에 유통업자가 최종소비자에게 특별한 서비스를 더 제공하지 않고 초과이윤을 그대로 받아들이게 되면, 공급량은 Q_1에서 Q^*로 줄어듦에 따라 생산자의 이윤 역시 $\square YZMB$만큼 줄어들게 됨. 이 경우 생산자는 재판매가격유지를 시행할 필요가 없음은 두말할 나위가 없음.

(나) 판매지역제한(territorial restraint)

만약 생산업자가 유통업자의 영업을 공간적으로 제한을 두게 되는 경우에 수직적 판매제한이 된다. 판매지역제한이 실시되면 동일회사의 제품들은 같은 지역에서 경쟁하지 못한다. 이는 그 기업에 대한 지역 독점적 파워를 가지게 된다. 예를 들면 주류시장을 들 수 있다. 각 지역별 주류회사가 해당 지역에서만 판매가능하기 때문에 지역독점력을 가지게 된다. 그러나 만약 그 지역에서 해당상품을 생산하는 기업이 많을 경우 기업 간의 경쟁은 더욱 치열해진다. 그러나 특수한 경우인 대구도시가스와 같이 단일 품목에 단일 회사가 존재한다면 완전한 지역독점기업이 되어 버린다.

한편 판매지역제한이 실시되는 이유로는 담합가설과 판매촉진가설을 그 바탕에 두고 있다. 담합가설에 의하면 각 단계별 수평적 담합을 유지해주는 수단으로 사용될 수 있다는 것이다. 즉 생산업자끼리 수평적 담합이 생길 수 있고, 유통업자간 수평적 담합이 있을 수 있고, 이들 관계를 안정적으로 관리해주는 보조수단이 된다고 보는 것이다. 한편 판매촉진가설에 의하면 유통업자들의 적극적인 판매활동은 새로운 시장수요를 창출하여 생산업자 또한 유리하기 때문에 실시한다는 것이다. 이런 판매촉진 활동은 유통업자로 하여금 비용을 지불하게 하고 이는 제품의 가격을 상승시키는 요인이 된다. 그리고 과다한 판매촉진을 하는 경우 그렇지 않는 유통업자로 하여금 무임승차의 문제를 일으킨다. 예를 들어 컴퓨터의 경우 영업활동을 많이 하는 영업자에게 교육을 받은 소비자는 그 보다 덜 활동하는 영업자가 제시하는 저렴한 가격의 컴퓨터를 구입할 수 있기 때문에 무임승차의 문제를 가진다고 보는 것이다. 그러나 각 유통업자간 자기의 할당된 지역에서 사업 활동을 하게 될 경우 무임승차의 문제가 발생하지 않게 된다. 그리고 이러한 판매촉진활동은 더욱 증가하게 된다.

(다) 끼워 팔기(tying arrangement)

여러 상품을 생산하는 생산자가 판매를 할 때 한 상품을 판매하면서 다른 상품을 부수적으로 제공하거나 혹은 다른 상품을 보다 낮은 가격에 제공하는 것을 말한다.

예를 들면 마트에서 판매되는 용량이 큰 우유를 사면서 작은 우유를 덤으로 판매하거나, 컴퓨터를 구입하면서 본체와 모니터 이외에 키보드나 마우스, 프린터기를 묶어서 판매하는 경우 등이 이에 해당한다고 볼 수 있다.[52] 이런 끼워팔기는 주상품과 종상품의 구분이 분명하고 종상품이 주상품에 끼워져 팔리기 때문에 끼워 팔기라고 불린다. 그리고 판매자가 자기와 수직적 거래관계에 있는 구매자의 구매조건을 제약하는 거래계약이라서 수직적 거래제한에 속하지만 앞의 경우와 달리 구매자가 유통업자가 아닌 최종소비자인 경우가 대부분이다. 이는 최종소비자로 하여금 원치 않는 상품까지 같이 구매를 할 수밖에 없다는 점에서 강제거래에 해당된다.

이런 연계판매를 실시하는 이유로는 주상품과 종상품의 품질을 최대화시키기 위해 실시된다. 예를 들어 복사기가 가장 잘 복사할 수 있는 복사용지가 주상품과 종상품으로 묶여 있다면 이는 주종상품의 품질을 최대화시킬 수 있는 것이다. 주종상품이 각각 판매되고 타 회사제품과 연계될 시에 발생 가능한 품질저하를 막기 위함인 것이다. 그리고 이런 품질저하를 막기 위한 방편의 이면에는 비용절감의 효과를 노리는 경우가 있다. 만약 프린트기가 고장이나 고객서비스를 신청하여 점검자가 방문할 경우 이 방문자가 복사용지와 잉크를 배달해준다면 배달비용을 절감할 수 있는 것이다. 따라서 이 복사기 회사는 복사기에 복사지와 복사잉크를 끼워 팔기의 형태를 취함으로써 경제성을 활용하려고 할 것이다.

두 번째로 주상품의 독점력이 있을 경우 이를 이용해 종상품의 판매량을 높이려고 하는 것이다. 프린트기가 독점력을 가지고 있는 반면 복사용지 산업은 경쟁적 환경에 놓여 있다면 끼워 팔기를 이용하여 복사용지 산업의 독점력을 높일 수 있기 때문이다. 그리고 독점력을 가진 기업이 가격차별화를 실시하기 위한 수단으로 사용가능 하다는 것이다. 예를 들어 복사기를 절실히 필요한 사람과 아닌 사람을 구분하는 기준으로 복사용지 및 잉크를 끼워 팔아봄으로써 복사용지 혹은 잉크의 구매를 높은 가격에도 요구를 하는 사람은 복사기가 절실히 필요한 사람으로 인지하고 보다 높은 가격을 부여하고 아닌 사람에겐 낮은 가격을 줄 수 있기 때문이다.

---

52) 엄밀히 말하면 끼워 팔기와 묶어 팔기는 다르지만 비슷한 개념으로 간주하겠다.

이때 잉크 및 복사용지는 종상품으로써 복사기의 사용빈도를 측정하는 수단이 될 수 있다.

마지막으로 끼워 팔기는 정부의 가격규제를 피하기 위해 사용될 수 있다. 만약 주상품인 복사기가 독점인정으로 인해 가격규제가 실시되고 있을 경우, 가격규제를 받지 않는 종상품인 복사용지나 잉크는 독점상품과 연계해 판매함으로써 주상품의 가격은 규제가격 이하로 낮추고 대신 종상품의 가격을 경쟁가격 이상으로 높게 측정할 수 있는 이점이 있다. 이때 판매자는 규제받는 주상품의 가격을 올리지 못하지만 규제를 받지 않는 종상품의 가격은 올릴 수 있기 때문에 정부의 가격규제를 교묘히 빠져나갈 수 있게 된다.

5. 독점에 대한 정책

정부는 독점기업의 시장지배력을 견제하기 위해 다양한 독점금지 및 경쟁촉진정책 수단을 동원한다. 그렇다면 독점기업에 대한 정책이 왜 필요한가? 독점기업은 사회적 최적생산량보다 적게 생산하여 가격을 올리고 그로 인해 초과이윤을 획득하여 이윤극대화를 하려고 한다. 그로인해 소비자는 피해를 볼 수밖에 없고, 만약 그 재화가 필수재인 경우 문제는 심각해 질 수 있기 때문이다. 독점기업의 이윤극대화로 인해 자원은 비효율적으로 배분되고 이는 경제적 순손실을 낳게 됨으로써 시장실패가 발생하게 되는 것이다. 이런 독점시장의 폐해를 방지하기 위한 정부의 정책이 어떤 방향으로 이루어지는 지에 대한 분석을 해보도록 하겠다.

(1) 독점금지법 및 경쟁촉진

정부는 독점기업의 시장지배력을 견제하기 위해 다양한 독점금지 및 경쟁촉진정책 수단을 동원한다. 독점기업이 발생하는 연유에는 앞에서 시장실패가 발생하게 되는 요인 중에 규모의 경제, 진입장벽, 기업 합병 등을 들 수 있다. 이런 요인은 시장지배력을 지속적으로 유지하여 독점기업의 위치를 고수하기 위함이다. 또한 시장구조가 독점이거나 과점이거나를 떠나 한 시장에 어떤 한 기업이 높은 지배력을 가진다면 과점형태의 구조라고 할지라도 독점기업과 유사할 것이다. 따라서 시장지배력에 대한 분석과 함께 시장구조의 분석 방법을 설명하고 독점금지법 및 경쟁촉진의 내용 및 함의를 도출하도록 하겠다.

(가) 시장지배력

흔히 사전적 의미로의 지배력은 어떤 사람이나 집단, 조직, 사물 등을 자기의 의사대로 복종하게 하여 다스리는 힘을 뜻한다. 이런 지배력 개념을 시장으로 확장해 보면 동일 및 동종업종 안의 산업에서 한 기업의 시장 점유율을 아울러 매출 점유율 등이 타 기업에 비해 과도하게 높을 경우, 예를 들면 사업자가 오로지 하나 혹은 둘일 경우, 시장 구조적 측면에서 타 기업과의 경쟁성에서 우위를 점하기 때문에 그 기업 자신의 의지대로 시장을 좌지우지하는 경향을 보이는 현상을 말한다. 이런 시장지배력은 독점력으로 표현되기도 하는데, 어떤 시장에서 높은 독점력을 갖는 기업은 그 시장을 지배한다고도 볼 수 있다.

한편 한 기업의 시장지배력을 평가하는 기준을 알아보자. 지배력 평가를 위해 우선 시장구조에 대한 이해를 가져야 한다. 예를 들면 이론적으로는 하나의 산업에 2개의 사업자가 존재한다면 독점 시장은 아니다. 그러나 현실상 두 개 혹은 여러 기업이 영업활동을 하는 상황일지라도 한 기업에 의해 주도적으로 이루어지며 지배하고 있다면 그 시장에서는 경쟁이 전혀 이루어지지 않는다. 독점력이란 시장가격을 높게 측정할 수 있는 판매자의 힘을 말한다. 이는 다수의 소비자와 소수의 판매자가 존재하기 때문에 발생되어 지는데 이런 독점력을 측정하는데 러너지수(Lerner index)가 많이 사용되어 진다. 러너지수는 가격이 한계생산비를 어느 정도 초과하여 책정되고 있는지를 나타내주는 성과지수 이다. 이러한 러너지수는

$$L = \frac{P - MC}{P} \qquad\qquad (5-5)$$

로 정의 된다. 여기서 P는 가격 MC는 한계비용이다. 완전경쟁시장에서는 $P = MC$ 이기 때문에 러너지수는 0이 된다. 독점력이 존재한다면 $P > MC$이고 독점력 크기 가 클수록 P와 MC 의 차이는 더욱 커진다.

(나) 지배력 평가기준

1) 시장 구조 측정 지수

① 상위 대기업군의 시장집중률(concentration ratio)

시장 집중률은 상위 대기업군이 차지하는 시장 내의 비율을 의미하고 다음과 같 은 식으로 정의 된다. 여기서 CR_m은 m개의 상위 대기업군이 차지하는 시장집중 률, S_i는 i기업의 시장점유율, m은 집중률 측정에 사용된 대기업의 수이다.

$$CR_m = \sum_{i=1}^{m} S_i \qquad\qquad \frac{m}{n} \le CR \le 1 \qquad\qquad (5-6)$$

만약 $m = 3$이라면 S_1는 제일 큰 기업이 차지하는 시장점유율, S_2는 두 번째로 큰 기업의 시장점유율, S_3는 세 번째로 큰 기업이 차지하는 시장점유율을 말한다. 만약 이 시장에 3개의 이하의 기업이 존재한다면 $CR_3 = 1$이 된다. 반대로 이 시장 에 3개 이상의 기업이 존재하면서 각 기업의 시장점유율이 모두 똑같다면 $CR_3 = 3/n$이다. 그러므로 CR_3는 1과 $3/n$값을 가진다. 우리나라에서는 주로 상위 3 사의 시장집중률을 측정하여 시장구조를 판단하고 있다. CR_3의 값이 1에 가까워질 수록 시장의 독점도가 높은 과점시장으로 볼 수 있다. 반대로 CR_3의 값이 적을수록 이 시장은 경쟁적 시장이 된다.

② 허쉬만-허핀달지수(Hirschman-Herfindahl index)

HHI로 표시되는 허쉬만-허핀달지수는 독점력이 큰 기업일수록 높은 가중치가 주어지도록 고안된 지수로서 다음과 같은 식으로 정의된다.

$$H = \sum_{i=1}^{n} S_i^2 \qquad 0 \leq H \leq 1 \tag{5-7}$$

HHI는 각 기업의 시장점유율 S_i가 S_i^2값을 가짐에 따라 시장점유율이 큰 기업에게 큰 가중치가 주어지도록 되어 있다. 그리고 시장 내에 모든 기업인 n개 기업의 시장점유율을 포함하여 계산하도록 되어 있다. 시장에 오직 하나의 기업만 존재 시 $H = 1$이고, 이 시장은 순수독점시장이 된다. 기업의 수가 점점 증가함에 따라 기업이 가지는 점유율이 균등할 경우 H값은 낮아지고, 반대로 점유율이 어느 한 기업으로 치중될 때에는 H값이 높아진다.

③ 그 밖의 평가 기준

그 밖에 엔트로피 지수[53]나 로젠블루 지수, 지니 계수 등이 쓰이나 비교적 활용정도가 적기 때문에 잘 쓰여 지지 않기 때문에 개괄적 설명만 하도록 하겠다. 엔트로피지수는 E로 표시되며 E값이 클수록 그 시장은 경쟁적 시장이 되고, 반대로 E값이 적을수록 독점적 시장이 된다. 로젠블루 지수의 경우 R로 표시되며 R값이 크면 독점적 시장에 가깝고, 반대로 R값이 작으면 그 시장은 경쟁적 시장에 가깝게된다. 마지막으로 지니계수는 기업들의 크기가 불균등하게 분포되어 있는 정도를

---

53) 엔트로피지수(entropy index)는 $E = \sum_{i=1}^{n} S_i \log_2(1/S_i)$ ....(단, $0 \leq E \leq \log_2 n$) 다음과 같이 정의된다. 만약 각 기업의 시장점유율이 모두 똑같으면 $S_i = 1/n$이다. 그러므로 $E = \sum_{i=1}^{n} 1/n \log_2 n = n \cdot 1/n \cdot \log_2 n = \log_2 n$ 이다.

나타내 주는 계수인데 지니계수의 값이 크면 그 시장은 독점적 시장이 되고, 그 값
이 작으면 경쟁적 시장에 가깝다. 그러나 지니계수는 하나의 커다란 단점이 있는데
만약 시장에 2개 내지 3개의 기업만 존재하고 그 크기가 균등하다면 지니계수의 값
은 0이 될 것이다. 그렇다고 하더라도 이 시장을 경쟁적 시장으로 볼 수는 없다. 만
약 이들이 서로 담합하면 이 시장은 오히려 독점력이 노은 과점시장이 될 것이다.
이상 5가지의 평가기준은 시장구조를 파악하는데 그 근원이 있다. 즉 시장구조를
파악함에 따라 시장 경쟁 환경의 정도를 평가함으로써 그 시장이 독과점형태의 시
장인가 경쟁시장인가를 파악한다는 것이다. 그리고 이런 5가지의 평가기준은 제각
기 장단점을 가지고 있다. 그리고 어느 한 가지 방법만 가지고는 시장집중상황을
완벽하게 나타내 주지는 못한다. 더군다나 이 방법들은 또 다른 중요요소인 정성적
측면의 진입장벽, 수직적 시장구조 등에 대해서는 아무런 정보를 제공해주지 못한
다. 여러 방법들은 종합적으로 사용할수록 시장구조가 가능한 한 정확하게 파악될
수 있을 것이다.

(다) 독점금지법과 경쟁촉진의 내용

우리나라는 1970년대 초부터 경제성장과 더불어 경제규모가 커지고, 동원경제체
제[54]를 이용하여 몇몇 기업이 독과점적 대기업으로 변모하게 됨에 따라 독과점적
산업구조가 새로운 문제로 대두되기 시작했다. 따라서 우리나라 정부는 1980년 '독
점규제 및 공정거래에 관한 법률'을 제정하여 독과점문제에 대해 적극적인 시장개
입을 하게 되었던 것이다. 이런 독점금지법은 선제적인 방법과 사후적 규제방법으
로 나누어진다. 두 개 이상의 기업 간의 결합으로 인해 시장의 구조가 독과점적으
로 변할 경우를 예상하여 기업결합 시 심사를 하는 경우 선제적 방법이 될 수가 있
다. 반대로 어느 기업이 여러 요인에 의해 독점력이 크게 높아져 사회적 후생에 악

---

54) 관치금융과 유사하나 조금 다른 개념으로 일본에서 세계 2차 대전 직후 퇴화된 경제를
　　급속도로 끌어올리기 위해 일시적인 강제적 저축을 통해 마련된 자금을 대기업의 육성
　　을 통해 규모의 경제 효과 및 자원의 효율성극대화를 가져왔던 체제로써 우리나라의 경
　　우 박정희의 군사정부에 의해 사용되어 짐.

영향을 미친다고 판단할 경우 기업을 분할시키는 제도 및 명령은 사후적 규제방법이 될 수 있다. 그러나 대부분 선제적 방법을 통해 시장지배력을 감소시키고 시장을 경쟁화 시키는 방법에 초점을 맞추기 때문에 기업결합에 대한 심사에 치중하여 설명하도록 하겠다.

기업은 규모의 경제 및 진입장벽 형성으로 인해 독과점화 되기도 하지만 일정한 시장지배력을 가진 기업이 행하는 기업결합으로 인해 시장구조를 독과점화 시키기도 한다. 즉 기업결합은 지배력 강화를 가져온다는 것이다. 기업결합의 유형을 살펴보면 수평, 수직, 혼합 결합의 형태를 지니는데 수평합병의 경우 같은 종류의 상품을 생산하는 회사들끼리 합병하는 것을 말한다. 수직결합은 판매자와 구매자의 관계에 있는 회사들끼리 합병하는 것이고 혼합결합의 경우 수평도 아니고 수직도 아닌 형태의 기업합병을 말한다. 이런 기업결합의 동기는 흡수되는 기업과 흡수하는 기업의 측면으로 나누어 설명될 수 있는데 흡수되는 기업의 경우 기업의 존속, 기존 사업의 정리, 세금지출 감소, 위험부담 감소 등에 의해 설명된다. 반면 흡수하는 기업의 경우 독점력을 높이거나 주식가격을 상승시켜 자본이득을 얻고자 하는 행위, 그리고 투기적 동기[55]에 의해 설명되어 진다. 이런 합병을 통해 기업은 규모의 경제 및 연구개발 관련 보완적 작용을 하게 함으로써 기업의 생산에 대한 효율성을 제고 시킬 수 있는 여지를 제공하지만 반면 독점력에 상승에 따른 일반 소비자를 대상으로 하는 후생부문에 있어서 악영향을 가져올 수 있는 단점이 있다. 따라서 기업결합 심사 시 효율성 상승으로 인한 후생상승과 독과점화로 인한 후생감소를 잘 판단하여 결정해야 한다.

---

55) 주식시장에서의 기업 정보는 매우 불안정하기 때문에 어떤 기업이 장기적 잠재력에 비해 과소 및 과대평가 될 가능성을 가진다. 만약 과대평가된 기업이나 정확하게 평가된 기업은 그 가치가 과소평가된 기업을 낮은 가격에 매입함으로써 장기적 잠재력을 낮은 가격에 확보해 두려는 투기적 동기를 갖게 됨을 일컬음.

(2) 정부의 가격규제

공공규제[56]의 일환으로써 시장실패의 대표적인 예인 자연독점산업에 대한 정부의 규제를 말한다. 자연독점산업에서는 시장수요의 범위 내에서 규모의 경제가 존재하기 때문에 독점화가 불가피하지만 대부분 일상재 및 필수재로써 소비자가 사용해야 할 필요한 부분만큼 보장을 해주어야 하기 때문에 규제를 가할 수밖에 없는 것이다. 그리고 자연독점산업의 규제방법 중에 대표적인 방법이 바로 가격규제이다. 수익률 규제라고도 불리는 이 방법은 가격 규제를 통해 독점시장을 완전경쟁 시장화 시키려는 목적을 가지고 있다. 즉 가격을 한계비용수준으로 강제적으로 규제함에 따라 독점기업이 가지는 폐해를 제거하고 사회적 후생을 최대화함을 큰 목표로 둔다는 것이다. 여기서 두 가지의 방법이 사용가능한데 그에 대해 알아보도록 하자.

(가) 가격을 한계비용으로 설정

먼저 가격을 한계비용으로 설정한 경우를 살펴보자. 가격이 한계비용과 같아지는 점에서 결정된다는 것은 완전경쟁시장에서 기업의 이윤극대화 조건과 같기 때문에 사회적 총후생은 최대화 될 수 있다. 그러나 여기에는 기업측면에서 큰 문제를 가져다준다. 이 기업의 이윤극대화는 독점시장에서 이윤극대화의 조건인 $P > MC = MR$인 점에서 결정되어야 함에도 불구하고 그렇게 하지 못한다. 게다가 초기 평균비용이 하락하는 상황은 한계비용이 그보다 낮은 점에서 결정된다는 것이다. 한계비용과 시장수요곡선이 만나는 점에서 가격이 결정된다면 한계비용과 평균비용의 차이만큼 이 기업은 손해를 볼 수밖에 없는 것이다. (그림 2-65)를 보면 빗금쳐진 부분만큼 이 기업의 손해라고 할 수 있다. 이런 기업의 손실부분을 정부가 보조금을 통해 해결할 수도 있다.

---

56) 공공규제는 민간소유기업인데도 불구하고 가격, 진입, 퇴출, 업무영역, 상품의 품질, 정보공개, 공해예방 등의 많은 기업활동 영역에 정부가 개입하여 기업의 자유로운 경제활동을 규제하는 것을 말함. 이런 공공규제는 주로 공익사업부문에 많이 적용되고 있고, 그 예로써 수송, 전기, 가스, 수도, 전화 등이 있음.

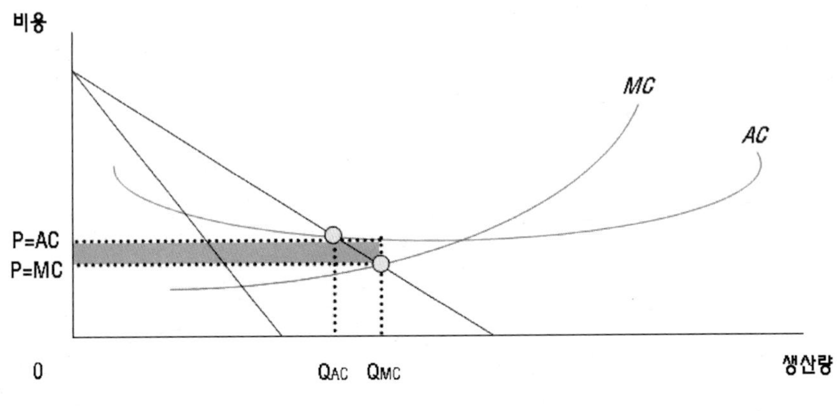

(그림 2-65) 자연독점산업의 가격규제

(나) 가격을 평균비용으로 설정

위에서 한계비용과 가격을 같게 설정함으로써 기업의 손실분에 대한 보장을 하기 위한 하나의 방편으로 가격을 평균비용이 되는 점에서 결정하는 방법이다. 이 경우 기업은 독점이윤을 가지지 못하는 상태에서 손실도 나지 않는다. 그러나 이 경우 생산량이 Q_{MC}에서 Q_{AC}로 줄어들어버리게 된다. 즉 자원이 비효율적으로 배분됨을 말한다. 왜냐하면 가격이 한계비용이 되는 점이 자원이 효율적으로 배분되는 점이기 때문이다.

이제 가격규제를 한계비용으로 설정한 경우와 평균비용으로 설정한 경우 특징을 살펴보면 우선 한계비용으로 설정한 경우 기업의 손실이 발생하기 때문에 정부는 보조금을 지급해야한다. 이는 암묵적으로 경제적 순손실을 유발할 가능성을 보여준다. 왜냐하면 손실부분이 보조금으로 지급된다는 것은 세금을 이용한다는 것이 되고, 조세정책부분에서 보았듯이 세금의 부과는 경제적 순손실을 발생시킨다. 그로 인해 국민의 후생은 감소하게 된다. 반면 가격을 평균비용으로 설정한 경우 기업의 손실부분은 없지만 산출량의 감소로 한계비용 설정의 경우보다 자원이 비효율적으로 배분된다. 이렇듯 양자 간에 장점과 단점을 가지기 때문에 정부는 이 모두를 해결할 수단이 필요한데, 현재 복수가격제도를 채택하고 있다. 전기산업을 예로 들면

심야전기는 낮에 쓰는 전기보다 싸고, 가정용보다는 공업용 전기료가 저렴한 것을
들 수 있다. 이 경우 위의 두 가지 문제를 해결하면서 특정소비자를 보호하는 효과
도 가질 수 있다.

(3) 국유화

국유화는 민간기업에게 독점권을 주고 가격을 규제하는 대신 정부가 직접 독점기
업을 소유하는 것을 말한다. 이는 자연독점 혹은 민간시장경제에서 시장실패가 크
게 발생할 경우 채택하는 강력한 정책수단이다. 특정산업의 일부를 국유화 시킬 수
있고, 전부를 국유화시켜 정부가 독점할 수도 있다. 예를 들면 철도청과 같은 직접
적인 정부기관이 있고, 그리고 한국산업은행, 한국전력공사, 한국가스공사 등과 같
이 정부가 기업의 일부를 소유하는 형태를 볼 수도 있다.

이런 국유화의 목적은 우선적으로 공공의 이익을 추구함이고, 산업의 경영성과를
향상시키기 위해서이기도 한다. 이 목적을 달성하기 위한 전략으로는 3가지를 꼽을
수 있다. 먼저 ①공기업으로 하여금 사기업의 표준이 되도록 하는 전략, ②사기업의
행동을 제재하기 위한 수단으로 공기업을 사용하는 전략, ③특정산업 전부를 국유
화하여 공공독점을 실현함으로써 정보가 이 산업을 자유자재로 통제하려는 전략으
로 볼 수 있다. 그러나 국유화의 경우 X-비효율성[57]으로 인해 비용을 최소화[58]하
려는 의지나, 이윤을 극대화하려는 경쟁심리가 없기 때문에 효율성이 떨어진다. 그

---

57) X-비효율성은 기업 내부의 효율적 관리로 인해 단위당 생산비가 극소화될 때 달성되는
    내부적 효율성이 최대화 되지 못할 때 나타나는 효율성을 말함. 이 X-비효율성의 크기
    의 측정은 다음과 같음. $[X\text{-비효율성} = \dfrac{\text{실제생산비} - \text{적정생산비}}{\text{실제생산비}}]$ 이는 주어진 생산량을 달성하
    기 위해 소요된 실제 생산비가 내부적 효율성을 반영하는 적정생산비를 초과한 부분만큼
    을 나타내는 것이라 할 수 있다.
58) 가격이 항상 투자 자본에 대하여 적정수익률을 보장해 줄 수 있도록 규제된다면, 규제된
    기업은 자본 이외의 생산요소인 노동 및 자본 등에 지출되는 비용을 최소화 시키려고
    노력할 필요가 없을 것임. 또한 비록 이런 부문의 비용이 높을지라도 이 비용을 제하고
    남는 부분이 투자 자본에 대하여 적정수익률이 보장될 수 있도록 높은 가격 책정이 허
    용되기 때문임.

리고 관료의 부패 등으로 인해 부채규모가 증가하게 되면 정부실패가 발생할 가능성이 있다. 우리나라의 경우도 공기업을 민영화하는 방향으로 나아가고 있는 추세이다.

(4) 자유방임

이 밖에도 독점에 대해 자유방임적인 태도를 가져야한다는 주장이 있다. 즉 시장경제원리를 신봉한 정부개입은 불필요하다는 것인데, '보이지 않는 손(invisible hand)'에 의해 효율적 자원배분은 자연스럽게 사회전체의 후생을 극대화 시킬 것이라는 주장이다. 그리고 앞에서 살펴본 독점의 폐해에도 불구하고 독점을 규제하는 많은 정책이 부작용을 초래하고 있다는 것이다. 시장실패가 자연적이라고 한다면 정부의 개입에 의한 부작용은 인위적이기 때문에 정부실패가 발생할 경우 시장실패에 의한 후생감소보다 더 많은 감소를 불러올 것이고, 회복하는데 시간이 더욱 걸릴 수밖에 없다는 것이다. 이는 소수관료층으로 이루어진 정부보다 다양한 다수의 경제주체로 구성된 시장이 한 산업에 있어서 잠재적인 경쟁력을 확보할 수 있을 뿐만 아니라 보다 많은 정보가 공개될 여지를 주기 때문에 실패가 발생할 경우에도 빠르게 회복가능하다는 것이다. 따라서 독점산업에 대해서 아무런 정책을 취하지 않는 것이 나을 수도 있다는 것이다.

그러나 대부분의 독점산업이 자연독점적인 형태를 띠고, 이런 자연독점산업은 사회간접자본의 형태로 존재하고 있기 때문에(여타 다른 산업에 비해 공익성이 매우 큰 산업이기 때문에) 필수재화로써 일정수준 이상 공급이 필요하다. 효율성을 우선할 것인가? 아니면 형평성을 우선 할 것인가? 이에 대한 대답은 다분히 윤리적이고 가치판단의 문제이기 때문에, 논의하기가 매우 어려운 주제이다. 정부가 개입을 해야 할 것인지, 아니면 그대로 두어야 할 것인지에 대해 글을 읽는 독자에게 남겨둘 수 있도록 하겠다.

6. 우리나라 산업 정책 주요내용

1960년대 이후 한국의 산업 정책은 기업의 구조조정이나 업종전문화 등을 통한 특정산업에 대해 정부의 시장에 대한 직접적인 개입에 의해 이루어져 왔다고 볼 수 있다. 그러나 오늘날 다자간 무역협정을 통한 세계화추세와 다양한 지역무역협정에 의한 지역화가 공존하여 세계통상환경이 급격히 변화하고 있다.

또한 국제간 자본이동자유화의 증대는 다양한 형태의 외국인 직접 또는 간접투자를 가능하게 함으로써 각국의 세계 각 국가들과의 경쟁에서 살아남기 위한 전략적 정책이 과거와는 달라야 한다. 다시 말하면 현재의 산업정책은 과거와 같이 단순히 유치산업보호론과 같은 이론적 근거 하에서 외부적 경쟁으로부터 국내시장을 보호함과 동시에 자국의 산업발전만을 통한 경제발전을 추구하는 것은 더이상 기대하는 효과를 거둘 수가 없다. 따라서 다른 국가들과의 경제통합 및 자본이동의 국제화라는 새로운 환경에서 장기적인 관점에서의 성장 동력을 이룰 수 있는 방향으로 산업정책이 실시되어야 할 것이다. 한국의 1960년대 이후의 산업정책의 특징을 보면 특정산업의 성장을 촉진하기 위하여 정부가 경제에 직접적으로 개입하여 기계장비 및 원재료의 수입에 대한 관세감면 등의 관세유인책, 기계설비에 대한 특별감가상각제도 및 법인세감면 등의 조세유인책, 장기저리대부 및 수출신용 등의 금융유인책, 규제의 완화 그리고 연구개발의 강화 등의 산업정책수단을 사용하였다. 또한 경기변동에 따른 사양산업을 효율적으로 처리하기 위한 기업의 구조조정 정책에 있어서도 정부가 중요한 역할을 했다.

(1) 연대별 정책집행 내용

(가) 1960년대

관세유인책으로 1960년대에는 수출용품원재료 및 수출품생산용 기계장비에 대한 수입관세를 철폐함으로써 수출산업의 육성을 시도했다. 동시에 조세유인책으로 1961

년 수출소득에 대한 조세감면, 수출우대금융, 수출품생산에 사용할 설비에 대한 특별감가상각제도 등의 다양한 조세감면정책을 실시하였다. 또한 이시기에 제정된 개별산업육성법으로는 기계공업진흥법·섬유공업시설에 대한 임시조치법·전자공업진흥법·조선공업진흥법·항공기제조사업법 등이 있다. 이 기간동안 연평균 9%의 GNP성장률을 기록하며 상당한 경제규모의 확대를 이루었다. 그리고 이 당시 산업정책은 금융 및 세제지원 등을 수출주도산업 전반에 무차별적으로 제공함으로써 수출산업간의 경쟁촉진이라는 긍정적인 측면을 가져왔다. 그러나 수출주도적 공업화를 통한 산업정책이 적극적으로 추진되면서 한국특유의 재벌중심산업 구조가 정착되어 가는 특징을 갖는 시기이기도 하였다. 또한 외자도입에 의존한 노동집약적인 경공업중심의 대외수출형 경제성장전략으로 인해 외채가 누적되고, 경공업제품의 생산을 위한 원자재 및 중간재의 수입증가는 국제수지를 급격히 악화시켰다. 또한 수출산업에 대한 차별적 지원으로 인해 다른 산업, 즉 농림어업 및 다른 내수기업이 상대적으로 지원을 덜 받는 부문간 불균형이 발생하였다.

(나) 1970년대

1970년대의 산업발전정책에서 구체적인 지원정책으로는 산업합리화자금을 통한 금융지원, 특별감가상각률 인상, 합병하는 경우 취득세 및 법인세 면제, 설비투자에 대한 국고보조 등이 있다. 또한 그 동안의 경공업중심의 수출지향적 정책에서 탈피하여 1972년부터 실시된 제3차 경제개발 5개년 계획부터 본격적인 중화학공업육성 정책을 실시하였다. 이는 그 동안 경공업을 중심으로 한 수출증가의 한계를 극복함과 동시에 수입에 의존했던 중간재를 국내공급으로 대체하려는 의도가 있었다고 할 수 있다. 1973년 6월에는 중화학공업육성 정책이 수립되어 철강·조선·비철금속·기계·전자 및 화학공업의 6대 전략산업을 집중적으로 육성하기 위하여 금융 및 세제상의 혜택을 주고, 동시에 필요한 자본을 확보하기 위한 적극적인 외자유치가 이루어졌다. 이 시기의 개발정책도 대외지향적이고 고도성장을 추구한다는 면에서는 과거와 다를 바 없었다. 그러나 이 시기는 정부가 중화학공업분야에 배타적인 조세 및 금융혜택을 제공하고, 외환을 우선적이고 전략적으로 배분하고 지원하였다. 따라서 중화학공업분야에 대한 차별적이고 집중적인 투자가 이루어짐으로써 국내산업구조에 주요한 영향을 끼치게 되는 시점이었다.

(다) 1980년대

1980년대에는 적극적인 외국인직접투자에 대한 자유화의 확대로 1981년 49.9%의 투자자유화율이 1985년 업종완화조치로 제조업은 92.5%에 이르렀고, 1987년 4월 주류·섬유·기계장비 제조업 등 26개 제조업을 추가로 개방함으로써 제조업의 자유화율은 97.5%에 달하였다. 동시에 1970년대의 중화학공업화 추진과정에서 발생한 과잉투자 및 과당경쟁을 해소하기 위하여 정부주도의 규제 및 지원을 통해 중화학공업의 축소 및 조정을 시도하였다. 예를 들어 단기에 구조조정이 어려운 업종에 대해서는 합리적 업종으로 지정하여 자금 및 조세를 통해 지원하였고, 기업 간의 합병 또는 생산전문화를 유도하여 그룹별 사업포기와 교환을 통해 중화학공업 부문에 대한 투자조정을 시도하였다. 그리고 투자조정기간 동안에 구제금융 형식의 정부지원과 금리인하 등을 통하여 금융부담을 경감해 주는 지원조채 등이 병행되었다. 특히 1986년 5월에 그 동안 중화학공업중심의 산업정책으로 야기된 산업간 및 부문간 불균형해소를 위해 "중소기업창업지원법"을 제정하였다. 결국 1980년대에 들어와 시장기능에 의한 자원배분기능을 강화하려는 산업정책이 실시되었고, 동시에 정부의 직접적인 시장기구에 대한 간섭도 감소하는 방향으로 전환되기 시작했다. 그러나 이러한 산업구조조정 정책에도 불구하고 1980년대 말부터 한국경제는 심한 정체에 빠지게 되어 산업구조의 고도화라는 목표는 달성하지 못했다.

(라) 1990년대

1990년 7월 "과학 및 산업기술 발전에 관한 기본계획"을 수립하여 정부 및 민간의 기술개발노력을 지원하고 제조업의 경쟁력향상을 위한 산업기술분야의 연구개발투자 확대, 첨단기술의 개발 그리고 국제과학기술 협력의 확대를 추진하였다. 1991

년 3월의 "제조업경쟁력 강화대책"을 통하여 민간기업주도의 기술개발 및 경영합리화를 통한 경쟁력강화를 유도하고, 민간기업이 하기 어려운 분야인 사회간접자본에 대한 투자를 확대하는 동시에 인력양성을 지원하는 정책을 실시하였다. 그리고 1991년 12월 정부는 "과학기술혁신종합대책"을 통해 기술우위확보를 위해 국가 주도의 대형기술 개발사업을 추진하고, 과학기술자원을 총체적으로 동원하고, 동시에 이를 활용하는 체제를 구축하려고 하였다. 기업구조조정 정책으로는 1991년부터 여신관리제도를 통해 30대 대기업군의 76개 계열사를 업종전문화의 주력업체로 지정하고, 바스켓관리 및 자구노력의무를 면제하였다. 동시에 여신관리규제 완화 및 출자총액제한 완화 등의 다양한 업종전문화유도 시책도 병행하였다. 그러나 이 제도는 시행과정에서 주력기업이 그룹의 자금역활을 하여 여신관리제도의 왜곡을 초래하였고, 결국 1997년에 폐지되었다. 1997년에 직면한 외환위기를 겪으면서 지급보증해고, 결합재무제표의 도입, 계열사축소 및 지배구조의 개선조치 등을 통해 대규모 그룹집단, 즉 재벌의 구조조정을 추진하였다. 특히 정부의 주도하에 빅딜이라는 대규모 사업교환정책을 실시하여 부실기업들의 재무구조개선과 과잉투자의 해소를 의도하였으나, 기업 자신들의 외자유치 및 증자 등을 통한 자구노력에 의해 이루어진 것이 아니기 때문에 기대했던 효과를 얻지는 못했다.

(2) 산업구조의 변화

1960년대 이후 다양한 형태의 공업화전략에 근거한 정부주도 하의 지속적인 경제개발계획과 산업정책의 추진으로 농림·어업중심의 산업구조에서 제조업과 서비스업 중심의 산업구조로 고도화되어 왔다. 1970년대의 경우 국내총생산에서 농림·어업의 비중이 31.3%였다. 이는 전형적인 저개발국과 같은 농업중심 구조였으나, 2002년에는 그 비중이 5.0%로 급격히 감소하였다. 반면에 제조업의 경우 1970년에 14.7%에 불과했으나, 2002년에는 36.0%로 두 배 이상 증가하였다. 그 외에 광업의 경우는 2002년에 1970년의 2.2%에서 0.3%로 감소하였고, 도한 건설업 그리고 도소매 및 음식숙박업도 그 비중이 감소하여 2002년에 각각 8.2%와 13.0%였다. 반면에 전기가스 및 수도사업, 운수창고 및 통신업, 금융·보험·부동산사업 서비스 그리고 사회 및 개인 서비스의 비중은 증가하여 2002년에 각각 3.0%, 10.0%, 19.4%와 5.0%를 점하였다.

연습문제

1. 산업정책은 왜 실시해야 하는 지에 대한 이유를 설명해보라.

2. 산업정책의 수단은 어떠한 것들이 있으며, 그 효과에 대해 언급해보라.

3. 외부효과를 정책적으로 다뤄야 하는 배경과 그렇지 않는 배경을 나누어 설명해보고 각각의 문제점을 제시해보라.

4. 규모의 경제를 정책적으로 규제해야 하는 이유와 자연독점을 규제하는 방법, 그리고 문제점을 적시하라.

5. 독점력을 측정하는 방법을 설명하라.

6. 독점력을 가진 기업이 가격차별을 실시하게 되는 조건을 설명하라.

7. 3가지의 가격차별의 메커니즘과 그로 인해 발생되는 효과를 설명하라.

8. 독점금지정책에 관한 논쟁으로 재판매가격유지, 약탈가격책정, 끼워 팔기에 대해 설명하고 이를 규제해야 하는지 혹은 규제하지 말아야 하는가에 대해 토론해보라.

Ⅵ. 경제성장정책

1. 경제성장(Economic Growth)의 개념

(1) 경제성장이란?

장기적으로 한 나라의 생활수준은 그 나라의 재화와 서비스 생산능력에 따라 달라진다. 한 나라에서도 시간이 흐름에 따라 생활수준이 상승하거나 하락하는 것도 바로 이 생산능력 변화에 기인한다. 만약 단기적으로 생산을 위한 투입요소를 어떤 특정 산업에 집중할 경우 그 산업은 비약적으로 상승할 수 있다. 그러나 장기적으로 갈 경우 이런 투입요소의 양적 팽창은 경제성장을 이끌어갈 원동력이 되지 못한다. 여기에 그 산업에 대한 수요 및 투자의 증가, 기술진보 그리고 교육 등과 같은 여러 요인이 상호작용하여 생산능력에 변화를 주기 때문이다. 결국 경제성장은 단기적 투입요소의 양적 증가와 함께 장기적으로 투입요소의 질적 향상이 어우러져야 함을 의미하고 있다. 이렇듯 경제성장이란, 보다 장기적인 관점에서 시간이 흐를수록 경제의 총량규모가 지속적으로 증가 혹은 팽창해나가는 현상을 말한다. 이런 총량규모는 대표적으로 실질국민소득, 즉 실질GDP이기 때문에 경제성장을 측정하는 방법은 다음 식 (6-1)과 같다.

$$\text{실질경제성장률} = \frac{\triangle \text{실질} GDP}{\text{실질} GDP} \tag{6-1}$$

식 (6-1)에서 의미하는 실질경제성장률은 기준년도와 시간이 지난 뒤의 실질 GDP의 변동이라는 것을 알 수 있다. 또한, 실질경제성장률은 명목경제성장률에서 물가상승률을 제거한 것으로도 측정가능하다. 앞에서 언급하였듯이 경제성장의 배경에는 생산, 소비, 투자, 교역량, 고용 등의 실질거시경제변수의 지속적 성장이 있어야 가능하다.

이렇듯 우리가 경제성장에 관해 관심을 갖는 이유는 바로 성장률이 나라경제 총량 규모의 장기적인 추세를 보여주는 것이기 때문이다. 그리고 국민소득은 그 나라의 국민 각자가 원하는 대로 사용할 수 있는 재화의 총량을 나타내기 때문에 경제복지의 중요한 척도가 된다. 이는 경제가 성장하면 쓸 수 있는 재화와 서비스의 총량이 증가함과 아울러 종류가 다양화되고 품질이 향상되므로, 경제성장은 생활의 질도 향상시키는 결과를 가져온다는 것이다. 그리고 경제가 성장한다는 것은 경제복지가 꾸준히 증진됨으로써 국민 1인당 국민소득의 지속적인 증가가 가능하기 때문이다.

그리고 한 나라의 경제가 성장 혹은 퇴보의 기로에서 그 나라가 가지는 노동 및 자본 등의 생산요소의 생산성 및 기술 등의 진보 혹은 퇴보는 국민소득에 영향을 주어 각 나라마다 소득수준이 차이가 나게 된다. (표 2-5)에서 보면 주요 국가별 경제성장의 정도를 알 수 있다.

(표 2-5) 국가별 경제성장률의 차이

국가	기간	개시년도의 1인당 실질 GDP	종료년도의 1인당 실질 GDP	연평균 성장률
일본	1890~2003	$1,280	$28,620	2.79%
브라질	1900~2003	663	7,480	2.38
멕시코	1900~2003	987	8,950	2.16
중국	1900~2003	610	4,990	2.06
독일	1870~2003	1,859	27,460	2.05
캐나다	1870~2003	2,022	29,740	2.04
미국	1870~2003	3,412	37,500	1.82
아르헨티나	1900~2003	1,952	10,920	1.69
인도	1900~2003	575	2,880	1.58
영국	1870~2003	4,094	27,650	1.45
인도네시아	1900~2003	759	3,210	1.41
파키스탄	1900~2003	628	2,060	1.16
방글라데시	1900~2003	531	1,870	1.16

세계 여러 나라의 1인당 실질GDP의 차이는 극명하게 나타난다. 선진국과 최빈국의 평균소득 차이는 작게는 10배에서 크게는 20배까지 차이가 난다. 그리고 평균소득과 생활수준의 차이는 결국 생산성(productivity)의 격차에 기인한다. 우리나라의 경우 1962년과 1995년 사이에 1인당 국민소득이 $87에서 $10,000로 증가하였다. 이런 생산성의 차이를 주는 결정변수는 무엇인가?

결론적으로 생산요소가 생산성을 결정한다고 할 수 있다. 생산요소(factors of production)는 재화와 서비스의 생산에 사용되는 투입요소로 정의되며, 생산요소를 구성하는 요소로는 물적자본(physical capital), 인적자본(human capital), 자연자원(natural resources), 기술지식(technological knowledge)이다. 물적자본에는 설비, 장비, 건물, 사회간접자본 등이 있고, 인적자본에는 교육 및 훈련을 예로 들 수 있다. 여기서 자본(capital)의 개념은 만들어진 생산요소로써 과거 생산 활동의 산출물로 해석될 수 있다.

한편 자연자원의 경우 이것이 직접적으로 생산성을 결정하는 요소로 보기는 어렵다. 예컨대 한국전쟁이후 북한이 남한보다 자연자원이 많았음에도 불구하고 현재 남한의 경제규모를 북한은 따라올 수 없다는 사실을 독자들은 알고 있을 것이다. 마지막으로 기술지식은 생산성에 직접적 영향을 주어 경제규모를 팽창시키는 역할을 한다. 기술지식은 기술진보의 형태로써 생산단가를 감소시키기거나 부가가치창출을 유도하여 더 높은 수준의 산출량을 달성할 수 있게 한다. 예를 들어 컴퓨터를 1대 생산할 때에 드는 비용이 $600이라고 한다면 기술진보로 인해 생산 공정의 변화를 가져와 그로 인해 1대 생산비용은 $600이하로 떨어질 수 있다. 이렇듯 생산요소는 생산성을 결정하게 된다.

(2) 경제성장에 대한 정형화된 사실

칼도(Kaldor, 1961)는 다음과 같은 경제성장의 전형적 사실들에 대해 정리하였다. 먼저 노동생산성은 계속해서 증가하는 경향을 지니며, 이는 국민소득뿐 아니라 인구증가를 감안한 1인당소득 역시 시간이 지남에 따라 증가한다고 하였다. 그리고 자본과 노동의 비율인 1인당-자본축척량 역시 시간의 흐름에 따라 꾸준히 증가하는 모습을 보인다고 하였다. 또한 자본에 대한 수익률은 일정한 수준을 유지한다. 이는 자본을 생산과정에 투입하였을 때 획득하는 수익률이 장기적으로 보았을 경우 증가하거나 감소하지 않는다는 것이다. 게다가 자본-생산량계수(K / Y)는 각 나라마다 일정한 수준에 머물러 있기 때문에 자본과 총생산량은 장기적으로 같은 속도로 증가한다는 것이다. 자본-생산량계수의 역수는 자본생산성(Y / K)이기 때문에, 자본-생산성계수가 일정하다는 것은 자본생산성이 일정함을 의미한다는 것이다.

　마지막으로 노동과 자본의 상대적 소득분배율이 일정하다는 것이다. 소득의 원천을 노동소득과 자본소득으로 구분할 때, 총소득에서 노동소득 혹은 자본소득이 차지하는 상대적 비중은 장기적으로 보아 일정한 값을 지니며 변하지 않는다고 하였다. 그리고 1980년대 실증분석을 통해 나라마다 성장률이 차이를 보임을 밝혀내었다.

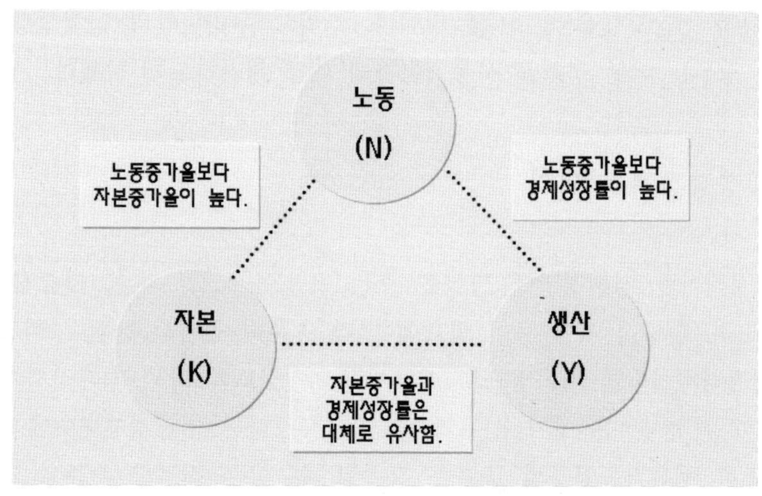

(그림 2-66) Kaldor의 정형화된 사실

로머(Romer, 1990)는 이런 내용을 토대로 아래와 같이 수정보완 하였다. 먼저 대외무역량과 경제성장률간에 양의 상관관계가 존재한다고 밝혔다. 즉 대외무역량의 성장속도가 높은 나라일수록 경제성장률도 높다는 것이다.[59] 그리고 인구증가율과 소득수준은 음의 상관관계를 가진다는 것이다. 우리나라를 예로 들어보면 소득수준이 낮았던 때보다 지금의 인구증가율이 매우 낮음을 알 수 있다. 즉 경제성장을 통해 부유한 국가로 진행할 경우 인구증가 속도가 낮으며 가난한 나라의 경우 출산율이 매우 높아 인구증가율이 높다. 그 밖에 요소투입량으로 산출량의 증가를 모두 설명하지 못한다는 점과 노동과 같은 생산요소는 숙련도와 관계없이 소득수준이 높은 지역이나 국가로 이동하는 경향을 보임을 설명하였다.

이렇듯 위에서 열거한 사실은 현재까지 알려진 연구결과에 비추어 볼 때 경제성장의 특징을 잘 설명해주고 있다고 할 수 있다. 이제 우리는 외생적 경제성장 모형인 솔로우 모형을 공부해보고 이를 통해 경제성장이 어떻게 이루어지는 가에 대한 메커니즘을 공부해 볼 것이다. 또한 외생성장 모델에 대한 문제점과 함께 수정 및 보완된 내생적 성장모델을 알아 볼 것이다. 그리고 우리나라의 경제성장은 어떻게 이루었으며 정부는 어떤 정책을 사용했는가에 대해 평가하도록 하겠다.

(3) 경제성장정책의 의의

경제성장정책이란 경제성장에 영향을 주는 요소인 노동, 자본, 기술진보 이외에 구조적, 제도적, 환경적 요인 등이 필요에 따라 충분히 공급되고 잘 조화될 수 있도록 하여 적정경제성장이 지속적으로 이루어질 수 있도록 하는 경제정책의 한 분야이다. 여기서 적정성장은 물가나 무역수지와 같은 다른 거시경제변수에 교란을 주지 않고, 또한 생산가능인구의 증가를 흡수할 수 있는 적정한 수준의 경제성장을 말한다. 그리고 적정성장은 잠재성장을 초과할 수 없다. 왜냐하면 잠재성장은 어떠

---

59) 특히 폐쇄정책을 펴는 나라의 경우 그 나라의 경제성장은 개방정책을 펴는 나라보다 성장률이 낮음.

한 인플레 압력도 없이 그 나라 경제가 달성 가능한 최대 경제성장이기 때문이다.

그러나 이런 경제성장정책은 여타 다른 정책과의 상충관계를 가진다. 왜냐하면 경제성장이 높아지게 됨에 따라 물가와 같이 상충관계에 놓이는 경우가 있기 때문이다. 따라서 경제성장을 어떤 범위까지 이룩할 것인지에 대해 상충관계를 따져보아야 함은 두말할 나위가 없다. 따라서 경제성장과 일반적으로 상충관계에 놓이는 거시변수에 대해 설명하도록 하겠다.

먼저 앞에서 말한바와 같이 물가에 대해 논해보도록 하자. 경제성장은 인플레의 압력을 수반한다. 특히 성장률이 잠재성장률을 초과하게 될 경우 인플레의 갭에 의해 인플레이션이 발생하게 된다. 이는 고도의 경제성장을 위한 정책의 사용 결과 투자의 확대로 귀결되고 이는 소득증대와 수요의 증대로 이어지기 때문이다. 따라서 성장정책은 성장률을 잠재성장률 아래로 두도록 해야 한다. 그러나 경제성장이 반드시 물가상승으로 귀결되는 것은 아니다. 2004년 중국은 9.5%의 높은 경제성장을 기록했음에도 불구하고 인플레에 대한 문제가 없었다는 것이 그 예라고 할 수 있다. 이처럼 고성장임에도 불구하고 인플레이션이 없는 상태를 골디락스(goldilocks)[60]라고 한다.

그리고 경제성장은 분배와의 상충관계를 가진다. 경제성장의 목적은 국민의 복지 향상임을 우리는 알고 있다. 즉 경제성장을 통해 축적된 부(富)가 골고루 모든 사람에게 돌아갈 수 있도록 해야 하는데 경제성장정책을 실시하면서 불공정한 분배를 보이는 경우가 있다. 왜냐하면 경제성장을 촉진하기 위해서 불균형성장정책을 선택할 수밖에 없기 때문이다. 불균형성장정책은 산업에 우선순위를 두어 자원을 한 곳을 집중시켜 더 중요한 산업을 우선적으로 개발하는 정책을 말한다. 이는 특정산업에 한해 높은 투자를 촉진함에 따라 그 산업의 성장률이 타 산업에 비해 높아지게 되고 이는 소득의 격차를 유발하게 하는 원인이 되며 결과적으로 불공평한 분배문

---

60) 골디락스는 영국 동화책 '골디락스와 곰 세 마리(goldilocks and the three bears)'에 나오는 여자 소녀의 이름이다. 금발머리 소녀인 골디락스는 어느 날 숲 속을 걷다가 곰이 끓여놓고 나간 '뜨겁고, 적당하고, 차가운' 온도의 스프 중에서 적당한 온도를 선택해 허기진 배를 채우고 기뻐했다는 데에서 유래되었다. 즉 경제가 뜨겁지도, 차갑지도 않은 상태인 인플레이션이 없는 고성장을 상징하는 말로 쓰여지게 되었다.

제가 발생하게 되는 것이다. 그러므로 성장정책을 추진함에 있어서 유의해야 할 사항은 공평한 분배가 될 수 있도록 해야 한다. 이 밖에도 생활의 질과의 상충관계가 존재한다. 경제성장은 자연자원의 파괴하고 오염물질을 배출하기 때문에 자연환경을 손상시키게 된다. 경제성장이 높아진다는 것은 자연환경의 파괴를 복구하기 위한 자연정화비용이 증가된다는 것이기 때문에 경제성장의 의미를 무색하게 한다. 따라서 경제성장정책은 단순히 양적성장이 아닌 자연환경을 중시하는 성장정책을 추진해야 할 것이다.

(4) 경제성장정책의 목표

경제성장을 위한 정책은 그 의의에 부합되는 방향으로 설정되어야 할 필요가 있다. 즉 경제환경에 따라 목표는 크게 적정경제성장, 완전고용, 물가안정, 국제수지 균형, 적정한 소득분배 및 자원의 효율적 배분 등으로 나눌 수 있다. 그리고 앞서 살펴본바와 같이 우선순위에 의한 목표를 진행함에 따라 상충되는 관계에 있는 거시변수를 받아들일 수밖에 없다. 예를 들어 경제 성장을 최우선의 목표로 둔다면 물가안정이 희생되어야 하고, 물가안정이 최우선의 목표가 된다면 그 반대인 경제성장 및 완전고용 등이 희생될 수밖에 없다는 것이다.

이제 경제성장을 목표로 하는 정책을 수행할 경우, 적정경제성장 수준으로 잡을 필요가 있다. 물론 나라마다 정치적 환경요소가 달라 적정경제성장 수준보다 높은 경제성장을 추구할 경우가 있지만, 결국 급속한 성장에는 부작용이 따르기 마련임을 인지한다면 그렇게 최선의 선택은 아님을 알 수 있을 것이다. 만약 경제성장률이 잠재성장률을 넘어서게 된다면 물가불안, 수지악화, 분배왜곡 등의 문제를 들어내기 때문이다. 따라서 경제안정을 우선적으로 잠재적성장률을 달성할 수 있도록 하는 정책을 펼쳐야 할 필요가 있다.

여기서 경제안정은 경기안정과 물가안정을 의미한다. 경기는 경제전체의 활동수준이 증대 혹은 수축하는 현상을 말한다. 그러므로 생산 활동이 활발하고 물가가 높지 않으며 실업이 없으면 경기가 좋다고 하고, 그 반대의 경우엔 경기가 나쁘다고 한다. 그리고 물가의 안정은 효율적 경제활동을 정착시키고 소득분배측면에서 공평함을 실현시키기 위해 물가안정이 필요하다.

(5) 경제성장을 위한 정책수단

경제성장을 높이기 위해 다음 항목과 관련하여 정책수단을 가진다.

(가) 저축과 투자 장려

실물경제시장에서 폐쇄경제를 고려할 경우 저축은 곧 투자가 된다. 따라서 저축률을 장려하는 정책은 곧 투자율을 높이게 하고 이는 자본의 규모가 커지게 하는 요인이 되게 한다는 것을 우리는 솔로우의 모형을 통해서 알 수 있다. 앞으로 분석될 솔로우 모형에서 결론적으로 현재의 1인당 자본의 규모가 정상상태의 규모보다 적을 경우 저축률을 증가시켜 자본의 규모를 늘림에 따라 소비가 극대화 되는 황금률수준에서 1인당 자본의 정상상태에 놓이게 됨에 따라 경제성장을 일시적으로 촉진시킬 수 있는 매개체가 될 수 있다. 그렇다면 이런 저축률 수준을 높여야하는가? 혹은 낮춰야하는가? 에 대한 의문을 가질 것이다. 우리는 다음과 같은 예를 통해 저축률 장려 혹은 감소 정책에 대한 판단기준으로 솔로우 모형을 이용해보도록 하자.

먼저 한 나라의 경제의 실질 GDP의 성장률이 평균 3%라고 가정하자. 그리고 다음 3가지 사실로부터 자본의 순한계생산물을 평가할 수 있을 것이다. 첫째로 자본량은 1년 GDP의 약 2.5배이다. 그리고 자본의 감가상각은 GDP의 약 10퍼센트이다. 마지막으로 자본소득은 GDP의 약 30%이다. 이 사실을 솔로우 모형에 존재하는 식을 이용해 나타내면 다음과 같이 나타난다.

$$1. \; k = 2.5y$$

$$2. \; \delta k = 0.1y$$

$$3.\ MPK \times k = 0.3y$$

위의 3가지 방정식 중에서 방정식 2를 1로 나누면 감가상각률을 구할 수 있다.

$$\delta k / k = (0.1y)/(2.5y)$$
$$\delta = 0.4$$

그리고 방정식 3을 방정식 1로 나누면 자본의 한계생산물을 구할 수 있다.

$$(MPK \times k)/k = (0.3y)/(2.5y)$$
$$MPK = 0.12$$

위 결과 자본량은 연간 약 4%씩 감가상각되며 자본의 한계생산물은 연간 약 12%가 된다. 그리고 자본의 순한계생산물은 연간 약 8%가 된다. 여기서 자본의 순한계생산물이 경제의 평균성장률을 초과함을 알 수 있다. 이는 한 나라의 경제의 자본량이 황금률수준에 미치지 못함을 나타내고 정책당국자는 저축률과 투자율을 증대시키기 위한 정책을 써야한다. 위의 예시는 미국의 실제 경제를 적용한 것이며 실제로 미국은 최근 수년 동안 자본량의 증대에 경제정책의 우선권이 주어졌다.

단순한 계산상의 문제로써 총저축을 증가시키기 위해서는 민간저축 혹은 정부저축이 증가하거나 두 가지가 동시에 증가하여야 한다. 정부가 총저축에 영향을 미치는 가장 직접적인 방법은 조세로 받은 금액과 지출금액의 차이인 공공저축을 통해서이다. 만약 정부지출이 수입을 초과하는 재정적자정책을 사용한다면 다음과 같은 경로를 거친다. 재정지출로 인한 이자율이 상승하고 투자를 구축한다. 이에 따라 자본량이 감소하면 이는 장래세대에 대한 국가부채의 부담을 증대시키게 된다. 반대로 정부가 조세수입보다 더 적게 지출할 경우 재정흑자가 발생되고, 이는 국가채무를 낮추고 투자를 촉진하게 된다.

또한 정부는 가계 및 기업의 민간저축에 영향을 미침으로써 총저축에 영향을 줄 수 있다. 특히 일반인들이 저축하고자 하는 규모는 그 당시의 유인책에 의존하며 이 유인책은 다양한 공공정책에 의해 영향을 받는다. 예를 들어 기업소득세, 지방정부 소득세의 완화 등과 같은 재정지출 정책을 사용할 경우, 즉 자본소득에 대한 세율을 낮추게 될 경우, 투자활성화로 인해 저축자가 받을 수 있는 수익률이 높아져 민간저축이 증가하게 된다. 반대로 세금을 인상하게 될 경우 자본소득에 대한 세율을 높이게 됨에 따라 저축자가 받을 수익률이 낮아져 민간저축이 감소한다고 한다. 그러나 이러한 공공정책에 관한 경제학자들 사이의 의견 불일치가 있기 때문에 정책당국자의 역량에 준하여 사용될 수밖에 없는 실정이다.

(나) 교육과 훈련을 장려

경제성장의 중요한 요인 중 하나는 기술진보에 기인한다. 이는 노동자의 질을 향상시키기 위해 교육과 훈련을 사용하여 경제성장을 위한 동력으로 사용하게 되는 것이다. 그러나 이를 위해서 정부의 지출증대에 의한 학교의 교육시설, 재훈련기관의 확충, 장학기금의 증대 등을 사용할 수밖에 없다. 이는 앞서본 바와 같이 재정적자정책을 사용할 가능성을 높이고 공공저축의 규모를 낮추는 결과로 이어져 성장을 둔화시킬 가능성을 내포한다. 그리고 생산의 증대로 인한 소득이 증대가 이루어졌을 경우에도 노동과 여가에 대한 선호체계가 바뀜으로써 노동시간의 하락을 가져올 것이고 이는 경제성장과 반하는 결과를 가져오게 하는 것이다. 따라서 교육과 훈련을 장려하는 정책의 경우 노동력율을 높이는 방법으로써 미숙련노동자의 훈련 및 재훈련, 그리고 노동시장의 조직개선 등을 고려할 수 있을 것이다.

(다) 재산권을 보호하고 정치적 안정을 확보

자유주의 시장경제에 있어서 재화 및 용역에 대한 재산권은 노동을 하게 하는 큰 원인으로 작용한다. 이는 모든 재화가 공유지의 형태로 존재한다면 그 재화를 지키기 위해서 애써 노력하지 않을 것임을 '공유지의 비극'을 통해서 확인한 바 있다. 실례로 세계 제2차 대전이후 자유주의와 마르크스주의를 고수하던 나라들 사이에 경제성장을 비교해보면 쉽게 알 수 있는 대목이라 생각된다. 마르크스의 경우 자본에 대한 수익이 시간의 흐름에 따라 감소하고 이는 경제적 및 정치적 위기로 이어질 것이라 예측한 바가 틀린 것임은 자명하고 실례에서 찾을 수 있다. 따라서 우리는 마르크스 성장이론보다 솔로우 성장이론을 배워야 할 필요가 있다.

그리고 정치적 안정성은 한 나라의 저축률과 투자율에 영향을 미친다. 만약 한 나라가 지속적인 전쟁, 혁명, 쿠데타가 빈번히 발생한다고 가정해보자. 이러한 요소들은 자국 경제의 안정성에 심대한 영향을 미치기 때문에 사람들은 저축과 투자에 대한 비중을 둘 필요가 없게 된다. 어느 누군가 생산을 위해 공장을 지었고, 또한 그 지역이 군사적 요충지로써 타 지역에 비해 접전지라고 가정한다면 언제 어느 때 폭격을 맞아 투자비용을 회수하기도 전에 망하게 될 것이다. 이와 함께 한 나라의 부패가 심할 경우에도 저축률이 낮은 경향을 보인다. 이는 부패정도에 비례하여 정치기구가 미발달해있기 때문에 자본이 옳은 방향을 쓰여 지지 않게 되기 때문이다. 따라서 한 나라의 정치적 안정성과 더불어 재산권의 확보 강도의 여부에 따라 저축률, 투자율이 높거나 낮게 주어지게 된다.

(라) 무역 촉진

한 나라의 생산요소에 영향을 미치는 자연자원이 부족한 경우 무역 촉진 정책이 경제성장에 큰 영향을 미친다. 우리나라의 경우 전쟁이후 자본의 규모가 작은 상태에서 자연자원의 수준도 낮았기 때문에 수출주도형 경제발전전략을 채택함으로써 괄목할만한 성장을 일구어 내었다. 무역정책은 경제성장이론과 같이 폐쇄경제하가 아닌 개방경제하에서 균형국민소득에 영향을 미치는 변수로써 작용한다. 예를 들어 일국의 저축과 투자의 관계에 있어서 저축이 더 많은 경우에 이는 자본의 순유출을 가져오고 이는 순해외투자의 형태로 결부되어 결국 해외에서 벌어들이는 소득이 국내로 들어오게 되어 경제의 규모를 증가시키게 하는 경로를 가지는 것이다. 이러한 무역촉진정책의 형태는 고관세부과, 고정환율제도 유지, 기타 무역장벽제도 등을 들 수 있다.

또한 이러한 경우 정부의 정책은 산업정책의 형태로 존재하게 된다. 즉 자원을 인위적으로 보다 효율적인 곳에 집중시킴으로써 대외경쟁력을 높이게 하여 경제성장을 유도할 수 있기 때문이다. 그러나 단기간 고성장을 이루는 장점의 이면에는 많은 문제점을 가지게 된다. 시장기능을 무시한 정치적 논리의 개입, 정경유착, 경제의 과도한 대외의존, 대기업의 경제력집중에 의한 과도한 팽창과 부실기업의 양산 등을 들 수 있다. 따라서 단기적 안목에서 정책수단을 사용하기보다는 장기적 관점에서 정책수단을 사용해야 될 것이다.

(마) 인구성장 억제

솔로우 모형에 의하면 인구성장이 경제의 총생산을 늘리게 하지만 결국 1인당 자본수준을 떨어뜨림으로써 소득수준을 낮추게 하고, 이는 저축률을 감소시킴에 따라서 자본형성에 악영향을 미친다고 한다. 그리고 부유국과 빈국의 인구증가율에 따른 저축률의 차이가 있음을 실제사례를 통해서도 알 수 있다. 이는 소득수준이 높을수록 출산율이 낮고, 반대로 소득수준이 낮을수록 출산율이 높음에 관계한다. 여기에서 소득수준의 차이는 공업화와 관계가 있는데 근로자가 종사하는 업종에 따라 다른 형태를 보인다는 것이다. 즉 소득수준이 낮을수록 농업의 종사자가 많고, 이는 단순히 삶을 영위하기 위한 식품의 생산에 주력하고 있음을 시사하며, 그로 인해 노동력이 귀중한 생산요소이기 때문에 출산율이 높은 것이다. 그리고 이는 자본이 상대적으로 부족하기 때문에 자본력을 노동력으로 대체하려고 하는 유인도 있는 것이다. 반대로 소득수준이 높을수록 2차 혹은 3차 산업의 종사자가 많고, 이는 노동과 자본의 결합으로 보다 더 높은 부가가치를 생산할 수 있기 때문에 소득이 더욱 증대된다. 이러한 과정에서 물가의 상승을 유발함에 따라 경제주체가 활동하는 환경을 더욱 고비용화 함으로써 기존의 결혼과 자식에 대한 가치관을 변화시키고, 따라서 저출산으로 이어진다고 결론지어 질수 있는 것이다.

한편 저출산으로 인해 고령화가 진행될수록 경제성장을 둔화시키는 작용을 한다. 어느 일정 연령을 지나서면 소득을 위한 생산활동을 하기 보다는 남은여생을 유복하게 보내기 위해 소비에 우선한 활동을 하게 됨으로써 저축률을 낮추게 하여 성장을 둔화시키는 요인이 되는 것이다. 최근 들어 우리나라의 경우 저출산으로 인해 성장동력확보에 중점을 둔 출산장려정책에 대한 비중을 점차 늘리고 있는 실정임을 감안할 때 충분히 설득력이 있다고 판단된다. 따라서 경제성장에 관한 인구성장의 억제 정책은 개발도상국 혹은 저개발 국가에서 유용하게 쓰일 수 있으며, 소득수준이 높은 나라의 경우 저출산을 타개할 정책을 사용함이 타당할 것이다.

(바) 연구, 개발의 촉진

기술진보의 일부분으로써 연구 및 개발을 촉진하는 정책을 통해 경제성장을 높일 수 있다. 개별기업의 경우 기술진보를 위한 R&D부분의 투자확충을 통해 생산성을 높이고, 이는 결국 이익 증대로 이어지기 때문에 고용창출이나 경제성장 측면에서 꼭 필요한 수단이라고 할 수 있다. 이런 R&D부분과 관련하여 지식을 예로 들어보면 지식은 공공재적 성향을 강하게 지닌다. 즉 기술개발을 위해 드는 비용이 막대한 반면에 기술개발 성공 시 다른 기업으로 하여금 그 기술을 사용함에 따른 총생산성의 증가로 이어져 경제성장을 높일 수 있는 것이다. 그러나 그 기술을 개발한 개별기업은 그 기술이 타 기업에 의해 쓰여 지길 원하지 않는다. 따라서 특히 공공재적 성격이 강한 지식과 관련된 부분에 정부가 보조금을 줌으로써 기업의 부담을 줄이게 하고, 출현된 기술이 다각도로 쓰일 수 있도록 배려해주는 역할을 할 필요가 있다.

한편 개발도상국이나 저개발국가의 경우 거액의 비용이 드는 기술개발과 관련하여 선진국에서 개발한 기술을 도입하는 것이 훨씬 유리할 것이다. 즉 우선 선진국 기술의 모방으로 선진국수준에 도달한 후 자주적인 기술체계를 설립하거나 그 기술을 기반으로 더 높은 수준의 기술을 개발하는 것이 낫다는 것이다. 이런 형태를 취한 국가 중 높은 성장률을 보인 국가는 일본을 예로 들 수 있을 것이다. 이를 위해 해외선진국의 기업을 유치하거나 프렌차이즈 혹은 라이센싱의 형태를 취하는 방법이 있을 것이다.

2. 외생적 경제성장 모형

솔로우 모형(The Solow Growth Model)으로 불리는 외생적 경제성장모형은 저축, 인구성장이 시간이 흐름에 따라 생산량 및 성장에 어떤 영향을 미치는지를 보여주는 모형이다. 그리고 기술진보는 일어나지 않는다고 보기 때문에 경제성장을 설명하기 위해 저축과 인구성장을 외생변수로 이용한다는 것을 쉽게 알 수 있을 것이다.

(1) 경제성장의 작동과정

솔로우 모형은 고전학파의 경제모형의 가정을 그대로 따른다. 먼저 노동공급량은 실질임금과 관계없이 단순 인구수와 같다는 것이다. 즉 경제 구성원들은 실질임금과 관계없이 매기 1단위의 노동을 공급한다고 전제한다. 이는 인구증가가 경제성장모형에 어떤 유의미한 결과를 가져올 것이라는 사실을 직관적으로 알 수 있는 대목인 것이다.

이제 임의의 시점 t에서 볼 때, $t-1$기의 변수들은 이미 실현된 외생변수로써 이미 알고 있는 것이다. 따라서 생산함수를 결정하는 노동과 자본의 공급량은 $t-1$기에 이미 정해져 있는 변수들에 증가율을 곱하거나 더한 값과 같아질 것이다. 즉 $t-1$기의 노동의 공급량이 N_{t-1}^{S}로 정해져 있을 경우 $t-1$기에서 t기 사이의 인구의 증가율을 n으로 둔다면 N_{t}^{S}는 다음 식 (6-2)와 같이 표현할 수 있다.

$$N_{t}^{S} = (1+n)N_{t-1}^{S} \qquad\qquad (6-2)$$

그리고 t기의 자본 공급량은 $t-1$기에 알 수 있는 K_{t-1}에 투자된 부분을 더한 값인 I_{t-1}과 같아지게 된다. 이를 식으로 표현하면 다음과 같다.

$$K_t = K_{t-1} + I_{t-1} \tag{6-3}$$

그리고 노동시장에서는 노동의 수요량과 노동의 공급량이 같고, 노동수요함수에서 실질임금을 결정하게 된다. 또한 식 (6-2)와 (6-3)에 의해 t기 자본량과 노동량을 알 수 있기 때문에 총생산함수에 의해 t기의 총생산 Y_t가 결정된다. 총생산함수에 의해 고용량, 총생산, 실질임금이 결정된다는 것은 고전학파와 같은 내용임을 알 수 있다. 그리고 총생산함수에 의한 소득이 결정되면 소비함수에 의한 당기소비 C_t와 저축함수에 의한 당기저축 S_t가 결정된다. 저축에서 감가상각 δK_t을 뺀 만큼 신투자 I_t가 일어나게 된다. 신투자로 인해 $t+1$의 자본량은 다음 식 (6-4)와 같다.

$$K_{t+1} = K_t + I_t \tag{6-4}$$

식 (6-4)는 t기 보다 $t+1$기의 자본량이 I_t많음을 나타낸다. 그리고 $t+1$기의 노동공급량이 주어지게 되면 자본량과의 관계를 토대로 위와 같은 메커니즘을 거쳐 변수들의 시간경로를 구할 수 있다. 즉 노동공급량이 결정되면 그 이후 노동수요량, 실질임금, 총생산, 소비, 저축, 신투자 등이 차례로 결정된다는 것이다. 이제 총생산함수를 1인당 생산함수로 바꾸어 1인당 생산함수에 대해 설명이 필요하다. 이런 설명을 위해 다음과 같은 가정을 한다.

먼저 생산함수는 수익불변 생산함수(constant returns to scale)를 가정한다. 왜냐하면 기술진보가 일어나지 않는 상황에서는 때문에 투입요소 대비 산출량은 항상 일정해야 하기 때문이다. 노동과 자본을 투입요소로 하는 생산함수를 나타내면 다음과 같다.

$$Y = F(K, L) \tag{6-5}$$

식 (6-5)의 생산함수에서 수익불변을 가정하기 때문에 식을 다음과 같이 표현할 수 있다.

$$zY = F(zK, zL) \tag{6-6}$$

식 (6-6)은 산출량을 만들기 위해 투입되는 요소 K, L에 대해 z를 곱할 경우 수익불변의 가정에 의해 산출량은 z배 만큼 증가하게 된다는 것이다. 그리고 경제의 모든 수량들은 노동인구의 규모에 대한 상대적 분석이 가능하기 때문에 z를 $1/L$로 놓게 될 경우 다음과 같은 (1인당)축약형 생산함수를 구할 수 있다.

$$Y/L = f(K/L, 1) \tag{6-7}$$

식 (6-7)은 1인당 산출량은 1인당 자본량의 함수로써 규모에 대한 수익불변을 적용할 경우 노동자수로 측정한 경제규모는 1인당 산출량과 1인당 자본량 사이의 관계로 표시할 수 있다. 이는 경제의 규모를 1인당 생산함수를 통해 모든 수량을 표시할 수 있다는 것을 의미한다. 이제 1인당의 규모로 재구성하기 위해 총생산함수를 다음과 같이 소문자 기호를 이용해 표현해보면 1인당 생산량은 $y = Y/L$이고, 자본량은 $k = K/L$이 된다. 그리고 1인당 생산함수는 다음 식 (6-8)와 같이 표현할 수 있다.

$$y = f(k) \qquad 단, \ f(k) = F(K, 1) \tag{6-8}$$

식 (6-8)은 (그림 2-67)과 같은 생산함수를 보여준다.

이 생산함수는 1인당 자본량(k)이 1인당 생산량을 어떻게 결정하는 가를 보여준다. 생산함수의 기울기는 자본의 한계생산을 의미한다. 즉 자본 (k)가 1단위만큼 증가할 경우 생산량 (y)은 MPK단위만큼 증가한다는 것이다. 이는 1인당 자본량이

1단위 증가하는 경우 증대되는 1인당 생산량을 나타낸다. 따라서 이를 수학적 기호로 나타내면 다음 식 (6-9)와 같다.

$$MPK = f(k+1) - f(k) \qquad (6-9)$$

그리고 곡선의 형태가 우상향하면서 뒤로 갈수록 평평해지는 것은 자본의 한계생산물체감의 법칙 때문이다. 자본량이 적은 경우 노동자는 상대적으로 적은 자본을 갖고 있기 때문에 추가적으로 투입되는 자본1단위는 상대적으로 많은 자본을 가지는 노동자보다 매우 유용하게 쓰이기 때문에 많은 생산량을 가져온다. 반대로 자본량이 많은 노동자의 경우 상대적으로 많은 자본을 가지기 때문에 자본1단위가 추가적으로 투입되더라도 생산량의 증가는 그리 크지 않다. 예를 들어 1인당 업무를 위해 투입되는 자본재컴퓨터가 1대라면 이것이 아프리카에 미치는 영향과 미국에 미치는 생산에 대한 영향력에는 차이가 존재할 수밖에 없다.

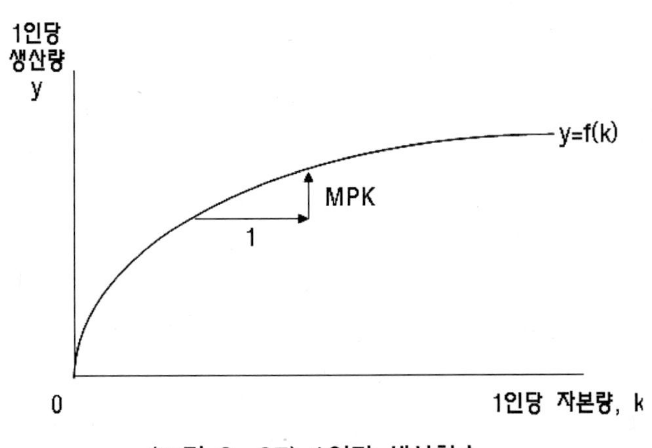

(그림 2-67) 1인당 생산함수

다음으로 모형에서 제시되고 있는 것은 균형국민소득의 지출 및 배분과정을 보여주는 모형이다. 정부부분과 순수출을 제외한 실물부문의 경제 모형을 가정할 때, 즉 솔로우 모형은 소득에 대한 지출을 재화의 수요를 위한 소비와 투자로 구분하고 있다. 이는 1인당 생산량 y는 1명의 노동자가 소비하거나 투자된 부분으로 구성되어 있다는 것이다. 이를 식으로 표현하면 다음 식 (6-10)과 같다.

$$y = c + i \tag{6-10}$$

식 (6-10)의 좌변을 구성하는 것들로는 소비와 투자가 있다. 먼저 소비는 사람들이 매년 벌어들이는 수입인 소득을 일정부분 s를 저축하고 나머지 부분을 소비한다고 가정한다면, 위 소비를 다음과 같은 함수로 나타낼 수 있다.

$$c = (1 - s)y \tag{6-11}$$

식 (6-11)에서 나타나는 소비함수에서 s는 저축률을 나타내며 이 값은 0과 1사이의 값을 가진다. 만약 소득부분이 모두 저축으로 이용된다면 s값은 1을 가지게 되며 소비부분은 0의 값을 가지게 된다. 한편 위 식 (6-11)을 (6-10)에 대입해 보면 1인당 총생산에 대한 소비함수가 투자에 의미하는 바를 알 수가 있게 된다.

$$y = (1 - s)y + i$$
$$i = sy \tag{6-12}$$

식 (6-12)에서와 같이 투자는 저축과 같아진다. 즉 저축률 s는 또한 투자에 할당되는 생산량의 비율을 나타낸다. 따라서 지금까지 가정을 살펴보았을 때, 일정하게 주어진 1인당 자본량 k에 대한 생산함수 $y = f(k)$가 생산량을 결정하고, 저축률 s는 소비와 투자에 대한 생산량의 할당을 결정함을 알 수 있다. 이는 솔로우 모형의 두 가지 주요한 구성요소가 된다.

(2) 자본량의 균형

　　자본량은 어느 시점에서 경제의 생산량을 결정하는 주요한 요소임과 동시에 시간의 흐름에 따라 자본량의 변화를 가져옴에 따라 경제성장을 유도하는 요인이다. 그리고 작동과정에서 볼 수 있듯이 자본량에 영향을 미치는 것은 투자와 자본량에 대한 감가상각이다. 투자는 새로운 설비에 대한 지출이기 때문에 자본량을 증대시키고, 감가상각은 이미 존재하는 자본의 마모 또는 소멸정도를 나타내며 자본량을 감소시키기 때문이다. 이 자본량에 영향을 미치는 투자와 감가상각의 작용으로 인해 자본량은 어느 수준에서 균형점을 가지게 된다. 이에 대해 자세히 살펴보도록 하자.

　　식 (6-12)에서 투자 i는 sy와 같음을 이용하여 y를 생산함수로 대체하면 1인당 투자를 1인당 자본량의 함수로 다음 식 (6-13)으로 나타낼 수 있다.

$$i = sf(k) \tag{6-13}$$

　　식 (6-13)은 새로운 자본축척 i와 이미 존재하고 있는 자본량 k를 서로 연결시키고 있다. 이를 그림으로 표현하면 다음 (그림 2-68)과 같다.

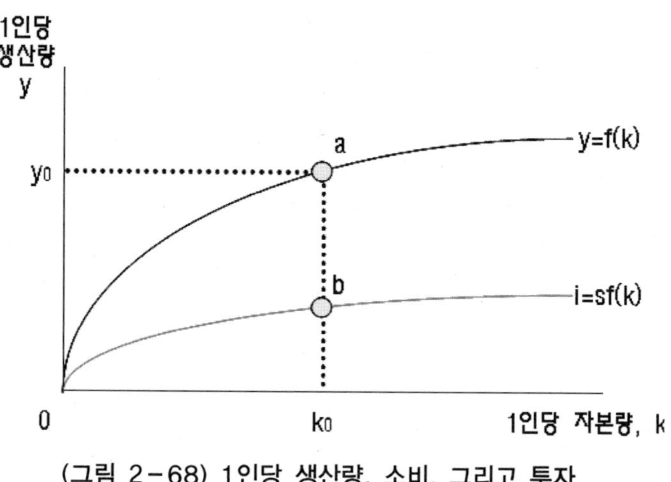

(그림 2-68) 1인당 생산량, 소비, 그리고 투자

　(그림 2-68)은 어떤 수준의 자본량 k의 수준에 대해 생산함수에 의한 생산량의 결정을 보여준다. 그리고 생산량이 결정된 후 소비와 투자가 어떻게 나누어지는 가를 보여준다. 즉, 자본량이 k_0로 주어져 있을 경우 생산함수에 의해 생산량은 y_0가 되고 a점에서 b점의 거리를 뺀 부분만큼이 소비가 되고, b점 이하가 투자부분이 된다. 이를 일반화 시켜본다면 1인당 자본량 k가 정해지면 생산량은 $f(k)$가 되고 투자는 $sf(k)$가 되며, 소비는 $f(k) - sf(k)$가 된다.

　이제 자본량에 대한 감가상각부분을 포함시켜보자. 감가상각은 자본량에 대해 일정 비율로 δ가 매년 마멸된다고 가정하면 δ는 감가상각률이 된다. 예를 들어 공장의 기계가 25년 동안 사용할 수 있다면 감가상각률은 매년 4%라고 한다면, 이는 감가상각률 δ가 0.04가 됨을 말한다. 이럴 경우 매년 감가상각되는 자본량은 δk[61]가 된다. 이를 그림으로 나타내보면 다음 (그림 2-69)로 나타낼 수 있다.

---

61) 자본량의 일정 비율 δ는 매년 마멸되어 사라지기 때문에 감가상각은 자본량에 비례한다.

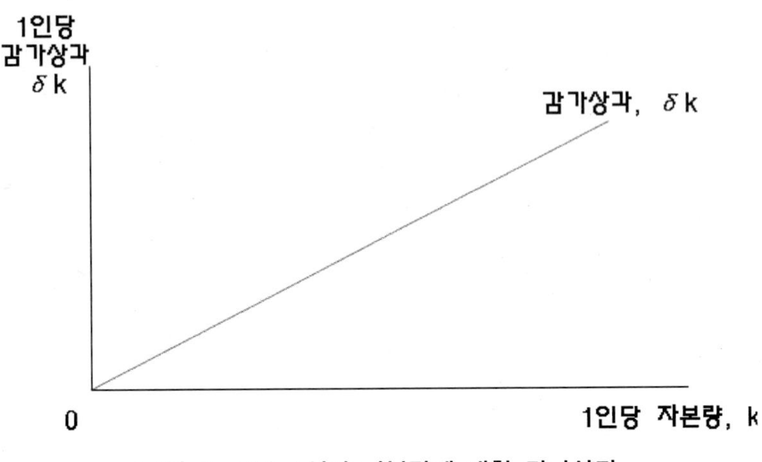

(그림 2-69) 1인당 자본량에 대한 감가상각

자본량의 변화에 대한 투자와 감가상각이 미치는 영향을 살펴보면 투자의 증가는 자본량을 증가시킨다. 증가된 자본량에 대해 감가상각률이 적용되어 감가상각은 더욱 커지게 되어 자본량의 마멸을 증가시킨다. 따라서 자본량의 변화와 투자는 정의 관계를 가지고 감가상각은 부의 관계를 가진다. 이를 식으로 표현하면 다음과 같다.

$$\triangle k = i - \delta k \qquad\qquad (6-14)$$

식 (6-14)에서 자본량의 변화는 t년도와 $t+1$년도 사이의 자본량 변화를 의미한다. 한편 좌변의 투자를 식 (6-13)으로 대체하면 자본량의 변화를 다음과 같이 고쳐서 쓸 수 있다.

$$\triangle k = sf(k) - \delta k \qquad\qquad (6-15)$$

식 (6-15)는 자본량의 변화에 대한 투자와 감가상각의 관계를 나타낸 것이다. 그리고 이를 그래프로 표현해보면 다음 (그림 2-70)과 같이 나타낼 수 있다.

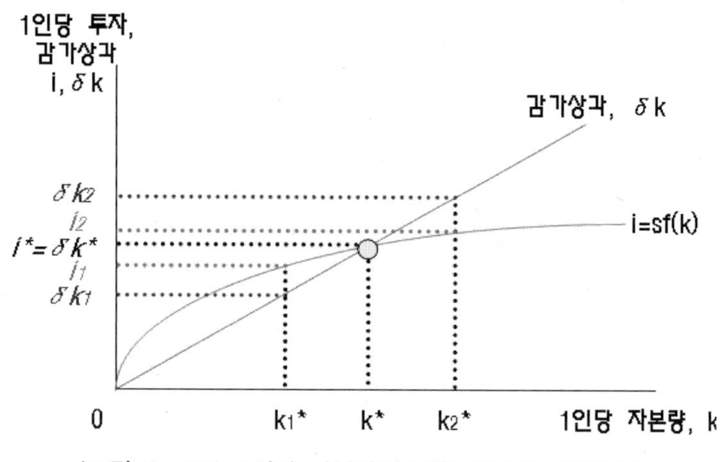

(그림 2-70) 1인당 자본량에 대한 투자와 감가상각

　(그림 2-70)을 보면 투자와 감가상각이 만나는 점에서 자본량의 변화는 더 이상 일어나지 않는 상태, 즉 균형 상태에 도달하게 된다. 이 균형 상태에서 1인당 자본량은 k^*로 정해진다. 그리고 투자와 감가상각은 같아진다. 이는 경제가 이런 자본량 k^*을 갖고 있는 경우 자본량을 변화시키는 두 요소인 투자와 감가상각이 균형을 이루기 때문에 시간이 지나도 변화하지 않음을 의미한다. 따라서 k^*를 자본의 안정 상태(steady-state)수준이라고도 한다.

　만약 자본량이 균형을 이루지 못하는 수준인 k^*_1과 k^*_2가 되었을 경우를 보자. 자본량이 균형 자본량 k^*보다 부족한 수준인 k^*_1으로 결정되어 있을 경우는 투자가 감가상각을 초월하고 있기 때문에($i_1 > \delta k_1$), 시간이 지남에 따라 자본량은 생산량 $f(k)$를 따라 계속 증가하게 되어 균형 상태인 k^*에 도달하게 된다. 이와 상반되게 자본량이 균형 자본량 k^*보다 높은 수준인 k^*_2으로 결정되어 있을 경우는 감가상각이 투자를 초월하고 있기 때문에($i_2 < \delta k_2$), 자본량이 감소하여 다시 균형 상태로 근접하게 된다. 이렇듯 장기적 측면에서 균형 상태로 회귀하여 안정 상태를 이루게 될 것이다. 즉 안정 상태는 경제의 장기균형을 의미한다.

　이제 저축률이 상승할 경우 1인당 자본량에 어떤 영향을 미치는지 알아보자. 식

$(6-15)$에서 저축률 s의 상승은 $sf(k)$의 값을 높이게 됨으로 1인당 자본량은 증가하게 될 것이다. 이를 그래프로 나타내면 다음과 같다.

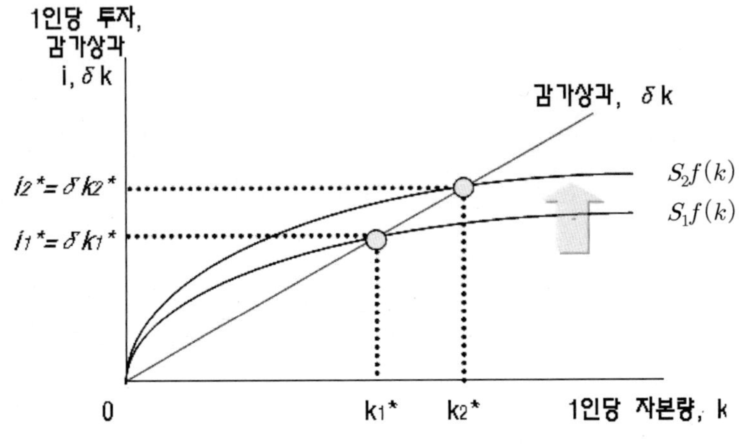

(그림 2-71) 저축률 상승이 1인당 자본량에 미치는 영향

(그림 2-71)에서 초기 저축률이 s_1일 경우 투자는 $sf(k)$로 주어지고 그로 인해 정상상태의 자본량은 k_1^*로 주어져있다고 하자. 그리고 저축률 s_1과 자본량 k_1^*에서 투자량은 정확히 감가상각량을 상쇄한다. 이후 저축률이 s_2로 상승하게 되면 곡선 $s_1f(k)$를 위로 상승시킨다. 저축률이 상승하면 투자는 증가하나 그때까지 자본에 대한 감가상각은 불변에 놓이게 되고 이는 투자가 감가상각을 초과한다고 볼 수 있다. 즉 (그림 2-71)은 이전의 정상상태 k_1^*에서 자본량과 생산량이 높은 새로운 정상상태 k_2^*에 경제가 도달할 때까지 자본량은 계속 증가하게 됨을 보여주고 있다.

즉, 솔로우 모형에서 저축률은 경제성장을 위해 중요한 변수라는 시사점을 제공해준다. 결론적으로 저축률이 지속적으로 증가하게 될 경우 자본량의 증가로 인해 경제는 높은 생산수준을 유지할 수 있고, 반면 저축률이 그 자리에 머물거나 감소할 경우 자본량의 불변 및 감소로 인해 보다 낮은 수준의 생산을 가질 수밖에 없다는 것이다. 즉 높은 저축률은 높은 경제성장을 달성할 수 있게 하고, 낮은 저축률은 상대적으로 낮은 경제성장 혹은 후퇴를 경험하게 될 것임을 보여준다. 이런 솔로우의 모형은 적자재정정책에 대한 비판을 하게 하는 이유가 된다. 재정정책 파트에서 보았듯이 적자재정정책은 국가 총저축을 감소시켜 저축률이 하락하게 되고, 오히려 경제성장이 아닌 후퇴를 하게 될 수 있는 여지를 제공할 수 있기 때문이다.

그러나 높은 저축률은 빠른 경제성장으로 귀결되지만 이는 일시적으로 작용할 뿐이다. 저축률의 증가가 성장률을 높이는 것은 경제가 새로운 균형 상태에 도달할 때까지만 도움을 준다. 즉 경제가 높은 저축률을 유지할 경우 대규모 자본량과 높은 생산량 수준을 유지할 수 있으나 영원히 높은 성장률을 유지하지 못한다는 것이다. 게다가 저축률이 높을수록 경제성장에 도움을 준다는 것을 모든 나라가 알게 되더라도 각 나라별 저축률을 비롯하여 경제규모가 각기 다른 것인가에 대한 의문을 설명할 수 없다. 이는 각 국가별 금융시장의 발전 정도, 문화적 차이, 정치적 안정성 등의 여러 요인에 의해 설명되어질 수 있는 부분일 것이다. 그럼에도 불구하고 이런 저축이 성장에 미치는 영향을 이해할 수 있는 메커니즘을 제공한다는데 큰 의의를 지닌다. 실로 우리나라의 경우도 비약적인 성장을 하는데 있어서 다소 인위적으로 저축을 높여 성장을 주도한 것을 볼 수 있다. 한국전쟁 이후 초기 자본량이 낮은 상태에 있었지만 높은 저축률로 인해 안정상태의 자본량은 높은 수준이 되었다. 이로 인해 근대 한국의 압축성장이 가능할 수 있었다.

(3) 자본의 황금률수준(Golden rule level of capital)

앞서 솔로우 모형을 통해서 투자율과 감가상각에 의한 1인당 자본량의 정상상태를 확인해 보았다. 그리고 저축률과 경제성장에 미치는 영향을 살펴보았다. 이 분석을 통해 저축률이 높을수록 높은 경제성장을 유도한다는 점을 확인하였는데 만약 일국의 저축률 수준이 100%라고 한다면, 즉 벌어들이는 모든 소득을 저축하고 소비가 전혀 이루어지지 않는다고 가정한다면 이는 정말 좋은 것일까? 이에 대한 해답을 제공하기 위해 지금부터는 솔로우 모형에서 최적의 자본량이 무엇인지를 분석하도록 하겠다. 즉 어떤 자본의 정상상태를 가지는 저축률에서 각 개인들의 경제적 복지를 가장 높은 수준을 유지할 수 있도록 할 것인가에 대해 정책당국자는 관심을 가질 수밖에 없다.

이제 정책당국자가 한 경제의 저축률수준을 일정하게 유지가능하다고 가정해보자. 이때 정책당국자는 저축률의 정상상태를 결정한다. 왜냐하면 저축률을 일정수준으로 유지할 수 있기 때문이다. 이 경우 정책당국자는 어떤 수준의 정상상태를 선택해야 할까? 이때 정상상태를 선택하는 정책당국자의 목표는 각 개인의 복지를 극대화하는데 있다. 그러나 각 개인들은 경제의 자본량 혹은 생산량에 관해 관심이 없고 오히려 재화 및 용역수준에만 관심을 가진다. 또한 효용함수가 명시적으로 나와 있지 않기 때문에 자본축적의 최적수준을 결정하는 기준을 정상상태의 1인당 소비를 극대화하는 자본축적 수준을 찾으려고 할 것이다. 이 경우 소비를 극대화하는 1인당 정상상태 자본량 k를 자본의 황금률수준으로 말할 수 있으며 k^*_{Gold}로 표시하도록 하자.[62]

정책당국자는 한 경제에서 1인당 자본량이 황금률수준에 놓여 있는가를 어떻게 판단할 수 있을까? 이 물음에 답을 하기 위해 우리는 정상상태의 1인당 소비를 결정해야 한다. 그로 인해 어떤 정상상태가 가장 큰 소비를 제공할 수 있는지를 정책당국자는 알 수 있게 된다. 이제 가정에 의해 변형된 균형국민소득을 결정하는 식 (6-10)을 다음과 같이 재정리할 수 있다.

$$c = y - i \qquad\qquad (6-16)$$

식 (6-16)에서 소비는 소득에서 투자된 부분을 제거한 부분에 해당된다. 그리고 정상상태에서 소비를 구하고 있기 때문에 생산량과 투자에 정상상태의 생산함수[63]와 감가상각[64]을 대입한다. 이때 식 (6-17)을 도출할 수 있다.

---

62) Edmund Phelps, "The Golden Rule of Accumulation: A Fable for Growthmen," *American Economic Review* 51, 1961, p638~643

63) 정상상태의 1인당 생산량은 $f(k^*)$이며, k^*는 정상상태의 1인당 자본량이 된다.

$$c^* = f(k^*) - \delta k^* \qquad\qquad\qquad (6-17)$$

식 (6-17)에 따르면 정상상태의 소비는 생산량에서 감가상각을 뺀 부분이 된다. 그리고 안정된 상태에서 자본의 증가에 따른 생산량의 증가를 가져오지만 그와 상반되게 자본에 대한 감가상각이 커지기 때문에 소멸되는 자본을 대체하기 위해 더 많은 자본량이 사용되어 짐으로써 소비는 감소하게 된다. 이제 식 (6-17)을 그림으로 표현하면 다음 (그림 2-72)와 같다.

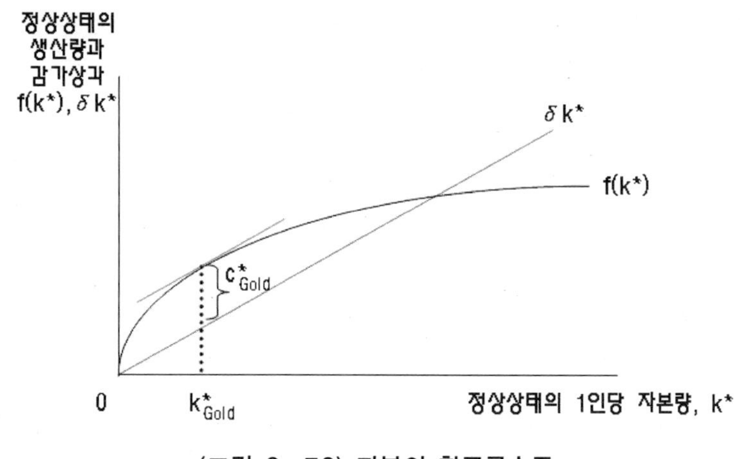

(그림 2-72) 자본의 황금률수준

(그림 2-72)에서 황금률 k^*_{Gold}에 미치지 못하는 자본량 k를 가지고 있을 경우, 즉 k^*_{Gold}보다 왼쪽에 위치한 자본량 k, 자본량의 증가는 감가상각보다 많은 생산량의 증가를 가져옴에 따라 소비가 증가한다. 즉 황금률 왼쪽구간에서는 자본의 한계생산성이 자본이 소멸되는 감가상각보다 크기 때문에 소비가 증가하게 된다. 이는 생산함수곡선의 기울기가 감가상각을 나타내는 곡선의 기울기보다 가파르기 때문에

---

64) 정상상태에서 자본량은 변하지 않기 때문에 투자는 감가상각과 같다. 식 (6.14)에서 $\triangle k$가 0이기 때문에 $i = \delta k$가 됨을 쉽게 알 수 있다.

두 곡선의 차이가 증가한다. 반대로 자본량이 황금률 k^*_{Gold}보다 많은 경우, 즉 k^*_{Gold} 보다 오른쪽에 k가 위치하고 있을 때, 자본량이 증가는 소비를 감소시키게 된다. 즉 자본의 한계생산이 체감함에 따라 기울기가 평평해지게 되고 감가상각의 기울기 보다 더 적은 기울기를 가지게 됨에 따라 소비는 감소하게 되는 것이다. 이는 자본 량의 증가에 따른 생산량의 총량은 증가시키나 한계적으로 늘어나는 증분은 감소하 게 되고 이와 맞물려 자본량의 증가는 감가상각을 더욱 높이게 됨으로 감가상각이 되는 부분을 상쇄시키기 위해 생산량을 더욱 많이 활용해야 됨에 따라 소득에서 소 비부분이 줄어들 수밖에 없는 것이다.

따라서 황금률수준에서 생산함수와 감가상각의 기울기가 같아지는 점에서 소비가 최대화됨을 알 수가 있다. 이는 자본의 한계생산성이 감가상각률과 같아져야 함을 나타내고 이를 식으로 표시하면 다음과 같다.

$$MPK = \delta \tag{6-18}$$

식 (6-18)은 자본의 황금률수준에서는 자본의 한계생산물에서 감가상각을 뺀 값 이 0이 되어야 함을 암시한다. 따라서 정책당국자는 한 경제의 황금률 자본량을 규 명하기 위하여 이 조건을 사용할 수 있다. 그리고 간단한 미분법을 사용하면 황금 률 조건을 도출할 수 있다. $c^* = f(k^*) - \delta k^*$에서 c^*를 극대화하는 자본량 k^*를 구하기 위해 k^*로 c^*를 미분한 값을 0으로 둘 때 극대값을 가진다. 다음과 같은 과정을 통 해 도함수를 구해보자.

$$\frac{dc^*}{dk^*} = f'(k^*) - \delta$$

$$f'(k^*) - \delta = 0 \tag{6-19}$$

식 (6-19)에서 좌변에서 $f'(k^*)$는 자본의 한계생산물이기 때문에 $f'(k^*) = MPK$로 나타낼 수 있고, 따라서 $MPK - \delta = 0$로 표현할 수 있다.

그리고 소비를 극대화시키는 황금률수준에서 우리는 저축률수준을 찾을 수 있다. (그림 2-72)에서 황금률수준을 만족하는 자본의 한계생산물과 감가상각률이 같아지는, 즉 생산곡선상의 한 점의 기울기가 감가상각률과 같아지는 점에서 수직으로 곡선을 그을 때 만나게 되는 감가상각곡선 이하의 부분이 최적의 저축률이 된다. 즉 황금률 수준을 가능케 하는 저축률을 표현할 수 있게 된다. 이를 그림으로 나타내면 (그림 2-73)과 같다.

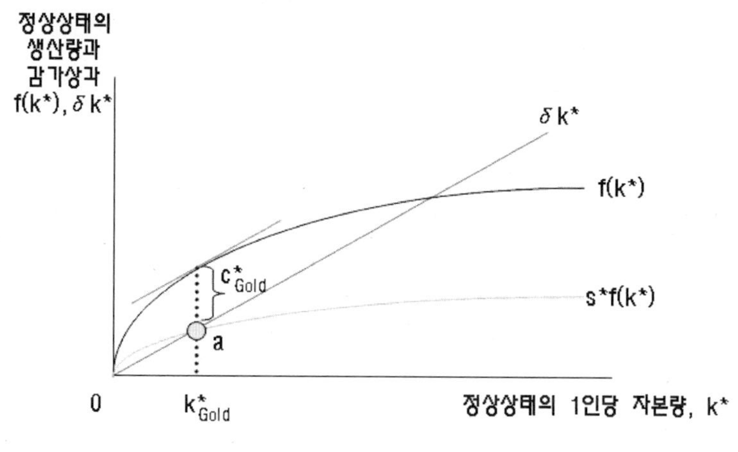

(그림 2-73) 황금률수준 하 저축률

(그림 2-73)은 자본의 황금률수준에 도달하게끔 저축률이 설정되어 있는 경우의 정상상태를 나타낸다. 저축률이 만약 그림에서보다 높은 경우, 즉 곡선 $s^* f(k^*)$가 더 상향조정된 곡선을 가지고 있을 경우, 정상상태의 자본량이 너무 많다고 할 수 있으며 이는 상대적으로 소비를 감소시켜 앞서 제시한 황금률의 조건을 만족시키지 못하게 된다. 이와 상반되게 저축률이 그림에서보다 낮은 경우, 정상상태의 자본량이 너무 적다고 할 수 있다. 그리고 이는 상대적으로 소비증가와 저축률의 감소로 인해 성장이 지연되는 결론으로 귀결된다. 그러나 우리는 경제가 자동적으로 황금

률의 정상상태로 접근하지 않는다는 점을 알아야 한다. 황금률처럼 특정한 안정상태의 자본량을 선택하는 것은 특정한 저축률을 선택하는 것을 의미할 뿐인 것이다.

이제 정책당국자는 황금률수준을 알고 있다고 가정할 경우 자국의 자본량의 어느 위치에 있는 가에 따라 저축률을 가지고 황금률수준으로 도달할 수 있다는 것이다. 첫 번째로 만약 자국의 자본이 황금률 수준보다 낮은 상태에 놓여 있을 경우에 정책당국자는 저축률을 높여 자본이 황금률수준으로 도달하도록 할 것이다. 저축률이 증가함에 따라 소비는 단기적으로 줄어들고 투자는 증가하게 된다. 그로 인해 증가된 투자가 자본량을 증대시키며 자본이 축적됨에 따라 생산량, 소비, 투자는 점진적으로 증가하여 소비가 최대화 되는 황금률수준의 정상상태를 가지게 될 것이다. 또한 후생수준은 초기의 소비의 감소가 존재하지만 궁극적으로 황금률수준에서 소비가 최대화 되기 때문에 결국 후생수준은 높아짐을 알 수 있다. 이를 그래프로 나타내면 다음과 같다.

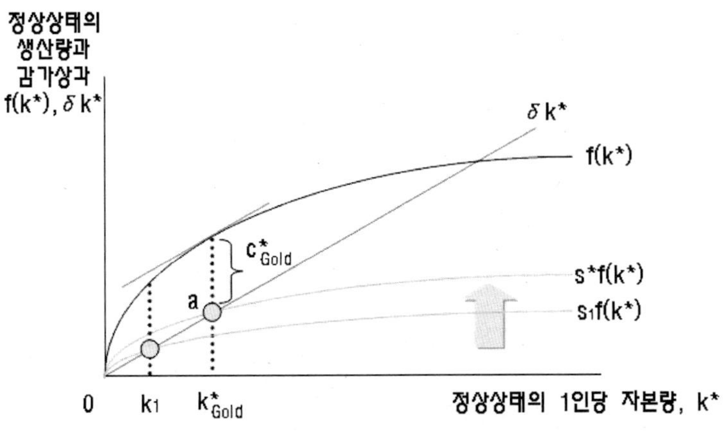

(그림 2-74) 과소자본일 경우 황금률수준으로 도달 과정

(그림 2-74)에서 자국의 자본량 K_1은 황금률수준 k^*_{Gold}보다 낮은 상태이다. 여기서 저축률을 상승시킴으로써 $s_1 f(k^*)$의 곡선을 $s^* f(k^*)$으로 올라가게 된다. 그리고 위에

서 설명한 과정을 따라 결국 $MPK=\delta$를 만족하는 황금률수준으로 도달하게 된다.

이와 반대로 정책당국자가 자국의 자본량이 황금률수준보다 많은 정상상태임을 알게 되었을 경우를 상정해보자. 이 경우 정책당국자는 자본량을 줄이기 위해 저축률을 감소시키는 정책을 수행해야 한다. 저축률이 감소하기 시작하면 소비는 단기적으로 점차 증가하고 투자는 감소하게 된다. 그로 인해 감소된 투자가 자본량을 감소시키며 생산량, 투자는 점진적으로 감소하여 소비가 최대화 되는 황금률수준의 정상상태를 가지게 될 것이다. 또한 소비수준이 이전의 정상상태보다 커지기 때문에 후생수준은 높아짐을 알 수 있다. 이를 그래프로 나타내면 다음과 같다.

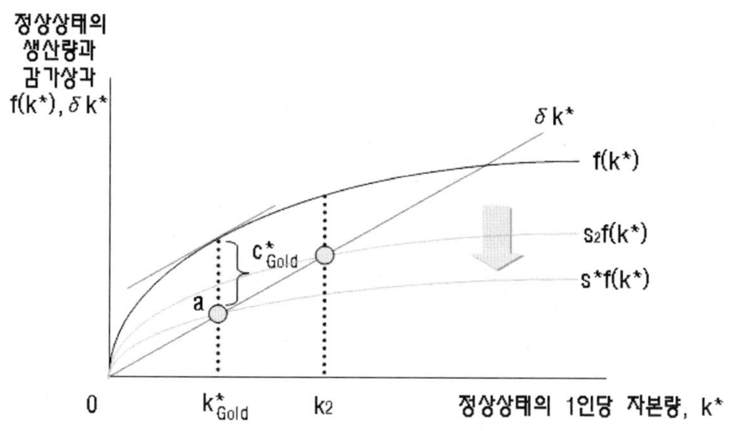

(그림 2-75) 과대자본일 경우 황금률수준으로 도달 과정

소비수준은 이전의 정상상태와 비교해 보았을 때, 새로운 정상상태로 돌아가는 과정에서 더욱 높아짐을 알 수 있다. 그리고 자본수준이 황금률보다 높은 경제에서는 저축률을 감소시키는 정책이 매우 효율적임을 알 수 있다. 그 이유는 정책을 사용하기 전보다 소비수준이 더욱 증가됨으로 후생이 증가되었기 때문이다.

한편 정책당국자는 시간의 흐름에 대한 고려를 해야 할 필요가 있다. 이는 적용 범위가 현재 세대에서 미래세대로의 전환이 되기 때문이다. 예를 들어 경제가 황금률수준의 미달하는 경우 저축률을 높이기 위해 현재세대의 소비를 감소시켜야 하고,

이에 대한 혜택은 미래세대가 누릴 수 있기 때문이다. 즉 자본축적의 증대 여부를 결정해야할 정책 당국자는 서로 다른 세대 간의 복지를 선택하는 데 있어서 이해가 상충되는 문제에 직면하게 된다는 것이다. 바꾸어 말하면 전적으로 정책당국자의 주관적 견해에 따라 달라질 가능성을 내포하고 있는 것이다. 만약 장래세대보다 현재 세대에 더욱 중점을 두는 정책당국자라면 앞의 예시에서 황금률수준으로 돌아가기 위한 저축률을 높이는 정책을 사용하지 않을 것이다. 반대로 미래세대에 비중을 더 두거나 혹은 현재와 미래세대 간의 균등한 비중을 두는 정책당국자의 경우 황금률 수준으로 도달하는 결정을 내릴 것이다. 그러나 기본적으로 황금률의 개념은 바로 최적의 정상상태를 말하기 때문에, 현재나 미래세대에 균등한 비중을 두고 정책을 사용해야 할 것이다.

(4) 인구성장

지금까지는 솔로우 모형에서 사용한 자본의 축적만으로 지속적 경제성장을 설명하기에는 한계가 존재한다. 저축률의 일시적 상승은 결국 일시적 성장을 불러오게 하지만 앞에서 본 것처럼 장기적인 자본의 정상상태를 가지는 속성에 의해 그 수준에서 머무를 수밖에 없는 것이다. 따라서 우리가 처음 가정한 인구증가가 경제성장에 어떤 영향을 미치는 가를 알아볼 필요가 있다. 즉 인구는 식 (6-2)와 같이 일정한 비율로 증가한다고 가정한다.[65] 이렇게 일정한 비율로 인구가 증가한다고 한다면 이는 자본의 정상상태에 어떤 영향을 미치게 될까?

이를 해결하기 위하여 투자 및 감가상각과 함께 인구증가가 1인당 자본량에 미치는 영향을 분석해보아야 한다. 직관적으로 인구가 증가하게 되면 정상상태에 놓인 자본을 나누어 사용해야 하기 때문에 결국 1인당 자본량은 줄어들게 될 것이다. 즉 노동자 수가 증가하기 때문에 1인당 자본은 감소하게 되는 것이다. 바꾸어 말하면 자본량의 변화에 음의 관계에 놓이는 것이 감가상각률 뿐만 아니라 인구의 증가도

---

65) 인구증가율을 소문자 n으로 두기로 하자.

영향을 주게 된다는 것이다. 이를 식으로 표현하면 다음과 같다.

$$\triangle k = i - (\delta + n)k \tag{6-20}$$

식 (6-20)은 새로운 투자, 감가상각, 인구증가율이 1인당 자본량에 미치는 영향에 대한 관계식을 나타낸 것이다. 새로운 투자 i는 자본규모를 증가시키는 반면 감가상각 δ과 인구증가율 n는 자본규모를 감소시킨다.[66] 그리고 $(\delta + n)k$는 1인당 자본량 k를 일정수준으로 유지하기 위해 필요한 투자량을 말한다. 그리고 균형을 이루는 투자 $(\delta + n)k$는 현재 있는 자본의 감가상각 δk와 새로운 노동력에 자본을 제공하기 위해 필요한 자본량 nk, 이 두 가지 모두를 포함한다. 종합해보면 감가상각은 자본의 소멸에 따라 k를 감소시키고, 인구증가는 1인당 공급되는 자본량이 줄어듦에 따라 k를 감소시킨 것이다.

이제 앞에서 한 것과 동일한 절차를 통해 식 (6-20)을 변형해보면 다음과 같다.

$$\triangle k = sf(k) - (\delta + n)k \tag{6-21}$$

식 (6-21)은 1인당 자본의 정상상태 수준을 결정하는 것으로써 식 (6-15)에서 인구증가를 고려한 것일 뿐이다. 그리고 현재 n은 이미 주어진 것으로써 앞으로 인구증가의 효과를 판단하기 위한 기준점과 같다고 해석될 수 있다. 이때 1인당 자본량 k는 불변하며 경제는 k^*에서 정상상태를 가짐을 (그림 2-76)에서 확인할 수 있다.

그림에서 자본량 k가 k^*보다 큰 경우 투자는 균형을 이루는 투자보다 적어져 k가 하락하고, 반대로 k가 k^*보다 작은 경우 투자는 균형을 이루는 투자보다 커져서 k가 증가한다. 즉 안정 상태에서 1인당 자본에 대한 변화를 일으키는 투자

---

66) 지금까지 인구의 증가율을 고려하지 않는 솔로우 모형에서는 식 (6.14)로 쓸 수 있었으며 이는 식 (6.20)에서 인구증가율을 0으로 둘 경우 쉽게 식 (6.14)를 설명할 수 있을 것이다.

의 정의 효과는 그로 인해 발생되는 자본량의 증분에 대한 감가상각과 인구증가의 부의 효과를 동시에 일으켜 결국 정상상태로 회귀하게 되는 것이다. 따라서 k^*에 서 $\triangle k = 0$이 되며, $i^* = \delta k^* + nk^*$가 된다. 그리고 경제가 정상상태에 놓일 경우 투자는 두 가지의 목적을 가지게 된다. 투자의 일부는 감가상각된 자본을 대 체시키며, 나머지는 새로운 노동자들에게 정상상태의 자본을 공급한다는 것이다.

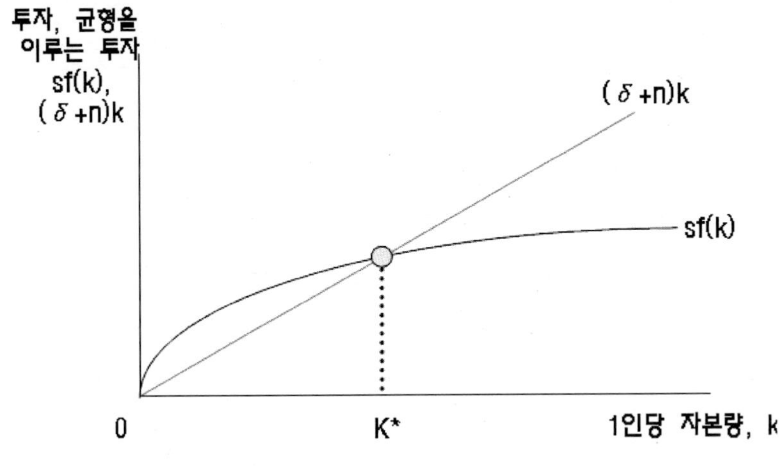

(그림 2-76) 인구증가를 고려한 1인당 자본의 정상상태

여기서 다음해의 인구증가의 비율에 따라서 노동자 수가 증가하게 될 경우를 보 자. 인구의 증가로 인해 균형을 이루는 투자의 기울기를 변화 시킨다. 즉 인구성장 률이 증가됨에 따라 ($n_1 < n_2$) 정상상태의 자본량은 감소하게 된다. 따라서 솔로 우 모형에 따르면 인구증가율이 상대적으로 높을 경우 1인당 자본량이 낮아지고 소 득수준도 낮아진다. 즉 인구증가율이 높을 경우 1인당 자본의 정상상태의 자본량을 수준을 감소시킴에 따라 1인당 생산량을 감소시킨다.

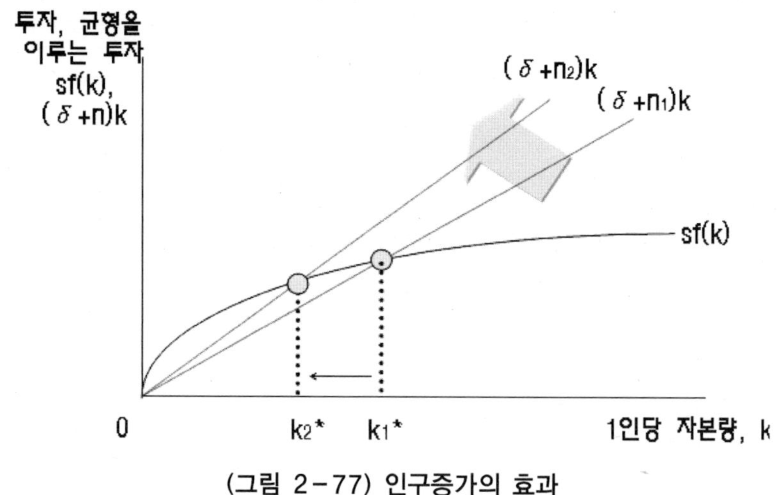

(그림 2-77) 인구증가의 효과

한편 인구증가는 자본의 황금률수준을 결정하는 기준에 영향을 미친다. 1인당 소비를 극대화시키는 황금률수준을 확인하기 위해 식 (6-16)을 이용해보자. 여기서 정상상태의 생산량은 $f(k^*)$이고 균형을 이루는 투자가 $(\delta + n)k^*$이기 때문에, 이를 식 (6-16)에 대입하면 소비를 극대화하는 황금률 조건을 찾을 수 있다.

$$c^* = f(k^*) - (\delta + n)k^* \qquad (6-22)$$

$$\frac{dc^*}{dk^*} = f'(k^*) - (\delta + n) \qquad (6-23)$$

$$f'(k^*) - (\delta + n) = 0 \qquad (6-24)$$

$$MPK = \delta + n \qquad (6-25)$$

먼저 식 (6-22)는 정상상태의 소비를 나타낸다. 정상상태의 소비를 극대화시키기 위한 자본량을 구하기 위해 식 (6-22)를 k^*로 미분한 값을 0으로 두면 식 (6-24)와 같이 나타난다. 여기서 $f'(K^*)$는 자본의 한계생산물과 같기 때문에 MPK로 바꾸어 쓸 수 있고 따라서 식 (6-25)가 도출된다. 식 (6-25)는 소비를 극대화시키는 k^*_{Gold}를 나타낸다. 이를 그림으로 표현하면 (그림 2-78)과 같다.

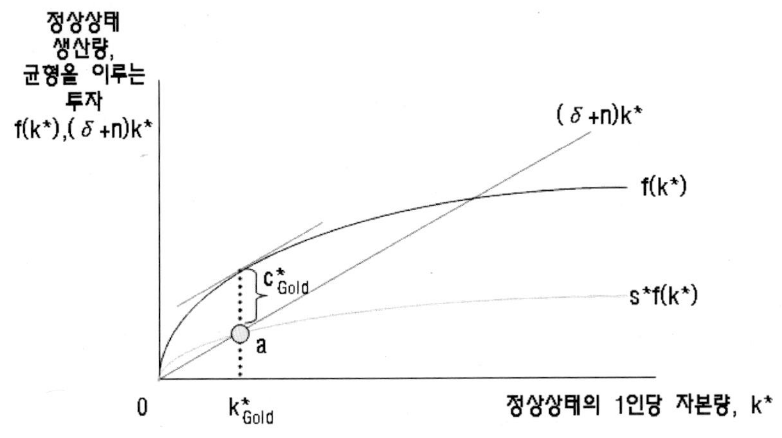

(그림 2-78) 인구증가가 고려된 자본의 황금률 수준

그리고 황금률의 정상상태에서는 자본의 한계생산물에서 감가상각을 감하면 인구증가율이 된다. 이는 식 (6-22)를 변형해보면 $MPK-\delta=n$로 나타낼 수 있음을 알 수 있다. 이것이 의미하는 바는 만약 인구증가율이 높아지게 될 경우 자본의 한계생산물의 크기가 높아져야 함을 나타내고 이는 생산함수의 한 점을 좌측으로 이동시켜야 함을 의미한다. 이는 결국 1인당 생산량 수준을 낮추게 작용함으로써 소득수준이 낮아지게 된다.

(그림 2-79)에서 인구증가로 인해 $(\delta+n_1)k^*$곡선을 $(\delta+n_2)k^*$로 이동시키고 그로 인해 황금률의 조건이 바뀌게 된다. 따라서 소비를 최대화 시키는 자본의 황금률은

k^*_{Gold}에서 $k^{*'}_{Gold}$로 바뀌게 되고, 1인당 생산량은 감소하게 되는 것이다. 이와 같은 과정을 통해서 우리는 인구증가율이 높은 지역이 그렇지 않은 지역보다 상대적으로 부유할 수밖에 없는 이유로 제시될 수 있는 것이다.

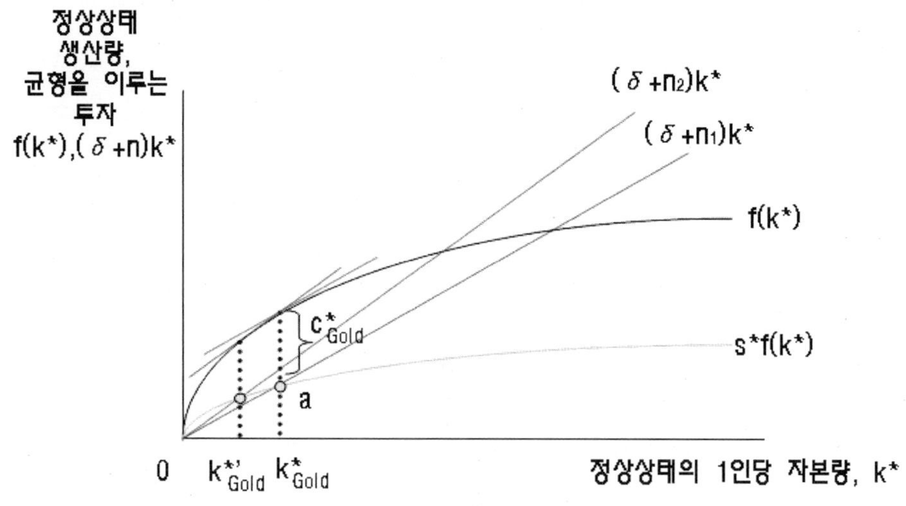

(그림 2-79) 인구증가율의 증가로 인한 생산량의 감소

예를 들어 중국과 같은 경우 높은 경제성장률을 보이고 있지만 그와 함께 높은 인구증가율로 인해 1인당 GDP의 규모는 2003년 기준으로 $4,990불밖에 되지 않는다. 이렇듯 인구증가율이 증가할 경우 1인당 생산량이 줄어들기는 하지만 인구증가율에 따른 총자본 및 총생산량은 n의 비율로 증대한다. 왜냐하면 인구증가를 고려한 정상상태에서 1인당 자본과 1인당 생산량은 불변이기 때문에 이를 총생산으로 옮길 경우 노동의 공급은 매기 일정하게 주어지기 때문에 이들이 생산해 내는 총량은 증가하게 된다는 것이다. 그러나 이것은 생활수준의 지속적 상승을 설명할 수 없고 총생산량의 지속적 증대를 설명할 뿐이다. 따라서 우리는 지속적 상승을 설명하기 위해 기술진보라는 개념을 도입하게 될 것이다.

(5) 기술 진보

지금까지 솔로우 모형을 살펴보면서 일정비율로 인구가 증가할 경우 총생산량이 높아진다는 점을 설명할 수 있으나 인구증가율이 높아질 경우 오히려 1인당 생산량을 낮춤으로써 빈국에서 벗어날 수 없음을 알게 되었다. 이는 인구증가로만 경제성장을 설명하기에 한계를 가짐을 나타내고 따라서 우리는 기술 진보를 솔로우 모형에 도입하도록 할 것이다. 기술진보를 포함시키기 위해 총자본 K 및 총 노동 L을 총생산량 Y와 연계시키는 생산함수를 이용하여 기존의 생산함수 $Y=F(K,L)$을 $Y=F(K,L\times E)$로 변형시킨다.

여기서 E는 노동의 효율성(efficiency of labor)이라는 새로운 변수이다. 노동의 효율성은 생산방법에 관한 지식의 발전에 의존하게 되고, 이는 지식수준이 발전함에 따라 노동의 효율성이 높아지게 되는 구조를 가진다. 예를 들어 예전의 동사무소에서 처리하던 업무가 모두 손으로 작업되는 것에서 현재는 컴퓨터로 인해 보다 업무를 효율적으로 처리할 수 있게 되었고, 이는 노동의 효율성이 증대됨을 보여주는 것이다. 그리고 $L\times E$는 노동자의 수와 각 노동자의 효율성을 고려하여 측정한 효율적 노동자수를 의미하는 것이다. 그리고 새로운 생산함수를 따를 경우 총생산과 자본이 효율적인 노동자의 수에 의존함을 의미하게 된다. 게다가 노동의 효율성이 증가하게 되면 노동자가 증가한 것과 같은 효과를 가질 수 있다. 이제 기술진보는 노동의 효율성이 일정한 비율 g로 증가한다고 가정하자. 예를 들어, 노동효율성의 증가율 g이 0.02인 경우 노동의 각 단위는 매년 2퍼센트 더 효율적이 되고, 이는 노동력 L이 2퍼센트 증가한 것처럼 생산량은 증대됨을 말한다.

기술진보는 노동을 증가시키는 효과를 가지기 때문에 인구증가의 경우와 유사해진다. 이 경우 효율적 노동자 1인당 자본을 $k=K/(L\times E)$로 표시하고, 효율적 노동자 1인당 생산량을 $y=Y/(L\times E)$로 나타낼 수 있다. 그리고 효율적 노동자 1인당 생산함수는 $y=f(k)$가 된다. 여기서 유의해야 할 점은 지금까지 노동의 효율성 E 값이 1로 일정하다고 가정하였기 때문에, 즉 기술진보를 고려하지 않았기 때문에,

그대로 솔로우 모형을 논의에 따라 분석 가능하였다. 그러나 노동의 효율성 E가 증가할 경우 효율적 노동자 1인이 가지는 자본량이 된다는 점을 유의해야 한다.

　이제 솔로우 모형에 기술진보를 고려할 경우 시간이 지남에 따른 자본량 k의 변화는 다음과 같이 나타낼 수 있다.

$$\triangle k = sf(k) - (\delta + n + g)k \qquad\qquad (6-26)$$

　식 (6-26)의 의미는 좌변의 자본량의 변화는 투자 $sf(k)$에서 균형을 이루는 투자 $(\delta+n+g)k$를 뺀 것과 같다. 이는 인구증가만 포함된 것과 달리 효율적 노동자의 1인당 자본이 $K/(L \times E)$이기 때문에 기술진보율 g가 포함되게 된다. 즉 기술진보에 의해 창출된 효율적인 노동자에게 자본을 제공하는 gk가 필요한 것이다.[67]여기에서도 $\triangle k = 0$의 조건을 만족하는 정상상태의 자본량 k^*을 찾을 수 있고 이는 경제의 장기균형을 나타낸다.

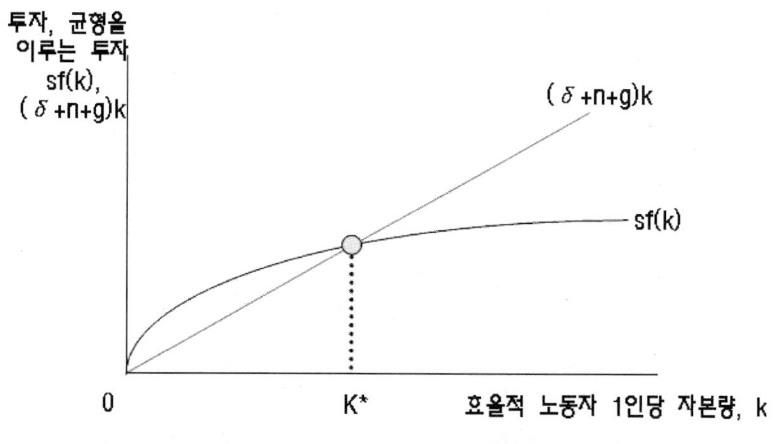

(그림 2-80) 기술진보를 고려한 솔로우 성장모형

---

67) 여기서 효율적인 노동자는 실제 노동자 1인당이 아님을 유의해야 한다.

(그림 2-80)은 기술진보를 포함시키더라도 정상상태의 분석은 크게 달라지지 않는다. 그러한 원인은 바로 기술진보가 일어날 경우 n의 비율로 이루어지는 인구증가와 동일한 효과가 있다고 보기 때문이다. 즉 그림에서 k는 효율적인 노동자 1인당 자본량을 의미하므로 기술진보로 인한 효율적인 노동자 수의 증가는 k를 감소시키게 된다. 결론적으로 경제가 정상상태에 존재하기 위해 투자의 증가는 감가상각, 인구증가, 기술진보로 인해 자본량 k의 감소로 정확하게 상쇄시켜야 되기 때문이다. 또한 기술진보로 인해 노동자 1인당 생산량은 정상상태에서 성장률 g만큼 늘어나게 되며($Y/L=y\times E$), 경제의 총생산량은 $n+g$의 비율만큼 증가하게 된다. 여기서 기술진보가 있기 때문에 노동자 1인당 생산량이 지속적으로 증가함을 보일 수 있고, 이는 지속적인 성장을 설명할 수 있는 것이다. 즉 솔로우 모형에서, 오직 기술진보만이 지속적인 생활수준의 향상을 설명할 수 있는 결론에 도달한다.

이제 기술진보의 추가로 인해 황금률의 기준도 인구증가의 추가와 마찬가지로 수정되어야 한다. 앞서 전개하였던 논리를 그대로 적용하면 효율적인 노동자 1인당 정상상태의 소비는 다음 식 (6-27)과 같이 나타낼 수 있다.

$$c^* = f(k^*) - (\delta + n + g)k^* \tag{6-27}$$

그리고 다음의 조건이 만족될 경우 정상상태에서 소비는 극대화되고 자본의 황금률수준을 찾을 수 있게 된다.

$$MPK = \delta + n + g \tag{6-28}$$

식 (6-28)은 자본의 한계생산물이 투자 $sf(k)$에서 균형을 이루는 투자 $(\delta + n + g)k$의 비율과 같아질 때, 소비가 극대화 되는 자본의 황금률수준을 찾을 수 있다는 것을 의미한다. 그리고 식 (6-28)을 변형하면 $MPK - \delta = n + g$로 나타낼 수 있고 이는 자본의 황금률수준에서 자본의 순한계생산물($MPK - \delta$)은 총생산량의 성장률($n+g$)과 같다. 그러나 실제 경제에서는 인구증가와 기술진보가 모두 발생하기 때문에 황금률의 정상상태보다 자본이 과대 혹은 과소한가의 여부를 판단하는 기준으로 이를 사용하는 것이 바람직할 것이다.

(6) 솔로우 모형의 시사점

먼저 솔로우 모형은 현실 문제를 단순화시킴으로써 급속도로 경제발전을 이룩한 국가들에 대한 설명을 가능케 하는 장점을 가진다. 앞서 언급한 바와 같이 전쟁 직후 자본량이 매우 적었던 나라들 (독일, 일본, 한국 등)이 어떤 방법으로 눈부신 경제성장을 이룩했을 지에 대한 해답을 저축률, 인구증가, 기술진보 등의 외생변수에 의해 이루어 졌다고 결론짓고 또 사례분석을 통해 증명되기도 하였다.[68] 그러나 간편한 솔로우 모형에도 여러 가지 한계점이 존재한다. 먼저 국가간의 성장률의 격차가 시간의 흐름에 따라 수렴될 것이라는 것은 맞지 않는다. 실례로 부유국가와 빈국간의 격차는 쉽게 좁혀지지 않는다. 이는 국가마다 저축률과 투자율이 상이하기 때문이고, 각 나라별 경제적 환경차이에 기인하기도 하지만 정치적 환경차이에 기인하기도 하기 때문이다. 예를 들어 전쟁, 혁명, 쿠데타가 빈번히 발생하는 국가에 있어서 저축률은 낮을 수밖에 없다. 그리고 정치기구의 발달이 미약하여 부패 정도가 심한 경우 저축률이나 투자율은 낮은 경향을 보인다. 그리고 저축률과 소득수준 간의 인과관계가 명확하게 나타나지 않는 점도 들 수 있다. 소득수준이 높기 때문에 저축률 혹은 투자율이 상승한다고 볼 수 있다는 것이다. 즉 저축률과 1인당 소득수준 사이의 상관관계는 가지나 이것이 국가의 부유정도를 결정짓는 요인으로 결정하기에는 어려움이 따른 다는 것이다.

또한 기술진보에 있어서도 문제점을 가진다. 솔로우 모형에서는 기술진보가 외생

---

68) Edmund Phelps, "The Golden Rule of Accumulation: A Fable for Growthmen," *American Economic Review* 51, 1961, p638~643.
Robert Summers and Alan Heston, Supplement (Mark 5.6) to "The Penn World Table(Mark5): An Expanded Set of International Comparisons 1950−1988," *Quarterly Journal of Economics*, 1991, p327−368

적으로 주어진다고 본다. 즉 기술진보를 결정짓는 요인에 대한 설명력이 떨어지는 것이다. 게다가 지식의 전파 등에 따른 기술적 외부효과의 존재로 인해 당초 솔로우 모형이 제시한 것보다 기술진보에 의한 경제성장이 훨씬 클 수 있음을 지적하기도 하였다.[69] 예를 들어 컴퓨터를 더 생산하기 위한 공장의 신설보다 부가가치가 높은 소프트웨어를 공급하기 위한 단지조성이 기술적 외부효과가 크다면 정부는 소프트웨어 단지 조성에 대한 투자를 촉진하는 정책을 사용해야 한다는 것이다.

마지막으로 미시경제학적 기초가 없는 자의적인 모형이라는 점이다. 1인당 벌어들이는 소득을 어떻게 사용하는 가는 전적으로 소비자의 효용체계와 맞물려 돌아간다. 그러나 솔로우 모형에서는 평균소비성향이 한계소비성향과 같다고 가정하기 때문에 소비자 최적화에 의한 소비의 극대화를 찾아내지 못한다. 이렇듯 여러 한계점으로 인해 솔로우 모형에서 발전된 내생적성장이론이 대두되고 있다. 이제 이 내생적성장이론에 대해 공부해보는 시간을 가질 수 있도록 해보자.

3. 내생적 성장이론(endogenous growth theory)[70]

솔로우의 모형의 경우 지속적인 성장을 설명하는 것은 오직 기술진보에 의한다고 한다. 그리고 기술진보는 외생변수로써 주어져 있는 것이라고 하기 때문에 기술진보를 결정하는 요인에 대한 설명이 부족한 것이 한계점이라고 밝힌 바가 있다. 따라서 경제성장 과정을 완전히 이해하기 위해서는 솔로우 모형뿐 아니라 기술진보를 설명할 수 있는 모형이 필요하며 이는 내생적 성장이론에 의해 시도되고 있다. 이는 솔로우 모형에서 기술진보는 내생적 변수로 가정하지 않기 때문이다.

이제 내생적 성장이론을 설명하기 위해 다음과 같은 단순한 생산함수를 생각해

---

69) Paul Romer, "Crazy Explanations For the Productivity Slowdown," *NBER Macroeconomics Annual 2*, 1987, p163－201

70) 내생적 성장이론에 관한 기본개념을 가르치는 교과서는 다음과 같다. Charles I. Jones, *Introduction to Economic Growth*(New York: Norton, 1998)

보자.

$$Y = AK \tag{6-29}$$

식 (6-29)에서 좌변의 Y는 생산량이고 우변의 A는 자본 1단위에 대해 산출되는 생산량을 나타내는 상수이며, K는 자본량이라고 한다면 이 생산함수는 기존의 솔로우 모형에서 가정한 자본의 한계수확체감하는 성질을 갖고 있지 않음을 의미한다. 즉 얼마나 많은 자본이 이미 투입되어 있는지 관계없이 자본 1단위가 추가적으로 투입되면 생산량은 A비율도 추가적으로 산출된다는 것이다. 바로 이점이 솔로우 모형과 차이가 나는 점이다. 이제 이 생산함수에 대해 이전처럼 소득의 일정 부분 s가 저축 및 투자된다고 가정하면 자본축적을 이전에 사용한 방정식인 식 (6-15)와 유사하게 나타낼 수 있다.

$$\triangle K = sY - \delta K \tag{6-30}$$

식 (6-30)에 의하면 한 경제에서 자본량의 변화는 투자에서 감가상각을 감한 것과 같다. 여기에 생산함수 $Y = AK$를 적용하면 다음과 같은 관계를 가지는 식을 유추할 수 있다.

$$\frac{\triangle Y}{Y} = \frac{\triangle K}{K} = sA - \delta \tag{6-31}$$

식 (6-31)에서는 생산량의 성장률이 어떻게 결정되는 가를 보여준다. 즉 $sA > \delta$를 만족하는 동안에는 외생적 기술진보에 대한 가정이 없어도 한 경제의 소득이 지속적으로 성장한다는 것을 알 수 있다. 이처럼 생산함수의 약간의 변화를 통해 경제성장에 대한 예측을 극적으로 다르게 가져갈 수 있는 것이다.

솔로우 모형에서는 저축이 일시적인 성장에 영향을 주지만 자본의 한계수확체감으로 인해 경제는 궁극적으로 성장이 외생적 기술진보에만 의존하는 정상상태에 머물 수밖에 없다는 것이다. 이는 빈국이 부유국으로 결국 수렴하게 되는 현상을 설명하는 기초로 작용하기도 했다. 이와 반대로 내생적 성장모형에서 저축과 투자는 지속적인 성장의 동력이 된다는 것이다. 여기서 우리는 한 가지 물음을 가질 필요가 있다. 과연 경제성장에 있어서 자본의 수확체감의 가정을 포기해야 하는 것이 합리적인가? 이 물음에 대한 답변으로는 생산함수를 구성하는 자본 K에 대한 해석에 따라 달라질 수 있다는 것이다. 만약 자본이 전통적 견해와 같이 경제의 공장 및 설비 규모 등만을 포함한다고 할 경우 수확체감을 가정하는 것이 맞다. 즉 각 근로자마다 10대의 컴퓨터가 주어진 경우에 1대의 컴퓨터가 주어진 경우보다 근로자들이 10배 생산적일 수는 없다는 것이다. 반면 이 자본을 구성하는 요소를 폭넓게 해석하여 지식까지도 포함시킬 경우 자본의 한계수확체감은 맞지 않고, 수확불변 혹은 체증까지도 존재할 수 있다고 해석하는 경우이다. 지식의 경우 새로운 지식의 발견은 재화 및 용역을 생산하는 것에 큰 영향을 미친다. 이는 지식에 대한 자본축적이 긍정적 외부효과를 발생시켜 한 경제의 생산함수에서 자본의 한계수확 불변 혹은 수확체증을 유도한다는 것이다.

이에 대해 다음과 같은 함수를 가정해보자.

$$Y = EK^{0.5}L^{0.5} \tag{6-32}$$

식 (6-32)는 총생산함수를 나타내며, 여기서 $E = \alpha(K^*)^\beta$는 긍정적 외부성에 의해 결정되는 생산성으로 K^*는 개별기업의 자본축적지수로써 정상상태를 이루는 자본량으로 해석할 수 있다. 현실에서 예를 들어본다면 기업의 평균자본량으로 대변될 수 있다. 그리고 지식에 대한 긍정적 외부성을 가져야 하기 때문에 α, β값은 양의 값을 가져야 한다. 이와 관련해 직관적으로도 지식을 통한 새로운 지식이 창출되어 개별기업 생산에 영향을 주기 때문에 이 값이 음의 값을 가질 수 없음을 의미한다.

이제 총생산함수의 양변을 L로 나누어 기업의 평균자본량을 나타내는 K^*에 1인당 자본량 k를 대입하면 다음과 같은 1인당 생산함수가 도출된다.

$$y = a(K^*)^\beta k^{0.5} = ak^{\beta+0.5} \tag{6-33}$$

식 (6-33)에서 β가 0.5와 같거나 이보다 큰 값을 가진다면 1인당 자본의 한계수확불변 혹은 한계수확체증이 발생할 수 있음을 시사한다. 즉, 지식을 자본의 한 형태로 보는 견해를 받아들일 경우 자본에 대한 수확불변을 가정하는 내생적 성장모형이 장기적인 경제성장을 설명하는 데 더 적합하다고 할 수 있는 것이다.

이렇듯 장기적인 경제성장은 그 경제를 구성하는 노동자들로 하여금 경제적 복지를 결정하는 중요한 요소이다. 위에서 본 솔로우 모형과 최근의 내생적 성장모형은 저축, 인구성장, 기술진보가 일국의 생활 수준과 이의 성장을 결정하는 것에 대해 어떻게 상호작용 하는 가를 보여준다. 이런 경제 모형들은 신속한 성장을 이룰 수 있는 마술과 같은 방법을 제시하는 것이 아니라 이를 기준으로 공공정책을 수행할 경우 경제성장을 이룰 수 있는가? 그렇지 않은가? 에 대한 판단 기준으로 제시될 수 있는 이론적 틀을 제시할 뿐이다. 이제 우리나라의 경제성장을 위한 정책을 살펴보도록 하겠다.

4. 우리나라 경제성장 정책내용

우리나라 경제의 경제성장정책은 철저한 중앙집권적 정부주도로 이루어졌다. 이런 정부주도에 의한 경제성장정책은 불균형성장과 수출주도형 성장정책으로 나뉠 수 있다. 불균형 성장정책은 일본이 제2차 세계대전이후 인위적으로 저축을 장려하는 정책을 사용하여 특정 몇몇 기업을 대상으로 보다 효율적으로 자본을 집중화함으로써 규모의 경제와 같은 효과를 누려 고도성장을 이룩한 경험을 그대로 적용한 형태였다. 인위적으로 저축을 높여 저축된 자금을 기업의 투자자금으로 사용함과 동시에 외부지향적 공업화정책을 사용하여 수입대체산업화, 수입대체산업의 수출산업화, 농업근대화, 사회개발을 이루어 낸 것이다. 그리고 초기 자본량이 턱없이 부족한 탓에 외자유치를 적극 이용하여 경제성장과 근대화를 달성하는 방법도 사용되었다. 이러한 정책을 사용하게 된 배경으로 값싼 노동력이 풍부하였기 때문에 재화 및 용역에 대한 타국 대비 경쟁력을 가지고 있었기 때문이다. 그러나 이러한 과정에서 자본유치, 기술이전, 무역 등에서 지나치게 미국과 일본에 편중되게 되었으며, 이는 외채상환부담 위험과 개발이익에 대한 불공정한 배분이라는 과제를 현재 한국경제에 숙제로 남겨지게 되었다. 그리고 시장기능을 무시한 적극적인 정부개입으로 인한 자원배분의 왜곡을 일으키는 등의 폐해가 발생되기도 하였다. 결국 고도성장의 이면에는 많은 문제를 가지는 것은 당연한 현상이지만, 그럼에도 불구하고 우리나라는 지난 40년 동안 눈부신 경제성장을 이룬 사실을 간과하지 않을 수는 없을 것이다.

(1) 경제성장 전략

한국전쟁이후 자본량의 존재가 미약하였고, 인구증가율이 높아짐에 따라 1인당 국민소득 역시 매우 낮은 수준에 위치해 있었다. 이 당시 이승만 정부는 1950년대 면방직공업중심의 경공업이 미약하게 발달된 상황을 인지하고 경제개발 3개년 계획을 작성하였고, 장면내각도 경제개발 5개년 계획(1962~1966)을 수립하였다. 그러나 성장계획을 본격적으로 실천에 옮긴 때는 5·16군사정변 이후이다. 제1차 기간은 1962~1966까지이며, 1991년까지 6차에 걸친 경제개발계획이 추진되었다. 제5차 이후에는 경제사회발전 5개년 계획으로 명칭이 바뀌었으며 이후 김영삼정부의 신경제 계획으로 추진되었고, 1997년에는 사실상 경제개발계획이 종료되었다고 할 수 있다. 여기서 한국이 선택한 경제성장의 전략은 바로 정부주도, 수출의존, 외자유치, 저임금에 위치한 가격 경쟁력 강화의 성격을 띠고 있었다고 할 수 있다.

(가) 제1차 경제개발계획

5·16 군사정변 이후 박정희 군사정부에 의해 본격적으로 추진된 제1차 경제개발계획은 우선 경제를 성장시키기 위한 정치적 이념의 전파를 목적으로 두었다. 즉 정책을 통해 악순환을 시정하고 자립경제를 달성하기 위한 구체적 방법의 명시보다는 문제점을 시정할 것이라는 이념적 선언의 의미가 컸다는 것이다. 그 내용으로는 중점목표를 설정하고 이후 경제개발계획의 완성도를 높이기 위한 세부사항을 정하는 것이었다. 먼저 에너지원과 기간산업의 확충을 통해 사회간접자본을 형성하고 이를 경제개발의 토대로 마련하자는 목표를 가지고, 그 밖에 농업생산력확대, 수출증대, 기술개발 등의 세부사항을 정하였던 것이다. 그러나 이런 목표는 정치적 불안정, 농업생산성의 부진, 통화팽창에 따른 인플레 및 투자재원 부족 등의 현실과의 괴리로 인해 곧 수정되었다. 하지만 정부는 계획목표를 달성하기 위해 경제기획원을 설립하여 계획의 수립 및 정책조정, 예산, 그리고 외자관리 등을 주관하도록 하여 계획의 집행에 강력한 힘을 실어주어 현실의 괴리를 타파할 수 있도록 하였다.

제1차 경제개발계획의 기간 동안에는 정부는 부족한 투자재원인 저축을 증가시키기 위해 긴급통화조치를 1962년 6월 9일에 실시하였다. 그러나 실시 전 목표치를 달성하지 못하여 실패로 돌아가고, 자금동결로 인해 사업 활동을 위축시키는 등 혼란만 가중시켰다. 반면 1964년 원화의 평가절하를 단행함으로써 수출의 증가의 효과를 가져 오는 긍정적인 역할을 하였다. 그리고 저축을 늘리기 위해 역금리체계(수신금리가 여신금리보다 높은 체계)를 활용하였고, 그 결과 저축이 큰 폭으로 상승하였으나 오래 지속되진 못하고 1969년에 금리체계가 다시 정상적으로 돌아오게 되었다. 이와 같이 제 1차 경제개발정책은 일관성이 없고 혼란한 상태에 놓여 있었으나 정부의 정책적 의지의 표출과 경제계획의 방법의 도입으로 정책방향을 제시하였다는 점에 큰 의의를 둔다. 실제로 이 시기 경제성장률은 7.8%로 목표를 상회하였고, 1인당 GNP또한 $84에서 $125로 증가하였다.

(나) 제2차 경제개발계획

제2차 경제개발계획은 1965년부터 준비되었고, 15년이라는 장기적 관점에서 1981년까지의 3단계에 걸친 경제개발계획을 수립하였다. 제2차 계획의 내용으로는 식량자급화와 산림녹화, 화학·철강·기계공업건설에 의한 산업의 고도화, 7억 달러의 수출달성, 고용확대, 국민소득의 비약적 증대, 기술수준과 생산성향상, 과학기술 진흥에 그 목표를 두었다. 이런 목표달성을 위해 저축률 수준을 높이기 위해 현재의 소비를 절약해야 함을 설득하였다. 그리고 개인의 여신에 대한 억제정책을 사용하였다. 이는 외환증가에 따른 통화량증가를 상쇄시키기 위해 사용된 정책이라고 할 수 있다.

그리고 1960년대 이후 높은 고도성장에 따른 지속적 수출주도형 성장을 일구어내기 위해 경공업에서 중화학공업 중심으로 바뀌었다. 이 목표를 달성하기 위해 필요한 자금은 9,800억 원 중에 국내자금이 6,029억 원, 외자가 14억 2,100만 달러였다. 이 외국자금 중 5억 달러가 한일국교정상화 자금으로 들어오게 되었다. 이 결과 외환사용 가능한 기업과 아닌 기업 간의 자금 활용에 따른 자본의 형성이 몇몇 기업에 집중화 되었고, 이는 기업 간 불평등을 낳는 결과로 이어졌다.

한편 1967~1971년 사이 경제성장률은 9.6%였으며, 수출주도형 경제성체제가 완성되어 1971년에는 수출이 10억불을 넘는 쾌거를 이루기도 하였다. 그리고 공업화가 진행됨에 따라 외자의존도가 높아지고, 외국인직접투자가 시작되었다.

(다) 제3차 경제개발계획

제3차 경제개발계획은 그동안 이루어진 2차례의 경제개발 5개년 계획에 의한 성과를 바탕으로 본격적인 중화학공업화를 추진하여 안정적 균형을 이루는데 그 목표를 두었다. 특히 무역수출을 목표연도에 35억 달러를 달성하여 국제수지를 개선하는데 중점을 두었다. 그 밖에 교육 및 훈련 기능강화로 인한 인력의 생산성 고취를 통한 고용을 최대한 높이는 내용도 포함되어 있었다. 그리고 사회간접자본의 지역 간 균형발전을 이룩하고, 게다가 4대강 유역개발을 통해 수출공업단지 형성에 따른 지역 개발을 촉진한다는 것을 목표로 설정하였다.

이 기간 동안에는 외자도입의 급증, 강력한 수출드라이브정책, 중동건설지원 등으로 연평균 9.6%의 높은 성장률을 유지하였다. 추가적으로 설명하면 1971년 8월의 '닉슨쇼크'에 의해 제 3차 경제개발계획을 단행하기 이전에 국제질서의 혼란을 부담하며 시작하였음에도 불구하고 높은 성장률을 기록하였다는 것에 의의를 두어야 할 것이다.[71]

(라) 제4차 경제개발계획

제4차 경제개발계획은 제 3차의 계획목표에 새로운 능률개념을 추가하여 성장, 형평, 능률의 기조 하에 자력성장구조를 확립하고, 사회개발을 통해 형평을 증진시키며, 기술혁신추구에 따른 능률을 고취한다는 목표를 가지고 있었다. 여기에 능률이 추가됨은 성장에 있어서 기술진보에 의한 성장을 꾀하려고 하였기 때문이다. 특히 경제적 자립성의 추구는 수출주도형 경제성장에 있어서 외국의 환경변화에 대응력에 대한 취약성을 드러내었기 때문이다. 이런 자립성장구조를 목표로 두게된 이유는 오일쇼크나 닉슨쇼크에 따른 충격이라고 할 수 있다.

이 기간 중에 1977년 100억불 수출달성, 1인당 GNP가 944달러로 증가하였다. 그러나 이 시기는 고성장에 대한 문제점도 나타나게 되었다. 1978년 물가의 급등과 부동산투기로 인한 부동산 가격 급등, 생활필수품부족 등이 나타났다. 그리고 1979년 제2차 오일쇼크로 인해 우리나라의 경제는 더욱 어렵게 되었으나, 1980년대 들어서 1981년에는 다시 경제가 회복세를 보이게 되었다.

---

71) 이 당시 미국의 달러 금태환정지조치에 의해 국제경제질서의 혼란을 가져왔으며 1973년 10월에 제 1차 석유파동 등으로 국내 경제가 어려운 고비를 맞이하게 되었다. 이에 정부는 기업의 자금난과 이자부담을 줄여 주기 위해 1972년 8월 3일 사채조정, 은행금리 인하, 산업부문에 대한 특별금융을 주요 내용으로 한 특별긴급경제(경제의 안정과 성장에 관한 긴급명령) 조치를 취하였다.

(마) 제5차 경제사회발전계획

제4차 경제개발계획을 추진하면서 여러 가지의 문제를 정부는 인식하게 되었다. 특히 1970년 후반에 들어서 정부의 지금까지의 과도한 개입에 따른 경제전반의 효율성이 떨어지는 것을 체감하였고, 이는 성장에 악영향을 미치는 요인으로 인식되게 되었다. 그로 인해 제5차 계획부터는 경제안정화 및 경제자유화, 그리고 분권화 등에 정책의 우선순위를 두게 되었다. 그리고 1980년대 들어서 한국경제는 개방화의 압력에 의한 더욱 많은 도전에 직면하게 된다. 게다가 급속한 경제성장과정에서 소득분배의 격차가 높아졌으며 국민의 기본적 욕구가 불충족되었다. 따라서 정부의 경제개발전략은 경제사회발전전략으로 개명되고, 목표에서 성장부분이 제외된 안정, 능률, 균형을 기반으로 한 물가안정과 개방화, 시장경쟁의 활성화, 균형개발전략 등을 주요 목표로 삼게 되었다.

우선 물가안정을 위해 인플레를 10%이내로 안정시키고, 이를 위해 계획기간 전반까지 구조적인 인플레요인을 대폭 정비하며 7~8%의 지속적 성장을 달성하기 위한 투자효율 극대화를 추구하기 위해 저축증대를 꾀하였다. 그리고 이 당시까지 이룩한 수출부분의 경쟁력을 고취시키기 위해 국내외시장에서 경쟁력 있는 비교우위산업의 육성을 우선하였다. 그 밖에 국토의 균형개발, 환경보전, 국민의 기본수요의 충족 등과 같은 사회개발을 적극적으로 추진할 것을 주요과제로 선택하였다.

이 시기 가장 높이 평가되는 것은 한국경제의 고성장에 기인한 인플레의 상승압력을 낮추어 물가를 안정시킨 것에 둔다. 이와 함께 1986년도부터 저금리, 저환율, 저유가로 불리는 3저현상은 우리나라에게 유리한 경제환경변화로 다가왔으며, 결국 경상수지의 흑자전환, 투자재원의 자립화로 경제의 질적 구조를 다지게 되었다. 이러한 유리한 경제환경변화로 인해 경제성장률은 계획치 7.6%에 2.2%p 상승한 연평균 9.8%의 높은 경제성장률을 달성하였다.

(바) 제6차 경제사회발전계획

제6차 계획은 능률과 형평을 토대로 경제선진화와 국민복지의 증진을 기본목표로 설정하였다. 그리고 국제수지흑자를 기저와 함께 세계적인 개방화 물결에 대한 도전, 선진국의 보호주의압력과 소외부문의 소득보상욕구가 더욱 커짐에 따라 이에 대응하기 위해 자율과 경쟁, 그리고 개방에 입각한 시장경제질서 확립, 소득분배개선과 사회개발의 확대, 그리고 고기술부문을 중심으로 한 산업구조의 개편 등을 중점과제로 삼게 되었다. 그 결과 경제성장률은 10%를 달성하였다. 그리고 실업률은 2.4%로 고용의 안정을 가져왔고, 국내저축률은 당초 예상보다 높은 36.1%에 달했다. 수출의존도도 계획보다 낮은 26.4%로 떨어져 경제자립도가 높아졌다. 반면 경제성장에 따른 인플레는 3.3%로 당초 예상치보다 높았다. 반면 수출보다 수입이 더 큰 폭으로 상승하여 87억 달러 적자를 기록하여 흑자기조정책은 실패로 돌아가게 되었다. 마지막으로 지역사회간접자본의 균형정책에 의해 도로포장률은 당초목표치 70%에서 6.4%p 상승한 76.4%를 달성하였다.

(사) 신경제계획

김영삼정부에 의해 1993년부터 1996년까지 시행된 제7차 경제사회발전계획은 신경제 5개년계획으로 개명되어 진행되었다. 자율과 경쟁을 바탕으로 경영혁신과 근로정신, 그리고 시민윤리확립을 통해 선진화 및 민족통일을 지향한다는 기본목표를 세웠다. 그에 따른 3대 전략은 기업의 경쟁력 강화와 사회적 형평제고와 균형발전, 그리고 개방 및 국제화의 추진과 통일기반조성으로 두었다. 이 시기 실질경제성장률을 연평균 7.5%의 성장으로 이끌어내기 위해 기업의 소유집중을 분산, 산업구조조정, 기술개발 및 정보화추구, SOC건설에 대한 투자확충을 추진하였다. 그리고 사회적 형평제고를 위해 서민주택공급의 확대, 사회보장제도 확충 등을 수행하였다. 또한 개방화를 위해 금리의 자유화, 농산물 및 서비스 시장의 개방, OECD가입을 추진하였다. 한편 한반도 긴장완화를 위한 통일기반조성을 위해 남북경제협력도 적극 추진하려는 계획을 수립하는 시기였다.

1990년대 급속한 개방화와 함께 내부적 구조의 모순에 의해 1997년에는 외환위기를 맞이하게 되었다. 신경제계획을 추진하면서 지금까지 예속된 관치금융에 대한 정부와 기업 및 산업의 구조조정을 원활하게 수행하지 못하였고, 개방화에 대한 적절한 규제가 부족함과 동시에 각 경제주체간의 도덕적 해이에 기인한다.

(2) 경제성장정책 평가

지금까지 우리나라의 경제성장을 위한 발전계획 및 전략과 그간에 이루어진 성장에 대한 설명을 하였다. 이와 같은 경제성장에 대한 성공요인과 성장패턴, 정책, 그리고 성장이후에 따르는 문제점에 대해 적시하도록 하겠다.

다른 선진국에 비해 성장을 단시간 내에 이룩한 우리나라의 성공요인으로는 높은 교육열에 의한 양질의 노동력이 풍부, 순조로운 외자도입, 왕성한 기업의욕, 사회간접자본의 확충, 베트남의 전쟁특수, 중동건설 진출에 의한 수요증대와 강력한 정부의 수출드라이브정책, 그리고 비교적 유리한 국제경제 환경 등을 꼽을 수 있다. 그리고 이러한 배경에 있어서 성공패턴은 다음과 같다.

첫째로 불균형 성장전략을 채택한 점이다. 이는 일본의 동원경제체제를 인용한 것으로써 선별적으로 중점육성산업을 선정한 다음 국민으로부터 동원된 자금과 정부의 기업에 대한 전폭적 지지를 함으로써 기업의 생산성을 높이고, 이는 한 나라의 경제를 성장시키는 전략으로 사용되었다는 것이다. 이런 전략은 1970년대 초까지 노동집약적 수출산업을 중점적으로 지원하는 정부정책, 그리고 1970년대 중반부터 중화학공업을 지원하는 정부정책과 맞물려 자본의 규모를 늘리고, 이는 소득의 증가로 이어져 이 소득이 다시 저축이나 투자의 형태로 이전됨으로써 종국적으로 고도의 성장을 이룩한 결과물을 낳게 된 것이다.

둘째로 수출주도형 공업화정책의 추진전략이다. 이는 성장을 위해 존재해야할 부존자원이 부족하였고, 자본의 축적 상태가 양호하지 않았기 때문에 외자유치를 통해 수입원자재와 시설투자재원의 마련하여 가공무역의 형태로 성장을 하려는 전략이다. 이 전략의 밑바탕은 바로 값싼 잉여 노동력이 존재하였기 때문이다. 따라서 같은 제품을 생산함에 있어서도 가격경쟁력 측면에서 우위를 점하기 때문인 것이다.

그리고 해외에서 벌어들인 소득은 다시 국내 저축과 투자의 형태로 자본의 형성을 증가시키는데 기여하게 됨으로써 다시 생산성이 높아지는 과정을 거치면서 수출의 증대를 가져오는 패턴을 가졌던 것이다.

마지막으로 선성장 후분배의 원칙을 채택하였다. 초기 경제개발계획에 의거한 경제성장의 극대화에 초점을 맞추고 있었으며, 이후 1990년대 들어서 소득분배 및 사회보장제도 개발과 관련된 정책을 수행하였던 것이다. 이는 성장으로 인한 물가의 상승과 함께 몇몇 산업 및 해당 기업에 소득이 집중됨으로서 불공평한 소득분배에 의한 자연스러운 변화로 해석될 수 있다. 역사의 길목에서 볼 수 있는 현상과 같이 성장에 따른 이윤의 차지는 큰 규모를 가지는 상인과 정치세력의 몫이 된다. 이러한 상인은 정치에 행사할 수 있는 권한을 원하며 그로 인해 정치에 있어서 독점적 지위에 혼란을 가중시킨다. 게다가 소득이 증가함에 따라 일반 대중 역시 정치에 대한 관심을 가지게 됨에 따라 소득분배 문제나 사회보장제도의 문제를 거론하게 되어 있는 것이고, 이를 정부가 정책에 반영하게 되는 과정을 가지는 것이다.

이런 고도성장의 긍정적 결과로는 경제규모의 확대와 수출증대, 그리고 그로 인한 우리나라 경제의 국제적 위상 고취, 고용증대와 소득증대, 인재양성과 경영관리 능력 증대 등을 들 수 있다. 그러나 이런 이면에는 여러 문제점도 나타나게 되었다. 먼저 수출주도정책에 의한 대외경제환경에 큰 의존도를 가지게 되었다. 1970년대 오일쇼크나 닉스쇼크를 보더라도 이런 세계 경제의 충격요소로 인한 국내의 파급효과가 크게 작용하게 되었다는 점을 들 수 있다. 두 번째로 산업간 (1차산업과 2,3차 산업간), 그리고 대기업과 중소기업 간의 불균형의 심화이다. 세 번째로는 부와 권력의 편중됨에 따른 권력층과 서민층간의 괴리에 따른 서민층의 욕구불만의 증대를 들 수 있다. 네 번째로 경제성장에 의한 높은 물가상승과 더불어 일부 생필품의 부족현상으로 인한 민생경제가 불안정해지는 경향이 나타났다. 이러한 문제와 더불어 결국 1997년에는 한국의 경제위기인 외환위기가 찾아오게 되었다.

지금까지 우리나라 경제의 고도성장과 그에 따른 부작용을 살펴봄으로써 우리는 앞으로 경제성장정책을 보는 시각을 키울 수 있는 선험적 판단기준으로 작용될 수 있을 것이라 사료된다. 경제학을 배우는 사람이라면 응당히 알아야할 기회비용을 생각해볼 필요가 있다. 성장을 위한 정책은 그 외에 고려되어야 할 요소를 간과함으로써, 그리고 간과하는 행동 양식을 보이더라도 그 간과된 부분은 비용을 가지고 있다는 것이다. 이는 그 당시 나타나지 않다가 갑자기 나타나기 때문에 더욱 위험한 상황으로 몰고 갈 수 있는 사실에 유의하여야 한다. 마치 젊은 시절 무엇인가 몰두하기 위해 놓쳤던 부분들, 예를 들면 식사를 거르거나 술을 마시거나 담배를 피우는 것과 같은 몸에 해로운 행동들, 그것은 나이가 먹고 일정 시점이 될 때까지 장기에 데미지를 주다가 어느 순간에 반드시 나타나게 되는 것과 같다고 볼 수 있다.

연습문제

1. 경제성장은 무엇이며, 양적팽창과 질적팽창에 대해 설명하라.

2. 우리가 경제성장에 관심을 갖는 이유가 무엇인지 설명하라.

3. 경제성장에 대한 정형화된 사실이 어떤 것이 있는가?

4. 경제성장을 위한 정책 수단을 종류별로 나열해보라.

5. 외생적 경제성장모형인 솔로우모형에서 제시하는 기본적인 전제조건이 무엇인지 적시하라.

6. 고전학파에 의한 경제성장 작동과정은 어떻게 되는가?

7. 솔로우 모형에서 1인당 자본량이 어떤 과정속에서 균제상태에 도달하게 되는지를 설명하고, 저축률 상승이 생산에 어떤 영향을 미치는지 설명하라.

8. 정책입안자들은 왜 황금률수준을 알려고 노력하며, 그 황금률이 의미하는 바와 그 문제점에 대해 기술하라.

9. 우리나라 경제성장을 위한 무역정책에 대해 간략하게 연도별로 정리하라.

Ⅶ. 노동정책

1. 노동시장

(1) 노동 수요

노동력은 생산요소로써 재화와 서비스를 생산하기 위해 투입되는 자원이다. 이런 노동에 대한 수요는 바로 기업에 의해 이루어진다. 이런 생산요소로써의 노동에 대한 수요는 우리가 흔히 일컫는 수요와는 다르다. 일반적으로 수요는 우리가 소비하기 위해 지불 가능한 지불용이 가격과 같다는 점을 들 때, 소비에 의해 다른 재화 및 서비스를 생산해 내지 못한다. 반면 노동이나 자본과 같은 생산요소에 대한 수요는 그 생산요소를 통해 산출물을 만들어 낼 수 있다는 점을 들어 일반적 수요와 다른 파생수요(derived demand)라고 한다. 즉, 최종생산물이 수요자에 의하여 수요되기 때문에 그 최종생산물을 생산하는데 투입되는 노동이 중간단계에서 수요 된다는 것이다. 이런 노동에 대한 수요가 파생수요이기 때문에 기업은 노동을 수요함에 있어 언제나 재화시장에서 최종생산물의 판매와 결부시켜 노동을 수요하려고 한다.

그리고 기업은 이 노동을 수요하고, 생산에 이용함에 따라 일정의 산출물을 가지게 된다. 이런 투입된 생산요소와 산출량의 관계를 나타내는 함수를 생산함수라고 한다.

$$Q = f(L, \overline{K}) \qquad\qquad (7-1)$$

식 (7-1)에서 Q는 총산출량을 나타내며, L과 K는 생산요소가 된다. 그리고 자본 K는 단기에 고정되어 있기 때문에 $\overline{K}$로 표시할 수 있다. 결국 노동의 투입 정도에 따라 산출수준이 달라질 것이다. 그렇다면 산출에 대한 노동의 기여는 어떻게 될까? 여기서 우리는 평균(average)와 한계(marginal)의 개념을 사용하여 설명할 수 있다. 총산출량에 대한 총노동자의 기여도는 평균생산(average product)을 나타내고, 노동자 1인당 변화에 따른 산출량의 변화는 한계생산(marginal product)로 나타날 것이다. 전자는 Q/L로 표현할 수 있고, 후자는 $\triangle Q/\triangle L$로 표현할 수 있다. 후자는 또한 $(Q_2 - Q_1)/(L_2 - L_1)$으로 표현할 수 있다. (그림 2−81)의 (1)그래프에서 빨간선이 평균생산을 나타내며, 파란선이 한계생산을 나타낸다.

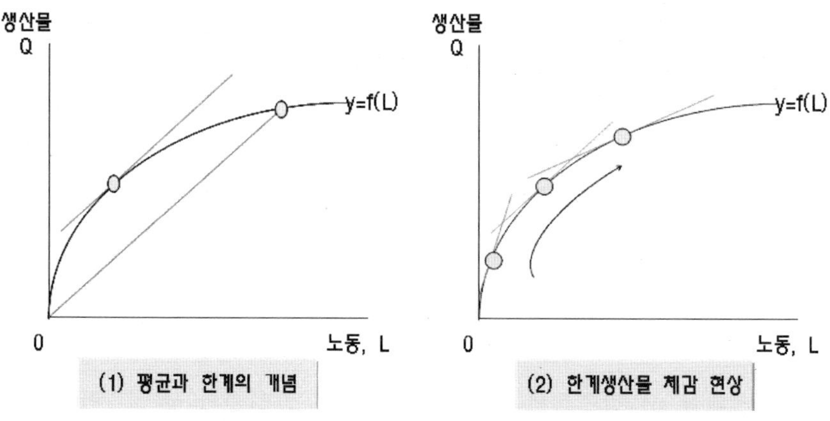

(그림 2−81) 총생산 함수와 AP, MP, 그리고 한계생산물 체감현상

이때, 노동에 대한 수요를 무작정 늘림에 따라 총산출량은 증가하지만, 노동자 한 단위 추가에 따른 한계생산은 감소하게 된다는 사실을 우리는 알고 있다. 이를 노동의 한계생산물 체감 법칙(low of diminishing marginal productivity)이라고 한다. 다시 언급하면 생산요소의 투입량이 증가할수록 한계생산이 감소하는 현상을 한계생산물 체감법칙이라고 하며, 일반적으로 노동의 투입량이 증가할수록 노동의 한계생산물이 감소한다. 이 때문에 (그림 2−81)에서 (2)의 그림처럼 생산함수의 기울기가 요소투입량이 증가할수록 감소하게 되는 것이다.

그렇다면 기업은 얼마만큼의 고용, 즉 노동에 대한 수요를, 하려고 결정을 할까?

기업들은 산출량을 결정할 때와 마찬가지로, 요소 고용량을 결정할 때에도 이윤극대화를 위한 한계적 결정을 내리게 된다. 우리는 미시경제학에서 총이윤은 총수입에서 총비용을 뺀 것이라는 것을 알고 있다.

$$\Pi = TP - TC \tag{7-2}$$

식 (7-2)에서 총이윤을 얻기 위해 노동수요에 대한 지불, 즉 임금은 어떻게 정해질까? 우선 단기에 자본은 고정되어 있다고 볼 때, 식 (7-2)를 노동에 대해 편미분을 하게 되면 아래 식 (7-3)과 같이 나타낼 수 있고, 이 식 (7-3)이 0이 될 때, 노동투입에 따른 총이윤이 극대화될 수 있는 조건이 성립한다.

$$\frac{d\Pi}{dL} = Pf_L{'}(q) - \frac{d(wL + rK)}{dL} = 0 \tag{7-3}$$

식 (7-3)에서 w는 노동 1단위에 대한 지불 대가이며, r은 자본에 대한 임대료와 같다. 우리는 자본이 고정되어 있다고 보기 때문에 노동수준의 변화에 따른 자본의 변화는 기대할 수 없으므로 다음 식 (7-4)와 같이 나타낼 수 있다.

$$Pf_L{'}(q) - wL = 0 \tag{7-4}$$

식 (7-4)에서 $Pf'_L(q)$에서 $f'_L(q) = MPL$이기 때문에 식(7-5)와 같이 표현할 수 있다.

$$MPL = \frac{w}{P} \tag{7-5}$$

식 (7-5)가 의미하는 것은 바로 노동의 한계생산물이 실질임금과 같아지는 수준에서 기업은 임금 결정 및 수요량을 결정하게 되는 것이다. 그리고 명목임금은 한계생산가치(VMPL: Value of the Marginal Product)와 같아진다는 것을 알 수 있다.

$$VMPL = w = MPL \times P \tag{7-6}$$

한계생산가치는 요소의 한계생산에 산출물의 시장가격을 곱한 금액으로써 노동투입량이 증가하에 따라 한계생산물이 체감하기 때문에 산출물 가격이 일정[72]하다면 VMPL은 감소함을 알 수 있다. (그림 2-82)에서처럼 VMPL은 각 고용수준에서의 한계생산물가치를 나타낸다.

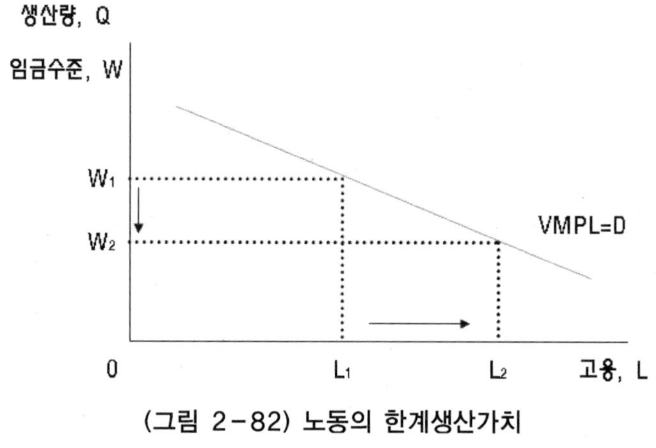

(그림 2-82) 노동의 한계생산가치

종합해 보면, 이윤극대화를 추구하는 완전경쟁시장의 기업은 노동의 한계생산가치가 임금과 같은 수준까지 노동을 고용할 것이다. 따라서 노동의 한계생산가치 곡선은 노동에 대한 수요곡선이 될 수 있는 것이다. 이때, 노동시장에서 결정되어지는 임금수준을 알면 이 기업의 적정고용수준을 알 수 있다. (그림 2-82)에서 보면 시

---

72) 완전경쟁시장은 다수의 공급자와 다수의 수요자가 존재하기 때문에 가격을 그대로 받아들일 수밖에 없으며(price taker), 또한 가격은 고정되어 있다는 것을 다시 상기하자.

간당임금이 W_1일 때에 균형고용수준은 L_1이 되고, 임금이 W_2로 하락하면 고용수준은 L_2로 증가하게 된다. 보다 일반화해보면, 완전경쟁시장의 기업이 한계생산가치가 임금과 같아지는 수준까지 노동을 고용한다는 것은 산출물의 가격이 한계생산비용과 같아지는 수준에서 생산하는 것과 같아지게 된다. 이는 시장가격이 시장임금과 같아지는 점에서 생산을 하고, 노동자를 수요하게 된다.

(2) 노동수요의 탄력성[73]

임금변동에 대응하는 노동수요의 변화정도는 기업이 수용하는 노동력의 종류에 따라 달라진다. 즉, 어떤 종류의 노동은 약간의 임금상승에 대해 민감하게 반응하여 즉시 고용인원감소를 일으키지만, 반면 어떤 종류의 노동은 상당한 임금상승에도 불구하고 고용의 감소가 거의 없는 경우가 있다. 이와같은 임금변화에 대한 노동수요의 변화를 각각의 변화율로 나타낸 것이 노동수요의 탄력성(elasticity of demand for labor)이라고 한다. 이는 현실적 문제에 대해서도 노동조합의 임금인상 노력 혹은 정부의 임금정책의 고용량에 대한 영향을 예측한다는 측면에서 고려되어야 하는 문제라 할 수 있겠다. 이런 노동수요의 탄력성은 다음과 같이 4가지 요인에 의해 결정된다.

(가) 생산물 수요의 탄력성

기업의 노동에 대한 수요는 기업이 생산하기 위해 요구되어지는 파생수요라는 점은 앞에서도 설명된 바 있다. 이는 노동의 수요도 노동이 생산요소로 들어가는 최종생산물수요의 탄력성에 영향을 받을 수 있게 되는 것이다. 예를들어, 임금이 10% 상승하였을 때 생산비가 5% 상승하고 제품가격도 5%상승한다고 할 경우 생산물수요의 탄력성이 0.5와 같이 낮다면 매상고는 2.5%만 감소할 것이고, 고용량의 감소

---

73) Hicks, J.R.(1963) "The theory of Wage" 2nd ed., pp.241-246

도 상대적으로 작게 될 것이다. 그러나 생산물에 대한 수요의 탄력성이 2.0과 같이 높다면 매상고는 동일한 임금상승에 대하여 10%만큼 감소하게 되며, 고용량의 감소는 위 경우와 비교해 볼 때, 상대적으로 커짐을 알 수 있다. 즉 생산물에 대한 수요가 탄력적일수록, 노동에 대한 수요도 더욱 탄력적이 된다.

(나) 총생산비에 대한 노동비용의 비중

노동수요의 탄력성은 총생산비 중에서 노동비용이 차지하는 비중에 의해서도 영향을 받는다. 예를 들어 노동집약적 산업인 신발, 목재, 섬유, 철강 등 노동임금이 총생산비용에 차지하는 수준이 높으면 기업의 노동수요의 탄력성에 영향을 미칠 수밖에 없다. 만약 어떤 제품에 노동비용의 비중이 5% 혹은 10%정도로 낮은 수준이라면 임금상승은 단위당비용에 적은 영향을 미치게 되고, 따라서 생산물가격 혹은 매상고, 그리고 고용량에 대한 영향이 적게 될 것이다. 이런 노동집약적 산업에 있어서 노동경제학은 일부 숙련노동자끼리 조직한 직종별 노동조합이 여러 가지 직종과 여러 가지 숙련정도의 근로자를 포과하는 산업별 노동조합보다 단체교섭력이 강하다는 것이 통념으로 되어 왔다. 기업의 입장에서 볼 때, 일부 숙련직종의 근로자들이 요구하는 임금인상을 들어주어도 총생산비에 그다지 큰 영향이 없고 따라서 기업 자체의 임금인상에 대한 저항이 적을 뿐만 아니라, 임금상승이 고용감소에 미치는 영향도 적기 때문이다.

(다) 타 생산요소에 대한 노동의 대체성

기업이 생산물을 생산하는 할 때에 노동 이외의 생산요소도 사용한다. 그런데 다른 사정은 동일하면서 노동의 가격인 임금만 상승한다고 가정한다면 상대적으로 비싸진 노동을 타 생산요소로 대체하려고 하는 유인이 발생한다. 이때, 기술적으로 노동을 대체할 수 잇는 다른 생산요소로의 대체가능성이 높고 낮음에 따라 임금상승의 고용감소효과는 달라질 수밖에 없다. 만약 대체가능성이 크다면 동일한 임금상승에 대한 고용감소효과는 높을 것이고, 대체가능성이 작다면 고용감소효과는 작을 것이다. 예를 들어 전문 직종에 종사하는 노동자들은 임금상승의 유인이 있더라도 자본과 같은 생산요소로 대체하지 못하기 때문에 함부로 해고되지 않는다고 할 수 있다.

(라) 노동 이외의 생산요소의 공급탄력성

임금이 상승하면 생산물의 생산비가 증가하며 따라서 제품가격이 상승하여, 제품에 대한 수요량이 감소하게 된다. 이는 곧 노동을 포함한 다른 생산요소들의 수요도 감소하게 될 유인을 제공한다. 이때, 노동을 제외한 다른 생산요소의 공급곡선이 비탄력적일 경우 임금인상에 따른 생산량 감소, 그 결과 각 요소에 대한 수요가 감소할 때, 그 요소는 비탄력적인 공급곡선의 모양 때문에 약간의 수요감소에 대해서도 가격이 크게 저하되며, 임금상승에 따른 생산비용의 상승을 상쇄해 주게 된다. 따라서 공급이 비탄력적인 생산요소의 존재는 노동을 포함한 다른 요소의 수요감소를 어느 정도 줄여주는 완충작용을 할 수 있다.

이상의 노동수요에 대한 탄력성을 종합해보면, 동일한 임금인상에서 오는 고용의 감소는 다음과 같을 때 작아지게 될 것이다. 즉, 생산물의 수요가 비탄력적일수록, 총생산비 중 노동비용이 차지하는 비중이 작을수록, 생산에서 노동을 다른 요소로 대체할 수 있는 가능성이 적을수록, 노동 이외의 생산요소의 공급이 비탄력적일수록 노동수요도 비탄력적으로 되어 임금상승에 대한 노동감소효과는 작게 된다.

노동수요의 탄력성은 근로자를 연령별, 학력별, 성별, 그리고 산업별과 직종별 등으로 구분해 볼 때, 각각의 범주별 차이를 가진다. 그로 인해 고용정책이나 실업대책을 수립할 때에 노동수요의 탄력성에 관한 지식이나 정보가 중요한 참고자료가 된다. 그뿐 아니라 노동조합의 교섭력의 강도를 높이기 위해서 노동수요를 비탄력적이게 하는 모든 전략이 필요함은 물론이고 이는 노동조합의 존재와 교섭력 증대를 위해 대단히 중요한 과제가 되는 것이다.

(3) 노동 공급[74]

　어떤 국민경제에서 노동공급의 규모와 그 내용을 결정해주는 것으로 첫째 인구 또는 생산가능인구의 크기, 둘째 경제활동참가율, 셋째 노동공급시간, 넷째 노동력의 질을 들 수 있다. 먼저 인구 및 생산가능인구의 규모차이는 노동력의 공급규모를 근본적으로 결정짓는 요인이 되는 것이다. 전체 인구가 우리나라처럼 약 6000만인가, 아니면 중국처럼 약 13억의 인구인가의 차이는 양적규모로 볼 때 훨씬 더 노동공급에 유리한 측면을 보여주는 단적인 예라고 할 수 있다. 두 번째의 경제활동참가율(labor force participation rate)은 생산가능인구 중에서 취업자와 실업자의 합계인 경제활동인구가 차지하는 비율을 말한다. 이는 생산기능인구의 크기가 같은 두 나라에서도 경제활동참가율이 다름에 따라 실제로 노동력으로 공급될 수 있는 인구의 규모는 달라진다. 뿐만 아니라 선진국과 후진국의 경우 차이가 있으며, 하나의 국민경제 내부에서도 농업과 비농업 또는 연령계층별, 성별로도 다른 것이 보통이다.

　세 번째로 노동시간은 동일한 생산가능인구와 경제활동참가율을 가진 두 개의 국민경제에 있어서 노동시간이 차지하는 비율이 어떻게 되는 가에 따라 실제로 공급되는 노동량은 달라진다. 이 노동시간은 개인의 선호체계에서 시간의 배분을 노동에 투입할 것인가 혹은 여가에 투입할 것인가에 대한 기준을 어느 쪽에 비중을 더 두는가에 따라 달라진다. 보통은 후진국에서 선진국으로 갈수록 노동보다 여가가 더욱 선호되는 경향을 보이며 소득과 노동시간간의 후방굴절형곡선 형태를 가지게 된다. 이때, 노동시간의 장기적인 변화는 어떠하였으며, 그것을 결정해 주는 요인이 무엇인가를 밝히는 것은 대단히 중요한 과제라고 할 수 있을 것이다. 마지막으로 노동력의 질은 생산적인 노동에 투입될 노동력으로써 질적 수준이 높게 되면, 사실상 같은 규모의 노동공급을 가정하더라도 그것이 지니는 생산능력은 훨씬 더 높아지기 때문이다. 이런 노동력은 일반적 경제이론에서 제시하듯 균등한 것이 아니며,

---

74) Hamermesh, D. S. and Rees, A.,(1988) "The Economics of Work and Pay," 4th ed., Harper & Row, pp 3－4

실제로 근로자 사이 지식이나 기술측면에서 차이가 존재한다는 것이다. 따라서 교육훈련을 통하여 기술이 축적되는 과정이 확실히 파악되어야 하며, 인적자본에의 투자를 결정하는 요인이 무엇인가를 이해하는 것은 노동력의 질적 차원의 중요성을 고려할 때 중요한 과제임이 분명하다.

(가) 노동공급시간 결정이론

노동공급은 근로자가 노동과 여가의 기회비용의 변화에 대응하여 노동과 여가사이에 어떤 선택을 하는가에 따라 결정된다. 여기서 여가(leisure)라 함은 일정한 주어진 시간 중 노동시장에서 보내지 않는 비취업시간을 가리킨다. 이때, 여가도 정상재(normal goods)이므로 사람들은 노동을 공급하여 얻게 되는 노동소득과 여가 사이의 일정한 상충관계(trade-off)를 바탕으로 한 선호체계를 가진다고 보는 것이다. 왜냐하면 노동시간을 늘이면 늘일수록 소득은 증가하지만 여가 시간을 줄어들게 되기 때문이다. 이런 주어진 시간의 제약 하에서 노동시간과 여가시간의 분배를 통해 소득이 결정되기 때문에 미시경제학에서의 소비자선택의 최적화 방법을 동원해서 근로자의 노동시간 선택을 최적화 할 수 있다.

아래 (그림 2-83)에서 보면 노동시간과 소득에 대한 선호체계와 임금선을 볼 수 있다. (1)은 여가와 소득간의 선호체계를 나타내는 무차별곡선이고, 수평축은 노동과 여가의 관계를 나타내며, 수직축은 소득으로 나타난다. 소득과 여가는 모두 정상재로써 무차별곡선은 원점에 볼록한 형태를 띠고 있으며, 우측 상향이동할수록 효용은 더욱 커진다.

한편 (2)에는 두 개의 시간당 임금선이 나타나 있다. 먼저 수평축에서 노동시간이 많아질 경우 원점에 가까워지며, 노동시간을 줄일 경우 오른쪽으로 이동하며, 소득은 자연스레 줄어들기 때문에 우하향하는 임금식을 도출할 수 있다. 우선 노동시장에 참가할 때 만약 전시간을 노동시간으로 공급하게 되면 w_1만큼의 소득을 얻을 수 있다. 따라서 Lw_1의 기울기는 노동시장에서 얻을 수 있는 시간당임금 혹은 임금률(wage rate)이 된다. 만약 이 근로자가 진급을 하였을 경우 동일한 노동시간당

임금의 상승으로 인해 임금선은 w_2로 이동하게 될 것이다.

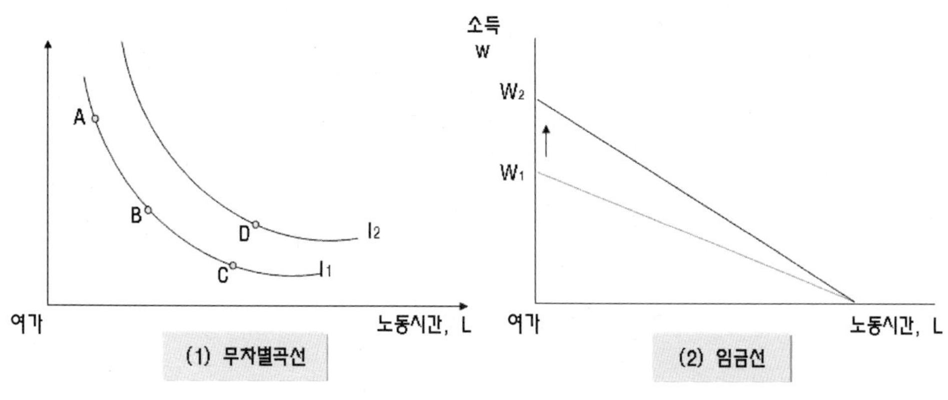

(그림 2-83) 소득-여가간의 선호와 임금선

(그림 2-83)을 좀 더 자세히 해석해보자. 먼저 (1)은 소득과 여가 간에 존재하는 개인의 주관적인 선호 내지 대체관계를 나타낸다. 이는 보통재화간의 주관적 선호관계를 나타내는 무차별곡선의 성질인 한점에서의 기울기는 노동에 대한 소득과 여가 사이에 존재하는 한계대체율(marginal rate of substitution)을 의미한다. 이 한계대체율은 바로 노동공급자가 주관적으로 평가하는 시간당임금이라고 할 수 있으며, 이것을 가계내에서의 임금률(wage rate)혹은 요구임금률(asking wage rate)라고 부를 수 있다. 그리고 (2)에서 본 시간당임금은 일정한 노동시간으로 사용될 때 노동시장에서 객관적으로 실현될 수 있는 임금률이 된다.

이제 근로자는 노동과 여가에 대한 시간분배에 대한 선택의 문제에 직면하게 되는데, 최적화의 문제는 바로 무차별곡선과 임금선이 접하는 한 점에서 결정되며, 그에 따라 소득 또한 결정될 것이다.[75]결론적으로 개인의 노동공급시간은 바로 주관적 선호와 시장에서 평가되는 객관성에 의해 정해지게 되는데, 일반적으로 시간당

---

75) 미시경제학에서 소비자선택의 최적화에 대해 자세히 기술되어 있기 때문에 추가적으로 설명하지 않겠다. 보통 정상재 x와 y에 대해 선택의 문제와 위의 노동시간과 소득의 문제는 동일하기 때문이다. 독자들 스스로 그래프를 그려 확인해보길 바란다.

임금이 상승하게 될 경우 노동자는 노동공급시간을 늘리고 여가시간을 줄이게 된다. 그렇다면 지속적으로 시간당임금이 상승하게 되면, 과연 노동공급시간이 계속 늘어나게 될까? 아니면 시간당임금이 상승으로 노동공급시간을 줄이고 여가를 선호하게 될까? 이에 대한 문제는 바로 노동과 여가의 소득에 따른 소득효과(wealth effect)[76]와 대체효과(substitution effect)에 따라 달라진다.

설명을 용이하게 하기 위해 그래프를 이용하여 설명하도록 하겠다. (그림 2-84)에서 (1)과 (2)의 경우가 제시되어 있다. 시간당임금의 변화는 무차별곡선의 우측 이동을 유발하게 된다는 점을 전제하에 (1)의 경우 시간당임금의 상승으로 노동시간이 감소하는 경우이며, (2)는 노동시간이 증가한 경우이다.

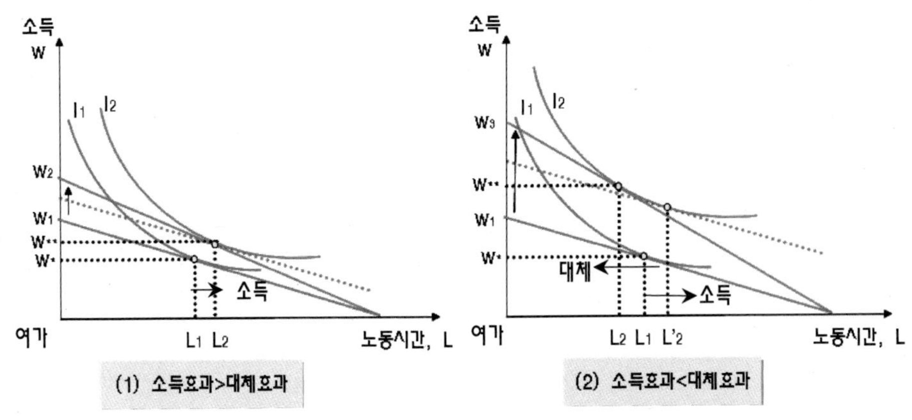

(그림 2-84) 시간당임금변화에 따른 노동공급시간의 변화

(그림 2-84)에서 (1)에서는 시간당임금이 증가에 따라 임금선이 Lw_1에서 Lw_2로 이동함에 따라 무차별곡선과 만나는 점이 바뀌게 된다. 그로 인해 노동공급시간 L_1수준 하 시장에서 받을 수 있는 임금 w^*은 노동공급시간 L_2수준에서 시장에서 받을 수 있는 임금 w^{**}로 바뀐다. 여기서 임금률 상승은 실질소득의 상승을

____

76) 혹은 income-effect라고도 한다.

일으키고, 여가가 열등재화가 아니라면 여가에 대한 소비가 늘어나게 됨에 따른 소득효과가 발생하게 된 것이다. (2)의 경우도 마찬가지로 소득효과에 의해 L_1에서 L'_2로 여가에 대한 사용이 증가함을 알 수 있다. 그러나 대체효과도 발생하게 된다. 대체효과라 함은 시간당임금이 상승에 따라 여가의 기회비용이 그전보다 증가하였기 때문에 상대적으로 여가를 줄이려고 하는 것을 말한다. (1)의 경우에서는 대체효과가 0의 값을 가지는 것이고 (2)의 경우 L'_2에서 L_2의 크기만큼 발생하게 된다.

(그림 2-84)에서 (1)과 (2)를 비교해보면 (1)은 소득효과가 대체효과보다 크기 때문에 여가시간을 늘이는 행위를 보이는 반면 (2)의 경우는 대체효과가 소득효과보다 커 여가시간을 줄이고 노동공급시간을 늘이게 된다. 종합해 보면 무차별곡선 차이와 임금률의 차이에 따라 소득효과 및 대체효과는 다르게 나타나며, 그로 인해 소득 및 대체효과의 차이에 따라 노동공급시간은 상반된 결과를 가져오게 된다. 참고로 (1)의 경우 예를 들어보면 아주 많은 연봉을 받는 CEO의 경우 임금이 조금 오른다고 해서 노동시간을 더 늘일려고 하지 않을 것이라는 점을 가만해 볼 수 있을 것이다. 반대로 (2)의 경우는 개도국에서 일용직 근로자에게 정규직으로 전환과 그에 따른 추가적 보상을 주겠다는 제안이 왔을 때, 그것을 받아들임에 따라 추가적 노공공급시간이 늘게 되는 것으로 설명할 수 있겠다. 즉, 임금상승에 따른 노동공급시간의 변화는 개인적 주관과 자신의 처지에 따라 달라질 수 있다는 것이다.

이러한 아이디어를 일반화 시켜보면 자신의 임금수준이 낮을 때 시간당임금의 상승은 여가의 기회비용을 높임으로써 여가를 줄이고 노동공급시간을 늘리려고 할 것이다. 반대로 임금수준이 높고 여유로운 상태라면 시간당임금의 상승은 노동공급시간을 늘리려는 유인을 가지지 못하며, 오히려 여가를 늘이려고 하게 된다는 것이다. 즉 소득효과가 대체효과를 압도하게 될 때이다. 이런 경우 흔히 지적되는 후방굴절형의 노동공급곡선이 나타나게 될 것이다. 그러나 아무리 임금률이 높아진다고 하여도 노동시간이 감소되는 경우는 드물 것이고, 대부분 1일 8시간 등과 같이 일정한 시간을 일하고자 할 것이며, 다만 상대적으로 연중휴가 및 주말휴가 등을 장기간 갖고자 하는 경향을 가질 것이기 때문에 노동공급곡선은 우상향하는 기울기를 가진다고 할 수 있을 것이다.

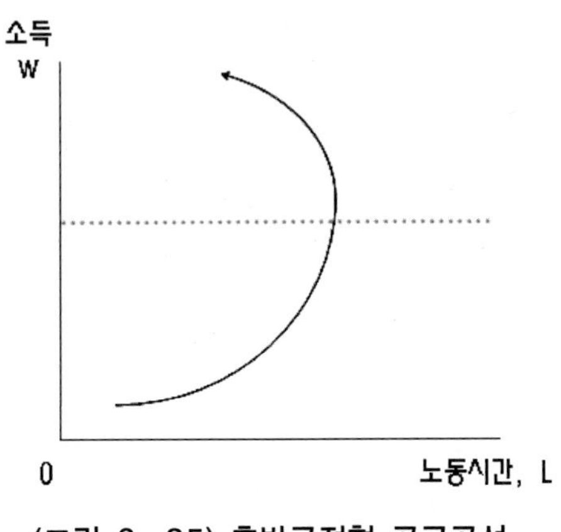

(그림 2-85) 후방굴절형 공급곡선

(4) 노동시장의 균형

노동시장은 여타 시장과 마찬가지고 수요와 공급에 의해 균형이 결정된다. 노동시장에서 기업이 지불하는 임금은 노동의 한계생산가치와 일치해야 하며, 완전경쟁시장에서 생산물가격과 같아지게 되는 점에서 기업은 노동자를 고용하려고 할 것이다. 즉 하나의 국민경제 또는 하나의 직종에 있어서 노동력의 수요와 공급이 주어질 때 균형임금과 균형고용향이 결정되는 것이다. 그리고 경쟁시장 하에서 노동시장의 균형이 달성될 경우 하나의 직종 내지 하나의 국민경제 전체는 생산효율측면과 근로자들의 만족의 양면에 있어서 모두 최적의 상태에 있다고 할 수 있다.

첫째, 생산효율면에서 볼 때, 모든 근로자의 임금은 동일하며 그와 같은 노동력을 고용하는 각 기업은 모두 한계생산물가치와 임금을 일치시키는 수준에서 노동을 공용하고 있다. 그런데 모든 근로자에게 적용되는 임금은 동일하므로 모든 기업의 각각의 생산수준에서 각 기업의 한계생산물가치도 모두 같을 수밖에 없다. 따라서 이것은 자원을 가장 효율적으로 사용하는 방법이 되며, 생산을 극대화시키는 것이다.

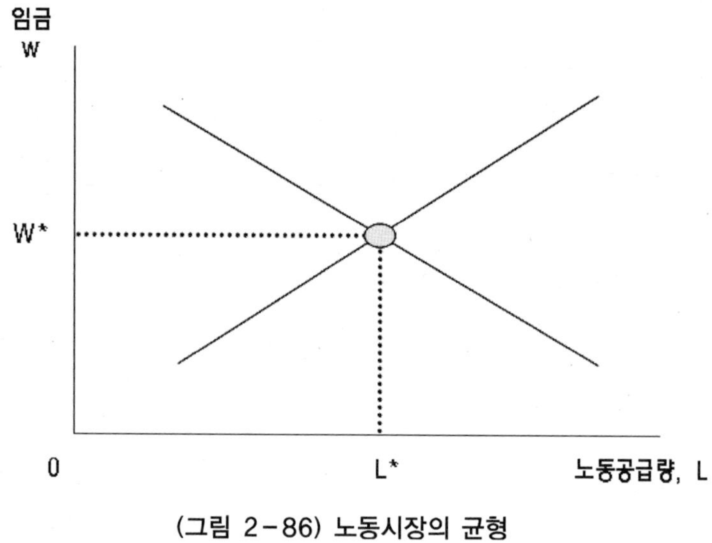

(그림 2-86) 노동시장의 균형

　둘째, 근로자들의 만족면에서도 최적조건은 달성된다. 왜냐하면 두 가지의 다른 직종에 대하여 모든 사람들은 각자의 선호체계를 가지고 있고, 직종선택의 자유와 구직활동상에 장애가 전혀 없다고 할 때, 어떤 근로자가 어떤 직종을 선택하고 다른 직종을 선택하지 않음은 그만큼 다른 직종이 자신의 효용을 극대화 시키지 못하기 때문이다. 이런 경쟁시장 하에서 균형은 역시 근로자에게도 최대 만족을 주는 것이라고 설명될 수 있다.

(가) 노동수요곡선의 이동

　　노동수요곡선의 이동을 유발하는 요인으로 크게 기술의 변화, 최종생산물가격의
변화, 노동 이외의 타 생산요소의 가격변화를 들 수 있다. 기술 변화는 노동의 한계
생산가치의 증가를 유발시키기 때문에 기존보다 더 많은 산출량을 가질 수 있고,
최종생산물의 가격은 앞서 본 바와 같이 한계생산물가치가 증가하기 때문에 명목임
금의 상승을 유발한다. 이를 종합하면 (그림 2-87)과 같이 수요곡선이 우측평행이
동으로 인해 고용의 증가 및 임금의 상승을 유발한다.

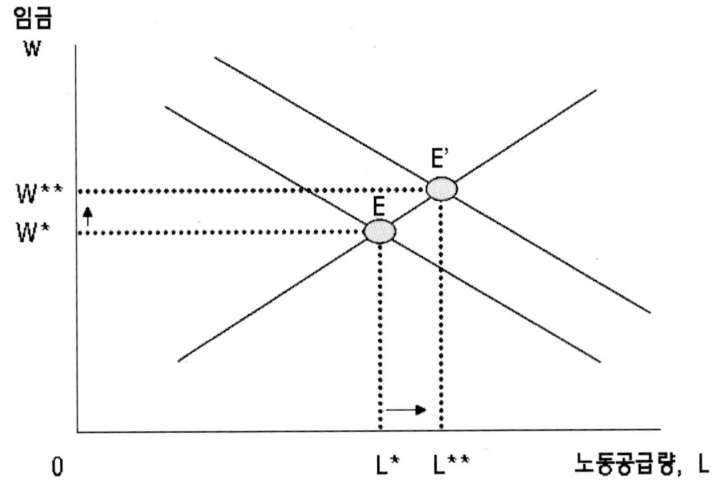

(그림 2-87) 노동수요곡선의 이동과 새로운 균형

(나) 노동공급곡선의 이동

　　노동공급에 미치는 영향은 노동수요곡선에 미치던 영향이 그대로 적용된다. 여기
에 노동공급에 영향을 미치는 것은 급격한 인구의 증가가 일어났을 경우를 들 수
있겠다. 이를 더 세부적으로 설명해보면, 독자들이 즐겨보는 유명한 드라마에서 인
기를 끌던 직종은 그 당시 그 시장에 노동공급을 상승시킨다. 예를 들어 최고의 인
기를 끈 의료드라마가 있었다고 하자. 이는 단기적으로 의료대학에 입학할 학생들

을 증가시키고, 장기적으로 의료대학에서 배출되는 인원이 증가하게 될 것은 자명하기 때문이다. 이렇듯 노동시장에서 공급곡선에 이동을 일으키는 요인에 자극이 일어나 우측으로 이동했을 때 시장에서는 어떻게 평가 될까?

우선 노동공급곡선의 우측이동으로 인해 노동시장에서 초과공급이 발생하게 된다. 기업은 풍부해진 노동시장에서 더 싼 임금으로 더 많은 노동력을 수요하려고 할 것이다. 따라서 임금은 종전보다 하락하고, 고용수준은 증가하게 된다. 그리고 고용의 증가에 따라 노동의 한계생산은 감소하게 되고, 한계생산가치 역시 감소하게 된다.

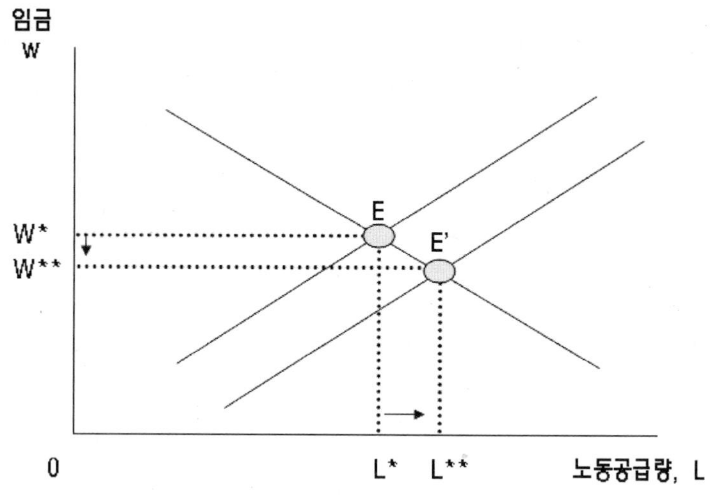

(그림 2-88) 노동공급곡선의 이동과 새로운 균형

2. 균형임금의 격차

(1) 임금격차[77]에 영향을 미치는 결정변수

　　노동시장에서 노동수요와 노동공급곡선이 만나는 점에서 균형 임금과 균형 고용량이 결정된다는 사실을 알게 되었다. 이는 완전경쟁시장을 가정하고 있다는 점을 볼 때, 현실에서는 이런 완전경쟁시장을 적용하기에 다소 무리가 따른다. 게다가 노동시장에서 같은 업종별, 산업별, 학력별 임금의 격차가 나는 이유를 설명하지 못하는 것이 사실이다. 현실 경제의 태생은 불완전경쟁에 기인하기 때문인 것이다. 즉, 사람이 태어나고 자라나는 환경에서 배우는 모든 것들에 차이가 존재하기 때문에 어떤 직업을 가지고 살아가는지 제각각 다른 연유가 바로 이 때문인 것이다. 그렇다면 논의를 확장하여 이런 임금의 격차를 설명하는 요인에는 어떤 것이 있고, 이는 어떤 배경하에서 분석이 되었으며, 또한 어떤 의미를 가지고 있는가 알아보지 않을 수 없다. 또한 이런 임금격차의 발생원인, 결정요인 분석은 정부의 노동정책 수립 시 아주 중요한 자료가 될 수 있기 때문이다. 우리는 임금격차를 설명하는 결정요인에 대해 크게 보상적 임금격차, 인적자본, 능력, 노력, 운수, 교육수준(신호효과), 슈퍼스타 현상 등으로 세분화하여 설명할 것이다.[78]

(가) 보상적 임금격차

　　직종들 중에서 노동자의 근로환경이 차이가 나는 경우가 허다하다. 즉 노동자에

---

77) 일반적 임금격차에 관한 문헌으로 Reder, M. W.,(1962) "Wage Differentials: Theory and Measurements," in Lewis, H. G. (ed)., *Aspectsof Labor Economics*, Princeton Univ. Press 와 그의 (1955)"The Theory of Occupational Wage Differentials," American Economics Reviw, Dec.를 참조하라.

78) 보다 포괄적인 범주에서 임금의 격차를 이해하기 위해서 시중에서 출판되는 노동경제학의 내용을 참고하라. 본서는 임금격차를 설명하는 주된 결정요인에 대해서만 언급할 뿐이며, 이는 독자들이 현실 경제를 이해하기에 충분하다고 판단되기 때문이다.

게 있어서 보다 유리한 직종은 임금이나 직장의 쾌적함뿐만 아니라 위신이나 명성, 일에 대한 만족감 등을 제공한다. 이는 어떤 다른 직동 또는 직업이 그 반대로 불만족스럽거나 사회적으로 평가를 받지 못하며 전망도 밝지 못한 경우에는, 그 점에 대하여 보상해줄 만큼 충분히 높은 임금이 지불되어져야 하는 것이다. 이 점에 대해 스미스(Smith, A.)는 경쟁조건하에서 직종간에 자유로운 노동이동을 통하여 이루어지는 것은 금전적 이익의 균등화가 아니고 비금전적 부분까지 포함한 순이익의 균등화라고 설명하였다. 즉 이는 어떤 직종에 존재하는 어떤 불리한 성격 또는 추가적인 부담 등에 대하여 보상해 줌으로써 그렇지 않은 직종과 균등한 상태로 유지해 주는 임금격차가 바로 보상적 임금격차(compensation wage differentials)이다. 예를 들어 교육수준이 같더라도 탄광 근로자는 임금을 더 받는다거나, 같은 직업이라도 야간 근무자는 주간 근무자보다 더 많은 임금을 받거나, 교수들은 변호사나 의사에 비해 소득이 작다는 점을 들 수 있다.

1) 비금전적 차이

비금전적 면을 예로 들면 노동의 유쾌한 정도, 노동의 난이도, 직업장의 온도, 습도, 소음, 진동 등의 차이 등을 들 수 있다. 이 밖에도 어떤 직종 내지 직업은 사회적으로 높은 평가를 받으며 그를 통하여 위신과 명성을 누릴 수 있을 뿐 아니라 그 직종에 종사한다는 사실만으로 정신적 만족도를 높일 수 있는 것이다. 이러한 직종의 비금전적 특성에 대해 불리한 특성을 가진 직종은 그에 대한 보상 내지 조정의 요소로써 상대적으로 높은 임금을 지불하지 않으면 안 된다. 이러한 것에 연유하는 임금격차를 비금전적(non-pecuniary) 임금격차라고 한다. 이런 비금전적 임금격차는 산업재해의 발병 혹은 직업병의 발병가능성이 높은 직종에 대한 일종의 위험수당을 지불하는 것, 중노동 및 격무 등에 대해 일정 수당이 지급되는 것, 문화적 혜택을 누릴 수 없는 벽지에서 근무할 경우 수당이 지급되는 것, 기타의 유해 위험사업장 등에 대해 여러 가지 형태로 추가적인 수당 등이 지급될 필요성을 시사해 준다.

2) 금전적 위험

직종에 따라 특별한 일이 발생되지 않는 경우 매월의 임금이 거의 확실시 보장된다. 반대로 어떤 직종에서는 매월의 임금 또는 봉급의 지불 등의 노동소득발생이 확실히 보장되지 않는 경우도 있다. 그뿐 아니라 임금 또는 노동소득의 수준 그 자체가 불안정적 성향을 띰에 따라 어떤 때에 소득이 높거나 낮거나 할 수 있는 직업도 있다. 일반적인 노동을 공급하는 사람, 즉 개인은 위험에 대한 기피적 성향을 가지기 때문에 이런 일을 하는 사람에게 보상을 해주어야 한다는 것이다. 즉 이런 직종의 임금은 비록 그 직종의 예상되는 평균임금은 다른 직종과 같다 하더라도 그 직종 고유의 금전적 위험을 보상해주는 어떤 가산적 임금이 있지 않으면 안 된다는 것이다. 이러한 이유로 발생되는 격차를 금전적 위험(pecuniary risk)에 대한 임금격차라고 한다.

(나) 인적자본

인적자본(human capital)은 교육이나 직업훈련과 같이 사람에 대해 축적된 투자의 결과로 나타내진다. 그리고 인적자본의 축적의 가장 중요한 수단은 교육으로써, 교육은 미래의 생산성을 높이기 위해 현재 지출하는 일종의 투자행위로써 투자행위의 근본은 그에 따른 보상에 기인하는 것이다. 예를 들어 어떤 직종이 다른 직종보다 더 높은 교육훈련을 받은 근로자를 수요할 경우 그 직종에 종사하는 근로자는 교육훈련에 투입된 직·간접적 비용 때문에 그에 대한 보상으로써 더 높은 임금을 받게 된다. 즉 의사가 되기 위해 소요해야 할 시간적, 금전적 비용은 일반 판매원이 되기 위해 소요되어야 할 비용보다 많기 때문에 더 많은 보수를 받게 되는 것이다. 이는 전문직, 기술직 또는 행정관리직 등에 종사하는 근로자가 일반 판매직이나 생산직 등에 종사하는 근로자 보다 훨씬 높은 임금을 받고 있다는 것을 미루어 비쳐 볼 때, 이는 교육훈련의 차이에 기인하는 것이라고 할 수 있다.

최근 전문기능직과 비전문 근로자 사이에 상당한 임금격차가 커지고 있는데 여기에 대한 높은 설명력을 가지는 원인은 다음과 같다. 먼저 국제무역으로 인한 숙련 노동과 비숙련 노동에 대한 수요구조가 변화했다는 것이다. 이는 수출품이 고부가 가치화 함에 따라 숙련 전문기능에 대한 수요는 증가하는 반면, 비숙련노동에 의해 생산되던 상품은 후진국으로부터 수입하기 때문이다. 그리고 기술진보로 인한 숙련 노동과 비숙련 노동에 대한 수요구조가 변화하고 있다는 것이다. 즉 정보통신기술의 발전과 업무의 자동화에 의해 비숙련 노동자에 대한 수요가 감소했기 때문이다.

(다) 능력, 노력, 운수

능력(ability)는 선천적 요인과 후천적 요인에 의해 사람들의 정신적 그리고 육체적 특징이 다르기 때문에 같은 교육을 받아도 그로 인해 발생되어지는 성과가 틀림에 따라 서로 다른 임금을 받게 된다는 것이다. 그리고 이는 기본적으로 교육을 통해서 능력을 향상시키려고 한다. 즉 능력의 향상을 통해 다른 사람과의 질적 차이를 만들고, 이런 차이에 대한 보상을 요구함에 따라 임금격차가 존재한다는 것이다. 예를 들면 모차르트와 2인자 살리에르를 들 수 있겠다. 살리에르는 모차르트를 천재라고 칭하며, 어떤 노력과 수단을 사용하여도 그를 따라 잡지 못하겠다고 한다. 여기서 모차르트와 살리에르는 이 선천적으로 타고나는 능력의 차이 때문이라고 말할 수 있겠다.

노력(effort)는 같은 일을 하더라도, 어떤 이는 더욱 열심히 일을 하며 어떤 이는 그에 반해 덜 열심히 일을 할 수 있다. 예를 들어 밭을 갈기 위해 2명의 노동자가 소요된다고 하자. 이때, 한 명은 이 노력을 통해서 많은 양의 일을 하는 반면, 또 다른 한명은 그늘에 앉아서 쉬려고만 한다면, 그에 상응하는 보수가 달라질 수밖에 없다. 이는 '일하지 않은 자 먹지도 말라'라는 명언을 떠올려 보면 쉽게 알 수 있으리라 생각된다.

마지막으로 운수(fortune or chance)는 같은 능력이나 노력을 하는 사람이라도, 어떤 이는 다른 이에 비해 성공하게 된 연유를 설명하기 위해 사용되는 것이라 할 수 있다. 즉 어떤 일이 존재하기 위해서는 어떤 시간이 정확히 맞아 들어가야 한다는 것이다.(Being in the right place at the right time) 이는 운칠기삼(運七技三)처럼, 곧 모든 일의 성패는 운이 7할을 차지하고, 노력이 3할을 차지하는 것이어서 결국 운이 따라주지 않으면 일을 이루기 어렵다는 뜻으로 해석할 수 있다.[79] 아무리 노력해도 일이 이루어지지 않거나, 노력을 들이지 않았는데 운 좋게 어떤 일이 성사되었을 때 쓰는 말이다. 자신의 주위에 어떤 사람이 있는데, 별로 노력을 하지 않았는데도 하는 일마다 잘되어 성공을 거둘 경우, 인생사는 모두 운수나 재수에 달려 있어 인간의 노력 가지고는 되지 않는다는 체념의 뜻으로 쓰기도 한다. 이렇듯 운수에 의해 성과가 달라지고, 그로 인해 보상임금이 달라진다는 것이다.

(다) 교육수준

최근의 정보경제학에서 볼 때, 역선택 혹은 자기선택의 문제에 대한 (self-selection) 개념을 적용하면 쉽게 이해가 될 것이다. 역선택은 어느 한쪽만이 정보를 가지고 있기 때문에 발생하는 것으로 결과적으로 정상 이상의 이득을 챙기거나 타인에게 정상 이상의 손해 또는 비용을 전가하는 행위 일반을 가리킨다. 그렇다면 노동시장에서 기업이 노동자를 고용하기 위해 그 노동자의 정보를 알 수 있어야 한다. 그런데 노동자는 정보를 왜곡하여 기업을 속일수록 더 많은 보수를 받을 수 있는 것이다. 예를 들어 노동자가 교육수준이 높을수록 더 많은 보수를 받게 될 것이다. 그러나 노동자는 자신의 교육수준을 임의로 고칠 수 있다는 측면을 기업은 알고 있기 때문에, 채용 시 일정한 기준을 제시한다. 예를 들어 대학교 졸업 및 자격증 취득, MBA 취득자 등과 같이 제시할 경우, 이는 신호의 기능을 가지기 때문에 노동자로 하여금 지원조차 못하게 할 뿐만 아니라, 이를 충족하는 자에게 더 많은 보수를 지급함으로써 이 교육수준에 대해 보상을 해주게 되는 것이다. 그리고 고용주는 학력이 높을수록, 즉 교육수준이 뛰어날수록 업무수행능력이 높은 사람으로 추정할 수 있는 신호기능도 작용한다.

---

79) 아무리 노력해도 일이 이루어지지 않거나, 노력을 들이지 않았는데 운 좋게 어떤 일이 성사되었을 때 쓰는 말이다. 자신의 주위에 어떤 사람이 있는데, 별로 노력을 하지 않았는데도 하는 일마다 잘되어 성공을 거둘 경우, 인생사는 모두 운수나 재수에 달려 있어 인간의 노력 가지고는 되지 않는다는 체념의 뜻으로 쓰기도 한다.

(라) 슈퍼스타 현상

연예인과 스포츠선수, 기타 프로선수는 같은 직업 안에서도 수입의 차이가 존재한다. 이런 이유는 소비자들이 품질에 민감하고, 최고의 품질의 상품을 소비하려는 욕구가 강하다는 점, 그리고 최고 품질의 상품이 저렴한 비용으로 대부분 소비자에게 제공될 수 있다는 것이다. 예를 들어 축구의 경우를 보자. 소비자들이 축구를 볼 때, 최고의 발기술과 슈팅 및 어스시트의 장면을 목격하기 위해 시간을 할애한다. 그 축구 경기를 뛰는 축구선수 중 그런 재능과 재질을 충족하는 선수가 존재한다면, 그에 대한 세간의 이목이 집중되고 경기를 뛰는 모습을 직접관람하기 위해 서슴지 않고 소비를 하게 될 것이다. 그로 인해 구단주는 많은 돈을 벌 수 있고, 이것이 계속 유지되길 원한다. 따라서 그 스타플레이어에게 수억의 연봉을 지급함으로써 타 축구선수와 임금격차가 생기게 되는 것이다. 그리고 이때 지급된 연봉수준에 비해 경기를 관람하는 소비자는 보다 저렴한 비용으로 관람할 수 있다는 측면도 존재한다.

(2) 임금격차가 지속되는 이유

최저임금제나 노동조합의 시장지배력에 따라 임금격차가 지속되는 원인으로 설명되어 진다. 최저임금제는 국가가 법적 강제력을 가지고 임금의 최저한도를 정하여 이보다 낮은 수준으로 사용자가 근로자를 고용하지 못하도록 함으로써 상대적으로 불리한 위치에 있는 근로자를 보호하려는 제도이다. 그리고 노동조합의 시장지배력은 교섭력으로 표현할 수 있는데, 이는 조합원의 이익을 위해 임금인상에 관한 협상, 근로시간의 단축, 작업현장에서의 부당한 권리침해에 대한 방지와 그에 대한 해결, 작업환경의 개선, 사회보장 등을 통해 노동력의 판매조건을 유리하게 한다. 이런 교섭력을 통해 숙련도별 임금격차가 장기적으로 축소에 기여한다.

이는 임금격차를 줄여 사회적 문제를 해결하려는 근본적 취지를 가짐에도 불구하고, 상반된 효과를 가짐에 따라 오히려 숙련노동자와 비숙련노동자간의 격차를 유발한다. 위의 두 가지 경우는 임금이 시장임금보다 높은 가격으로 형성되게 함으로써 초과공급을 발생시킨다. 이런 초과공급은 실업의 형태 나타나며, 결국 숙련노동자의 임금수준만 더욱 높아지는 결과를 가져오게 됨에 따라 임금격차가 생기게 된다.

먼저 최저임금제의 경우 그 수준이하의 임금을 받고 있던 소득이 낮은 사람들 중에 일부는 새로운 최저임금을 받을 수 있지만 상당수는 실직될 수 있으며, 최저임금수준 이상의 근로자들은 아랫부분으로부터 임금상승 압박 때문에 임금이 연쇄적으로 인상될 가능성이 있다. 따라서 최저임금제로 인해 소득이 매우 낮은 사람들이 실직됨과 동시에 그 실직자의 원래 소득과 부를 상대적으로 높은 임금을 받는 사람들에게 재분배하게 됨에 따라 임금격차는 벌어지게 되는 것이다. 한편 노동조합의 경우를 보자. 노동조합이 조직되면 교섭력에 의해 임금을 상승시키고, 이는 노동공급곡선이 좌측으로 이동을 유발한다. 그 결과 조직된 부문에서 고용이 감소하게 되고, 그 때 해고된 근로자들이 비조직부문으로 이동하여 비조직부문의 노동공급곡선을 우측으로 이동시켜 임금을 인하시키는 효과를 일으킨다. [80]

반면 기업의 경우 효율임금(efficiency wage)를 통해 의도적으로 시장균형임금 보다 높은 임금을 지불함으로써, 근로자 탐색비용의 감소시키거나 양질의 근로자를 확보하고 근로자의 생산성을 높일 수 있는 수단으로 사용한다. 즉 어떤 기업의 전반적인 임금수준이 동종 내지 유서업종에 비해 상대적으로 높다는 것이 알려지면 그 기업에는 상대적으로 우수한 노동력이 구직신창을 하게 될 것이며, 그렇게 될 경우 우수한 노동력을 확보하기 위해 사용자가 지불해야 하는 탐색비용을 감소시킬 수 있다.

(3) 차별의 경제학

차별(discrimination)은 오직 인종, 성, 연령이나 기타 다른 개인적 속성이 다르다는 이유 때문에 비슷한 능력을 가진 사람들에게 다른 경제적 기회가 부여되는 현상을 말한다. 미국의 경우 백인과 흑인 사이의 갈등이 이에 해당할 수 있다. 똑같은

---

80) 이를 이전효과(spillover effect) 혹은 해고효과(displacement effect)라고 한다.

교육과정을 이수하고, 같은 교육훈련을 받았음에도 불구하고 사용자의 입장에서 백인을 더 선호하는 행위인 차별을 통해 고용기회를 비롯하여, 임금격차까지 발생한다는 것이다. 이외 성차별 혹은 연령차별도 위와 같이 채용당시의 직종차별(occupational segregation)과 순수한 임금상의 차별(wage discrimination)으로 나눌 수 있다. 이런 형태의 차별에 의해 초래되는 임금격차는 불공평하고 사회적으로 부당하다. 그러나 차별이 있다는 느낌과 차별이 실제로 존재한다는 사실을 구분하기가 매우 어렵다.

(가) 고용주에 의한 노동시장에서의 차별

보통 근로자의 채용은 고용주의 주된 가치관, 경험 등과 같은 주관적 기준과 교육수준, 능력과 같은 객관적 기준에 의해 결정된다고 할 때, 사용자의 주관적 기준이 더욱 높은 비중을 가지게 된다. 예를 들어 위에서 언급한 성차별을 들어보자. 사용자에게 비치고 있는 여성근로자는 대체로 남성근로자에 비하여 결근율이 높고 이직률이 높으며, 결혼 및 출산 등으로 노동시장에의 출입이 빈번한 것으로 비칠 수밖에 없다. 이때, 사용자의 입장에서 어떤 교육훈련기회를 부여할 때, 여성 보다는 남성이 우선적인 혜택을 받을 가능성이 높다. 왜냐하면 교육받은 근로자가 장기간 근속할 경우에야 기업은 교육훈련에 투입된 비용을 회수할 수 있기 때문이다.

그러나 이와 같은 차별을 하지 않는 기업들에게 시장 환경이 보다 경쟁적 수준을 제공하고 있다면, 차별을 하는 기업에 비해 경쟁력을 가질 수 있다. 즉 차별을 하지 않는 기업들은 차별행위를 하는 기업들에 비해 낮은 인건비를 치르기 때문에 경쟁에서 유리한 입장에 서게 되는 것이다. 따라서 시장경쟁이 치열한 곳에서 차별하는 기업은 시장에서 도태되게 된다. 즉, 높은 경쟁환경 수준과 기업의 이윤극대화의 동기는 차별을 억제하는 가장 좋은 예방책이라고 할 수 있겠다.

(나) 소비자와 정부에 의한 차별

경쟁시장은 차별을 예방하기 위해 가장 좋은 환경을 제시한다고 할 때, 여전히 경쟁시장에서 차별이 존재할 경우 이는 정부와 소비자에 의해 발생된다고 할 수 있다. 정부의 정책에 의해 어떤 산업에 대한 전폭적인 지지나, 어떤 빈곤계급층을 보호하기 위해 사용되는 정책 등으로 인해 인위적인 차별이 존재할 수 있다. 빈곤계층을 완화하기 위해 사용되는 정책을 보면 최저임금제, 빈곤층 소득보조, 마이너스 소득세, 현물보조 등이 있다.

먼저 최저임금제에 대해 빈곤노동계층을 돕는 한 방편으로 생각하는 사람이 있는 반면 최저임금이 돕고자 하는 사람들을 해롭게 할 수도 있다. 이에 대한 해결책은 노동수요계층의 탄력성에 달려 있다고 할 수 있다. 노동수요가 매우 비탄력적이라면 탄력적일 경우 보다 초과공급이 줄기 때문에 정책적 실효성이 커지게 된다. 그러나 이는 고용자가 정책에 동의한 경우일 뿐이고, 대부분 기업은 이윤극대화를 목표로 하기 때문에 임금에 대한 노동수요의 탄력성을 비탄력적으로 할 유인이 적다는 점을 볼 때, 부정적 효과를 항상 수반한다고 할 수 있을 것이다.

두 번째로 빈곤층 소득보조와 마이너스 소득세, 현물보조 등을 들 수 있다. 정부는 복지체계를 통해 빈곤층의 생활수준을 향상시키려고 한다는 점에서 소득보조는 한 개별가정의 소비를 증가시켜 소득이 기업에 재분배됨에 따라 투자를 활성화 시키고, 이는 국민경제에서 총소득을 상승시킬 수 있다는 장점이 있다. 이런 복지정책은 다양한 정부의 프로그램을 포함하는데, 그 중 부양자녀가 있는 가정에 대한 지원제도, 병약자 지원제(supplemental security income)를 들 수 있다. 이런 복지정책 좋게만 보일 수 있으나, 항상 경제학은 어떤 행위에 대한 기회비용을 요구한다는 점에서 부정적 영향을 동반한다. 마이너스 소득세의 경우 역시 빈곤층 소득보조를 위해 도입된 프로그램이라 할 수 있다. 고소득층은 그들의 소득에 걸 맞는 세금을 내고, 저소득층은 보조금을 받을 수 있게 하는 정책이다. 마지막으로 현물보조는 생활수준을 향상시키는데 필요한 재화와 서비스를 직접 제공하는 것을 말한다. 예를 들면 필요한 음식, 숙소, 식권, 의료보조 등을 들 수 있겠다.

먼저 이런 소득보조는 정부의 재정지출로 인해 발현되기 때문에 미래세대로 부채의 이전효과를 가진다. 그리고 소득보조가 과연 소비로 이어지는 가에 대한 문제도 생길 수 있다. 게다가 빈곤층의 일정한 생활수준을 보장한다는 취지에 앞서 빈곤층의 근로유인 효과가 뒤 따라야 하지만 현실은 그렇지 않다. 복지정책이 매우 잘 발달된 유럽국가의 경우 정부부채가 지속적으로 증가하는 경향을 보여주고 있으며, 이는 향후 국가경쟁력을 약화시키게 되는 일련의 과정을 겪게 될 것이다.

그리고 소비자의 경우 어떤 차별로 인한 추가비용을 부담할 용의가 있을 때 발현된다. 예를 들어 어떤 딸을 둔 부모가 과외를 시킬 때, 그 과외서비스를 제공하는 사람이 남성이 아닌 여성을 원할 경우나 어떤 대학에 다니거나 졸업한 사람 등의 차이를 두어 서비스에 대한 지불용의가격이 달라지는 것으로 설명될 수 있으리라 판단된다.

3. 노동시장과 총공급곡선

총공급(aggregate supply)는 총수요와 같이 재화와 용역량과 물가수준의 관계를 나타낸다. 총수요는 실물시장과 화폐시장의 균형으로 설명될 수 있는 반면, 총공급은 재화 및 용역을 공급하는 기업과 생산물을 만들어 낼 수 있는 힘을 가진 노동자와의 균형으로 설명될 수 있는 것이다. 즉 노동시장의 균형에 따라 결정되는 균형임금과 고용수준은 직접적인 생산물 시장에 영향을 미치는 것은 아니지만 생산요소로써 생산물 시장에 간접적으로 영향을 미쳐, 균형국민소득에 영향을 미칠 수 있는 것이다. 즉, 총수요를 구성하는 부분과 총공급이 구성하는 부분이 서로 다르고, 이 총공급과 총수요가 교차함으로써 균형 물가 및 소득이 결정되는 것이다. 이 총공급은 기업의 입장에서 볼 때, 장기적으로 신축적인 가격을 유지할 수 있지만 단기적으로 비신축적인 가격을 유지하므로 총공급곡선은 고려하는 기간에 따라 다른 형태를 띠게 된다.

(1) 수직적인 총공급곡선

고전학파에 의해 설명된 총공급곡선으로 경제가 장기적으로 어떻게 운영되는지를 설명하기 때문에 고전학파 모형에서의 장기 총공급곡선이라고 불린다. 고전학파에 의하면 한 경제의 생산량은 자본 및 노동의 고정된 양과 기술에 의존한다고 하였으며, 생산량은 물가수준에 영향을 받지 않는다고 한다. 이는 명목변수인 화폐에 의한 물가의 변동은 실질변수인 생산량에 영향을 미치지 못한다는 화폐중립성에서도 설명된 것이다. 그리고 노동시장은 물가에 따른 임금이 신축적으로 변동하기 때문에 항상 균형임금과 고용수준이 도출된다고 한다. 만약 물가가 하락하게 될 경우를 가정해보자. 물가가 하락할 경우 노동시장의 완전한 정보로 인해 기업의 노동수요자와 근로자의 노동공급자는 물가로 인한 임금의 변화를 예상하게 된다. 따라서 물가의 하락에 따라 수요곡선이 하방이동하며 명목임금수준의 하락으로 인해 노동공급곡선 역시 하방이동하여, 실질임금에 아무런 영향을 미치지 못함과 동시에 고용수준 또한 아무런 변화가 존재하지 않기 때문에 총공급곡선이 물가에 대해 수직선의 형태로 존재하게 되는 것이다.

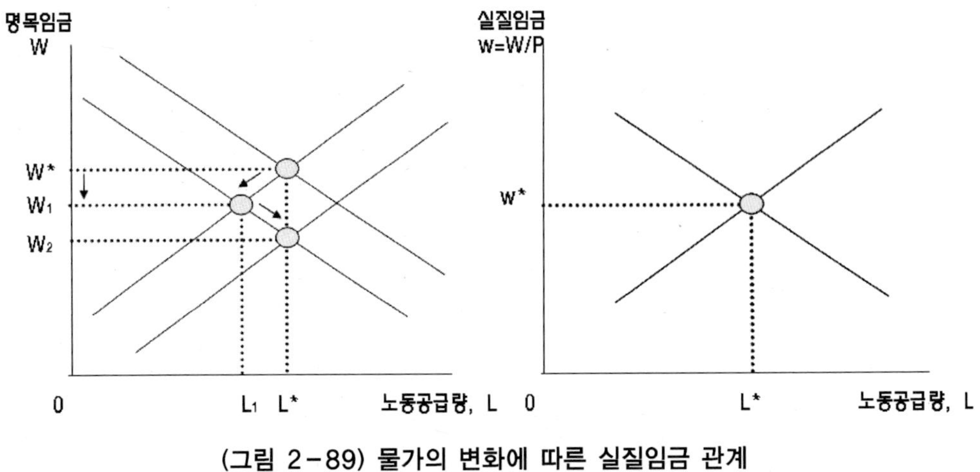

(그림 2-89) 물가의 변화에 따른 실질임금 관계

위 (그림 2-89)에서 보면 좌측에 물가의 하락에 따라 실질임금이 높아지게 되어 기업의 노동수요곡선이 아래로 이동함에 따라 W_1의 명목임금과 당초 L^*만큼의 고용수준보다 줄어든 L_1에서 결정된다. 이 $L^* - L_1$만큼은 실업으로 나타나게 되며, 노동공급자는 높은 임금을 받기보다 오히려 현재의 임금수준을 유지 혹은 하락된 금액을 받더라도 일을 하려고 한다. 따라서 노동공급곡선을 하방 이동시켜 원래의 고용수준 L^*를 유지하며 W_1 보다 낮아진 임금수준인 W_2에서 노동시장의 균형은 결정된다. 그리고 물가가 하락한 만큼 명목임금이 하락하기 때문에 실질임금에는 변화 없게 되는 것이다. 그렇다면 물가의 변화와 관계없이 생산물을 만들기 위해 공급되는 노동량, 고용수준은 일정하기 때문에 총공급곡선은 물가와 관계없으며, 수직선의 형태로 나타나게 된다는 것이다. 이는 여기서 총공급과 총수요곡선이 만나는 점은 완전고용수준하의 자연산출량이 된다.

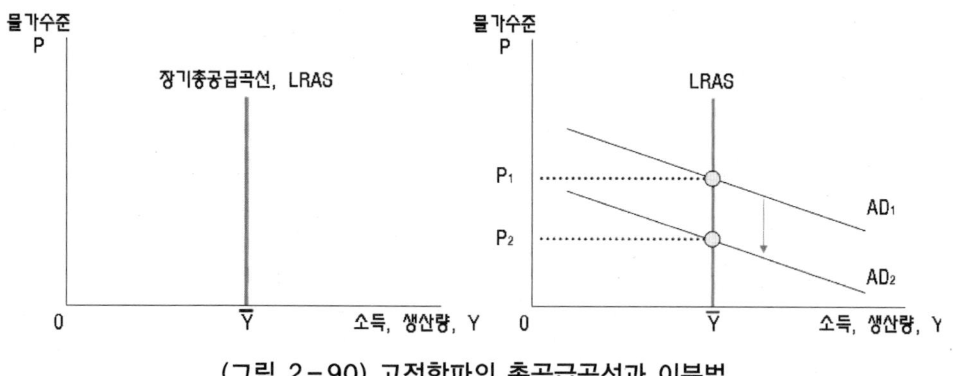

(그림 2-90) 고전학파의 총공급곡선과 이분법

위 (그림 2-90)에서 수직적 총공급곡선 하에 통화정책을 통해 통화량을 줄여 긴축정책을 사용할 경우를 보자. 이때 긴축정책으로 인해 총수요가 우측 하방평행이동을 하고, 그 결과 물가수준이 P_1에서 P_2로 하락할 뿐이며 생산량에 아무런 영향을 미치지 못함을 알 수 있다.

즉, 수직적인 총공급곡선은 생산량이 통화공급과 독립적이라는 것을 의미하므로 고전학파의 이분법을 만족시킨다고 할 수 있다. 이 장기적인 생산량수준 $\overline{Y}$를 생산량의 완전고용 또는 자연수준이라 한다. 이는 한 경제 내 자원이 완전히 고용된, 좀 더 현실적으로 말하면 실업이 자연실업률 상태에 있을 때의 생산량 수준을 의미한다.

(2) 수평적인 총공급곡선

고전학파 모형과 수직적인 총공급곡선은 오직 장기에만 적용된다는 점을 비추어 볼 때, 단기적으로는 일부 가격이 비신축적 경향을 가지므로 이를 반영시킬 필요가 있다는 점에서 케인즈학파는 다음과 같이 주장한다. 먼저 노동공급은 기업에 의해 수요 되는 수준에서 공급자와 수요자간 계약으로 이루어지며, 이 계약에 의해 일정 기간동안 일정한 임금이 지불되게 된다. 그리고 노동자는 물가에 대한 정보가 부족하다는 한계가 존재한다고 본다. 즉 물가의 변동을 자신의 의사결정에 충분히 반영하지 못하는 화폐에 대한 환상을 가지고 있다는 것이다. 즉 일정한 기간 동안 계약을 통해 확정적인 임금수준하 물가의 변동은 오직 기업의 수요에 의해 균형고용량이 결정되게 되는 것이다. 그리고 단기적으로 물가의 변동에 따라 새로운 가격 목록표를 제작할 때 드는 비용이 존재한다는 메뉴비용(menu cost)개념을 도입하여 설명한다. 이러한 내용을 토대로 명목임금의 하방 경직성이 존재함을 들면서, 물가수준이 단기적으로 고정됨에 따라 인플레의 압력은 없으며 따라서 명목임금과 실질임금은 같다고 가정한다. 즉 단기적으로 물가수준이 고정되어 있는 상태에서 생산은 그 국민경제가 수요하는 만큼 결정된다는 것이다. 예를 들어 모든 기업들이 가격 목록표를 인쇄하여 사용하고 새로운 목록표를 만들어 사용하는 데 많은 비용이 드는 경우를 가상하여 보자. 이런 경우 모든 가격은 미리 경정된 수준에 고정되어 있다. 이런 가격수준에서 기업들은 고객들이 구입하고자 하는 만큼 판매하며, 이 수요량을 생산할 수 있는 만큼의 노동만을 고용하게 된다. 따라서 단기적으로 물가수준이 고정되어 있으므로 총공급곡선은 수평선형태로 나타나게 된다는 것이다.

(그림 2-91)에서 보면 단기총공급곡선은 물가(가격)의 비신축성으로 인해 수평선의 형태를 취하고 있다. 만약 이때 고전학파에서 적용한 통화조절에 따른 긴축정책이 사용된다면 같은 결과를 가지게 될까? 위 그림을 통해 알 수 있겠지만 해답은 '아니다' 이다. 가격의 반응에 따라 시장에서 즉각적인 반응이 일어나지 않기 때문에 총수요의 감소는 생산량의 감소로 나타난다.

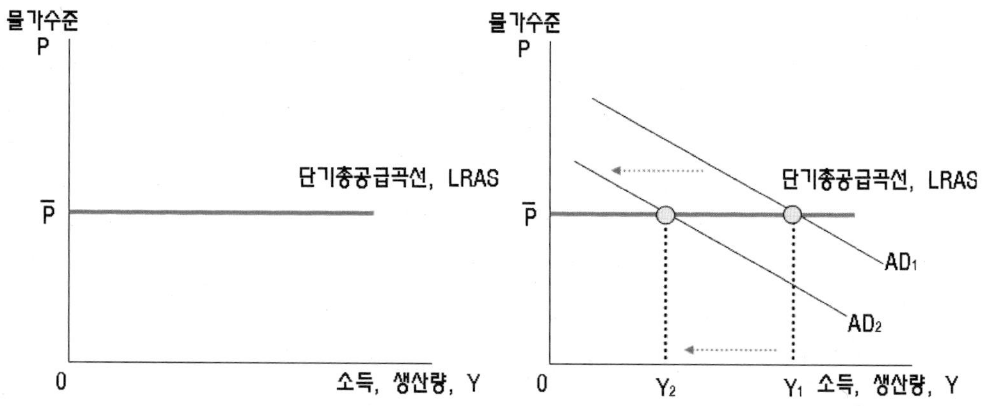

(그림 2-91) 케인즈학파의 총공급곡선과 총수요정책의 효과

즉 모든 가격은 미리 경정된 수준에 고정되어 있고, 기업들은 고객들이 구입하고자 하는 만큼 판매하며, 이 수요량을 생산할 수 있는 만큼의 노동만을 고용하게 되는 과정을 살펴볼 때 고객들이 구입하고 하는 양이 감소한다면 고용을 줄어들게 되고, 그로 인해 산출량이 줄어들 수밖에 없다는 것이다. 따라서 경제는 불경기를 경험하게 된다.[81]

(3) 우상향하는 총공급곡선

그러나 단기적으로 수평형태의 총공급을 도출하기 위한 가정에 대한 여러 경제학자들이 강한 도전을 걸어왔다. 즉 가격이 단기적으로 고정되어 있고, 따라서 인플레의 압박도 없으며, 그로 인해 명목임금과 실질임금이 같아지게 된다는 것이 현실적으로 불가능하다는 것이다. 그리고 장기에서의 고전학파 가정인 완전한 정보에 대

---

81) 재정 및 통화정책부분에서 충분히 설명된 바이다. 즉 유휴실업자가 넘쳐나는 상황에서 물가는 고정되어 있기 때문에 수요는 감소하고 기업의 판매는 줄게 되어 실업자가 발생되는 순환적 메커니즘을 반대로 이용해보면 정부에 의해 재정 및 통화정책을 통해 단기적으로 총수요를 증가시키면 승수효과와 함께 생산량 및 소득의 증대를 꾀할 수 있다는 점을 알 수 있을 것이다.

한 문제 역시 비판을 받게 되었다. 양측의 이런 가정의 문제를 적절히 해결함으로써 다음 3가지 모형인 비신축적임금모형과 가격모형, 그리고 불완전 정보 모형을 통해 우상향하는 단기 총공급곡선이 설명되고 있고, 현재까지 적극적인 지지를 받고 있는 상황이다. 이 3가지 모형은 일부 세부사항에 대해 상이한 면이 있으나 중요한 면에서는 서로 상호연계되어 있다. 즉 무엇이 단기 공급곡선과 장기 공급곡선을 구별할 수 있게 하는 지에 관한 공동의 논제를 가지고 있으며, 단기 공급곡선이 우상향한다는 공통의 결론에 도달하고 있다.

우선 총공급에 관한 3가지 모형을 소개 및 고찰한다. 3가지 모형 모두에서 일부에 존재하는 시장 불환전성으로 인해 한 경제의 생산량이 고전학파의 기준에서 벗어나게 된다고 한다. 결과적으로 단기 총공급곡선은 수직선이 아니라 상향하는 기울기를 갖게 되며 총수요곡선이 이동할 경우 생산량은 자연율[82]수준에서 일시적으로 벗어나게 된다. 이런 일시적인 이탈현상이 경기변동상의 호황과 불황으로 나타난다. 이를 식으로 나타내면 다음과 같은 단기 공급곡선식이 도출된다.

$$Y = \overline{Y} + \alpha(P - P^e), \qquad \alpha > 0 \tag{7-7}$$

식 (7-7)에서 Y는 생산량, $\overline{Y}$는 자연율에서 생산량, P는 물가수준, P^e는 기대물가수준을 의미한다. 식 (7-7)에 의하면 물가수준이 기대물가수준에서 벗어났을 경우 생산량은 자연율로부터 벗어난다. 매개변수 α는 물가수준의 기대하지 않는 변화에 대하여 생산량이 얼마나 변하는 지를 나타내며 $1/\alpha$는 총공급곡선의 기울기가 된다.

(가) 비신축적 임금모형

단기 총공급곡선의 기울기가 왜 상향하는지 설명하기위해서 많은 경제학자들은 명목임금이 서서히 변화하기 때문이라고 한다. 비신축적 임금모형(sticky-wage

---

82) 고전학파에서 가정한 수직선의 총공급곡선하에서 가지게 되는 자연산출량을 말한다.

model)은 비신축적 명목임금이 총공급에 대해 의미하는 바를 설명해주기 위한 모형이다. 많은 산업에서 명목임금은 장기계약에 의해 결정되며 경제상황이 변하더라도 신속히 조절되지 않는다. 이런 이유에 의해 많은 경제학자들은 명목임금이 단기적으로 비신축적이라고 믿는다. 그렇다면 다음과 같이 물가수준이 상승할 경우 생산량에 어떤 변화를 일으키는 가 생각해보자.

ⅰ) 명목임금이 비신축적인 경우 물가수준이 상승하면 실질임금이 낮아져 노동이 저렴해진다.
ⅱ) 실질임금이 하락하면 기업은 더 많은 노동을 고용한다.
ⅲ) 노동이 추가로 고용되면 생산량이 증가한다.

여기서 물가수준이 생산량과 정의 관계를 가짐을 알 수 있다. 이 정의 관계는 명목임금이 조절될 수 없는 기간 동안 총공급곡선이 상향한다는 의미이다. 총공급을 효과적으로 분석하기 위해 노동자와 기업은 양자 간 협정이 효력을 발생하게 될 장래의 물가수준을 모르는 상태에서 협상을 하여 명목임금을 결정한다고 가정한다. 협상당사자인 노동자와 기업은 목표로 설정한 실질임금을 가지고 있다. 이때 실질임금은 노동공급과 수요를 균형으로 만드는 것에 우선한다고 할 때, 현실에서의 목표실질임금은 노동조합에 의한 교섭력과 효율성 임금 등으로 인해 균형실질임금보다 높다. 이때 양측의 목표실질임금 w와 물가수준에 대한 기대 P^e에 기초하여 명목임금 W를 설정한다.

$$W = w \times P^e \tag{7-8}$$

식 (7-8)에 의해 명목임금이 결정된 후, 그리고 노동력을 고용하기 전에 기업들은 실제물가수준 P를 알게 된다. 따라서 실질임금은 다음과 같다.

$$W/P = w \times (P^e/P) \tag{7-9}$$

식 (7-9)에서 좌변은 실질임금이고 이는 실제물가수준인 P와 기대물가수준 P^e가 다를 경우 목표임금과 괴리가 생기게 됨을 나타낸다. 즉 실제물가수준이 기대치보다 높을 경우 실질임금은 목표치보다 작아지며 반면에 실제물가수준이 기대치보다 낮을 경우 실질임금은 목표치보다 커지게 되는 것이다.

이와 함께 또 하나의 가정인 고용은 기업이 수요하는 노동량에 따라 결정된다는 점을 도입한다. 즉 노동자와 기업의 협상에 따라 미리 고용수준이 결정되지 않고 그 대신 기업이 미리 결정된 임금수준으로 고용하기를 원하는 노동력을 노동자가 공급하게 된다는 것이다. 따라서 우리는 기업의 고용결정을 노동수요함수라 할 수 있다.

$$L = L_d(W/P) \tag{7-10}$$

식 (7-10)에 의하면 실질임금이 낮아질수록 기업의 고용규모는 증가한다. 그리고 이는 물가가 상승할수록 실질임금이 낮아짐을 의미하기도 한다. 이런 노동공급수준 하에 생산함수에 의해 생산량이 결정 된다.

$$Y = F(L) \tag{7-11}$$

식 (7-11)에서 노동 고용수준이 증가할수록 생산량은 증가하고, 노동의 한계생산물은 체감한다. 마지막으로 명목임금이 비신축적이므로 기대하지 않는 물가변화는 실질임금을 목표실질임금에서 벗어나게 하며 실질임금의 변화는 고용량과 생산량에 영향을 미친다는 점에서 총공급곡선은 우상향하는 형태를 보이며 식으로 표현하면 다음과 같다.

$$Y = \overline{Y} + \alpha(P - P^e) \tag{7-12}$$

식 (7-12)에서 물가수준이 기대물가수준에서 벗어나면 생산량은 자연율수준에서 벗어난다. 이런 과정을 그래프로 보다 쉽게 이해할 수 있을 것이다.

　만약 물가수준이 기대물가수준보다 높은 경우를 가정하자. 이럴 경우 물가는 상
승하게 되며, 이는 노동시장의 실질임금에 영향을 미치게 된다. 여기서 물가의 상승
은 (그림 2-92)에서 (a)의 그래프로 나타난다. 그렇다면 여기서 물가의 상승이 산출
량의 상승으로 나타날 수 있을 까? 이는 위에서 언급한 바와 같이 노동시장의 실질
임금이 물가가 높아짐에 따라 이전 보다 상대적으로 싸지게 된다는 것을 의미하기
때문에, 기업의 노동수요는 증대된다. 즉 기업이 예전보다 싼 값으로 노동을 구매할
수 있기 때문에 노동자의 고용을 더욱 늘리려 하게 된다는 것이다. 이는 (그림 12)
에서 (c)의 그래프로 나타난다.

　이제 고용량이 지속적으로 증가하게 된다고 하면, 이는 노동을 투입요소로 하는
생산함수의 사이즈를 크게 만들게 됨으로, 즉 노동투입 증가에 따른 산출물을 더욱
많이 생산할 수 있기 때문에 산출량의 증가는 해당 노동자에게 다시 소득으로 돌아
가게 된다는 점에서 물가의 상승에 따른 고용증가, 산출량 및 소득의 증가의 결과
로 나타나게 되는 것이다.

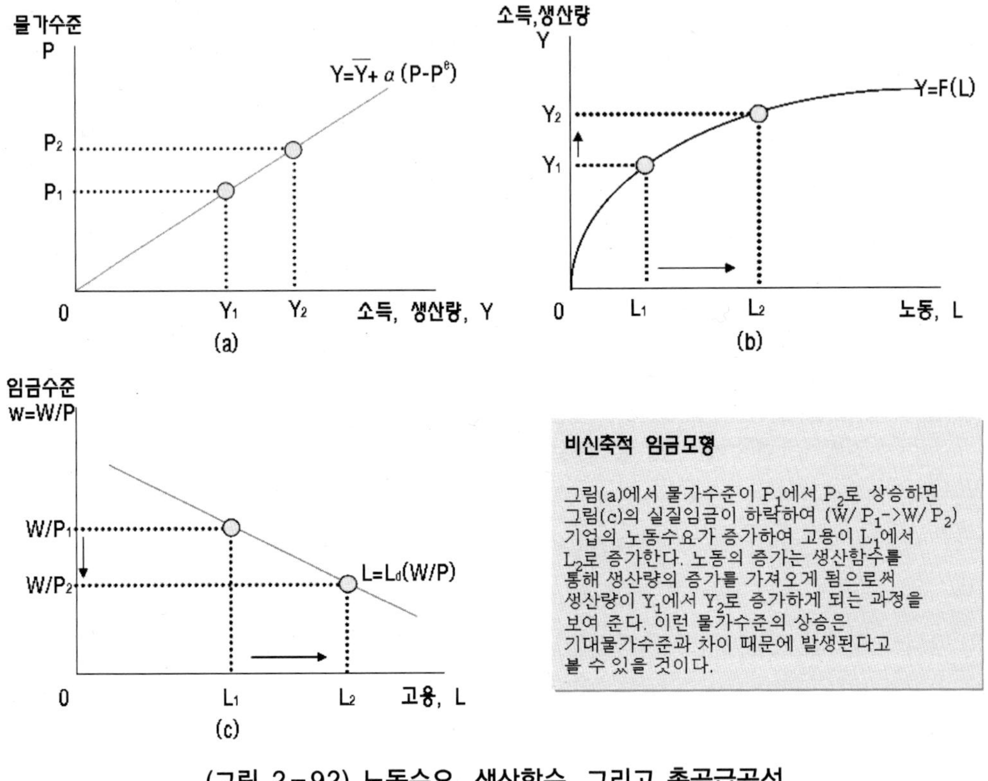

(그림 2-92) 노동수요, 생산함수, 그리고 총공급곡선

(나) 불완전 정보모형

단기 총공급곡선의 기울기가 우상향하는 이유를 설명하는 두 번째 가설은 불완전 정보모형(imperfect-information model)이라 한다. 비신축적 임금모형과 달리 이 모형은 시장이 청산된다고 가정한다. 즉 모든 임금과 가격이 자유롭게 조절되어 공급과 수요가 균형을 이룬다는 것이다. 그러나 단기 및 장기 총공급곡선은 가격에 관한 일시적인 오인 때문에 발생하는 것으로 본다. 일시적 오인은 바로 가격에 대한 정보가 불완전하게 존재하기 때문이다. 예를 들어 공급업자가 각각 단일상품을 생산하고 많은 상품을 소비한다고 가정하자. 그럴 경우 상품의 수가 많기 때문에 공급업자들은 언제나 모든 가격을 알 수 없다. 공급업자들은 생산하는 물품의 가격은

면밀하게 검토하지만 소비하는 물품의 가격은 그렇지 못하다. 불완전한 정보로 인해 그들은 전반적인 가격수준의 변화와 상대가격의 변화를 혼돈하게 된다. 이는 생산량을 결정하는데 영향을 미치어 물가수준과 생산량사이의 단기적인 관계변화로 이어진다.

이를 설명하기 위해 다음과 같은 상황을 고려해보자. 밀생산 농부 같은 공급업자는 밀을 팔아 소득을 얻을 수 있으며 이를 사용하여 재화 및 용역을 구입하므로 생산하기로 결정하는 밀의 양은 다른 재화 및 용역가격에 대한 밀의 가격에 의존한다. 즉 밀의 상대가격이 높다면 농부는 열심히 농사를 지어 더 많은 밀을 생산할 것이다. 반대로 밀의 상대가격이 낮다면 농부는 더 많은 여가를 즐기고 더 적은 양의 밀을 생산하게 된다. 그러나 이 농부는 정확히 자신의 밀에 대한 상대가격을 알지 못하는 현실이 존재한다. 이는 농부가 밀 생산업자로서 밀시장을 면밀히 검토하고 언제나 밀의 명목가격은 알고 있지만, 경제 내에 존재하는 모든 다른 재화가격은 알지 못한다는 것이다. 그로 인해 농부는 밀의 명목가격을 이용하여 평가한 밀의 상대가격과 전반적인 물가수준에 대한 기대를 하게 된다는 것이다.

이제 밀 가격을 포함한 경제의 모든 가격이 상승할 경우 농부는 어떻게 대응할지 생각해보자. 하나는 농부들이 이런 가격변화를 기대하고 있는 경우이고, 다른 하나는 가격상승을 기대하지 못한 경우이다. 전자의 경우 밀가격의 상승을 인지했을 때 밀 상대가격에 대한 평가는 불변이므로 더 열심히 일하지 않는다. 후자의 경우 농부들은 밀의 명목가격 상승으로부터 밀의 상대가격이 다소 상승하였다고 추론하고 더욱 열심히 일하여 밀생산을 증대시키게 된다.[83]

다른 시장으로 이를 확대하여 일반화 시켜보면, 기대하지 않게 물가가 상승하는 경우 모든 공급업자들은 각자가 생산한 상품가격이 상승하였음을 알게 된다. 이들 공급업자들은 알고 있는 한도 내에서는 합리적이나 실제로는 잘못 알고 각자 생산

---

[83] 농부가 가격상승을 기대하지 못한 경우 농부들은 밀 가격의 상승을 인지했을 때 다른 가격이 상승했는지(밀의 상대가격이 불변인 경우) 또는 밀 가격만 상승했는지(밀의 상대가격이 상승한 경우)를 확신하지 못한다. 합리적으로 추론한다면 두 경우 모두 조금씩 같이 일어난다고 볼 수 있다.

한 물품의 상대가격이 상승하였다고 추론한다. 그 결과 이들은 더욱 열심히 일하여 생산을 증대시킨다. 따라서 종합해보면 가격이 기대가격을 초과하면 공급업자들은 생산량을 증대시키고, 이를 고찰해 보면 우상향하는 총공급곡선을 의미하게 된다. 즉 물가수준이 기대물가수준에서 벗어나면 생산량도 자연율에서 벗어나게 되는 것이다.

(다) 비신축적 가격모형

비신축적 가격모형(sticky-price model)은 수요변화에 따라 기업들이 가격을 즉각적으로 조절할 수 없다는 사실을 강조하며, 총공급곡선을 우상향하게 만듦을 설명하는 또 다른 모형이다. 왜 가격이 비신축적이 되는 가에는 노동계약 혹은 메뉴비용에 의해 존재한다고 볼 수 있다. 그렇다면 이런 비신축적 가격이 기울기가 우상향하는 총공급곡선을 설명하는지 알아보기 위해 우선 개별기업의 가격결정을 살펴보고 나서 경제 전체의 형태를 설명하기 위해 이들 기업의 결정을 모두 종합하여 검토할 것이다. 이모형은 완전경쟁을 받아들이지 않는다는 점에서 완전경쟁 하의 기업은 가격을 설정하기보다 가격을 받아들이는 입장과 차별된다. 기업이 가격을 어떻게 설정하는지 알아보려면 이들 기업이 자신들이 설정한 가격에 대해 최소한 어느 정도의 독점력을 갖고 있는지에 대해 가정해야 한다.

이제 일반적으로 기업이 직면하는 가격 결정과정을 생각해보자. 해당기업이 희망하는 가격은 물가수준과 총소득수준에 의해 결정될 것이다. 전반적 물가수준의 상승은 개별기업에 비해 비용의 상승을 의미하며 전반적인 물가수준이 상승할수록 기업은 자사제품에 대한 가격을 인상시키고자 할 것이다. 그리고 소득수준의 상승은 개별기업이 생산한 제품에 대한 수요가 증대됨을 의미하므로 생산이 증가하면 한계비용도 증가하므로 수요가 증대될수록 기업이 받기를 원하는 가격도 상승한다. 이를 식으로 표현하면 다음과 같다.

$$\Pi \; = \; P \; + \; \alpha(Y - \overline{Y}) \tag{7-13}$$

식 (7-13)에 의하면 기업이 받기 원하는 가격 Ⅱ는 전반적 물가수준 P와 자연율에 대한 총생산량의 규모$(Y-\overline{Y})$에 의존한다. 그리고 매개변수 α는 기업이 받기 원하는 가격이 총생산량 수준에 어떻게 반응하는지를 나타낸다.

두 가지 형태의 기업이 있다고 가정하자. 일부 기업들은 신축적인 가격을 유지하여 언제나 상기 방정식에 따라 가격을 결정한다. 다른 기업들은 비신축적인 가격을 유지하고 향후 경제조건에 대한 기대에 기초하여 미리 가격을 발표한다. 비신축적인 가격을 유지하는 기업들은 다음 식에 따라 가격을 설정한다.

$$\Pi = P^e + \alpha(Y^e - \overline{Y^e}) \tag{7-14}$$

식 (7-14)에서 e는 기대(expectation)치를 의미한다. 단순화를 위해 각 기업들은 생산량이 자연율수준에 있을 것으로 기대한다고 가정한다. 따라서 마지막 항 $\alpha(Y^e - \overline{Y^e})$는 0이 된다. 따라서 이 기업들의 가격은 다음과 같이 결정된다.

$$\Pi = P^e \tag{7-15}$$

즉 비신축적인 가격을 유지하는 기업들은 다른 기업들이 설정할 것이라 기대하는 수준에 기초하여 가격을 결정한다. 이제 두 가지 형태의 기업의 가격결정 방법을 이용하여 총공급방정식을 도출할 수 있다. 이를 위해 이들 두 종류 기업에 의해 결정된 가격의 가중평균치를 경제의 전반적인 물가수준이라 하자.

만일 s가 비신축적인 가격을 유지하는 기업이 차지하는 비율이고 $1-s$가 신축적인 가격을 유지하는 기업이 차지하는 비율이라면 전반적인 물가수준은 다음과 같다.

$$P = sP^e + (1-s)[P + \alpha(Y^e - \overline{Y^e})] \tag{7-16}$$

식 (7-16)에서 우변의 첫째항은 비신축적인 가격을 유지하는 기업들의 가격을 해당 비율로 가중한 것이며, 둘째 항은 신축적인 가격을 유지하는 기업들의 가격을 해당 비율로 가중한 것이다. 식 (7-16)에서 양변에 $P(1-s)$를 감하면 다음과 같다.

$$sP = sP^e + (1-s)[\alpha(Y-\overline{Y})] \qquad (7-17)$$

식 (17)의 양변을 다시 s로 나누어 전반적인 물가수준을 구하면 다음과 같다.

$$P = P^e + [(1-s)\alpha/s](Y-\overline{Y}) \qquad (7-18)$$

식 (7-17)과 (7-18)을 다음과 같이 설명할 수 있다. 먼저 기업들이 물가수준의 상승을 기대하게 되면 비용도 증대될 것이다. 즉 가격을 먼저 고정시켜 놓는 기업들은 자사제품의 가격을 높게 결정하게 되며 이는 또한 다른 기업들로 하여금 가격을 높게 결정하도록 한다. 즉 기대가격 P^e의 상승은 실제가격 P로 이어진다. 그리고 소득이 증대하면 사움에 대한 수요도 증대된다. 신축적인 가격을 유지하는 기업들은 가격을 높게 설정하게 되며 이는 물가수준의 상승으로 이어진다. 물가수준에 대한 생산량의 효과는 신축적인 가격을 유지하는 기업들의 비율에 따라 결정된다. 따라서 전반적인 물가수준은 기대물가수준과 생산량수준에 의존한다. 이를 종합해보면 총물가방정식은 다음과 같이 나타낼 수 있다.

$$Y = \overline{Y} + \alpha(P-P^e) \qquad (7-19)$$

식 (7-19)는 자주보아오던 형태이며 여기서 a는 $s/(1-s)a$이다. 다른 모형들처럼 비신축적 가격모형에 따를 경우 물가수준이 기대물가수준에서 벗어나면 생산량도 자연율에서 벗어나는 정의관계에 있게 된다.

비신축적 가격모형은 재화시장을 강조하고 있기에 노동시장에서 일어나는 일을 간단히 생각해보자. 기업이 가격을 단기적으로 고정시켜 놓았다면 총수요가 감소할 경우 기업이 판매할 수 있는 양도 감소하게 된다. 기업은 생산 및 노동수요를 감소시켜 판매감소를 대처한다. 비신축적 임금모형과 대조되는 점을 주목해보자. 기업은 불완전 정보모형에서 고정된 노동수요곡선을 따라 이동하지 않는다. 그 대신 생산량의 변동은 노동수요곡선의 이동과 연계된다. 노동수요의 이동으로 고용, 생산, 실질임금이 모두 같은 방향으로 이동하게 된다. 따라서 실질임금은 경기 순응적이다.[84]

지금까지 단기총공급곡선의 기울기가 위로 향하는 이유를 설명한 모형을 종합해 보면 임금과 가격의 비신축성과 불완전 정보에 대한 가정을 전제하에 장기의 자연율 하에 단기적으로 얼마나 벗어나는 가는 바로 물가수준과 기대물가수준의 차이에 따라 자연율에서 벗어남을 보여주고 있다. 이 모형들은 서로 양립할 수 없는 것은 아니라는 점을 명심해야 한다. 한 모형을 받아들이고 다른 모형을 배제시킬 필요가 없다. 현실은 상기 세 가지 가정을 모두 포함하고 있으며 이들 모두 단기총공급의 행태에 영향을 미치기 때문이다. 즉 총공급에 관한 상기 세 가지 모형은 가정 및 분석과정의 차이가 있지만 총생산량에 대해 의미하는 바는 유사하며 다음 식으로 요약될 수 있다.

$$Y = \overline{Y} + \alpha(P - P^e) \tag{7-20}$$

식 (7-20)에서 생산량이 자연율에서 벗어나는 것을 물가수준이 기대수준을 벗어나는 것과 연계시킨다. 물가수준이 기대된 물가수준보다 낮을 경우 높은 생산량이 자연율을 초과하게 된다. 반면에 물가수준이 기대된 물가수준보다 낮은 경우 생산량이 자연율에 미치지 못하게 된다. 아래 (그림 2-93)은 식 (7-20)을 그래프로 나타낸 것으로 장기총공급곡선과 물가수준과 기대물가수준의 차이에 따른 단기총공급곡선을 나타내고 있다. 여기서 단기총공급곡선은 주어진 기대 P^e에 대해 도출되었으며 P^e가 변화함에 따라 곡선이 이동한다는 점을 확인할 수 있을 것이다.

---

84) Julio Rotemberg(1982), "Monopolistic Price Adjustment and aggregate output,"Review of Economic Studies 49, pp. 517-531.

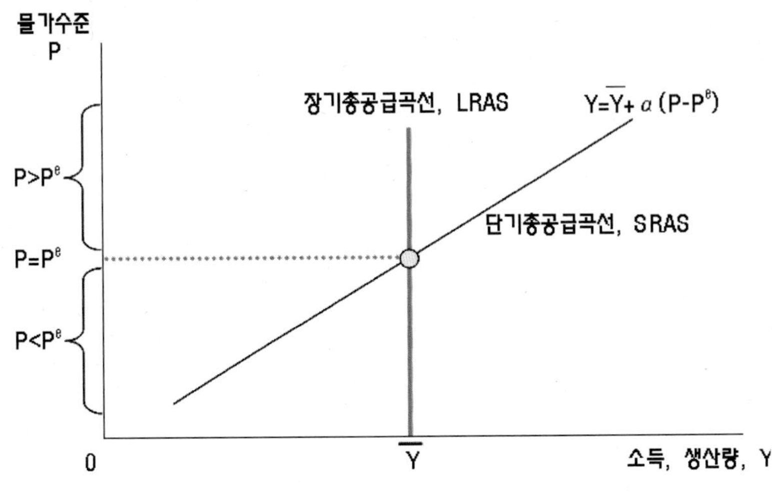

(그림 2-93) 장기총공급곡선과 단기총공급곡선

　이제 총수요를 고려해보자. 만약 기대하지 않는 통화팽창에서 비롯된 총수요의 기대하지 않는 증가에 대한 경제의 반응이 어떻게 이루어지는가? 아래 (그림 2-94)를 살펴보면 쉽게 설명될 수 있다. 단기적으로 균형점은 점 A에서 점 B로 이동하며 총수요가 증가함에 따라 실제물가수준은 P_1에서 P_2로 인상된다. 이런 물가수준의 상승을 기대하지 못하였기 때문에 기대된 물가수준은 여전히 P_2^e이며 생산량은 Y_1에서 자연율 $\overline{Y}$를 초과한 Y_2로 증가한다. 이처럼 총수요가 기대하지 않게 팽창되는 경우 경제는 호황을 경험하게 된다.

　그러나 이런 호황이 영원히 지속되는 것이 아니라는 것이다. 장기적으로 기대물가수준이 상승하여 실제와 같아지면 단기총공급곡선이 위쪽으로 이동한다. 기대물가수준이 P_2^e에서 P_3^e으로 상승하면 경제의 균형점은 점 B에서 점 C로 이동한다. 실제물가수준이 P_2에서 P_3으로 인상되면 생산량은 다시 자연율 $\overline{Y}$가 되도록 Y_2에서 Y_3로 감소하게 된다. 즉 장기적으로 경제는 생산량의 자연율수준으로 돌아가지만 물가수준은 상승하게 되는 것이다. 이 세모형의 가장 큰 장점은 장기적인 화폐의 중립성과 단기적인 화폐의 비중립성이 완벽하게 양립할 수 있다는 점이며, 통화정책의 단기적 정치화가 가능해지는 점이다. 즉 단기적인 비중립성은 점 A에서 점 B로의 이동으로 나타날 수 있으며, 장기적인 화폐중립성은 점 A에서 점 C로의 이동으로 나타날 수 있다는 것이다. 물가수준에 대한 기대를 조절함으로써 화폐의 단기 및 장기효과를 조화시킬 수 있다.

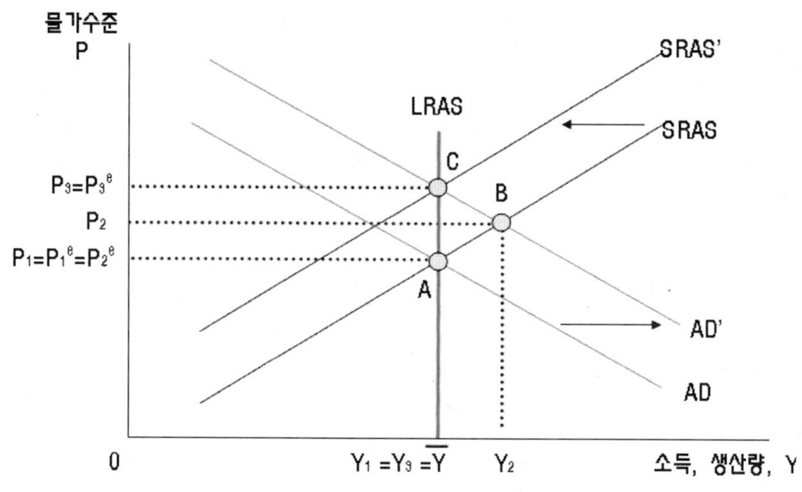

(그림 2-94) 총수요의 변화와 단기적인 변동

4. 인플레이션, 실업, 그리고 필립스곡선

이 책을 통해 경제정책을 배우는 독자들은 정책입안자의 입장으로 생각해야할 필요성이 있다. 여기서 정책입안자라면 먼저 자연산출수준에서 발생하는 실업을 어떻게 보정할 것이며, 그리고 성장에 따른 물가수준은 어떻게 안정화 시킬 것인가가 될 것이다. 그러나 이런 물가와 실업률간의 일정한 상충관계가 존재한다. 왜 상충관계가 존재할까? 이에 대한 해답은 위에서 설명한 총공급곡선을 이용하면 쉽게 설명할 수 있다. 예를 들어 정책입안자들이 금융 또는 재정정책을 사용하여 총수요를 확대시키는 경우를 가정해보자. 이 정책이 시행되면 단기적으로 총수요곡선의 우측 이동에 따른 단기총공급곡선을 타고 우상향하는 점으로 이동하여 생산량이 증가하고 물가수준이 높아질 것이다. 즉 기업이 생산을 증가시키려면 더 많은 노동자를 필요로 함으로 생산량이 증대됨에 따라 실업이 감소하게 될 것이다. 이는 물가수준이 하락함에 따른 실질임금의 하락으로 인해 보다 많은 양의 고용이 가능해진 점도 작용한다. 반대로 총수요를 감소시키는 정책을 사용하면, 총수요곡선은 단기총공급곡선을 따라 아래쪽으로 이동됨에 따라 생산량 감소에 따른 투자 감소, 즉 고용량이 감소되어 실업이 늘어나는 반면 물가수준은 감소하게 된다.

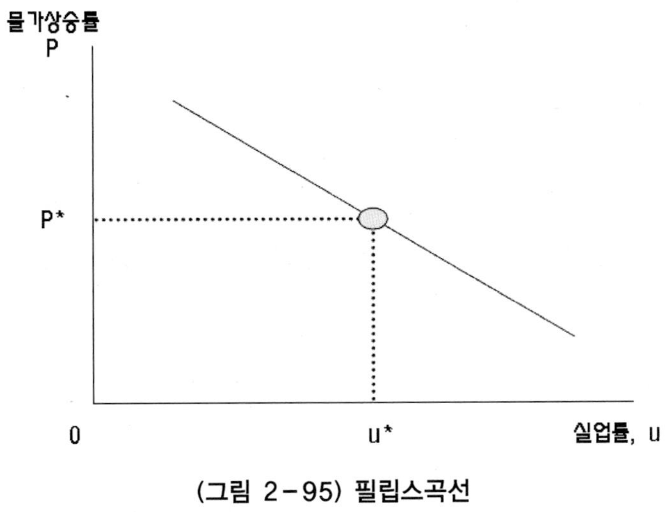

(그림 2-95) 필립스곡선

　인플레이션과 실업의 상충관계를 필립스곡선이라 하며 앞으로 다룰 논제임을 밝힌다. 이런 필립스곡선은 단기총공급곡선을 반영한 것이다. 즉 정책입안자가 단기총공급곡선을 따라 경제를 이동시킬 경우 실업과 인플레이션은 서로 반대방향으로 움직인다. 인플레이션과 실업은 경제적 성과를 측정하는 중요한 수단이므로 필립스곡선은 총공급을 나타내는 유용한 방법이라 할 수 있다.

(1) 총공급곡선으로부터 필립스곡선의 도출

최근 필립스곡선(Phillips curve)에 따르면 인플레이션율은 다음 세 가지요소에 의
존한다. 기대인플레이션, 자연율을 벗어난 실업(소위 경기순환적 실업), 공급충격이
다. 이 세 가지 요소는 다음 식으로 나타낼 수 있다.

$$\pi \;=\; \pi^e \;-\; \beta(u \;-\; u^n) \;+\; v \tag{7-21}$$

식 (7-21)에서 좌변은 인플레이션을 나타내며, 우변의 첫째항은 기대 인플레이션
둘째 항은 경기순환적실업의 반응정도, 마지막 항은 공급충격을 나타낸다. 여기서 β
는 경기순환적실업에 대한 인플레이션의 반응정도를 나타낸다. 그리고 경기순환적실
업을 나타내는 항 앞에 마이너스 부호가 있는데, 이는 실업이 증가하면 인플레이션
이 하락하는 경향이 있다는 의미를 나타낸다. 즉 식 (7-21)은 인플레이션과 실업의
관계를 나타낸다고 할 수 있다.

필립스곡선을 나타내는 상기 식(7-21)은 무엇으로부터 도출할 수 있을까? 널리
알려져 있지는 않지만 총공급 방정식으로부터 도출할 수 있으며 총공급방정식을 다
음과 같이 표현할 수 있다는 점에서부터 시작한다.

$$P \;=\; P^e \;+\; (1/\alpha)(Y - \overline{Y}) \tag{7-22}$$

식 (7-22)에 대해 먼저 물가수준을 변화시키고 단기총공급곡선을 이동시키는 외
생적 사건을 나타내기 위해 우변에 공급충격 v를 추가하면 다음과 같아진다.

$$P \;=\; P^e \;+\; (1/\alpha)(Y - \overline{Y}) + v \tag{7-23}$$

식 (7-23)에서 물가수준을 인플레이션율로 전환시키기 위해 식의 양편에 지난해

물가수준 P_{-1}을 빼주면 다음과 같다.

$$P - P_{-1} = (P^e - P_1) + (1/\alpha)(Y - \overline{Y}) + v \tag{7-24}$$

식 (7-24)에서 좌변 항 $P-P_{-1}$은 현재 물가수준과 지난해 물가수준의 차로 인플레이션을 의미하므로 기호 π로 표시하기로 한다.[85] 그리고 우변 항 P^e-P_{-1}은 기대물가수준과 지난 해 물가수준의 차로 기대인플레이션 π^e를 의미한다. 식 (7-24)를 변형하면 다음과 같아진다.

$$\pi = \pi^e + (1/\alpha)(Y - \overline{Y}) + v \tag{7-25}$$

마지막으로 생산량을 실업으로 전환시키기 위해 오쿤의 법칙을 적용해본다. 오쿤의 법칙에 따르면 생산량이 자연율로부터 벗어나는 것은 실업이 자연율에서 벗어나는 것과 역의 관계에 있다고 한다. 즉 생산량이 자연율보다 높으면 실업은 자연실업률보다 낮다. 이 관계를 다음과 같이 나타낼 수 있다.

$$(1/\alpha)(Y - \overline{Y}) = -\beta(u - u^n) \tag{7-26}$$

따라서 총공급곡선을 통해 필립스커브를 유추하면 식 (7-26)로 나타낼 수 있는 것이다. 이와 같은 식을 통해 유추해본 결과는 먼저 필립스곡선 방정식과 단기총공급방정식은 기본적으로 동일한 거시경제적 의미를 가진다. 특히 이 두 방정식은 고전파적 이분법이 단기적으로 적용되지 않게 하는 실질 및 명목변수의 관계를 보여준다. 즉 단기총공급방정식에 따르면 생산량은 기대하지 못한 물가수준의 변화와

---

85) 보다 정확한 의미로써 인플레이션은 물가수준의 백분율의 변화이기 때문에 여기서 사용하는 P를 물가수준의 대수로 보아야 한다. 왜냐하면 대수의 성질상 P의 변화는 대략 인플레이션이기 때문이다. 즉 $dp = d(log물가수준) = d(물가수준)/물가수준$이 된다.

연계되는 반면에 필립스곡선 방정식에 의하면 실업이 기대하지 못한 인플레이션율의 변화와 관계한다는 것이다. 생산량과 물가수준을 검토할 경우 총공급곡선이 더 편리한 반면에 실업과 인플레이션을 살펴보려면 필립스곡선이 더 편리하다. 그러나 필립스곡선과 총공급곡선은 동일한 동전의 양면이란 사실을 잊지 말아야 한다.

(2) 적응적 기대와 인플레이션

위에서 살펴본 인플레이션 식에 대한 의미를 다시 한 번 살펴보자. 만약 정책입안자들이 이 식을 이용해 어떤 정책적 선택을 해야 할 경우 가장 중요하게 여겨질 부분이 바로 기대인플레이션이 될 것이다. 우선 사람들이 최근에 경험한 인플레이션에 기초하여 인플레이션에 대한 기대를 형성한다고 할 경우 이런 가정을 적응적 기대(adaptive expectation)라 한다. 예를 들어 사람들이 지난해와 같은 수준으로 물가가 올해 상승할 것이라고 기대한다고 가정하면 기대 인플레이션 π^e는 지난해 인플레이션 π_{-1}과 같다.

$$\pi = \pi_{-1} - \beta(u - u^n) + v \qquad\qquad (7-27)$$

식 (7-27)에 의하면 인플레이션은 과거의 인플레이션, 경기순환적실업, 공급충격에 의존함을 알 수 있다. 필립스곡선을 상기식과 같은 형태로 나타낼 경우 자연실업률은 이따금 가속화되지 않는 인플레이션의 실업률 또는 약자로 NAIRU라고 한다. 이때 필립스곡선을 구성하는 요소 중 과거의 인플레이션은 관성적이라는 것을 의미한다. 즉 공간에서 움직이는 물체와 같이 이를 정지시키지 않는다면 계속 이동하려고 함과 같이 인플레이션이 계속해서 지속된다는 것이다. 특히 실업이 자연실업률수준에 있고 공급충격도 없는 경우 지속적으로 상승하는 물가수준은 속도가 정체되어 있게 된다. 과거의 인플레이션이 장래인플레이션에 대한 기대에 영향을 미치고 이런 기대가 사람들이 설정한 임금 및 가격에 영향을 미치기 때문인 것이다.

솔로우(Solow, R.)는 이런 인플레이션의 관성개념을 명확히 설명하고 있다. "통화는 왜 늘상 가치가 감소하는가? 아마도 이에 대한 대답은 간단할 것이다. 우리가 인플레이션의 발생을 기대하기 때문에 인플레이션을 겪게 되고 인플레이션을 경험하였기 때문에 인플레이션이 발생을 기대하게 된다."

총수요와 총공급의 모형에서 인플레이션 관성은 총공급 및 수요곡선이 모두 지속적으로 위로 이동하는 것으로 설명될 수 있다. 먼저 총공급의 경우 물가가 지속적으로 급등현상을 보이고 있을 경우 사람들은 계속해서 물가가 오를 것이라 기대한다. 그로 인해 단기공급곡선은 상향이동하게 되고, 이를 정지시키기 위해서는 경기후퇴 혹은 공급충격같은 사건이 발생해야 한다는 것이다. 그리고 총수요곡선도 마찬가지로 인플레이션에 대한 기대를 확인하기 위해 위쪽으로 이동하여야 한다. 총수요의 지속적인 증가는 자주 통화공급의 지속적인 증가에 기인한다는 점을 비추어 볼 때 중앙은행이 긴축정책을 사용하면 총수요는 안정화되고 총공급이 위쪽으로 이동하여 경기후퇴가 발생하게 된다. 경기후퇴기의 높은 실업은 인플레이션과 기대인플레이션을 낮추어 인플레이션 관성을 멈추게 할 수 있는 것이다.

(3) 인플레이션의 원인

인플레이션 식을 통해 물가상승을 일으킬 수 있는 원인은 앞서 본 바와 같이 적응적 기대하 과거의 인플레이션 수준이외에 수요견인 인플레이션과 비용상승 인플레이션으로 나타낼 수 있다. 수요견인 인플레이션(demand-pull inflation)은 자연율로부터 벗어난 실업, 즉 경기순환적실업이 인플레이션에 대해 상승 또는 하락 압력을 가함에 따라 나타나는 것을 말한다. 왜냐하면 이런 종류의 인플레이션은 총수요 증대로부터 기인하기 때문이다. 즉 높은 실업은 인플레이션을 감소시킨다는 점을 볼 때 경기순환적실업이 물가상승에 영향을 미치는 정도를 나타내는 매개변수 β를 측정하여 인플레이션이 경기순환적실업에 얼마나 민감하게 반응하는지 측정한다.

그리고 공급충격에 기인하는 비용상승 인플레이션(cost-push inflation)을 들 수 있다. 1970년대 오일쇼크와 같이 세계석유가격 상승처럼 불리한 공급충격의 경우 ν는 양수가 되며 인플레이션이 상승한다. 이러한 비용상승 인플레이션은 공급충격이 생산비용을 상승시키기 때문이다. 1980년대 석유가격이 하락으로 이어진 과잉생산과 같은 공급충격은 ν를 음수로 만들어 인플레이션을 하락시킨다고 할 수 있다.

(4) 합리적 기대와 필립스커브

인플레이션에 대한 기대가 인플레이션과 실업사이에 단기적 상충관계에 영향을 미치므로 사람들이 기대를 어떻게 형성하는지 이해라는 것은 매우 중요하다. 지금까지 기대 인플레이션이 최근 과거에 경험한 인플레이션에 의존한다고 가정하였다. 적응적 기대라는 가정은 그럴듯하나 너무 단순하여 모든 상황에 적용될 수 없다는 점을 볼 때, 사람들은 과거뿐만 아니라 현재의 정부정책에 관한 정보를 포함한 모든 이용 가능한 정보를 최적으로 사용하여 미래를 예측하는 합리적 기대(rational expectation)를 한다고 가정하는 것이 훨씬 더 현실적이 될 것이다. 이 합리적 기대이론에 따르면 금융 또는 재정정책의 변화는 기대를 변화시키며 어떤 정책변화에 대한 평가는 기대에 미치는 효과를 포함하여야 한다고 한다. 즉 사람들이 기대를 합리적으로 하면 인플레이션은 처음 나타났을 때 보다 관성력이 줄어들 수 있다는 것이다.

이런 합리적 기대를 주장하는 사람들은 단기 필립스곡선이 정책입안자가 이용 가능한 지표로 사용할 수 없다고 주장한다. 그들은 정책입안자들이 확실히 인플레이션 감축을 약속하였을 경우 합리적인 사람들은 그 약속을 이해하고 인플레이션에 대한 기대를 신속히 낮춘다고 믿는다. 이 경우 인플레이션은 실업을 증대시키거나 생산량을 감소시키지 않고도 진정될 수 있다. 그리고 합리적 기대이론에 따르는 사람은 전통적인 희생률(sacrifice ratio)[86]측정방법은 다양한 정책들의 충격을 평가하는

---

86) 이는 인플레이션을 낮추기 위해 포기해야하는 연간 실질 GDP의 백분율을 의미한다. 실
　　증계량분석에 의하면 인플레이션 1%를 낮추기 위해 실질GDP 5%가 희생되어야 한다고
　　주장한다. 이에 대해 보다 자세한 내용은 Arthur M. Okun(1978), "Efficient Disin-

데 유용하지 않다고 한다. 신뢰할 수 있는 정책 하에서 인플레이션을 낮추는 비용은 평가된 희생률이 제시한 것보다 훨씬 낮아질 것이다. 가장 극단적 경우에 경기후퇴를 전혀 시키지 않고 인플레이션율을 낮출 수 있다고 한다. 이 전제조건은 첫째 임금과 가격을 결정하는 노동자와 기업들이 기대를 형성하기 전에 인플레이션을 낮추겠다는 계획이 발표되어야 하며, 둘째로 노동자와 기업이 발표를 신뢰하여야 한다는 것이다. 그렇지 않다면 그들은 인플레이션에 대한 기대를 감소시키지 않을 것이다. 이 상기 두 조건을 만족시키면 즉각적으로 인플레이션과 실업사이의 단기적 상충관계를 아래쪽으로 이동시켜 실업을 증대시키지 않고 인플레이션율을 낮출 수 있게 된다.

이런 합리적 기대이론은 아직 논쟁거리로 남아있지만 거의 모든 경제학자들은 인플레이션에 대한 기대가 인플레이션과 실업사이의 단기적 상충관계에 영향을 미친다는 데 의견을 같이 한다. 따라서 인플레이션을 낮추려는 정책의 신뢰성이 정책이 치러야 할 대가를 결정하는 한 요소가 된다. 불행히도 일반인들이 새로 발표되는 정책을 신뢰하는지에 대한 여부를 측정하기에 한계가 존재한다. 기대가 중심적 역할을 하는 경우 다양한 정책들의 결과를 예측하는 일은 더욱 어려워짐을 알 수 있다.

---

flationary Policies," *American Economic Review 68*, pp 348~352와 Robet, J. G., and Stephen R. K.,(1982) "The Output Cost of Disinflation in Traditional and Vector Autoregressive Models," *Bookings Papers on Economic Activity*, pp 205~245.

5. 우리나라의 노동정책 내용

(1) 우리나라 노동시장현황

(가) 경제적환경변화

우리나라의 노동시장은 지난 30년 동안 급격한 환경적 변화를 경험하게 된다. 1960년대 초부터 시작된 경제의 고도성장은 노동정책의 가장 중요한 과제인 완전고용에 가까이 근접하게 됨을 보인다. 즉 실업률의 추이를 보면 1960년대에는 거의 6%에 가까웠던 실업률이 1980년대에 들어오면서 3.6%로 떨어지고 1990년대에 들어오면서 더욱 낮아져 자연실업률보다도 낮은 수준을 보이고 있다. 반면 최근 들어 업종에 따라 서로 다른 노동력의 부족 및 직종의 부족 현상이 발생하게 되는데 이는 여러 가지 요인에 근거하게 된다.

가장 큰 요인으로 경제발전단계상에서 나타나는 산업구조의 변화에 대응하지 못한 것으로 꼽는다. 즉 경제의 발전은 1차 산업에서 2차 산업으로, 그리고 3차 산업으로 이행의 과정을 거치게 되는데 여기에서 급속한 3차 산업으로의 노동력 이탈현상이 발생함에 따라 그 나라의 근원이 될 수 있는 1차와 2차 산업에서 노동력을 제공할 인력이 부족해지는 현상이 발생하게 된 것이다. 게다가 실업률이 낮아지게 된 배경 또한 이런 문제와 연관이 있다. 실업률이 낮아짐에 따라 개인 부문의 소득은 지속적으로 상승하게 되고, 소득이 높아짐에 따라 자녀교육에 대해 차지하는 비중이 지속적으로 늘어나게 됨으로써 노동력의 고학력화를 달성하게 하는 그 근원이 되게 된 것이다.

한편 이런 노동수급불일치의 문제가 더욱 가속화되기 시작하는 것은 바로 정보산업화 및 첨단산업화에 따른 환경적 변화가 급속도로 바뀌는 과정 속에서 정체되어 있는 정부의 노동정책이 한계점을 드러낼 수 있다는 것이다. 즉 정보산업화 및 첨단산업화에 따라 인적 자원의 전문화・다양화・다기능화가 요구되고 있으나 우리나라의 인력정책은 아직도 단순기능인력 양성에 그치고 있어 산업부문의 수요에 대처하지 못하고 있는 것이다. 더군다나 직업안정제도의 미발달로 노동시장의 수급조절 기능은 제대로 그 역할을 다하지 못하고 있는 것이다.

한편 6.25 이후의 노동운동은 민주화에 따라 분배정의의 실현, 노조의 인사경영권 참여요구 등 근로계층의 요구가 증대되고 있으나 아직도 협력적 노사관계의 관행이 정착되지 못하여 노사간의 대립과 갈등은 해소되지 못하고 있다. 따라서 우리의 노동정책이 당면하고 있는 가장 중요한 정책과제는 우리의 노동시장의 수급조절을 원활히 하고 우리의 실정에 맞는 협력적 노사관계를 구축하도록 노동시장의 질서를 확립하는데 있다고 할 수 있다.

(2) 우리나라 노동정책기조

(가) 노동력 수급구조변화에 대한 노동정책

우리나라의 노동정책은 1980년대 초반까지만 해도 주로 늘어나는 노동자에 대해 고용기회를 창출하는 것에 그 목적을 두고 있었다. 그리고 고도성장에 따른 실업률이 높지 않았기 때문에 또 다른 노동정책이 존재하고 있지는 않았다고 볼 수 있다. 그러나 1980년대 후반에 들어오면서 산업구조의 변화에 따른 수급불균형 현상이 대두되었고, 이는 노동공급행태에 큰 변화를 가져왔다. 즉 종래의 풍부했던 노동자원이 양적인 면에서 부족할 뿐만 아니라 질적인 면에서도 많은 문제점을 가져오는 등 인력문제가 산업의 경쟁력 향상의 중요한 애로점으로 등장하게 된 것이다.

결국 이와 같은 기술 및 기능인력의 부족문제를 해결하기 위해 정부는 1992년 3월에 '인력수급동향과 장단기대책'(人力需給動向과 長·短期對策)을 수립하게 된다. 이 대책에서 정부는 공업계고교 및 이공계대학의 수요능력을 확충하는 한편 미진학 인문계 고교생의 직업교육확대, 제조업병역특례제도 활성화, 취업안선기능강화 등 인력부족시대에 부응하는 시책을 추진하였다.

그럼에도 불구하고 1997년 외환위기가 발생한 이후 노동시장에서 평생직장이라는 고용의 개념이 바뀌게 되어 비정규직의 활성화 현상이 발생하게 된다. 즉 노동에 대한 가치관의 변화가 일어나면서 보다 값싼 비정규직을 선호하며 정규직과의 임금격차가 증대되게 됨에 따라 정규직 고용수는 줄어드는 반면 비정규직 고용은 증가하게 되어 동종업간의 새로운 인력수급의 불일치를 가져오게 되었다. 이를 해결하기 위해 정부는 먼저 구인 및 구직의 효율적인 연계를 위해 다음과 같은 정책이 제시되고 있다.

첫째, 고용안정센터를 중심으로 하여 효율적인 인력수급이 이루어질 수 있도록 수요자밀착형 고용서비스를 개발 및 지원하고, 둘째로 근로네트워크의 기능보강으로 국가공공기관 및 민간의 구인 및 구직 정보가 종합적으로 거래되는 사이버취업시장을 활성화하려고 한다. 마지막으로 청년 등 구직자의 특성별 맞춤 정보서비스체제를 구축에 박차를 가하고 있다.

한편 단기적으로 구조적인 구인에 어려움을 겪고 있는 3D업종에 고용허가제를 통하여 적정규모의 외국 인력을 안정적으로 공급받을 수 있도록 하며, 고용허가제와 기존의 산업연수생제도의 특성을 살려 초기에 두 제도를 병행하여 운영할 방침이다. 또한 중·장기적으로는 본래의 목적에 맞게 외국인력고용제도를 정착을 통해 저학력부문의 구인난을 해결하려고 한다. 그와 더불어 중·장기적인 노동시장의 전망을 통해 체계적인 인력양성 및 활용이 가능하도록 인력수급전망 시스템을 구축할 예정이다. 즉 산업별, 그리고 직업별 고용구조 조사를 근거로 직업세분류별 인력수급예측 모형을 개발하여 노동시장의 인력수급전망을 정확히 예측할 수 있도록 하며, 이를 효율적으로 이용할 수 있도록 기업과 구직자에게 체계적인 정보를 제공한다는 취지이다. 그리고 지방자치단체, 사업주단체, 지방노동관서 등 관련기관 간 협력체계를 구축하여 지역특성화형 고용정책을 추진하고 있으며, 또한 고용안정센터별로 지역 특성별 고용대책을 수립하여 효율적으로 추진할 수 있도록 중앙정부의 지원을 강화하려고 한다.

(나) 고용안정정책

우리나라의 노동시장은 1980년대 후반 이후 노동공급면에서 인구증가율의 둔화,

고학력화 및 교육의 인문화에 따른 생산직 노동공급의 감소가 급속히 전개되는 한편 노동수요면에서도 산업구조의 고도화 및 자동화, 그리고 성력화에 따른 고용형태의 변화 등이 동시에 이루어지면서 노동의 수급면에서 급속한 변화가 이루어지고 있다. 그러나 우리나라의 인력정책은 과거의 노동과잉공급과 저임금시에 형성된 제도 및 관행, 기구 등을 그대로 답습하고 있어 부문간 인력수급의 불균형이 심화되고 있다. 이런 현상이 비단 노동수급의 균형을 위한 정책적 부재에 의해서만 생겨난 문제가 아니라 우리나라의 직업안정제도가 취약하여 그 기능을 제대로 발휘되지 못하는 것에서도 기인한다.

현재 우리나라에 직업안정기관으로 중앙직업안정소와 6개 지방노동청 및 39개 지방노동사무소 등 노동부 산하에 52개 국립직업안정기관이 있고 1,000개가 넘는 사설직업안내소가 있다. 그러나 지방노동관서에서 실제로 취업안선 등 직업안정업무를 담당하고 있는 직원은 그 수가 매우 적어 전문적인 직업상담이나 알선을 해주기가 어려운 환경에 놓여있다.

이런 우리나라의 직업안정망은 직업안정조직의 취약, 담당인원의 부족 및 전문성 결여, 구인 및 구직자에 대한 홍보미흡, 직업상담의 미실시 등으로 그 기능이 매우 취약하며 공공직업안정기관을 통한 취업자의 비율은 2%에 불과하다. 따라서 우리나라 인력수급의 불균형을 완화하기 위해서는 직업안정망을 확충하여 노동시장의 인력수급의 조절기능을 강화해야 한다. 그와 관련하여 1991년 12월에 노동시장의 원활한 수급조절을 위해 '고령자직업촉진법'(高齡者雇傭促進法)을 제정하였다. 이는 1990년대에 들어오면서 날로 심화되고 잇는 산업사회의 단순인력난에 대처하고 고령자의 복지증진을 기하고자 하는데 있다. 그리고 그 이전해인 1990년에는 장애인의 고용촉진을 위해 '장애인고용촉진등에 관한 벌률'(障碍人雇用促進등에 관한 法律)을 제정하여 실시하고 있다. 1995년에는 고용보험제도의 도입을 통해 직업안정망의 구축에 노력을 기울이고 있는 실정이다.

(다) 노사관계와 노동시장질서정책

우리나라의 노사관계는 1987년의 민주화선언 이후 많은 변화를 경험하였다. 단위

노동조합수는 1987년 6월 말의 2,725개에서 1992년에는 7,527개로 거의 3배나 늘어났고, 노동조합조직률도 11.7%에서 15.1%로 늘어났다. 이런 노동조합운동의 활성화로 인해 사용자우위의 권위주의적 노사관계를 민주적 노사관계로 변모시키기 시작하였다. 이에 따라 임금결정과정도 사용자주도의 임금결정에서 교섭을 통한 노사합의결정으로 바꾸게 되었다. 이와 같이 노사관계가 민주화됨에 따라 노사분규건수도 크게 줄었을 뿐 아니라 쟁의행위가 온건화·합법화 경향을 나타내어 불법쟁의비율도 크게 감소되었다.

그러나 이런 노사분규가 임금협상에 대한 내용이 지배적이며, 그 형태가 기업단위로 단체교섭이나 임금교섭이 이루어짐에 따라 노사 간의 대립이 심화되고 있음은 물론 기업규모별 임금격차를 확대시키는 것과 같은 구조적 취약성을 드러내고 있다. 그럼에도 불구하고 합당한 제도의 틀을 만들어 낼 수 없는 것이, 단체교섭제도가 시장경제의 기본질서에 저촉되지 않는다고 보기 때문이다. 그러나 무리한 임금인상을 위한 노사분규는 산업의 경쟁력을 약화시키고 결국 실업의 증가 형태로 나타나게 되므로 정부는 공권력의 개입을 통해 사회적 갈등을 최소화 시킬 필요가 있다. 그리고 노사관계를 유연하게 이끌어낼 필요가 있음은 두말할 나위가 없다고 본다.

(라) 시사점

이런 한국의 노동시장은 장기불황과 고용창출이 매우 저조한 경제성장으로 여전히 높은 실업률을 기록하고 있다. 또한 고학력화된 노동력은 제한된 산업에의 노동공급으로 3D업종에는 인력의 공급부족을 겪고 있다. 1997년 외환위기 이후 확대되고 있는 비정규직근로자의 문제와 매년 반복적으로 발생하는 노사분규로 노동시장적 상황은 어려움을 더해가고 있다. 따라서 한국의 노동시장은 기존 취업자와 실업자 간의 갈등, 정규직과 비정규직 간의 임금격차와 고용의 안정성차이, 성장의 원동력이 되고 있는 대기업과 위기의 중소기업근로자 간의 임금격차, 불필요한 노사분규 등 많은 경제와 사회적 문제를 해결해야 할 과제로 남겨져 있는 실정이다.

게다가 평균수명의 연장과 저출산율은 노동력을 고령화시키고 있으며, 고령화된 노동력은 장기불황과 연공서열형 고임금으로 조기퇴직 및 명예퇴직을 강요당하고 있다. 이는 사회안전망이 완전치 못한 현실에서 많은 사회적 문제를 야기하고 있는 것이다. 따라서 정부는 이러한 문제를 원활히 해결하기 위해 고용, 산재, 국민, 의료보험과 같은 국민 4대 보험의 확대적용에 꾸준한 박차를 가해야할 때가 아닌가 생각해 본다.

연습문제

1. 만약 당신이 한 기업의 CEO라고 하자. 그리고 시장은 완전경쟁임을 가정할 경우, 당신은 노동에 대한 임금수준을 어떻게 결정하겠는 가? 그리고 그 임금이 의미하는 바가 무엇인지 서술하라.

2. 노동수요의 탄력성의 개념과 특징, 효과를 설명하라.

3. 노동수요곡선에 영향을 미치는 요인을 설명하라.

4. 노동공급의 규모와 크기를 결정해주는 4가지 요인을 설명하라.

5. 노동공급시간에서 대체효과와 소득효과를 설명하라.

6. 후방굴절형 공급곡선이 나타나는 배경을 설명하고, 그 과정을 설명하라.

7. 균형임금의 격차가 발생하는 원인에 대해 아는 대로 기술하라.

8. 임금격차가 지속되는 이유에 대해 설명하라.

9. 노동공급곡선과 총공급곡선의 관계를 설명하라.

10. 총공급곡선이 장기와 단기에 다른 차이가 나는 근본적인 이유는 무엇인가?

11. 고전학파의 화폐중립설은 무엇이며, 그리고 이때 총공급곡선은 어떤 형태를
    띄며, 이때 나타내는 산출량은 어떤 개념이며 무엇을 뜻하는 가?
12. 케인즈학파의 단기총공급곡선이 수평이 되는 요인을 서술하라.

13. 초기 케인즈학파의 단기총공급곡선에 따르는 과정이 매우 비현실적인 관계로,
    보다 현실적인 과정을 도입한 대표적 3가지 모형이 있다. 이것은 무엇인가?
    그리고 이 모형의 도출과정을 서술해보라.

14. 13번 문제를 이어 이들이 주장하는 총공급곡선식이 나타내는 공통된 의미는
    무엇인가?

15. 필립스커브의 순차적 변화에 대해 학파순으로 가정과 그 의미를 제시하라.

제3편 해외 주요 국가별 경제정책

여기에서는 미주권, 유럽권, 중남미권, 그리고 아시아권 총 12개 국가를 대상으로 국가별 경제정책 현황을 재정, 통화, 대외개방, 산업, 경제성장, 그리고 노동으로 총 6개 부문에 대한 정책내용을 요약하고 시사점을 도출하였다. 구체적으로 보면, 미주권에서는 미국과 캐나다를 유럽권에서는 프랑스, 영국, 독일, 그리고 러시아를 포함하였고, 중남미권에서는 칠레와 아르헨티나를, 아시아권에서는 중국, 일본, 대만, 그리고 호주를 포함하였다. 세계 각 권역별 주요 국가들의 경제정책 고찰을 통해 우리나라의 경제정책의 바람직한 방향을 모색하고, 부분별로 차별성이 존재할 경우 이를 벤치마킹하는 것을 주된 목적으로 한다.

해외 국가별 경제정책은 국가별 경제환경과 역사 그리고 문화적 기반을 중심으로 발전하여 왔음을 볼 수 있다. 즉, 경제정책의 당위성은 국가별 경제환경에 따라 국가의 개입정도가 차이가 나게 됨을 알 수 있다.

I 미주권

1. 미국

미국은 세계 4.5%의 인구(2억 9,900만 명)로 전 세계 GDP의 28%인 13조 2,000억 달러를 생산, 소비하고 있는 세계 최대시장으로 경쟁의 종착지이자 비즈니스모델 혁신의 진원지로써 세계시장 변화와 흐름을 좌우하고 있으며, 경상 GDP 기준 미국은 일본의 3배, 독일의 4.5배 그리고 중국의 5배에 달하는 구매력을 보유한 나라이다. 또한 정치 및 군사적으로도 세계 최대의 영향력을 미치고 있는 나라이기 때문에 미국의 경제 정책은 미국 내 뿐만 아니라 국제 사회와 긴밀한 관계를 맺고 있다고 할 수 있다. 이제 세계 경제에서의 미국 경제정책의 기능을 알기위해 경제정책의 내용과 효과를 살펴보고자 한다.

(1) 미국의 경제정책별 주요 내용 특성 및 효과

(가) 재정정책

1930년대 미국이 대공황으로 휘청거릴 즈음 정부는 처음으로 재정정책을 펼치기 시작했다. 당시 정책입안자들은 영국의 경제학자 케인스의 이론에 감화를 받아 정부 개입의 중요성과 적자재정의 필요성을 인식 하게 되었다. 하지만 1964년 경제성장을 촉진하고 실업률을 줄이기 위해 감세정책을 실시하고 1960년대 후반, 베트남 전쟁으로 인한 군사비 지출이 증가됨에 따라, 이는 소비지출의 형태로써, 과잉생산을 유발하였고 결국엔 인플레이션현상이 일어나게 되었다. 이런 인플레가 나타나는 가운데 정부는 정책을 통해, 즉 정부지출의 감소와 세금의 인상과 같은 반인플레이션 재정정책, 물가를 안정시켜야 할 필요가 존재 하였으나 당시 사회 분위기상 정치적으로 납득시키기가 어려웠고, 1970년대 말 이후 나타난 스태그플레이션현상을 두고 많은 미국인들은 케인즈의 경제학이 실패한 증거라고 여기는 계기가 되었다.

1970년대부터 등장한 이런 재정적자 문제는 1980년대 레이건 대통령이 공급경제학을 근거로 감세정책과 군사비 지출을 늘리는 바람에 적자폭은 더욱 커졌고, 따라서 1980년대 후반부터는 적자를 줄이는 일이 재정정책의 지상 목표가 되었다. 한편 1990년대 해외교역 기회가 빠르게 늘어나고 기술 발달로 신제품이 속속 출시되자 정부는 정책적으로 성장을 촉진시켜야 할 필요성을 별로 느끼지 못했다. 대신 관료들은 재정적자의 규모가 작으면 정부의 차용액을 줄일 수 있고, 이자율을 낮출 수 있어서 기업이 사업의 확장을 위한 재원을 쉽게 조달할 수 있게 된다고 주장했다.

미국의 재정수지기조를 살펴보면 부시행정부 출범 이후 급속히 악화되고 있다. 부시행정부 이후 교체된 클린턴 행정부는 1990년대 초 GDP 대비 4%대에 달하는 재정적자를 해소하기 위해 적극적인 긴축재정정책을 시행하였으며, 장기호황기를 거치면서 세수가 크게 증가하였다. 그 결과 미국은 지난 1990회계연도부터 5년 연속 재정흑자 기조를 유지하였다. 그러나 경기침체로 인한 세수감소와 부시행정부의 대대적인 조세감면 정책으로 인해 미국의 연방수지는 2002회계연도부터 적자로 반전되었다.

<표 3-1> 미국의 재정수지 현황

(단위 : 십억달러)

	1981	1990	1998	2001	2002	2003	2004	2005	2006	2007
제정수지	-78.9	-221	+892	-128	-158	-378	-413	-318	-248	-163
GDP 비중	-2.7	-4.0	+0.8	+1.3	-1.5	-3.5	-3.6	-2.6	-1.9	-1.2

자료출처 : KOTRA (국가정보-미국-경제정책)

대규모 감세를 통한 확장적 재정정책은 단기적으로 미국 가계의 가처분소득을 증가시켜 소비를 늘리고 기업의 투자를 활성화함으로써 경기를 진작 시키는 효과가 있을 것이다. 그러나 중장기 적으로는 확장재정정책으로 인한 인플레이션 가능성 증대로 인해 연방준비제도이사회의 기준금리 인상을 야기하게 된다. 이는 이자율 상승에 따른 민간의 투자를 감소시켜 기존의 재정정책의 효과를 감소시키는 구축효과를 발생시키게 된다. 또한 기준금리 인상은 자본유출을 우려한 선진국들의 동반 이자율 상승을 발생시키게 될 것이다.

(나) 통화정책

시간이 지날수록 경제 안정에 있어서 통화정책의 중요성이 재정정책의 중요성 보다 커져 갔는데, 이는 두 가지 이유에서 비롯된 것이라 볼 수 있다. 첫째는 통화정책이 이자율이 0이 되기 전까지는 인플레이션을 잡는데 재정정책 보다 효과가 있기 때문이다. 둘째는 정치적인 이유로써 인플레이션을 억제하기 위한 정부지출의 감소와 세금의 인상이 반대중주의적인 인상을 국민에게 심어주는 정책이라 정치권은 통화정책을 재정정책 보다 더 선호 할 수밖에 없기 때문이다.

한편 미국의 연방준비제도는 1913년 금융 시스템에 대한 감시를 강화하고, 19세기에 주기적으로 일어났던 금융 공황에 대한 예방책으로 의회에서 마련한 것으로 미국의 통화정책을 이끄는 제도로써 그 의미가 크다고 할 수 있다.

최근 들어 부시행정부는 저금리 정책으로 주택경기를 부양시켜 미국경제가 침체 국면으로 진입하는 것을 막았을 뿐만 아니라 소비와 더불어 미국의 경제성장을 주도 하였다. 하지만 미국 부동산 과열움직임에 따라 연방준비위원회는 지속적으로 금리를 인상시켰으며 이에 따라 시장의 유동성이 급락하고 주택가격이 하락하여 주택담보대출자의 이자 상환 부담이 상승하게 되었다. 그로 인하여 서브프라임부실 문제가 야기되어 시장의 신용경색이 발생하게 되자 연방준비위원회는 시장에 유동성을 공급하기 위해 연방금리 및 재할인율 인하를 실시하고 있다.

통화정책의 효과는 시간을 두고 점진적으로 나타나기 때문에 모기지 부실에 대한 정확한 추산을 하지 못하며 현재는 시장의 불확실성이 극도로 증대된 상태이다. 연방준비위원회는 저금리 기조로 인한 미국의 통화팽창이 물가상승에 압력을 가하고 있으며, 경제침체까지 동반하여 스태그플레이션이 우려되고 있으나 현재의 서브프라임 부실분제를 제거하기 위해 총력을 기울이고 있는 상태이다.

(다) 개방정책

미국은 1930년대 대공황과 제2차 세계대전 이후 서서히 무역장벽을 없앴으며 세계경제 시스템과 조화를 맞추려 노력했다. 현지 미국은 모든 국가에게 개방 무역체제를 요구하고 있다. 즉 모든 무역법과 관행이 투명해야 하며 국가들에게 산업 규제를 풀고, 남아 있는 규제들을 투명하게 운영할 수 있는 조치를 취하며, 외국 기업에 대한 차별을 없애는 등의 국제관례에 따를 것을 주장하고 있다.

클린턴 행정부는 재임기간 중 미국의 무역정책에 각국에게 최저 임금과 환경에 관한 기준을 준수하도록 촉구하는 정책을 쓰기도 했다. 그 예로 1990년 초 클린턴 행정부는 미국이 NAFTA를 승인하는 대가로 캐나다와 멕시코가 환경법과 노동 기준을 강화한다는 합의문에도 서명할 것을 요구한 예가 있다. 이렇게 무역협정과 환경보호 그리고 노동 기준을 연계시키려고 한 노력은 다른 국가는 물론이고 미국 내에서도 논란을 불러 일으켰다.

200년 전 미국 혁명 시절 이후로 미국이 정치적 목적을 위해 무역제제 혹은 자유무역 장려정책을 쓰는 일은 아주 흔한 일이다. 정치적으로 중요하면서 경제적으로 어려움을 겪고 있는 나라에 대해 면세정책과 무역 특혜조치를 취함으로써 간접 지원하고 인권 유린, 테러지원, 혹은 '국제평화에 위협을 가한다고 생각되는 국가'(미얀마,쿠바,이라크,이란,리비아,북한,수단,시리아 등)로부터는 수입을 제한하는 예가 대표적이다.

제2기 부시정부는 자유시장원리에 기초한 세계시장의 확대 대외통상정책이 가장 중요한 기조이며 이를 달성하기 위해 경쟁적 자유화, 다자무역체제의 확대 및 강화, 미주자유무역지대의 창설의 3가지 통상정책을 마련하였다.

경쟁적 자유화는 기업간 자유로운 경쟁을 보다 강조한 것으로 교역 상대국과 관세 및 비관세 장벽을 협상하는 과정에서 협상이 진정되지 않을 경우 자유무역협정을 활용하여 협상국과 경쟁관계에 있는 다른 교역국에 혜택을 제공함으로써 해당 협상국을 압박하려는 전략이다.

다자무역체제의 확대 및 강화도 상하 양원을 장악한 공화당의 압도적인 지지를 받아 부시 행정부가 추진하고 있으며 도하개발아젠다(DDA)와 같은 다자무역체제의 강화는 규범 중심의 국제 무역 질서를 추구하는 미국의 이해관계와 일치하여 미국에 의해 지속적으로 추진 될 것이다.

미주자유무역지대의 창설은 1990년대 중반이후 전 세계적으로 양자 및 다자국간 지역 무역 협정이 급증하자 미국역시 미국기업의 불이익을 최소화하고, 수출 및 투자 확대를 통한 이직 증진을 위해 미주자유무역지대를 추진하게 되었다. FTA가 완성되면 인구 8억 명, GDP 12조 달러에 이르는 세계 최대의 자유무역지대가 탄생하는 것을 의미한다. 이것은 중남미의 투자, 고용, 성장을 촉진하게 되나 상대적으로 역외국가에 대한 차별이 증가하는 원인이 될 것으로 보인다.

(라) 산업정책

미국 내에서 소기업은 미국 경제가 역동성을 잃지 않는 원천이 되고 있다. 1953년 의회에 신설된 소기업청은 소기업을 신설하고 경영하는 사람들에게 전문적인 지식과 재정적인 지원을 아끼지 않는다. 소기업청은 자금을 융통하거나 건물, 기계류, 장비를 구입을 위한 100억 달러 규모의 대출 기금을 조성한다. 그리고 수출 잠재력을 가진 소기업을 위해 시장을 주선해주고 조인트 벤처의 기회도 제공하는 등 적극적으로 프로그램을 운영한다. 또한 주립 관계 기관이나 대학들과 함께 900군데의 소기업 발전센터를 운영하며 기술과 경영 지원을 해주고 있다.

전통적으로 미국은 대기업이 엄청난 자금으로 소기업을 흡수하거나 다른 회사와 결탁하여 경쟁을 가로막을 수도 있다고 두려워했다. 연방 정부는 연방거래위원회, 반독점위원회 등을 통해 '국가적' 합병을 경계하고 있다.

최근에 부시행정부는 민간부문에 대한 연방정부의 간섭을 최소화하고, 기업 활동 촉진을 위한 친기업적인 산업정책을 지속적으로 추진하고 있다. 개별 기업에 대한 선별적 지원이 아닌 전체적인 기업환경의 개선을 위한 규제개혁과 투자를 촉진하기 위한 배당소득세 감면, 자본이득세 감면, 소기업과 관련하여 상속세 감세 및 폐지가 주 내용이라 할 수 있겠다.

중소기업의 90%가 법인세 대신 개인 소득세를 납부하고 있는 현실 하에서 개인 소득세율 인하 및 감세 영구화는 기업 경영에 크게 기여하게 된다. 또한, 가족소유 중소기업과 가족농장에 부과되는 상속세를 단계적으로 축소, 폐지하려는 부시 정부의 정책은 중소기업 활성화에 크게 기여할 것이다.

(마) 경제성장정책

미국 초창기의 정부 지도자들은 경제성장과 관련된 정책을 시행하길 꺼렸다. 그러나 19세기말 독점을 막기 위해 셔먼 반독점법을 제정한 이후 정부의 정책은 점점 많아져서 뉴딜정책, 각종 규제기관 설립, 불필요한 규제 철폐, 예금 보험제도, 등과 재정, 통화정책을 통해 성장을 유도 했다.

대외적 충격으로 볼 수 있는 유가폭등, 걸프전 또는 이라크전 등은 미국의 경제성장과 빼놓을 수 없는 요인이다. 대외 충격은 경기침체를 가져왔거나 이미 존재하는 경기침체를 가속화 시키고 있다는 점에서 역효과를 불러왔다고 할 수 있다. 그러나 이런 대외충격은 단순한 미국의 내적요인보다 장기적 안목에서 정치적인 요인이 더욱 강하게 작용되는 바, 그 효과가 높은 편이라 할 수 있다. 즉 최근 들어 이슈가 되고 있는 유가문제와 관련해 지속적인 발전을 위한 원동력임에 틀림이 없고 이를 어떻게 확보하는 가에 대한 문제에 전쟁의 수단을 동원하고 있다는 점이다.

한편 경제의 저성장을 높이기 위해 부시행정부는 연방준비위원회가 이끌어낸 저금리 환경과 2001~2004년에 걸친 다섯 번의 감세프로그램 및 연방재정 지출확대 등으로 미국 경제를 부양시켰다는 점에서 높이 평가할 만하다.

미국의 연방준비위원회의 미국 내 저금리 정책은 주로 저축보다는 소비를 통해 지탱되는 미국경제를 하락 하지 않게 막아주는 역할을 했으며 감세정책으로 인한 경기 부양과 연방재정 지출확대는 미국경제를 상승시키는 추진력을 만들고, 세계경제를 회생시키는데 보탬이 되었다. 하지만 계속되는 감세정책과 재정지출확대로 인한 재정수지 악화와 경상수지 적자의 지속은 쌍둥이 적자 문제를 일으켜 미경제의 불안 요인이 되고 있다.

(바) 노동정책

정부는 전국노동관계법, 노동조정관계법 등의 제정으로 노동자의 권리를 신장시키기도 하고 고용주의 권리를 인정하기도 했다.

위에서 나타난 노동법의 제정인 노동정책의 이면에는 노동조합의 힘이 크게 작용했다. 1896년 최초의 노동조합이 생겨난 이래 노동조합은 근로환경을 획기적으로 개선하는데 큰 역할을 했고, 그리고 민주당이 이에 동조하여 미국의 정치를 바꾸었다고 볼 수 있을 정도이다. 노동조합은 오늘날에도 계속해서 중요한 정치, 경제적 압력단체이나 오늘날 산업구조에서 제조업보다 서비스업이 중요해지고 있으며, 그리고 세계화, 기술변화, 구조조정 등 여러 가지 이유로 인해 그 영향력은 눈에 띄게 미약해지고 있다.

한편 미국 내 2차 산업 부문이 인도나 중국과 같은 개발도상국가로 이전됨에 따라 미국 내에서 일자리는 줄어드는 추세이다. 이에 따른 일자리 증가율이 줄어들고 있지만 미국 자체 내의 노동력증가율 둔화로 인해 실업률의 상승폭은 당분간 큰 변동 폭이 없을 것으로 전망된다.

미국은 노령화 및 저출산 추세로 인력난이 가중되고 있으며, 2010년 약 560만 명의 인력부족 현상이 발생할 것으로 전망된다. 특히 의료 부문의 경우 베이비 붐 세대가 성장하고 노령화가 심화됨에 따라 인력난이 현재 가중되고 있다.

하지만 서비스 부문의 경우 다른 부문으로부터 노동 인구가 활발히 유입되고 있으며, 높은 고용 증가율을 보이고 있다.

(3) 결론 및 시사점

미국 경제의 침체, 글로벌 금융 위기, 글로벌 인플레이션과 스태그플레이션, 그리고 식량문제의 부상, 세계 경제의 탈동조화 가능성 등은 지난 30년간 신자유주의가 자기 모습대로 글로벌화 시킨 세계 경제의 산물이며 자연스런 귀결 그 이상도 이하도 아니다.

따라서 세계 경제의 급격한 변동 속에서 새로운 현상들이 나타나고 있는 최근의 상황은 신자유주의를 넘어 대안 사회를 모색하는 진보적 생활인들이 긴장감을 가지고 추이를 파악하는 가운데 그 원인과 특징을 분석하기 위해 모든 노력을 경주할 것을 요구하고 있다.

게다가 최근에는 이러한 신자유주의의 최대 위기에 직간접적인 영향을 받아, 신자유주의 경제시스템이 과거와 같은 강한 흡인력을 갖지 못하고 시들해지는 추세가 동시에 나타나기도 한다. 그 결과 2008년에도 남미의 파라과이와 아시아 네팔 등지에서 신자유주의에 동조하지 않는 정치세력이 집권했으며 미국의 영향에서 벗어나 다른 방식의 경제 발전을 도모하려는 움직임도 일고 있다. 이러한 시도들 역시 미래의 세계 질서를 암시하고 있다는 점에서 예의주시할 필요가 있다.

〈참고〉

부시 행정부의 경제정책 이념은 공화당의 전통적 이념인 자유주의와 80-92년 로날드 레이건 및 조지 부시 정부가 추진한 공급경제학을 계승해 기업의 자율권한을 강화하고 정부역할 및 규제를 최소한으로 줄이는 자유보수주의 정책을 골자로 하고 있다.

특히, 미국경제를 상징하는 신경제(New Economy)의 특징이 정보통신분야를 중심으로 한 자유경쟁과 기업가의 창의력에 있음을 주목하고 앞으로도 미국이 이 분야에서 경쟁적 우위를 확보하여 경제번영을 지속적으로 누리기 위해서는 정부 역할 강화와 정부 지출 증대는 기업가의 의욕을 감퇴시키는 것인 만큼 앞으로 정부의 역할을 축소하여 개인과 시장의 힘에 문제해결을 맡기는 것이 장기적으로 경제체질을 강화하는 방안이라고 믿고 있다.

이러한 관점에서 공화당은 현재 미국이 10년 가까이 누리고 있는 경기 호황도 클린턴 민주당 정부의 정책결과라기 보다는 자신들이 레이건 행정부 때부터 시행해온 민간 부문에 대한 규제완화와 세금감면 조치 등의 효과가 시차를 두고 나타난 것이라고 주장하고 있다.

그러나 이러한 주장과는 달리 현재의 미국은 서브프라임 모기지 사태와 달러화 약세 등 최근 세계적으로 이슈가 되고 있는 문제들을 가지고 있다. 그리고 재정적자와 관련하여 부시행정부는 재정 건전화를 위해 개인퇴직계정의 도입[87], 공적 의료보험제도의 개혁[88], 세제개혁[89], CAP[90] 및 PAYGO[91]의 부활과 새로운 재정규율 모색[92]을 제시하고 있다.

2004년 재선에 성공한 부시 대통령은 2009년까지 재정적자를 50%로 감소시키겠다고 공약한 가운데 최근 의회도 재정지출 삭감안을 의결하는 등 미행정부와 의회의 재정건전화 노력이 활발하게 진행되고 있다. 하지만 허리케인 피해 복구비 지출, 대테러 전쟁 및 국토안보 비용 등 재정지출 확대요인이 상존하고 있는 데다 감세조치의 영구화 추진, 중장기 재정 건전화 방안에 대한 의회 내 합의도출의 어려움 등도 재정건전화의 장애요인이 되고 있다. 따라서 미국의 재정적자가 단기간 내 대폭

---

87) 부시 행정부는 사회보장기금 파산을 막기 위해 Ownership Society 이념 하에 개인이 현 사회보장기금 연금급여의 일정부분을 분담하도록 하는 개인퇴직계정(PRA : Personal Retirement Account) 도입을 제안한 바 있음.
88) 2003년 의료보험제도 개혁의 일환으로 보험료가 저렴한 대신 유사시 자기부담이 큰 건강저축계정(HSA : Health Saving Account) 제도를 기도입하였음.
89) 현행 세제가 가계 및 기업의 경제적 의사결정을 왜곡하고 자원의 비효율적 배분을 초래하여 경제성장을 저해한다는 인식 하에 2005년 1월 조세제도 개혁 자문위원회를 설치하였음.
90) 각 연도의 재량적 지출에 대한 상한액을 결정
91) 의무적 지출을 확대하거나 감세를 할 경우 동액의 다른 의무적 지출의 삭감 또는 증세에 의해서 재원을 확보하고 있음.
92) 최근 의회 내에서 1990년대 후반 재정흑자 전환에 크게 기여했던 CAP 및 PAYGO 원칙을 부활하자는 움직임이 활발한 가운데 행정부도 2006년도 예산안에 동 원칙을 도입하자고 제안했음. CAP 및 PAYGO원칙은 1990년 예산강화법에 의해 성립되어 2002년까지 시행될 예정이었으나 1998년 이후 재정수지가 흑자로 전환되면서 유명무실화되었음.

개선되기는 힘들 것으로 전망되고, 또한 미국의 재정적자는 대규모 경상적자와 함께 미 달러화의 약세요인으로 작용할 것으로 보이며, 특히 FRB의 금리인상 종결 후 그 영향이 증대될 것으로 전망된다.

2. 캐나다

캐나다의 경제정책에 관여를 하는 자유당은 정부의 역할을 강조하고 보수당은 개인과 기업의 자율적인 경제활동을 중요시하며, 양자 모두 자유무역주의를 지지한다. 이런 가운데 캐나다의 경제의 특징을 보면, 먼저 지식 집약적 산업구조를 들 수 있다. 서비스산업이 GDP의 2/3이상 점유 (G8 국가 중 서비스 산업 비중 제일 높음)하고 있으며, 부가가치 제품 생산을 위한 제 2차 제조업 및 가공업이 경제성장을 주도하고 있다.

다음으로는 풍부한 천연자원 보유이다. 수출액의 약 30%가 농림수산물, 광물자원 등 원자재가 주류를 이루고 있으며, 종전의 원료공급 위주에서 기술 및 고부가가치 제품수출로 사업영역확장 중에 있다. 그리고 고도의 개방 경제체제 유지를 하려고 한다는 점이다. GDP 대비 무역비중이 72%(2003)에 달하며, G8 국가 중 무역 의존도가 제일 높다. 게다가 천연자원 생산의 1/3, 제조상품의 1/2 이상이 수출되고 있으며 서비스 수출도 계속 증가하는 추세이다. 수입 분야는 상품 및 서비스, 기술도입이 계속 증가하고 있다. 자본 및 기술에 대한 외국인 투자가 캐나다 경제에 중요한 역할을 하고 있으며 캐나다 기업도 전략적 제휴 등을 통해 해외투자를 활발히 진행 중이다.

그리고 경제 및 무역의 높은 대미 의존도를 들 수 있다. 캐나다 총 외국인 투자의 약 70%, 캐나다 전체교역의 76.8%가 미국과 이루어 있다는 점을 미루어 볼 때, 대미 의존도는 매우 높은 편이다.

(1) 캐나다의 경제정책별 현황 및 특성, 효과

(가) 재정정책

1971년에 시작된 경제 성장기는 석유수출국기구(OPEC)의 가격정책으로 인한 세계적 경기후퇴로 74년에 종결되었다. 캐나다는 생산과 고용확대를 목표로 재정과 금융정책을 중심으로 추진하였다.

한편 1974~75년의 경기후퇴는 경제협력개발기구(OECD)의 여러 나라에 비해 완만하였지만 높은 인플레로 75년 10월부터 3년간 임금·물가통제정책과 명목수요의 성장을 억제하는 정책을 취하였다. 그 결과 실질GNP의 성장은 유지되었고, 인플레이션도 75년의 절정 때보다 완화되었다. 그러나 79년에 시작된 제2차 석유파동의 국제적 영향과 국내외의 인플레이션 및 금리의 상승으로 80년 실질GNP 성장세는 위축되었다. 주요 OECD 여러 나라에서는 이 인플레 재연에 대해 재정·금융 면에서 긴축정책을 취하여 인플레이션 압력을 억제할 수가 있었으나, 캐나다에서는 80년대 이후로도 인플레이션과 저성장이 계속되었다. 이후 2008년도 조세현황은 다음과 같다.

ⅰ) 연방소비세(GST) 1% 인하 확정

캐나다 연방정부는 지난 2007영 7월에 GST를 7%에서 6%로 내린데 이어 2008년부터 6%에서 5%로 추가 인하계획을 지난 12월 18일 "GST/HST Notice"를 통해 확정 발표하였다.

ⅱ) 소득공제액 확대 및 법인세 인하 추진

캐나다 정부는 2007년 1월부터 개인소득에 대한 세금공제 액수를 연 9600달러로 소급적용한데 이어 점진적으로 공제 폭을 확대해 2009년에는 1만100달러까지 올릴 계획임에 종전의 15.5%였던 개인소득세를 0.5% 인하한 15%로 줄이고 또한 연방 법인소득세의 경우에 현행 22.1%에서 2012년까지 추가인하를 통해 15%까지 낮춤으로써 OECD 경쟁국가 대비 낮은 법인소득세율을 유지할 계획이다.

ⅲ) 감세로 예상되는 변화

연방정부 수입 감소와 소비자 세금 부담 감소 및 개인소득세 감소로 인한 개인지출 확대되고, 법인소득세 인하를 통한 경제성장 및 신규 일자리 창출이 예상된다.

캐나다 정부의 감세정책으로 인해 수요의 탄력성이 낮은 생필품의 경우에는 큰 소비 진작은 기대하기 어려울 것으로 전망되나, 최근 지속되고 있는 캐나다 경기의 활황세와 더불어 캐나다화 강세로 인해 자동차, 고급 가전제품 등을 중심으로 소비자들의 구매가 확대되고 있다.

(나)통화정책

1950~62년 사이에는 변동환율제를 채용하고 있었으나, 63년부터는 1캐나다 달러를 92.5미국 센트의 고정환율제로 되돌렸다. 그러나 70년 3월 31일 이후 다시 변동환율제로 바뀌었고, 환율은 시장의 수요·공급에 따라 결정되도록 하였다. 이 방법은 많은 주요 선진국의 동일한 움직임에 선행하는 것이었다. 중앙은행인 캐나다은행은 재무장관을 대신하여 외국환 조작을 관리하며, 캐나다에서의 미국달러시장의 질서를 유지하고 있다. 그러나 76년부터 캐나다 달러의 대외가치 하락으로 외화보유고가 감소되고 있다.

2008년 캐나다 주요 경제지표를 전망해 보면 캐나다 달러는 미국경기 약세 전망에 따른 미달러 약세 및 고유가 지속 전망에 따라 2008년에도 강세를 유지할 것으로 예상되고 글로벌 경기조정에 따른 상품의 가격 하락세가 캐나다화의 절하에 영향을 미치기는 하겠으나 이 두 강세 요인이 더욱 지배적으로, 2008년 캐나다 달러는 미화 대비 1달러 정도를 유지할 것으로 전망이다

금리는 1997년 12월 4일 캐나다 중앙은행의 금리인하 단행으로 현재 기준금리는 4.25%를 유지 중이다. 미국 경기 침체에 따른 FRB의 금리 인하가 예상되면서 캐나다 중앙은행 역시 2008년 상반기 한 차례 금리 인하가 전망되고 있으나 급격한 금리인하는 없을 것으로 예상되며, 올 해 캐나다 기준금리는 4%를 기록할 것으로 전망된다.

2008년도 캐나다 경제는 미국경기 침체 여부, 유가 및 캐나다화 절상의 3요소가 전반적인 경기 상황을 주도할 것으로 분석되며 특히 미국 시장의 침체 여부에 따른 민감도가 점차 높아지고 있는 상황으로 대미 수출이 타격에 의한 경기둔화 전망이 우세하다.

(다) 개방정책

과거 2002년~2006년까지 수출·수입 실적이 늘어나고 있었으나 2008년 실질 수출, 3.5% 감소가 예상된다. 미국 경기침체가 예상보다 장기화될 전망에 따라, 미국 시장 의존도가 높은 캐나다 수출 역시 2008년 하락세를 보일 것으로 예상되고 캐나다의 대미 수출은 명목 증가율 기준으로 2007년 −1.6%에 이어 2008년에도 −3.0%를 기록할 것으로 예상되며, 2009년에 비로소 2.0%의 증가로 반전될 것으로 전망된다.

주요 국가 및 시장별 수출을 보면 미국·영국·일본을 비롯한 선진공업국에 대한 수출이 감소하는 반면 러시아·남미 등의 신흥공업국에 대한 수출은 증가하며 대조를 보인다. 아시아 시장의 경우 중국에 대한 수출은 여전히 10%의 증가를 보일 것으로 예상되나, 이는 2007년 22.4%의 증가에 비하면 증가율이 큰 폭 감소되었음을 알 수 있다. 반면 인도에 대한 수출은 2007년 10.0% 증가에 이어 2008년에도 19.0%의 증가를 보이며 대 인도 수출의 성장이 예상된다.

이런 대외 의존도가 높은 구조를 가지는 것은 전통적으로 우루과이 라운드, WTO, CAFT, NAFTA 등 국제기구 및 조직에서의 역할을 중요시해온 결과라고 할 수 있다. 다른 한편으로는 캐나다 산업의 대외무역을 촉진하기 위하여 관세 및 세관법, 특수수입측정 등 법적 장치의 마련뿐만 아니라 각종의 지원프로그램과 지원 조직을 운영함으로써 무역을 원활하게 만드는 장치가 된다고 할 수 있다.

(라) 산업정책

캐나다의 산업정책 내용 및 특성을 살펴보면 먼저 중산층 이하 소득계층에 대한 자원의 재배치를 통하여 가계의 정부정책에 대한 신뢰를 증대시킨다는 것이다. 중산층 보호와 관련된 자원 배분을 위한 정책을 보면, 캐나다는 개인부문에 대한 세제지원을 강화하고 있다. 캐나다는 자녀를 가진 가계에 대하여 5년 동안 220억 캐나다 달러를 추가지원하며, 세율인하를 통하여 70억 달러의 개인소득세 부담을 경감시킬 계획을 추진하고 있다. 또한 캐나다는 사회부문에 대한 우선정책으로 노년층에 대한 지원을 강화하고 매년 과학·기술분야에 대한 자금지원을 310억 달러로 증대시켰다.

그리고 제조업의 경쟁력 증대를 위하여 두 단계의 조세상의 특별조치를 시행하였다. 제조업 경쟁력 강화 관련 조세정책을 보면 다음과 같다. 캐나다 정부는 1994년 1월 1일부터 제조업에 대한 세율을 23%에서 2% 인하하는 동시에, 적격한 제조 및 가공 기계/설비에 대한 자본 비용 감가상각률을 현행 25%에서 5%인상하는 조치를 취하였다. 또한 캐나다 정부는 1991년 1월 1일부터 시행된 조치로 제조업의 매상세를 제품·서비스세로 대체하였다.

마지막으로 캐나다는 대내적으로 캐나다의 중요산업인 특정산업부문에 대해서 수출보조금 지불정책을 쓰고 있다. 또한 정부는 1984년부터 자원 의존형 산업구조의 전환과 첨단 기술 산업에의 대응 등을 경제재건의 과제로 내걸고 외국투자의 촉진을 꾀하기 위하여 외자 심사청을 투자청으로 개칭하고 투자환경의 개선에 노력하고 있다.

(마) 경제성장정책

캐나다는 세계 제7위의 공업국가인 동시에 광대한 토지와 풍부한 자원을 가진 세계 유수의 농업 및 임업 국이다. 최근 서비스산업이 국내총생산의 2/3를 점유하고 있으며, 선진 7개국 중 서비스산업이 차지하는 비중이 제일 높다. 캐나다 경제는 제2차 세계대전을 계기로 급속히 선진공업국으로 발전하였으며, 이와 더불어 산업구조에도 변화가 생겨 농업은 비중이 크게 낮아지고 제조업이 크게 신장하였다. 특히 제지·자동차·금속 공업 등이 대표적이며 최근에는 서북부의 자원개발을 위한 진출이 활발하다. 1980년 중반 이후 선진7개국 가운데 일본 다음으로 고도성장을 지속해오다 1980년대 종반부터 미국의 경기침체와 퀘벡주 분리운동, 임금상승, 잇따른 파업 등으로 경기가 하강곡선을 그리기 시작하였다. 그러나 1993년 경제 성장률이 2.2%를 기록한 후 1994년 4.5%, 1995년 2.1%, 1998년 2.8%로 상승하면서 성장을 이어갔다.

경제성장정책의 기본골격은 산업 기반 및 경쟁력 강화를 들 수 있다. 2010까지 5만 명 부족이 예상되는 산업인력 공급을 원활히 하기 위해 인턴제를 적극 추진하고 관련 세금 감면 및 규제를 완화한다는 것이다. 이는 경제성장의 원동력이 되는 노동공급의 수급불일치를 완화시키기 위한 전략으로 생각할 수 있다. 따라서 GDP 대비로 G8 국가 중 최하위수준인 R&D 확대를 위해 대학을 중심으로 R&D 개발에 향후 5년간 5억불을 추가지원하고 민간연구에 대한 세제 감면을 확대한다. 한편 지역 경제 균형발전을 위해 지역개발기구에 대한 지원을 강화하고 농업, 임업, 광업, 등 4대 전통산업에 대한 지원 내실화를 단행함으로써 각 계층 간 소득격차를 줄이고, 그로 인해 소득분배문제를 해결하여 국가 경쟁력을 높이려고 노력하고 있다.

(바) 노동정책

지난 10년래 강력한 노동시장 성과를 기록하였다. 노동시장참여율은은 72.5%(대한민국 64.2%)로써 OECD에 포함된 국가 중 5위이고, 실업률은 6.5%(2005)로써 1974년 이후 최저치를 기록하였고, 특히 장기실업률은 9.6%로서 OECD 평균 32.9%보다 크게 낮게 나타난다. 이는 둔화된 노동력 증가에 대응하여 이주인력을 적극 활용하는 탄력적인 대응을 하고 있기 때문이다. 그리고 노동력의 지역 내 이동 촉진과 구조조정으로 제조업 일자리가 22만개 감소한 대신 여타 산업에서 일자리가 108만개 증가하였다.

또한 캐나다의 해고보호제도는(EPL) OECD 국가 중 3번째로 유연하다. 그러나 고령화, 출산율 저하로 인한 노동력 증가 둔화, 기술진보 등은 정책 포커스의 이동을 요구하여 새로운 노동전략은 노동시장참여를 막는 장애요인을 제거하고 기술변화 및 세계화에 대한 탄력적 대응을 촉진하여 노동공급의 유연성을 높이는 방향으로 나아가고 있다.

한편 노동정책의 기본골격은 물가안정 및 지속가능한 공공 재정부문의 활용을 통해 국가경제의 안정성을 높여 노동공급을 원활히 유도한다는 것이다. 또한 노동시장 참여 및 구직 활동 저해요인을 제거하고 가정 친화적 지원정책 실시를 제안함으로써 개개인의 노동참여 의욕을 고취시킬 수 있도록 유도한다는 것이다. 잘 고안된 실업급여 제도와 적극적 노동시장 정책으로 육아급여 기간을 25주로 확대하고 가족 간 휴가를 최대 6주까지 부여하고 있으며, 아동수당 지급을 통해 아동빈곤 감소 및 부모의 일자리 유지를 지원 하고 있다.

마지막으로 고령자의 노동시장 참여를 들 수 있다. 일의 배정과 그 요건을 조정함으로서 고령자의 지속 근로를 유도하는 등 고령자의 노동시장참여를 높이기 위한 제도적 접근을 하였다. 이러한 배경은 복지의 덫을 탈피하기 위함이다. 즉 잘 조성된 복지를 역이용함으로써 노동참가율을 떨어뜨려 국가경쟁력을 약화시킬 수 있기 때문이다. 따라서 적극적으로 노동시장을 개선하고 취약계층의 고용률을 높이는 방향으로 나아가고 있으며, 또한 조기 교 · 보육에 대한 접근성을 강화하고 고령하의 퇴직 시기를 늦추기 위한 정책적 접근을 시도하고 있는 실정이다.

(2) 시사점

대부분의 경제정책이 대외 의존도가 높음에 따라 다소 불완전한 경제정책체계를 보이고 있다. 특히 미국에 대한 무역의존도가 높기 때문에 외부적 환경변화에 따른 경제자체가 위협을 받을 수 있기 때문이다. 근래에 들어 미국의 서브프라임, 고유가 현상 등을 비추어 볼 때, 자생적 경쟁력을 형성하기 위해 경제정책은 지속적으로 무역의존을 낮추는 방향으로 전향할 필요성을 가진다.

2008년도 캐나다 경제는 미국경기 침체 여부, 유가 및 캐나다 달러화 절상의 3요소가 전반적인 경기 상황을 주도할 것으로 분석되고 있다. 특히 미국 시장의 침체 여부에 따른 민감도가 점차 높아지고 있는 상황으로 대미 수출의 타격에 의한 경기

둔화가 전망되고 있다. 또한 대외환경보다는 고용안정과 그에 따른 실질임금 증가로 인한 내수에 기반한 성장이 2008년에도 주요 성장요인이 될 전망이다. 그러나 상기 대외여건들에 의한 변동성이 큰 상황으로 캐나다 경기의 동반침체 가능성도 제기되며, 올 해 경제 전망이 불투명한 것이 전반적인 분위기이다.

Ⅱ 중남미권

1. 칠레

위치상으로 남미에 위치한 칠레는 남미의 여러 나라들과 마찬가지로 과거 스페인으로부터 식민지 지배를 받았었고 1810년 스페인으로부터 독립했으나, 정치적으로 불안정하였다. 풍부한 지하자원을 바탕으로 해외 여러 나라와 국제 협정을 통한 개방정책을 추진해 나감으로 남미의 다른 국가와는 다르게 경제적으로 크게 문제는 겪지 않았으나, 독립 이후부터 끊임없이 계속되어 왔던 군사정부의 영향으로 민주주의의 정착이 제대로 이루어지지 못했다. 특히 피노체트 정권은 우리나라의 3공화국과 내용 및 성격이 매우 비슷하였다. 이후 칠레의 문민정부 등장으로 칠레의 모습은 변화 했으나, 군사정권 시절부터 자유경제주의 체제의 시카고학파 영향을 받은 경제학자들의 경제 부문에서 활동은 현재도 지속되고 있다. 문민정부의 현 정권은 미첼 바첼렛으로 2006년 집권 하였으며, 문민정부의 시작이었던 2000년 라고스 정권부터 주변 국가 및 서방의 여러 국가와의 FTA체결 등으로 경제 통상관계가 계속적으로 확대추세에 있다.

(1) 경제정책별 내용 및 현황, 효과

(가) 재정정책

칠레는 광물(구리)의 수출 의존도가 높아 국제 구리가격의 변동에 민감하다. 라고스 정권부터 구리가격 하락에 대비하여 1% 구조적 흑자재정 정책을 추진하고 있다. 이 정책은 매년 구조적으로 GDP의 약 1%에 해당하는 금액을 재정 흑자로 남겨두었다가 구리가격이 하락하여 세입이 줄어들 때의 보전재원으로 활용하는 것으로 중

장기적 재정 운영의 안정성을 도모하기 위해 이런 재정정책을 사용하고 있다고 판단된다.

현재는 남미국가 중에서도 가장 안정적인 경제 상황을 보여 주고 있는 칠레이지만 지나치게 편중된 산업(구리)에 의하여 정부의 재정 수준이 크게 변동하는 특징을 보인다. 이런 특징을 반증이라도 하듯 1999년에는 아시아금융위기에 따른 구리가격 하락으로 −1.0% 성장하였고, 2006년도에는 구리가격 급등으로 GDP의 8.7%(145억불) 재정흑자 기록을 보였다. 그리고 과거에 발생했던 경상 수지 적자는 해외 자본의 도입을 통해 그 적자폭을 줄였다.

현재 칠레의 국내 총 GDP는 2007년 1,641억 달러, 1인당 국민소득은 9,875 달러로 중남미 1위를 차지하고 있다. 이는 2006년에 비해 5.1% 상승한 수준이다.

(나) 통화정책

칠레의 경우도 여타 대부분의 국가와 마찬가지로 중앙은행을 통하여 통화정책을 운영하고 있다. 독립적 중앙은행의 운영은 여러 외부 정치적인 압력에 대처 할 수 있으며, 이러한 중앙은행의 역할은 대부분의 중앙은행이 행하는 화폐발행과 재할인 정책을 통해 국내 통화를 관리하고, 이자율을 조정함으로 국내 물가를 조절하는 기능도 가진다. 반면 다른 국가에서는 일반적인 정부 지출을 늘리기 위해 화폐발행을 하지만 칠레의 경우 이러한 것에 대해 법 규정으로 규제하고 있다. 따라서 칠레의 중앙은행 통화위원회는 외환의 관리 및 화폐금융 및 관세 정책도 결정하는 기능을 행사하고 있음을 알 수 있다.

그리고 칠레의 산업구조 상 해외수출에 대한 원자재 비중이 높기 때문에 과거 환율 타게팅, 통화 타게팅 등을 사용하였었다. 이런 방법을 통해 물가안정에 기여해 왔으나 적지 않은 문제점을 내포함에 따라 1991년에 들어서 인플레이션 타게팅을 채택하게 된다. 1990년대 후반에 들어서 칠레의 금리는 아시아 외환위기에 따른 유동성의 급격한 유출을 방지하기 위해 1998년 9월 14%까지 상승했던 기준금리는 경제 부양책의 일환으로 2004년 2.25%까지 인하 되었으나, 이후 경기호조로 2008.3월 현재 5.25%로 인상하였다. 이는 중앙은행이 구리가격 상승에 따른 외화유입으로 통화량 증가와 유가상승에 따른 물가상승 압력을 완화시키기 위한 긴축통화정책으로 통화정책금리를 인상시킨 것이다.

반면 칠레 상공인연합회는 중앙은행이 인플레 및 물가 상승을 우려하여 현 중앙은행 정책금리를 5.25%에서 5.5% 인상하려는 움직임을 보이자 중앙은행의 정책금리를 최소한 현 수준에서 동결하여 침체된 경기를 부양하고, 수출업체가 국제경쟁력을 회복할 수 있는 대미환율을 1$ 당 500페소 선으로 유지할 수 있도록 중앙은행의 적극적인 개입을 요청하고 있다. 이는 미국의 서브프라임, 달러약세 등의 외부적 환경 변화에 따른 칠레 페소화의 평가절상이 요구되기 때문에 수출이 국가경제에 막대한 비중을 차지하고 있는 칠레의 입장에서는 국가경쟁력이 하락할 수 있기 때문이다.

(다) 개방정책과 경제성장

1970년대 남미국가들은 자국 산업의 보호 및 육성을 이유로 수입품에 높은 보호관세를 부과하고, 공공부문을 확대하는 '수입대체산업화' 전략을 유지했다. 그러나 칠레는 1973년 피노체트군부정권 집권 이후 수입대체산업화 전략을 버리고, '시장주의적 대외개방정책'을 채택하였다. 그로 인해 가격자유화, 임금규제, 공공지출 삭감, 공기업 민영화 등 신 자유쥬주의적 개혁을 단행하였고, 대외부문에서는 1973년 평균 94%에 달하던 관세율을 1973년 10%로 낮추고, 고평가된 페소화를 평가절하라는 등 적극적인 개방정책을 펼쳤다. 이런 개방정책은 경제성장을 위한 가장 큰 전략으로써 작용하였다. 즉 칠레 경제의 호황은 일단 호의적인 대외 경제 환경의 전개에 바탕을 둔 활발한 수출에 힘입은 바가 크지만 사전에 이러한 대외환경을 최대한 활용하기 위한 민영화와 무역자유화 등 여건 조성이 주효한 것으로 평가되어 진다.

칠레의 경우 대외 개방정책에 있어서 복수통화 바스켓제도 ('92.7월 이래)을 통한 환율 제도를 시행하고 있으며, 바스켓의 구성은 미 달러 80%, 독 마르크 15%, 일 엔화 5%로 중앙은행이 매일 기준환율을 공시(dolar acuerdo)하는 변동환율제도로 시행하고 있다.

한편 칠레의 환율제도 중 현재는 중지 되었으나 과거에 사용되어 눈여겨 볼 것이 있는데, 91년 '무이자지급 예치제도(URR)'가 바로 그것이다. 은행의 지불예치금과 비슷한 것으로 단기 유입자금에 대해 유입기간에 관계없이 30%의 예치금을 일률적으로 1년간 예치토록 했다. 이에 따라 투기성 단기 자금은 급격히 줄어들었고 대신 중장기 자본의 유입이 크게 늘어났다. 반면 최근 들어 외화 인출에 대한 인지세를 부과함에 따라 외환위기에 대한 예방을 하고 있다.

우리나라와 자유무역협정(FTA)를 체결하여 대외개방 정책에 적극적인 태도를 보인 칠레는 1970년대 중반 이 후 경제개방에 의한 자유무역정책을 추진한 이 후 WTO, APEC 등 다자간 무역협상에 적극 참여하였다. 이후 양자 간 무역협정 체결 확대를 통해 꾸준히 시장 확대를 노리고 있다. 1997년 캐나다와의 첫 FTA를 시작으로 현재까지 무려 48개국과 FTA를 체결하였으며 중남미 인근 10개국과도 경제보완 협정을 체결하여 평균 수입관세율이 2% 미만으로 매우 낮은 편이다. 2004년 4월 아시아 국가 중에는 우리나라와 최초로 FTA가 발효되었으며, 2006년에는 중국과 싱가포르, 브루나이 등과도 FTA를 체결하였다. 그리고 최근에는 일본과도 FTA를 체결(2007년 3월 효력 발휘)하여 대내외 개방경제 정책을 적극적으로 추진하는 국가 중 하나이다.

(라) 산업정책

중앙은행의 업종 분류에 따른 칠레의 GDP구성은 제조업이 가장 큰 비중을 보이나, 약 17%에 불과하다. 그리고 칠레의 제조업은 대부분 펄프, 어분, 식료품 등 원자재 및 1차 생산물을 가공, 플라스틱(주로 포장용기) 제품 가공 등에 국한되어 있으며, 실직적인 제조업 기반은 매우 취약하며 대부분의 공산품은 완제품형태로 수입하고 있다. 이런 칠레의 무역구조는 1차 생산품을 수출하고 공산품을 수입에 의존하는 형태를 띠기 때문에 구리가격 등 국제 원자재 가격의 민감하게 영향을 받을 수밖에 없는 것이다.

반면 1974년부터 2006년까지의 산업별 외국인투자가 가장 활발한 분야는 광산업으로 33.21%를 차지하고 있으며, 전기/가스/수도서비스가 20.15%, 제조업이 12.41%를 차지하고 있다. 그리고 외국 투자자들은 어떠한 칠레 회사든지 100%까지 완전히 소유할 수 있는 권리를 가지고 있지만 다음 몇 가지 산업분야에 있어서는 일부 제한하고 있다. 연안 운송업, 항공업, 방송업, 어업, 연료자원(원유/천연가스)개발 및 판매, 원자력관련 광물 개발 및 판매 등이 여기에 속한다. 그리고 칠레정부는 원칙적으로 외국인 투자를 장려하기 위해 특정 인센티브를 제공하기 보다는 기업하기 좋은 환경을 제공하는 것을 목표로 삼고 정책을 펼치고 있다. 그러나 지리적으로 고립되어 발전이 지연되고 있는 지역, 국가 전략적으로 중요한 산업분야에 대한 투자에 대해서는 지역별 인센티브를 차별화 하여 제공하고 있다.

2006년의 경우 구리가격 강세로 광산업계의 수익이 증가하면서 광업 분야에 대한 재투자가 활발하게 진행된 것과, 전력수요 증가 및 아르헨티나 발 가스위기에 대비한 발전소 건설 프로젝트 추진 등의 요인 등으로 전기/가스/수도 분야 및 광업 분야에 대한 투자가 활발히 진행 중이다.

(마) 노동정책

군사정부의 억압과 근로자에게 불리한 노동법으로 노동조합운동은 비교적 열세이며, 노조원도 1970년 초 총 근로자수의 30%에서 1990년에는 10%로 하락하였다. 칠레 노동자의 법정 최저임금은 '90년 민정이양[93] 이후 인상되고 있는데 실질상승률은 항상 경제성장률을 하회하는 4~5%에 머물고 있어 업종별 단위노조의 임금인상 투쟁이 빈번하게 일어나고 있다. 칠레의 취업인구는 약 550만 명(2006.12) 수준으로, 노동력생산량은 여타 중남미국가 보다 높은 편이며, 노동자 파업은 민간기업보다 상대적으로 임금 및 처우가 낮은 공공분야, 특히, 의료, 교원노조 및 광산노조 등에서 발생하고 있다.

칠레는 법정최저 임금제도를 운영하고 있으며, 칠레 노동법(2008.3 현재 개정법

---

93) 민정이양(民政移讓)은 군사정부가 잡은 정권을 다시 민간에게 돌려줌을 의미한다.

기준)에서 정하고 있는 법정최저 임금은 월 144,000 페소(약 330불)로 정하고 있다. 그리고 근로자의 교육수준, 숙련도등 질적 수준이 높으나 지역 간 노동력 수급에 불균형이 이루어지는 경우가 많으며, 노동력 시장의 탄력성은 매우 높은 편이다.

실업율의 경우 99년 9.7%로 최고조에 달했지만 지속적으로 개선되어 2003년 평균 8.5%에 이르렀으나 인력 대체기술 도입(공장 자동화 등) 등의 영향으로 2004년 5월 9.2%까지 악화되었으며 2004년 평균 8.8%, 연말에는 8.7%를 기록 하였다. 2005년에는 제조업과 건설업이 다수의 실업자를 흡수하여 8% 초반대의 실업률이 유지되었으며, 국내 산업의 호조로 인하여 계속적으로 축소되는 추세이다.

(2) 시사점

칠레의 경제정책을 각 부문별로 살펴본 결과 칠레는 주요국과의 FTA 체결 등 수출호조가 지속되고 있고, 민간소비와 국내외 투자 증가로 양호한 경제성장세를 보이고 있다. 칠레는 거시경제 안정과 더불어 정부규제의 투명성, 의사결정의 예측가능성 등이 칠레경제의 강점으로 작용하고 있으며, 여야 간 합의에 기초한 안정적인 정국 운영이 이루어지고 있고, 빈부격차, 치안 부정부패 등에 대한 우려도 다른 중남미 국가들에 비해 매우 낮아 정치, 사회적 안정성이 높다.

칠레는 자유주의 경제정책 기조를 유지하고 있으며, 성장, 물가, 재정, 국제수지 등 거시경제 전반이 안정세 유지 등 경제적 장점을 가지고 있다. 구리에 대한 수출 의존도가 높아 국제 원자재 가격 변동에 취약하고, 아르헨티나의 천연가스 공급 축소로 산업용 전력공급 부족사태의 경제적 약점을 가진다.

향후 칠레는 단기간 내에 해결되지 않는 산업용 전력공급부족 문제가 칠레경제 전반에 부담으로 작용함에 따라 이를 개선하고 해결할 수 있는 경제정책을 마련할 필요가 있을 것이다.

2. 아르헨티나

경제 규모면에서 볼 때 아르헨티나는 중남미에서 브라질, 멕시코 다음으로 큰 나라이다. 뿐만 아니라 20세기 초반 아르헨티나의 일인당 국민소득은 서구 국가들과 거의 유사한 수준에 이르렀었다. 당시 아르헨티나는 중남미 국가라기보다는 오히려 중남미에 위치한 서구 국가라고 부르는 것이 더 어울렸다.

그러나 얼마 전까지 아르헨티나의 모습에서는 과거의 이러한 영광을 찾기가 쉽지 않았다. 특히 경제 위기는 아르헨티나를 이웃 중남미 국가들과 크게 다를 바 없는 그저 그런 개도국의 한 나라로 전락하게 만들었다. 심지어 아르헨티나는 최근 놀라운 성장을 지속하고 있는 이웃 국가 칠레를 배우고 따라야 할 지경에 이르렀다.

하지만 이러한 상황이 최근에는 경기의 호조로 변화되고 있다. 최근 아르헨티나가 Post-BRICs 시대를 열 신흥 성장국가의 하나로 선정되었으며, 일본 브릭스경제연구소는 2006년 12월 베트남·인도네시아·남아공·터키·아르헨티나의 영문 첫 자를 따서 명명한 VISTA 국가들을 미래의 세계경제 주역으로 꼽았다. 아르헨티나의 최근 경제 호조세, 풍부한 보유자원과 향후 성장잠재력 등을 높이 평가한 결과다.

아르헨티나 경제는 최근 사상 최고의 호황기를 구가하고 있다. 2001년 12월 국가부도(default)를 선언할 때와 비교하면 환골탈태한 모습이다. 아르헨티나 경제는 2006년 중남미 국가 중에서 가장 높은 8.5%의 성장률을 기록했고, 실업률도 16년 만에 최저인 8.7%로 떨어졌다.

수출과 수입도 최고치를 갱신하고 있다. 수출이 잘되니 경상수지 흑자로 이어져 외환보유고도 올해 역대 최고치에 이를 전망이다. 이렇다 보니 아르헨티나 정부의 경제정책에 대해 사사건건 비판적인 모습을 보이던 국제통화기금(IMF) 등 국제기구도 최근 아르헨티나의 경제성적표에 긍정적인 평가를 내리고 있다.

(1) 경제정책별 내용 및 특성, 효과

(가) 재정정책

아르헨티나는 1990년대 과거의 경제구조와 제도 관행을 근본적으로 바꾸고, 투명성을 제고하는 방향으로 광범위한 경제개혁을 실시하였다. 그 이전에는 장기간의 경기침체로 인한 국내저축과 조세수입의 감소로 인해 중앙정부뿐만 아니라 지방정부까지도 재정적자 폭이 증가하였다. 이와 더불어 국가의 비능률적인 예산 운영과 만연한 부정부패 때문에 세금포탈이나 예산의 낭비와 같은 일들이 발생하면서 국가재정적자 폭은 더욱 더 증가하게 되었다. 이러한 문제점들을 해결하기 위해 아르헨티나 정부는 경제개혁을 실시하게 되는데, 이에 해당되는 주요 정책들에는 재정적자를 줄이기 위한 국영기업 및 지방은행의 민영화 추진, 뚜렷한 중기 정책목표의 도입에 따른 연방 예산과정 강화, 다년도 예산프레임워크 · 현대적인 예산시스템 및 회계시스템 도입, 재정정보의 발표관행 개선 등이 있다.

또한 국가 재정적자를 줄이고, 경기를 활성화시키기 위해 조세의 측면에서도 제도를 개정하였다. 1992년에 소득세율을 20%에서 30%로 인상하였고, 1996년에는 33%로, 1998년에는 35%로 인상하여 지금까지 지속되어오고 있다. 최근에는 아르헨티나의 물가상승률이 전 세계평균(5.5%)을 훨씬 넘어서는 수준인 9.2%를 기록함에 따라 물가를 억제하기 위해 수출세를 인상하려 하고 있다. 수출세란 콩이나 옥수수 등 주요 농산물에 매기는 수출세금을 뜻하는 것으로 이러한 정부의 수출세 인상 정책에 대해 아르헨티나 농업조합들은 이에 반대하는 파업을 벌이고 있다.

재정정책 측면에서 아르헨티나 정부가 시행한 여러 정책개혁 중에서 국영기업 및 지방은행의 민영화에 대해 살펴보면 1990년~1994년 아르헨티나 정부는 IMF의 후원을 받으며 "국가행정법"을 통과시켰다. 이 국가 행정법은 대통령에게 행정명령만으로 공공기관을 민영화할 수 있는 권리를 부여하는 내용으로 이를 통해 아르헨티나는 항공, 통신, 운송, 우편서비스, 상하수도체계 등을 민영화 하였고, 거의 대부분의 공공은행을 매각함으로써 민영화를 실현하였다. 정부는 이러한 국영기업이나 은행들을 민영화함으로써 비효율적이고, 비생산적인 정부지출을 줄일 수 있게 되었다. 이렇게 정부지출을 줄임으로써 적자재정의 폭이 줄어들게 되었고, 아르헨티나의 재정도 더 건실해졌다. 또한 민영화로 인해 정부의 개입이 최소화 되었으며, 정부의 준재정 활동들도 제한되면서 아르헨티나의 재정 투명성은 이전보다 증가하였다고 할 수 있다.

두 번째로 아르헨티나가 예산 시스템과 회계 시스템의 현대화에 노력하면서 "다년도 예산편성 프레임워크"가 도입되었다. 이로써 예산과 관련된 사항들은 일관성 있는 거시 경제적 틀 안에서 도출되고, 재정목표 또한 분명하게 제시할 수 있게 되었다. 즉 예전처럼 국민으로부터 인기를 얻기 위해 재정지출을 계획 없이 늘리는 포퓰리즘(populism)[94]의 태도에서 벗어나 일관성 있고, 명확한 재정목표를 제시함으로써 효율적인 국가 경영이 가능해지게 되었다.

세 번째로 조세정책에 대해 살펴보면 예전 아르헨티나 정부의 가장 큰 문제점으로 꼽히는 것은 바로 적자재정에 관한 것이었다. 아르헨티나는 이 적자재정으로 인해 국가부도라는 커다란 사건을 겪기도 했던 국가이기 때문에 적자재정을 해결하는 방안이 매우 중요하다고 할 수 있다. 이에 대해 재정자원의 확보를 위해 소득 세율은 지속적으로 증가하고 있으며, 수출세 역시 증가하고 있다. 이를 통해 지속적인 재정적자의 폭을 줄여나갈 수 있을 것으로 보인다.

(나) 통화정책

아르헨티나는 1991년 초인플레를 겪으면서 경제를 다시 살리기 위해 여러 정책을 시행함과 동시에 사상 최초로 달러화와 페소화를 1대1로 교환하는 태환정책, 또는 까발로 플랜(Cavallo Plan)이라 불리는 "아르헨티나 경제의 달러화"정책을 도입하였다. 이 태환정책은 일종의 고정 환율정책으로써 아르헨티나 화폐인 페소화와 달러 간의 자유로운 교환을 의미한다. 태환정책 하에서는 언제든지 페소화를 달러화로

---

94) 일반 대중의 인기에 영합하는 정치행태를 말하며 종종 소수 집권세력이 권력유지를 위하여 다수의 일반인을 이용하는 것으로 이해되기도 한다. 반대되는 개념은 엘리트주의(Elitism)이다.

바꿀 수 있어야 하기 때문에 정부는 달러 유입량에 따라 국내 통화량을 조절해야 한다. 즉 시중의 통화량과 중앙은행의 외환보유고를 같게 하는 것이기 때문에 중앙은행이 독자적으로 시중의 통화량을 조절할 수 없게 되는 것이다.

이런 태환정책은 개정과정을 거치게 되는데 기존의 페소와 달러화 간의 1대1 교환에서 1페소의 교환비율을 달러 50센트와 유로화 50센트로 바꾸는 것이 주요 내용이었다. 그 이후에 아르헨티나는 1;1.4 페소의 고정 환율과 시장 자유 환율의 이중환율제를 사용하였고, 2002년부터 변동환율제를 실시하고 있다.

통화정책의 효과는 먼저 아르헨티나가 처음 시작한 태환제도는 페소화와 달러화를 일정한 비율로 정해놓은 제도로서 페소와 달러 간의 환율이 정해져 있기 때문에 페소의 가치가 안정적으로 확보된다는 장점이 있다. 즉 시중의 통화량이 정해져 있기 때문에 효율적으로 인플레를 억제시킬 수 있는 수단이 될 수 있는 것이다. 하지만 고정환율제 하에서는 중앙은행이 마음대로 화폐를 발행할 수 없기 때문에 불경기가 왔을 때 통화량을 늘려서 경제를 활성화 시키는 확장 통화정책의 수단으로 사용되기에는 적합하지 않다고 할 수 있다.

아르헨티나의 경우에도 오랫동안 태환정책을 시행하다보니 산업자체가 침체되고, 가격 경쟁력을 가질 수 없다는 단점이 발생하게 된 것이다. 태환정책은 페소의 가치가 달러와 연결되어 있기 때문에 달러화 강세현상이 나타나면 페소화도 상대적으로 고평가 된다. 이로 인해 달러화가 고평가 될 때 페소화도 고평가 되어 아르헨티나의 물가가 상승되었고, 국내 생산품의 수출 경쟁력이 상실되었다. 이로써 수입이 수출을 초과하게 되어 외채를 상환할 수 있는 외화획득의 폭이 점차 적어짐에 따라 자연히 또 다른 신규외채를 도입하게 되었다. 하지만 태환정책이 개정되고, 변동환율제가 도입됨으로써 페소화의 가치가 예전보다 평가절하 되었다.

페소화가 평가절하 되면서 가격 경쟁력은 상승하고, 수출을 촉진시켜 많은 외화를 벌어들일 수 있다는 장점은 있지만 아르헨티나의 경우 페소화가 평가절하 되면 갚아야 할 외채의 크기가 커지게 되는 단점도 있다. 전체적으로 볼 때 태환정책에서 변동환율제로 통화정책이 변화되면서 아르헨티나는 통화정책을 예전보다 더 유연하게 실행할 수 있게 되었다.

(다) 개방정책

유럽에서 EC가 출범되자 중남미 국가들은 1960년대부터 수입대체산업화 정책의 일환으로 인근 국가들과 경제통합을 추진하였다. 1990년대 이전까지 중남미지역에서 경제통합은 보호무역의 한 수단으로 인식되어 왔다. 하지만 1990년대 초 남미공동시장(MERCOSUR)이 출범하면서 중남미 지역에서도 경제통합이 더 이상 보호무역의 수단이 아닌 세계시장의 편입을 위한 적극적인 시장 개방정책으로 인식되었다.

남미공동시장(MERCOSUR)은 남아메리카지역에서의 자유무역과 관세동맹을 목표로 결성된 경제블록이다. 1980년대 브라질과 아르헨티나가 관세문제로 모였다가 1991년 우루과이와 파라과이를 포함한 아순시온 협약이 체결됨으로써 4개 국가가 모여 회원국가간의 자유무역 지정, 정해진 단일한 관세적용 등을 합의하게 되었고, 1995년 정식 발효되었다.

남미공동시장은 비회원국들에 대한 대외공동관세(TEC)제도를 채택함으로서 경제통합의 단계 가운데 관세동맹의 형태를 취하고 있다. 남미공동시장(MERCOSUR)이 관세동맹으로 발전하고, 국제법상 법인체의 성격을 갖게 됨으로써 남미공동시장(MERCOSUR)은 제3국, 경제협력체 및 국제기구와 통합체의 이름으로 무역협상을 추진할 수 있게 되었다. 이에 따라 회원국들은 이제 대외 무역정책에서 독자적인 입장을 버리고 공동의 입장을 취해야만 했다. 남미공동시장(MERCOSUR)에서 대외공동관세는 최고 20%까지 11단계로 나누어 적용되며 회원국의 경제사정에 따라 일부 예외품목 규정을 두고 있다. 역내 국가들 간의 교역에서는 회원국 총 생산품의 약 90%는 경제블록 내에서 무관세로 거래되며 각 회원국의 경제적 특수성을 고려하여, 일부 품목에 대해서는 차별된 관세 부과를 허용하였다.

개방정책의 효과는 다음과 같다. 처음 관세협상에서부터 시작한 남미공동시장(MERCOSUR)은 세계의 다른 경제블록과 협상, 합의 또는 대립하기 위한 힘을 모으기 위한 블록으로 성장하게 되고, 또한 회원 국가를 하나로 통합함으로써 하나의 거대 시장으로 형성되었다. 이로써 남미공동시장(MERCOSUR)의 회원 국가인 아르헨티나는 회원국들 간의 교역에 있어서는 관세협정에 따라 우대조치를 받을 수 있게 되면서 많은 이익을 볼 수 있게 되었다. 또한 해외투자가들에게 더 매력적인 요소를 제공함으로써 회원 국가의 경제발전을 이끄는 역할을 하고 있고, 장기적으로는 경제블록에만 국한되지 않고, 회원국가간의 보건, 사회, 정치, 문화까지 통합하고, EU처럼 남미국가간의 화폐 공동화를 꾀하고 있다.

아르헨티나의 입장에서 볼 때 남미공동시장(MERCOSUR)은 아르헨티나의 가장 주요한 무역대상 지역으로, 2007년을 기준으로 할 때 수출 25%, 수입 28%로 작년 대비 증가한 수치를 보이고 있다. 이처럼 남미공동시장(MERCOSUR)은 아르헨티나의 가장 큰 개방정책 중 하나라고 할 수 있다.

(라) 산업정책

아르헨티나 정부는 BT, NT, 바이오 에너지, 소프트웨어 등 파급효과가 높은 업종별로 육성법을 도입해 산업 경쟁력 강화와 부가가치 향상을 도모하고 있다. 또한 육성법을 통한 인센티브 제공뿐 아니라 세미나 등의 개최를 통해 업계에 대한 정보 확산과 대내외 경쟁력 향상을 위해 노력하고 있다. 아르헨티나 정부가 육성하고 있는 산업정책은 크게 2가지로 찾아볼 수 있다.

ⅰ) 바이오에너지

2010년부터 휘발유에 바이오 연료를 5%이상 혼합하도록 의무화함으로써 바이오 디젤수요가 연간 80만 톤, 에탄올은 21만 톤 정도가 될 것으로 예상되면서 유망 산업으로 주목받고 있는 분야이다. 더군다나 아르헨티나는 바이오 디젤의 원료가 되는 농산물 생산량이 세계 최고 수준이기 때문에 더 없이 산업분야라고 할 수 있다. (해바라기 기름 - 수출 1위, 대두유 - 수출 1위 생산량 3위, 옥수수 - 수출 2위, 대두 - 생산 3위) 이에 따라 아르헨티나 정부는 재생에너지 산업육성을 위해 2006년 4월 바이오 에너지법을 공포하였고, 이 법에 의해 관련 기업이 소득세 및 부가세를 감면받게 됨에 따라 화석연료가 아닌 재생에너지 개발을 활성화하는 계기를 마련하였다.

ⅱ) IT산업 육성정책

아르헨티나에는 약 1000개사에서 4만1000여 명이 소프트웨어 개발에 참여하는 것으로 추정되고 있고, 시장규모는 2006년 기준으로 15억 달러 수준이며 연간 11%씩 성장하고 있다. IT분야에 있어 아르헨티나 국내시장은 해외시장과 비교해 기술수준이 미흡하나 개발 및 성장 가능성이 높은 것으로 평가받고 있으며 소프트웨어협회(CESSI)는 중장기 발전계획 2014를 수립하여 미국에 버금가는 소프트웨어 개발국가를 지향하고 있다. 이러한 IT산업을 육성하기 위해 아르헨티나 정부는 2004년 8월 소프트웨어 산업육성법과 소프트웨어 육성기금(FonSoft)을 신설하였고, 이 법에 따라 소프트웨어 개발자의 급여를 지원하고, 세금감면의 혜택을 부여할 뿐만 아니라 소프트웨어 개발을 위한 관련 제품의 수입제한조치를 유예하기로 하였다. 또한 육성기금 FonSoft는 2007년의 경우 320만 달러가 조성됐으며, 이 기금은 융자 또는 보조금 형태로 지원되었다.

산업정책의 효과는 다음과 같다. 아르헨티나 정부는 바이오 에너지 분야와 IT산업 분야를 주요 육성 산업으로 보고 해당 산업을 키우기 위해 여러 정책들을 시행하고 있다. 두 가지 정책에서 공통점으로 찾아볼 수 있는 정책이 바로 보조금이나 세금감면에 관한 것이다. 이는 관련 분야를 연구하고, 이끌어나가는 당사자에게 경제적인 유인을 제공함으로써 해당 분야의 발전을 도모하고 있다고 할 수 있다. 특히 IT산업 육성정책에서 "소프트웨어 육성기금(FonSoft)"을 조성하여 이를 다시 보조금이나 융자의 혜택으로 되돌려주는 정책을 실시함으로써 경제적으로 어려움을 겪고 있는 주체들에게 지속적으로 해당분야의 발전을 가능하게 하는 방법으로 사용되고 있다. 이로써 각 분야의 발전을 가능하게 하고, 아르헨티나 국가 전체적으로도 지속적인 발전을 이루어 나갈 수 있는 밑바탕을 마련할 수 있을 것이다.

(마) 경제성장 정책

아르헨티나는 최근 경제발전에도 불구하고 낙후된 인프라로 커다란 어려움을 겪고 있다. 이는 IMD가 매년 발표하는 국가 경쟁력 순위에서 확인할 수 있는데 아르헨티나가 속한 중남미국가 중에서도 아르헨티나는 인프라 경쟁력이 최하위권에 머물러 있다.

<표 3-2> 중남미 주요국의 국가경쟁력 순위

	2003	2004	2005	2006	2007
아르헨티나	50	50	49	47	51
브라질	44	44	42	44	49
칠레	25	24	18	23	26
콜롬비아	37	34	38	34	38
멕시코	45	47	47	45	47
베네수엘라	51	51	51	53	55

자료 출처 : MID

위의 표에서도 알 수 있듯이 시간이 지날수록 아르헨티나의 인프라 경쟁력은 점점 더 낮은 순위를 나타내고 있으며, 중남미 국가 중에서도 하위권이라 할 수 있다. 이에 따라 낙후된 인프라 부분의 개선 없이는 지속적인 경제발전이 어렵다는 인식을 바탕으로 아르헨티나 정부는 대규모 인프라 개발 사업을 추진하고 있다. 이는 올해 정부 예산 편성에서도 찾아볼 수 있는데 2008년도 아르헨티나 정부의 총 예산 중 10%는 경제성장을 위한 투자비용으로 편성되었다. 그리고 2010년 아르헨티나의 인프라 구축 투자규모에서도 아르헨티나 정부가 인프라 확충을 통한 경제성장을 추진하고 있음을 알 수 있는데 총 100억 달러의 자금을 전력생산이나 유선전화, 포장도로, 철도, 수자원 등의 인프라를 구축하는데 사용하려는 계획을 세우고 있다.

이런 경제성장 정책을 통해 다음과 같은 효과를 기대해볼 수 있을 것이다. 대규모의 인프라 구축을 통해 경제성장을 유도하는 정책은 정부 지출의 증가를 통해 투자를 확대함으로써 경제성장을 이루려는 정책이라고 할 수 있다. 이는 수업시간에 배운 균형국민소득모형을 통해 살펴볼 수 있는데 $Y = G + C + I + NX$에서 인프라 구축을 위한 정부지출 G의 증가는 국민소득 Y를 증가시킨다. 정부지출 G의 증가가 직접적으로 경제성장에 영향을 미친다고 한다면 인프라를 구축하는 과정에서 부가적으로 발생하는 일자리 창출과 투자의 확대는 간접적인 방법으로 경제 성장에 영향을 주는 요인이라 할 수 있다. 이처럼 정부지출의 증가 또는 투자의 증가, 일자리 창출로 인해 전반적인 경제성장을 이끌어 나갈 수 있다.

(바) 노동정책

아르헨티나는 중남미 국가 중에서 문맹률이 가장 낮은 국가로 고학력의 우수한 인력자원이 풍부한 편이다. 최근에는 페소화의 가치가 하락함에 따라 달러표시 임금수준이 하락하여 기업의 입장에서 볼 때 가격경쟁력이 향상되었다. 또한 아르헨티나는 외국인 근로자의 입국을 엄격히 제한하고 있는데, 외국인이 취업할 경우 영주비자는 국내에서 구할 수 없는 숙련 노동자에게만 주어지며, 외국인 관리자 및 기술자의 경우 취업입국이 신속히 허용되나 주변 국가의 단순 노동자의 입국은 엄격히 제한되고 있다.

아르헨티나는 1990년대 들어 신자유주의 경제개혁 정책을 추진하면서 노조의 힘이 약화되었으나 여전히 강력한 힘을 발휘하고 있다. 노동자는 자유의사에 따라 노조에 가입할 수 있으며 노조가입에 대해 법으로 보호받고 있다. 국가 전체적으로 봤을 때 아르헨티나 노조총연맹(CGT) 산하에 182개의 산업별 노조가 설립되어 있으며, 총 노조원은 3백만 명으로 추정된다. 대기업의 경우에는 기업별 자체 노조가 설립되어 있는 경우도 있으나 대부분의 노동자는 전국 단위의 해당 업종별, 산업별 노조에 가입되어 있다.

아르헨티나의 노동법은 2004년에 개정되었는데 주요 내용은 다음과 같다. ① 근로자 수습기간 180일에서 90일로 축소, ② 수습기간 중 15일전 통지 조건으로 해고 보상금 없이 해고 가능, ③ 5년 이상 근속 종업원 해고 시 2개월 전 (5년 이하는 1개월 전)에 통지 필요, ④ 해고 보상금은 근속년수에 따라 1개월분 급여 해당액 지급(10년 근속의 경우 10개월분 급여), ⑤ 급여세 종업원 부담률 13%, 고용주 부담률 21%.

최저임금은 노동법이 개정되면서 350페소로 인상되었고, 연 2회(6월, 12월) 월급여의 50%에 해당하는 보너스를 지급해야 한다. 이런 노동법이 개정되면서 좀 더 근로자에게 유리한 쪽으로 바뀌었다고 볼 수 있다. 특히 근로자의 수습기간을 줄인다거나 종업원 해고 시 미리 통지를 한다는 것, 그리고 해고 보상금을 지급한다는 것 등을 보았을 때 근로자의 입장을 더 많이 반영한 조치라고 할 수 있다.

이런 노동자의 근로조건의 개선을 통해 효용수준의 증대 및 작업능률 향상을 꾀할 수 있을 것이다. 또한 아르헨티나의 노조는 귀족노조로 불릴 만큼 그 힘이 크고, 강하다고 할 수 있다. 최근 우리나라에서도 몇몇 사례에서 이러한 예를 찾아볼 수 있는데 이는 정책적으로 노조의 활동을 뒷받침해주고 있기 때문이라 할 수 있다. 이런 노조의 힘이 클수록 노동자의 권익을 보호할 수 있는 특혜로 작용할 수 있지만, 노동시장에서의 지배력 행사를 통해 임금의 지속적 상승현상은 제품가격을 상승시키거나, 비노조원과의 임금의 격차로 인한 형평성 문제 등을 유발 할 수 있을 것이다.

(2) 시사점

아르헨티나 경제는 예상보다 빨리 2003년부터 다시 회복되고 있다. 2001년 아르헨티나 경제가 100년 만에 최악의 위기를 겪었던 것을 생각하면 최근의 회복과 정치적 안정은 놀라운 일이다.

아르헨티나는 민간채권자와의 채무재조정 실시, 국제원자재가격 상승으로 인한 수출호조 등에 힘입어 4년 연속 고도성장을 시현하고 있으나 점차 경제성장세가 다소 둔화될 것으로 보인다. 지속가능한 경제성장과 안정을 위해서는 경제체질 개선을 위한 구조조정 노력이 필요하나 정부는 국민의 고통부담을 요구하는 생필품 가격 현실화, 공공요금 인상과 같은 비인기정책 시행에는 소극적일 것으로 예상된다.

그러나 채무재조정에 따른 외채상환부담 축소, 4년 연속 고도성장 지속, 재정수지 및 경상수지 흑자 지속 등 거시경제 전반이 개선되었으며 채무스왑 이후 신규채무에 대해서는 정상적인 상환이 이루어지고 있다. 또한, 수출 호조로 인한 외환보유고 증가로 단기 외환유동성 위기 발생 가능성은 적은 것으로 평가된다.

궁극적으로 산업에서 기술혁신을 이루고 국제경쟁력을 갖추면서 그를 통해 지속적인 경상수지 흑자를 달성할 때야 비로소 아르헨티나는 구조적인 위기의 반복에서 벗어나 과거의 영광을 회복할 수 있을 것이다.

Ⅲ. 아시아권

1. 일본

일본경기가 90년대에 급락하게 된 직접적인 계기는 일본정부의 재정긴축에 있었으나 막대한 부실채권으로 인한 금융시스템의 불안과 규제형 경제시스템에 대한 개혁 부진 등 구조적인 문제들이 일본경제의 성장을 제약하고 있었기 때문이다. 금융부문의 부실화 및 저부가가치 재래형 제조업을 유지한 산업구조 조정의 부진으로 인해 경기침체가 계속 지속되었다. 일본경제의 진정한 회생을 위해서는 고부가가치 산업 분야로의 전환과 기술혁신을 통한 신규산업 창조, 금융기관의 국제경쟁력 강화와 버블 붕괴 후유증의 완전한 청산, 정부 부문의 축소 및 시장 지향적인 개혁을 통한 서비스 효율 확대 등의 구조조정이 필요했다. 또한 일본정부는 중장기적인 경기회복을 위하여 금융부문의 회생에 역점을 두었으며 이전부터 추진해오던 산업조정과 경제구조개혁에 보다 적극적인 자세로 임하였다.

(1) 경제정책별 내용 및 현황, 효과

(가) 재정정책

1992년 일본 정부는 10조 엔이 넘는 규모의 '종합 경제 대책'을 발표 했다. 당시에 자산 가치하락에서 시작된 경기 침체를 총수요의 확대를 통해 극복하려는 시도였다. 1992년 이후에도 일본 정부는 수차례에 걸쳐 총 100조 엔이 넘는 액수의 경기부양책을 실시했다. 하지만 물가하락과 실업률의 증가, 소비와 투자 감소 등과 같은 불황으로 인해 정책들의 목적이 달성되지 못했다. 이른바 장기 불황의 늪으로 빠져 들게 되었다.

그렇다면 장기 불황의 늪으로 빠져든 이유는 무엇인가? 첫째, 정책을 판단하고 집행하는 과정과 시기의 문제였다. 일본의 실질 GDP는 1990년 전부터 이미 하락하기 시작했고 민간 경제학자들이 일본 경제의 불황을 경고했지만 정부는 그 경고를 무시하고 1992년 초가 되어서야 경기 불황을 인지하여 확장 재정정책을 실시했다. 하지만 확장 재정정책의 효과를 보기 위해서는 너무 늦은 조치였다. 따라서 자산가치가 하락하고 재정적자도 늘어나게 되어 경기침체가 시작되었다. 둘째로 금융시스템의 붕괴를 들 수 있다.

1990년대 당시 동아시아 외환위기와 금융 스캔들이 겹쳐 금융시스템이 붕괴되어 금융 중개 기능이 약화되고 부실채권이 급증하게 되어 기업활동 전반의 위축을 가져왔으며 재정정책의 효과도 반감되었기 때문이다. 셋째, 총수요관리에 집중된 재정정책으로 인해 장기불황에 대한 적절한 대응을 하지 못하고 그 당시 필요했던 구조조정을 적절하게 펴지 못하게 되었다. 따라서 일본 기업과 금융기관들의 개혁이 늦어지게 되고 재정만을 지원하려는 정부의 정책으로 인해 금융중개기관의 본질적인 기능인 선별과 중개기능이 약화되었다.

마지막으로 일본 정부가 무리하게 시행한 대규모의 재정지출로 인해 재정적자를 피할 수 없었고 그 결과 재정의 건전성이 약화되어 국민소득 대비 재정적자 비율과 국가채무비율이 다른 선진국에 비해 높게 나타났다. 이러한 이유로 인해 일본의 재정적자가 일시적인 현상이 아니라 1990년대부터 시작된 구조적인 문제점으로 인해 '일본식 장기불황'이 나타나게 되었다.

이후 고이즈미 총리가 집권하던 2001년 이후 5년 동안의 시기는 일본사회는 많은 변화를 겪게 되는데 이때 일본 정부가 추진한 것이 구조개혁정책이다. 그 내용은 첫째, 일본경제의 장기불황의 근본원인에 대해 종래에는 단순히 총수요가 부족하다는 인식이 지배적이었으나 2000년을 전후로 하여 공급측면에서의 비효율성이 장기불황의 근본원인이라는 인식이 확산되기 시작했고 종래의 오랜 시간이 소요되는 정책 결정과정을 강력하고 신속하게 바뀌게 되었다. 둘째, 강력한 재정지원과 같은 정책을 추진했던 일본정부는 작지만 효율적인 정부를 지향하면서 공공부문 전체에 걸친 축소지향적인 개혁이 추진되었다. 이러한 개혁은 중앙정부의 조직과 인원, 역할 및 규모의 축소정책으로 이어졌으며 특히 재정건전성 회복을 위해 공공투자를 억제함으로써 기존의 확장적 재정정책에서 완전히 탈피하였고 사회보장제도에 대한 개혁으로 인해 과도한 복지지출을 억제하였다. 셋째, 종래 중앙정부가 제공해오던 각종 공적 서비스를 줄이는 대신 지방정부와 민간의 역할을 중시하는 개혁을 추진하였고 이와 더불어 민간부문에서의 비효율적인 설비와 인원을 삭감하고 나아가 기업의 과잉채무를 상환하는 노력을 하였다. 이러한 고이즈미의 구조개혁정책은 공급효율을 중시하는 구조개혁을 강력하게 추진하여 일본경제를 크게 성장, 개선하는데 기여했다. 하지만 공공투자와 공적 서비스를 억제함으로서 사회경제적 격차를 확대하고 사회의 안전망을 위축시키는 문제를 안고 있는 실정이다.

(나) 금융정책

ⅰ) 고도 성장기 일본의 금융

명치유신(明治維新) 이후 일본의 금융시스템은 경제발전에 필요한 자금의 조달·공급을 기본적인 목표로 하여 비교적 순조롭게 발전해 왔다. 정부의 강한 통제 하에서 행해졌던 '인위적 저금리 정책', '간접금융 우위' 등을 특징으로 하는 소위「일본적 금융시스템」은 장기간에 걸쳐 일본경제의 성장을 금융 면으로부터 지탱한 지주였다고 볼 수 있다.

제2차 세계대전 직후부터 고도성장기(1960년대 후반부터 1970년대 전반까지)에 걸쳐서 일본의 은행으로서 압도적으로 중요한 융자대상은 전형적인 교역재 산업인 제조업이었다. 또한 산업금융위주의 메인 시스템을 사용하였고, 은행의 대출의 대략 반을 제조업이 차지하고 있었다. 이들 기업의 대다수는 1960년대 이후 정부의 무역자유화 정책의 영향을 받아 끊임없이 치열한 국제경쟁에 시달렸다.

ⅱ) 메인 뱅크 시스템

a. 특징

일본의 금융시스템을 이해하기 위해서는 메인 뱅크 시스템의 형성과정과 특징 및 최근의 붕괴과정을 이해할 필요가 있다. 은행 중심의 금융시스템(bank-based system), 즉 메인 뱅크 시스템은 제2차 세계대전 이전의 재벌중심의 기업지배구조를 대신하여 일본기업에 대한 지배구조로 정착되었다. 메인 뱅크 시스템은 일본형 기업지배구조이며 그 특징은 기업지배구조의 핵심인 감시·개입기능이 메인 뱅크에 집중되면서 분업화되어 있는 것이다. 고도 성장기에 이러한 메인 뱅크 시스템을 유지하기 위한 정책 수단으로 채택된 것이 인위적인 저금리정책을 비롯한 금융규제이다.

메인 뱅크는 기업과 장기적인 거래관계를 형성하고 정책당국은 경쟁 제한적 규제를 실시함으로써 메인 뱅크를 비롯한 은행의 이윤을 보장한다. 경쟁 제한적 규제 등 보호적인 메인 뱅크 지배구조가 정착되면서 은행에 대해 완만한 감시·감독체제가 정착되었다.

b. 한계점

고도 성장기에 이러한 메인 뱅크 시스템이 효율적으로 기능했는가에 대해 비판적인 의견이 제기되고 있다. 또한 버블붕괴 이후 금융시스템 변화로 정책당국의 메인 뱅크에 대한 감시기능이 한계에 직면하였다. 메인 뱅크에 의한 금융시스템이 금융환경변화로 위기를 겪고 좌절을 경험한 이후에도 과거의 메인 뱅크 체제를 고집한 것이 일본 금융위기 발생의 근본 원인이 되었다. 일본경제가 성숙화 단계에 접어들고 금융자유화가 진전되었음에도 불구하고 장기간 메인 뱅크 시스템을 통해 축적되어 왔던 과거의 유산에 대한 집착으로 새로운 환경변화에 대한 대처능력이 저하되었다.

일본의 메인 뱅크 시스템은 제2차 세계대전 이후 여러 경제 위기를 극복하면서 형성되어 왔으나 근본적인 경제 패러다임의 변화에는 부적합한 시스템이라 할 수 있다.

ⅲ) 1990년대 일본의 금융위기

일본금융시스템의 위기의 주원인은 90년 이후 발생한 막대한 부실채권에 기인하며 이러한 부실채권의 대부분은 거품(bubble) 경제의 붕괴로 인해 부동산 및 증권 가격이 폭락하면서 발생하였다. 전후 일본 금융시스템은 경제성장에 필요한 자금을 공급하기 위한 자금조달창구로서의 기능을 수행하는 과정에서 정부 규제와 자금조달을 위한 고금리 정책이었다. 그러나 84년 금융자유화조치와 선진화 조치로 시가발행증자, 전환사채(CB), 신주인수권부 사채(BW) 등 자금조달 수단이 다양화되었고 이들 새로운 금융기법을 통해 조달된 자금이 85년까지 4조엔, 87년 12조엔, 88년 18조엔, 89년 26조 엔으로 팽창하였다. 또한 85년 플라자합의 이후 엔화가치가 급속히 상승하자 경기후퇴를 우려한 일본 정책 당국은 5.0%이던 재할인 금리를 5차에 걸쳐 지속적으로 인하하여 87년에는 2.5%에 이르렀고 본원통화 역시 85년 3.8% 증가에서 88년에는 13.0%로 확대하여 시중에는 자금의 과잉 유동성이 나타났다.

이렇게 나타난 과잉유동성 자금이 토지나 주식 등의 구입으로 전환하기 시작하면서 형성된 버블기에 금융기관들은 금리자유화로 인한 자금 조달 비용 상승으로 수익성이 낮아짐에 따라 수익성 제고를 목적으로 부동산 및 주식관련 대출을 급속히 확대함으로써 자금공급의 역할을 담당하였다. 특히 대기업의 직접금융시장을 통한 자금조달이 확대되면서 은행에서의 이탈이 가속화되자 중소기업과의 거래로 활로를 찾기 시작하였으나 중소기업이 대부분 유통서비스업, 건설·부동산업, 금융·보험·리스업 등이었으며, 이들에 대한 대출금의 대부분이 다시 부동산 및 주식 구입자금으로 사용되었다.

그 결과 주가는 86년 초 1만 3천엔에서 89년 말에는 3만9천 엔으로 3배 상승하였고, 3대도시의 상업용 부동산 가격이 87년에서 90년까지 3배 상승하였다. 이처럼 유동성 증가와 장기호황으로 부동산 가격 및 주가가 급등하자 일본 정책당국은 1990년 3월 금융회사의 부동산업 대출 증가율을 총 대출 증가율 이내로 제한하는 등 부동산업에 대한 대출을 규제하였다. 그로 인해 90년 초를 정점으로 1991년 이후 장기간 하강 국면을 그리면서, 지가. 주가 등 자산가격의 하락 거품이 붕괴되면서 지가와 주식가격이 폭락하여 1998년의 지가는 1990년의 23% 수준으로 폭락하였고, 주가는 89년 최고 수준 대비 33% 수준으로 급락하였다. 이처럼 일본 경제의 버블 붕괴로 부동산 업자와 재테크기업이 도산되고 이들에 대한 대출금의 상당부분이 부실화되면서 결국 금융기관의 부실로 연결되었다.

(다) 산업정책

ⅰ) 과거 일본 산업의 특징

제2차 세계대전 전에는 면과 생사를 중심으로 하는 섬유공업이 1/3이상의 비중을 차지하여, 기본적으로 경공업 우위의 구조였으나 전후의 고도성장 과정에서 급속하게 중화학공업화가 추진되었다. 60년대 말까지 서독과 함께 국제적으로 최고 수준의 중화학 공업화를 실현하였다. 70년대 이후에도 중화학 공업화는 한층 높아졌으나, 두 차례에 걸친 석유파동으로 기초소재산업은 정체하였고 반면 부가가치가 높은 가공조립산업인 기계(조선을 제외한 전기·전자기기, 자동차, 공작기계, 정밀기계 등)의 비율만이 높아졌다. 또한 ME기술의 발전과 그 응용은 NC 공작기계나 로봇의 보급을 통해서 생산 공정의 자동화를 추진함과 동시에 제품의 경량화소형화를 촉진하였다.

ⅱ) 현재의 일본산업

제조업중심의 지속적인 성장, 특히 기계 산업의 성장을 들 수 있으며, 산업구조가 무역구조와 밀접한 연관을 가진다는 데 있다. 일본의 수출주력상품은 세계수요변화에 유연하게 대응하여 1960년대 철강·섬유, 1970년대 자동차, 1980년대 통신·전기 등의 순으로 변화되어 왔다. 한편, 설비·기술투자와 생산성 증가로 인한 기계 산업의 기술혁신과 고부가가치화는 기술 집약형 산업구조로 이행하게 만든 원동력이자 지속적인 수출증가를 가능하게 하였다. 일본 산업이 산업전반에 걸친 효율향상과 기술개발 등을 통한 제품의 고기능화와 차별화, 이를 뒷받침하는 합리적인 설비투자로 기계 산업 중심의 구조혁신이 가능하게 된 것은 기업의 적극적인 혁신 결과라고 볼 수 있다. 일본기업은 시장 환경변화에 대응해서 경영전반에 걸쳐 끊임없이 창조적으로 구조개편을 추진해 왔다.

iii) 시사점

일본의 경제성장은 일본의 산업정책에 대한 관심을 고조시켰다. 일본은 정부주도하의 산업정책을 구사하였고 상황적 조건에 따라 정책을 적절히 변화시켜왔다고 할 수 있다. 즉 법적 규제와 행정지도, 그리고 제안적 조치 등에 의한 정책조치가 활용되었고, 일반경제계획의 틀 안에서 산업재구조화계획이 통합되어 유기적으로 정책이 수립되었으며, 전략산업을 선택하여 그에 대해서는 자본과 재정적 자원을 우선적으로 배분하여 여러 가지 보호조치를 취했던 것이다. 수립단계에서부터 심의회 등을 통하여 업계의 의견이 반영됨은 물론, 일단 정책이 집행될 때에도 그에만 의존하지 않고 기업들이 적극적으로 상황변화에 대처해 나갔다. 더욱이 산업정책의 수립은 장기적인 비전과 비교우위의 동태적인 변화에 주목하여 수립되었기 때문에 기업의 노력과 정부의 경제정책이 조화될 수 있었다. 그런데 정책조치는 상당부분 심의회의 운영과 그 성과에 기댄 것이 많으며, 전략산업의 선택과 같은 것은 산업구조조정정책의 일환이라고 할 수 있다.

(라) 노동정책

버블 붕괴 이전 실업률은 1~3%대였으나, 버블 붕괴 이후 현재는 5% 대에 이르고 있다. 버블 붕괴 직후와 그 후 2차례의 불황기의 실업률 상승 상황이 다르다. 전자의 경우 실업률의 상승이 불황기의 후반의 일시적인 것이었으나 , 후자의 경우에는 기업들이 고용삭감을 엄중하게 행하여 전자에 비해 훨씬 일찍부터 실업률이 상승한 것이다. 일본 기업은 직접적으로 고용삭감을 실시하는 일은 드물고, 근로시간을 줄이거나 신규채용이나 경력채용을 줄였다. 그러나 버블 붕괴 후에는 '리스트럭처링(Restructuring)'의 이름으로 명예퇴직 등 직접적인 구조조정을 실시하였다. 이러한 대응은 호황기에도 변화가 없었기에 실업률은 경기의 회복국면에도 하락하지 않고 계속 상승하고 있다.

<표 3-3> 인적자원 유형별 고용 및 처우형태

	고용 형태	대상	임금	상여	퇴직금 및 연금	승진 및 승격	복지 시책
장기축적 능력활용형	기간을 정하지 않고 고용계약	관리직·종합직·기능부분의 기간직	월 급 제 가 연봉제 직능급 승급제도	정률+업적 Slide	포인트제	역직승진 직능자격 승격	생 애 종 합 시책
고도전문 능력활용형	기간이 있는 고용계약	전 문 부 문 (기획, 경영, 연구개발 등)	연봉제 업적급 승급 없음	성과배분	없음	업무평가	생 활 원 호 시책
고용유연형	기간이 있는 고용계약	일반직 기능부문 판매부문	시간급제 직무급 승급 없음	정률	없음	상위직무로의 전환	생 활 원 호 시책

자료 : 日本經營者團體連盟(1996)

한편 위의 표에서 나타나는 것과 같이 인적자원에 대한 고용과 처우의 형태는 다음과 같이 고용형태, 대상, 임금, 상여, 퇴직금 및 연금, 승진 및 승격, 복지시책 등으로 나누어 구분 지었을 때, 장기축적 능력활용형·고도전문 능력활용형·고용유연형으로 나누어져 있다.

(2) 시사점

일본과 우리나라는 경제적 상황 등 여러 제반 요소들이 흡사한 면이 있기 때문에 일본의 경제정책에 대한 연구는 중요한 의미를 갖는다. 즉 현재 우리경제의 문제점들에 대한 해결책을 일본을 거울삼아 고찰해 보는 것이 필요하다. 특히 우리도 일본의 산업조정과 경제구조개혁처럼 정·관·재계 및 노동계가 장기적 신뢰관계와 호혜적 동의에 바탕을 둔 광범위한 정책네트워크를 형성하여 세밀하고 철저한 계획 하에 장기간 점진적으로 경제 정책을 수립하는 것이 중요하다고 생각한다. 무엇보다 개인의 창의성과 시장경제의 경쟁은 공동체주의적 협동과 조화의 기반 위에 이루어진다는 점을 명심해야 할 것이다.

2. 중국

중국의 경제는 지난 30년 동안 세계에서 가장 빠르게 성장하는 모습을 보이고 있다. 1981~2001년 동안 연평균 10%에 근접한 경제성장률을 기록함으로써 고도성장과 사회주의 경제체제로의 전환을 동시에 성공적으로 실현했다. 하지만 1997년부터 2002년까지 경기 부양이 절실하게 필요한 시기에는 경제성장률이 목표치에 미치지 못했고 2003년 이후 경기 억제가 요구되는 시기에는 경기 과열의 위협에 시달리고 있었다.

특히 2004년 이후 중국 정부는 지속적으로 거시경제 과열에 대한 우려를 표명해 왔다. 매년 봄에 거의 정례적으로 예상보다 높았던 지난해의 경제 성장률을 발표하고 새해의 목표 성장률을 낮춰 잡는 모습을 보여주었다. 중국은 한편으로는 고성장을 필요로 하고 있으나 또 다른 한편으로는 고성장이 수반하는 불확실성으로 인해 고통 받고 있다. 딜레마인 것이다.

현재 중국경제에는 많은 불확실성이 존재하고 있는데 경기과열을 방지하는 것이 무엇보다 중요하며 이를 위한 긴축정책을 견지해야 할 것으로 판단되고 있으며 2007년 12월 개최된 중앙경제 공작회의에서 '고성장으로 인한 과열억제'와 '인플레이션 방지'를 거시정책방향으로 설정하고 안정적인 재정정책과 긴축통화정책을 운용하고 있다.

(1) 경제정책별 내용 및 현황, 효과

(가) 재정정책

1994년 이전 중국의 재정 관리체제 개혁의 중심은 포간제였다. 포간제는 일정한 재정수입 기준을 정해 목표추가 달성부분은 기업이나 부서에 할당하는 제도로써 장점은 재정수입을 감소시키지 않으면서 기업의 이윤추구 동기를 강력히 부여한다는 것이다. 반면 단점은 경제성장에 따른 재정수입의 원천 봉쇄로 재정수입이 GDP에서 점유하는 비중이 감소되는 것이다. 그리고 국가재정이 분산되어 재정수입이 줄고 재원이 낭비되는 현상이 나타났다.

1994년 이후에는 분세제를 골자로 하는 재정정책 체계를 형성하였다. 분세제는 중앙과 지방의 재정수입원을 분리하는 제도로 상당부분의 지방재정수입이 중앙재정으로 전이하게 되었다. 즉 중앙 재정수입은 증가가 지방재정수입의 감소를 야기함으로써 지역 간의 소득 격차는 심화되는 현상을 가져오게 되었다.

최근에 들어서 중국은 안정적인 재정정책을 운용하고 있으며 재정적자 규모가 감소하고 있는 실정이다. 2006년에는 2,450억 위안으로 2007년에 2,000억 위안으로 감소하였으며, 2008년엔 1,800억 위안으로 감소할 것으로 추정된다. 이러한 배경에는 세수조정(자원세와 환경세 징수)을 통해 세원을 확보함으로써 가능하게 되었던 것이다. 그리고 특별국채발행을 통한 유동성 흡수 등으로 과열을 방지하고 있다.

중국정부가 지향하고 있는 '조화로운 사회' 건설을 위한 재정지출은 농촌 및 낙후지역 재정지원, 사회보장제도 지원 등의 부분에 대해서는 당분간 지속적으로 증가될 전망이다. 이는 확장적인 재정정책요인을 완전히 배제할 수는 없음을 나타내고 만약 중국경제성장이 둔화될 경우 이를 대비한 재정지출의 확대도 예상할 수 있는 것이다.

(나) 통화정책

중국 통화 체계는 최종 목표에 영향을 미치는 통화량이나 금리를 중간 목표로 선정한 후, 중간 목표에 영향을 미치는 정책 수단을 강구함으로써 이를 조절하여 의도하는 최종 목표를 달성하는 체계를 가진다. 1979년 개혁개방이전에는 대출정책만 존재하였으며, 1980년대 중반~1990년대 초반에는 중국의 고속성장으로 인플레이션을 동반하였고 경제성장과 통화가치의 안정이라는 목표를 설정함으로써 상충된 2가지 전략을 사용하였다. 이러한 거시경제정책은 "확장－축소－재확장－재축소"의 주기적인 정책이 반복되며 오히려 중국경제의 안정적 발전에 위협요인으로 작용하게 되었던 것이다. 이후 1995년에 들어서 '중국인민은행법'이 제정되었고, 1998년 이후에는 중앙은행인 인민은행개혁, 거시경제학적 의미의 통화정책을 실시하게 이르렀다. 중국통화정책의 최종목표는 위안화가치 안정을 통한 안정적 경제발전을 도모하는 것이고, 중국인민은행은 이미 정한 통화정책목표에 따라 자주적인 정책을 집행하게 되었다. 그리고 이는 통화정책의 안정성, 연속성 및 유효성을 유지할 수 있도록 하는 방편이 되었던 것이다.

최근 들어 중국은 긴축통화정책(금리인상, 위안화절상)을 사용하여 경제성장 속도 조절하려고 한다. 즉 외국의 투자로 인한 중국 자국 내의 화폐의 유동량이 많아졌기 때문이다. 이때 금리인상은 핫머니 유입을 확대시켜서 위안화절상압력이 가중될 우려를 낳고 있다. 만약 금리인상의 결과로도 식품가격 상승억제 효과가 크게 나타나지 않을 경우는 구조적 물가상승을 해소하지 못할 가능성을 내포하고 있다는 것이다. 게다가 위안화절상의 가속화는 자산 가격 상승을 부추길 수 있으며 이는 자산의 버블이 생길 수 있는 위험성을 내포하고 있음을 알 수 있다.

또한 급속한 위안화절상이 실현될 경우 연해지역 수출기업의 경영난을 야기하거나 지속적인 경제성장의 걸림돌로 작용할 가능성이 존재한다. 금리인상으로 은행예금이 지나치게 늘어날 경우 중국의 자본시장 직접융자 시장발전을 저해할 수도 있다는 점에 금리인상과 위안화절상에 대한 높은 관심을 보이고 있는 것이다.

(다)개방경제정책

중국정부는 수출 환급세 조정, 위안화평가절상으로 인해 대외무역 흑자규모를 감소시키고, 경제 불균형을 해소하기 위한 노력을 하고 있으나 단기 내에 큰 변화가 없을 것으로 판단된다. 왜냐하면 중국이 대외무역 흑자 기조를 유지하고 있는 기간은 선진국의 경우와 비교해 볼 때 매우 짧은 10년에 지나지 않기 때문에 단기 내 흑자기조가 변화될 가능성은 높지 않기 때문이다. 중국의 대외무역수지 조정만으로 세계경제의 불균형을 해소할 수 없다는 이유도 설명력을 가진다.

(라)산업정책

중국의 산업정책은 "육성→ 조정" 지향형으로 전환하고 있다. 즉 산업의 구조조정 통하여 경쟁력을 확보한다는 내용으로 조정형 산업정책으로 전환하고 있다는 것이다. 최근 05년12월 국무원과 국가발전개혁위원회에서는 '산업구조조정 촉진을 위한 임시규정', '산업구조조정 지도목록' 을 발표 향후 산업정책의 중심이 산업 구조조정임을 시사하고 있다. 이는 양적성장에서 질적성장을 추구하는 산업정책으로 전환을 의미하기도 한다. 그와 발맞추어 과학발전관에 기저(基底)한 질적 규제와 육성정책강화의 악순환을 끊기 위해서는 산업의 양적 성장이 아닌 질적 성장을 강화할 필요성이 대두되고 있기 때문이다. 그리고 소비구조의 고도화가 급속히 진전되는 상황이라면 제품의 수량적 측면뿐만 아닌 질적 측면까지 만족시킬 때 유효수요 확대가 가능하게 되기 때문이다. 이는 WTO가입처럼 대외개방이 확대되는 상황에서 기술경쟁력확보를 통한 산업고도화를 실현할 때 중국산업의 경쟁력확보가 가능하기 때문이다.

(마) 경제 성장정책

최근 3년간 경제 성장정책을 살펴보면 우선 2005년에는 빠른 경제성장을 뜻하는 '가쾌발전(加快發展)'의 전략을 사용하고 있으며, 2006년에는 성장 속도와 질을 함께 고려하지만 속도에 우선순위를 두는 '우쾌우호(又快又好)'의 전략을 사용하고 있다. 그리고 2007년에는 성장의 질을 우선시하는 '호자우선(好字優先)'으로의 전환을 통해 경제성장 속도만 강조하면서 생긴 빈부 격차와 환경 파괴 같은 각종 사회 모순을 해결하기 위해 선회하고 있는 것으로 보여 진다. 최근 들어 과도한 흑자와 과잉 투자, 과잉 유동성 등 '3과(過)' 현상이 뚜렷해짐에 따라 경제 운용의 최우선 목표를 '량팡(兩防: 두 가지를 방지함)·1중(重)'으로 제시한다. 이는 물가 상승 압력이 갈수록 강해져 사회 불안 요소가 되고 있는 점을 감안하여 과열 억제와 인플레이션 두 가지를 방지하고, 사회보장 확대 등 민생을 중시에 그 초점을 두고 있는 것이다. 이를 위해 중국 정부는 불필요한 은행 신규 대출과 대규모 개발 프로젝트에 대한 과잉 투자를 규제하고 있는 모습을 보인다.

(바)노동정책

중국의 경제는 고도성장으로 인한 지역 간, 계층 간 격차 확대로 민중 불만 고조되고 있는 상황이다. 우리나라와 마찬가지로 국가 주도형 개발전략을 채택함으로써 몇몇 지역에 생산요소를 집중시킴에 따라 생산량 및 소득에 차이가 점차 확대되고 있는 것이다. 따라서 중국은 사회 안정성 확보를 위한 조화로운 사회 건설 표방하며 새로운 노동법을 도입하였다.

2008년에 새로이 등장한 노동계약법으로 인해 노동자의권익이 중시되고, 고용비용이 상승함으로써 노동시장에도 새로운 변화가 나타날 것으로 예상된다. 이러한 노동시장의 변화는 점진적이고 장기적으로 이루어질 것으로 전망된다. 새로운 노동계약법의 내용을 살펴보면 10년 이상 근무한 직원, 1~2년짜리 고정기간 노동계약 두 번 체결한 직원의 경우 무고정기간(종신) 고용을 하도록 하고 있다. 그리고 공회(노동조합)의 근로자 보호기능 강화가 나타나있으며 노무파견회사는 파견근로자와 2년 이상 계약체결하고 근로자가 업무가 없는 경우 최저임금을 지급하도록 하고 있다. 그리고 고용단위에 책임 있는 사유 등으로 근로계약을 해지하는 경우 근로자에게 경제보상금을 지불하도록 하고 있다. 이는 생산비용 상승과 위안화 절상이라는 점이 중국 기업의 경쟁력이 저하될 수 있는 여지를 가지고 있다는 것을 의미한다.

(2) 시사점

　최근 중국 경제의 과열로 인해 과열된 상태에서 냉각으로의 충격을 방지하기 위해 여러 가지 정책을 내놓고 있다. 경제 과열이 문제가 되는 것은 어느 순간 성장의 동력이 식을 경우 심각한 부작용을 겪을 수 있다는 것이다. 경기가 늘 좋을 수는 없는 법이다. 문제는 좋다가 나빠지는 순간에 벌어지는 것이며 이러한 연결이 부드럽게 이어져야 경제에 충격이 적은 것이다. 이를 '연착륙(soft landing)'이라고 하며 비행기가 활주로에 가볍게 착륙하는 모습에서 따온 말이다. 1990년대 초중반 호경기를 맞았던 우리 경제가 97년 외환위기로 큰 후유증을 앓았던 것이나 일본 경제가 80년대 호황을 누리다 90년대 들어 거품이 꺼지면서 장기불황을 겪었던 것이 그런 경우이다.

　중국도 이를 걱정하고 있으며 중국의 빠른 성장의 이면에는 여러 가지 문제가 도사리고 있다. 이를 해결하기 위해 경제 성장의 속도를 조금 조정하자는 게 중국 정부의 의도이다.

　아시아 외환위기 때인 1998년 당시대출 확대를 통해 경기를 부양하던 온건한 통화정책에서 10년 만에 긴축으로 궤도 수정하면서 과도한 무역 흑자와 과잉 투자, 과잉 유동성 등 이른바 '3과(過) 현상'이 중국 경제를 위협하고 있다. 이 세 가지가 상승 작용을 일으키면서 물가와 증시, 부동산 과열을 부추기는 고리를 형성하고 있다는 분석이다. 이로 인해 서민들의 불만이 누적되면서 '정치적 부담'이 되고 있다는 것이 중국 지도부의 인식이다.

　중국 정부는 이러한 문제를 해결하기 위해 소규모 긴축 정책을 조금씩 내놓았으나 부동산에 대한 외국인들의 투자는 계속 밀려오고 있고 지방정부들은 중앙정부의 의도와 관계없이 경기를 자꾸 띄우고 있다. 그래서 중국이 꺼낸 카드가 위안화 절상이다. 중국의 화폐가치를 비싸게 만들어 수출하는 상품들의 값이 비싸게 하는 것이다. 결과적으로 수출은 줄어들고 수입은 늘어나는 것이다. 이게 연쇄적으로 중국의 기업들에 영향을 줍니다. 수출이 줄어드니 기업은 생산과 투자를 줄이게 되고 이게 큰 긴축효과를 내게 되는 것이다.

2008년 중국 경제정책은 다분히 '긴축 카드'가 대거 쏟아져 나올 전망이다. 일부에서는 현재 3.99%인 기준금리가 1%포인트 가량 인상되고, 13.5% 수준인 지급준비율이 15%까지 인상될 것이라는 전망이 나오고 있다. 은행 신규 대출은 2007년 수준으로 억제되고 2007년 미국 달러화 대비 5.7% 평가 절상된 위안화 환율은 2008년 8~10%까지 절상 폭이 확대되면서 2008년 말에는 1달러당 6.5위안 안팎을 기록할 것이라는 분석이 나온다.

또한 급증하는 무역수지 흑자를 줄이기 위해 가공무역 제한과 수출증치세 환급 축소 같은 조치가 더욱 강화될 것이다. 하지만 중앙경제공작회의가 재정 지출 분야 정책은 그대로 유지, 농촌과 빈곤층 지원을 위한 사회보장 지출을 늘리겠다고 결정한 부분을 눈 여겨 보면 정부 부문의 지출이 계속 늘어나 실질적인 '긴축' 효과가 제한될 수밖에 없는 것이다.

중국증권보(中國證卷報)는 이와 관련, 최근 "미국과 중국의 금리 격차가 갈수록 줄고 있어, 섣불리 금리를 올렸다가는 외국 투기자본(핫머니)의 유입을 불러 통화량 팽창을 촉발할 수 있다"고 경고하고 있다. 또한 최근 서남부 지역 최대 내수시장이자 최대 농업생산지인 사천성 지역의 지진으로 인해 생산 감소와 피해복구를 위한 재정지출 확대로 인한 인플레이션 심화 문제도 예상되고 있다. 이러한 경제 정책들이 고조되고 있는 인플레이션과 경기 과열이라는 난제를 풀고 베이징올림픽 이후에도 안정적인 경제성장으로 중국 경제의 연착륙을 이뤄낼 수 있을지 지켜봐야 할 것이다.

3. 대만

대만은 지난 50년간 정부개입에 의한 수출주도형 성장전략을 통해 한강의 기적과 비견되는 고도성장을 달성하여 '절망의 섬(Island of Despair)'에서 '번영의 섬(Island of Prosperity)'으로 이행하였다. 또한 최근 대만경제는 실업률의 증가, 총투자의 부진 등에 따른 전반적인 성장 동력의 저하와 많은 사회적 갈등에 직면하고 있다는 점은 한국과 비슷하다. 그러나 대기업위주의 성장우선정책을 추진한 한국과 달리 대만은 안정과 복지를 중시하는 경제발전 전략과 중소기업 위주의 경제구조를 유지하여 왔으며, 한국에서 심각한 문제로 제기되고 있는 재벌 기업에 대한 경제력 집중, 분배와 고용의 양극화는 큰 사회적 문제로 제기되지 않고 있다는 점에서 차별성을 가지고 있다.

(1) 경제정책별 내용 및 현황, 효과

(가) 재정정책

우리나라와 대만은 비록 국제시장에서 상호 경쟁적인 위치에 있지만, 역사적 경험, 문화사회적 배경, 정책운용면 등에서 많은 공통점을 가지고 있다. 특히 경제적인 면에서 수출주도형 성장전략을 통해서 빠른 성장을 이룩한 점이 비슷하다고 할 수 있다. 그러나 양국의 경제성장 과정에서는 몇 가지 차이점이 발견된다. 즉 대만 정부가 경제성장 과정에서 금융지원보다는 「투자장려조례」로 대표되는 면세조치 등 조세정책을 통해 실질적으로 기업을 지원하고 투자를 촉진하였던 점과, 우리나라와 마찬가지로 군사비 지출이 과다하여 재정수지가 적자기조를 시현하자 재정적자를 공채발행으로 보전했다는 점 등은 우리나라의 경우와 대조되는 점이라고 할 수 있다.

세입면에서의 특징은 총세입에서 차지하는 조세수입의 비중이 비교적 낮다고 할 수 있다. 조세수입 비중이 상대적으로 낮은 것은 금융보다는 조세정책(「투자장려조례」로 대표되는 면세조치 등)을 통해 실질적으로 기업을 지원하고 투자를 촉진했기 때문이다. 조세부담율도 낮은 편이어서 19% 내외를 유지하고 있다. 세외수입 중에서 공영기업수입의 비중이 높으며, 최근에 들어와서 공채수입의 비중이 증가하고 있는데, 이것은 재정적자를 공채발행으로 보전하기 때문이며, 그 비중이 증가하다가 다시 감소하는 추세에 있다.

세출면에서의 특징은 일반행정비 및 방위비와 같은 경직성 경비가 최근에 와서 감소하는 추세에 있지만 양자의 합이 여전히 세출의 4분의 1 이상을 차지하고 있어서, 재정의 경직성이 비교적 크다고 볼 수 있다. 경제개발을 위한 지출이 꾸준히 증가하고 있으며, 특히 사회보장과 관련된 지출이 상당히 높은 비중을 점하고 있다. 정치체제상 중앙정부와 대만성 정부의 이중 행정구조로 되어 있어 행정기구 유지비용이 국가재정에 큰 부담이 되고 있으며, 이처럼 막대한 군사비와 행정비용으로 인해 세입이 세출에 의해 좌우되는 세출주도형 재정형태라는 특징을 나타내고 있다.

재정정책의 목표는 다음과 같다. 첫째, 공채정책의 적절한 운용을 통해서 흡수한 사회자금을 공공건설에 투입하며 둘째, 예산수지를 조사·확인하고 심사하여 국고의 재무조절기능을 강화하며 셋째, 세정개혁을 추진하여 조세기능을 강화하고 세제를 건전하게 하며 넷째, 국고의 재무조절기능을 강화하여 재원을 적절하게 조달하며 다섯째, 지방재정을 개선해서 중앙재정과 지방재정의 균형발전을 도모한다. 정부는 이와 같은 재정정책을 통해서 국가건설의 지원을 도모하고 있다.

세입 현황은 총세입에서 조세가 차지하는 비중이 비록 1975년의 72.8%에서 1994년에는 62.3%로 감소했지만 여전히 안정적인 수입원이다. 전매수입 및 공영기업이 큰 비중을 차지하는 것이 특색이다. 특히 공영기업이 자기자본 축적, 공공모금 현실화, 채산성 위주의 경영 등으로 정부수입의 큰 부분을 차지함으로써 재정안정에 기여하고 있다.

조세지원 추이는 1990년까지는 「투자장려조례」에 의한 조세 지원제도가 운영되고 있었는데, 동 조례는 1960년에 10년을 시한으로 제정되었으며, 10년 단위로 1990년까지 연장·운영되었다. 동 조례에서는 업종별로 대상을 제한하여 신규투자 또는 생산시설을 30% 이상 확대시 5년간 투자세액 및 영리사업소득세 전액을 면제하는 등 특혜를 부여했다. 1991년에 「촉진산업승급조례」가 제정되어서 「투자장려조례」를 대체하였다. 그러나 「투자장려조례」에 의해서 이미 감·면세 혜택을 받은 각 사안은 그 기간이 만료될 때까지 감·면세 혜택을 계속 받는다. 「촉진산업승급조례」는 종래의 업종별 및 상품별 지원에서 기능별 지원으로 전환하여 품목을 불문하고 생산성 향상과 관련된 투자, 예를 들면 생산자동화 및 관련기술, 공해방지시설 등에 대해서는 세액공제 및 감면 등을 인정했다.

세출현황을 보면 일반 행정 및 국방부문에 대한 지출 비중이 높으며, 교육, 문화 과학부문과 경제개발부문에 대한 지출도 계속적으로 높은 비율을 차지하고 있다. 세출의 성장추세를 보면 채무, 사회보장지출이 증가해온 반면에 경제개발, 국방지출 은 최근에 감소하고 있다. 특히 사회보장에 대한 지출이 꾸준히 증가해서 최근에는 경제개발을 위한 지출을 상회하고 있다. 또한 국방과 사회보장지출부문에 상당히 편중되어 있어 경직성을 안고 있다고 할 수 있다.

재정 수지 추이를 보면 중앙정부의 재정수지가 대체적으로 균형을 이루어왔으나, 최근에 와서 재정적자가 심화되고 있다. 과다한 군사비 지출 및 「국가건설 6개년계 획」에 따른 사회간접자본의 건설로 적자가 크게 늘어나 1990년대에 들어 재정적자 의 대GNP비율은 8%선에 육박하고 있다. 중앙정부는 증가하는 재정적자를 중앙은행 및 국내은행 차입, 재정차관의 도입 등으로 보전한 것이 아니라 공적 발행으로 보 전했으며, 또한 특별회계도 인정하지 않고 모든 재정적자 요인을 일반회계에서 흡 수하고 추가경정예산의 편성도 엄격히 통제하는 조치를 취했기 때문에 재정적자가 증가하는 간접적인 요인이 되었다.

(나) 통화정책

대만의 금융제도는 여타 아시아 국가들처럼 전반적으로 취약하나 80년대 중반 이 후 꾸준히 금융개혁을 추진하고 있다. 대만 금융체계의 특성 및 문제점은 금융 당 국이 금융기관 신설을 장기간 엄격히 규제하여 시장독점과 경영 비효율 초래, 대부 분의 주요 금융기관이 공영기관으로 금리규제 신종 금융상품의 개발속도 완만, 민 간 사금융시장의 번성으로 제도 금융시장과 병존하는 금융 이원화현상, 지방정부 소유 은행의 비효율적 경영 등이 있다.

80년대 이후 대미 무역흑자 확대로 미국의 금융시장 개방 압력이 가중되고 세계 적 금융 국제화 추세에 따라 , 금융, 자본 자유화, 국제화 정책 등 금융 개혁이 지 속적으로 추진되었다. 1989년 여수신 금리를 완전히 자유화 하였다. 또 대만의 환율 제도는 1979년 2월 미 달러화 페그(peg)제에서[95] 관리변동환율제로 이행한 후 미국의 환율절상 압력가중으로 1989년 4월 자유변동환율제로 이행하였다. 자본 자유화로는 1983년 외국투자가의 대만증권에 대한 간접투자를 허용하고 1990년 주요 통화의 외환콜시장 개설, 외국 기관주자의 대만증권에 대한 직접투자 허용 등이 있다. 이밖에 기타 각종 규제를 완화, 금융기관의 신증설 허용 등 경쟁 촉진, 금융시장의 국제화 등 개혁조치를 실시하였다.

그 결과 현재 대만 금융제도(은행체계)는 대외개방도, 안정성, 규제수준 등 총체적 경쟁력에 있어 한국보다는 상대적으로 나은 것으로 평가된다.

(다) 개방정책

대만이 1950년대 후반기부터 수출주도공업화정책을 추구하여 온 이후 수출의 급신장은 물론 무역구조의 고도화를 달성하였다. 특히 1980년대 중반이후 중화학공업제품 수출과 함께 하이테크 제품의 수출비중이 증가하여 그 비중은 1986년 27.6%에서 1992년 37%로 상승하여 수출구조가 고도화되고 있음을 보여주고 있다.

수출주도공업화과정에서 만성적인 국제수지 적자를 면치 못했던 한국과는 달리, 대만은 1960년대 국제수지적자를 거친 이후 1970년대 초부터 거의 지속적인 흑자를 유지하고 있다. 대만 경제가 1970년대 초이래 국제수지흑자 기반을 정착 시킬 수 있었던 것은 1950년대의 농업육성정책의 덕택에 농업기반이 구축된 상태에서 수출주도공업화가 추진되어 농업부문의 잉여가 공업부문의 투자재원이 됨으로써 외국자본에 크게 의존하지 않고 공업화가 가능했기 때문이라고 판단된다. 다시 말하면 대만이 수출출주도공업화 과정에서 내수부문의 희생 없이 수출부문에 지원이 이루어짐으로써 내수부문은 물론 수출부문에서도 경공업부문과 중화학공업부문이 함께 균형을 유지하면서 발전하게 된 것이 주요 이유라고 생각된다. 즉 대만에 있어서 내수부문과 수출부문이 균형을 이루면서 발전할 수 있었던 것은 경제 정책의 최종 목표가 민생안정에 있다는 인식이 뿌리 깊게 박혀 있어서 만약 지나친 수출촉진으로

---

95) 달러 등 기축통화에 대한 자국화폐의 교환비율을 정해놓고 이를 고시한 다음 이 비율로 무한정으로 교환해주기로 약속하는 제도를 이름

내수부문이 위축될 경우 이것이 민생안정에 크게 역행될 수 있다는 경계심이 작용했기 때문이다.

대만의 수출에 있어서 특징은 중요한 역할을 한국처럼 대기업이 아니라 중소기업이 이끌었다는 사실이다. 1982년에 한국은 총수출에서 중소기업 수출이 차지하는 비중은 22.3%로 한국 수출은 주로 대기업에 의해 이루어지는데 비해서 대만은 그 비중이 65%나 되어 한국과는 대조적으로 주로 중소기업이 수출의 큰 역할을 하는 것을 알 수 있다. 따라서 대만은 중소기업이 수출의 역군역할을 함으로써 오일쇼크와 같은 대외충격이 주어질 때 대기업이 수출의 역군인 한국과는 달리 신속하게 이러한 충격에 대응할 수 있었다. 왜냐하면 한국과 같이 대기업에 의하여 소수품종의 물품을 대량으로 수출할 경우 대외 충격에 약할 수밖에 없지만, 대만과 같이 중소기업에 의해 다품종을 소량으로 수출할 경우 대외충격에 신축적으로 대응하는 것이 보다 쉽기 때문이다. 또한 수출은 중소기업이 담당하고 내수 시장은 국가가 주로 투자하는 대기업이 담당함으로써 오늘날 한국이 심하게 직면하고 있는 경제력 집중 문제에 비교적 자유로울 수 있었으며, 대만의 소득 분포 상태는 한국보다 평등한 것으로 알려져 있다.

대만이 수출지원정책을 시행하면서 한국과 마찬가지로 시장에 어느 정도 개입한 것은 사실이지만, 한국과 같이 적극적으로 개입해서 자원을 수출기업에 지원하고 심한 경우에는 수출물량까지도 할당하는 정도의 개입은 하지 않았다. 대만은 수출기업에 지원을 하는데 있어서 내수 부문과 큰 차이를 두지는 않는다. 즉 무역정책을 수행하는데 있어서 한국보다는 시장기능을 보다 중시함으로써 한국만큼 그렇게 심한 자원배분의 왜곡을 초래하지 않았다는 것이다.

(라) 산업정책

대만정부는 1949년에 성립 초기부터 일본으로부터 몰수한 재산을 민간인들에게 불하하기보다는 정부가 소유하여 운영해왔다. 당시 대만에는 몰수한 재산을 민간에 불하하더라도 그것을 운영할 만한 경영자가 존재하지 않았다. 더 나아가 기간산업의 국유화는 대만 산업정책의 방향이 한국과 같이 직접적인 산업 육성책으로 가기보다는 '산업 진흥을 위한 환경정비 정책' 쪽으로 비중을 두는 계기가 되었다.

대만의 대표적인 산업정책으로는 화폐정책과 무역 통제가 있다. 즉 특정영역에 대한 투자를 유도하기 위해 무조건적인 대부보다는 조세감면과 큰 폭의 가격인하를 허용하는 정책을 썼다. 대만의 중앙은행은 행정원이 직접 관장하고 수출입은행, 교통은행, 농민은행 등 공적인 역할을 맡고 있는 은행들은 대부분 민간기업보다는 국영기업에 투자된다. 대만에서 민간 기업들이 은행의 융자를 얻을 때 이들에게 요구되는 담보 요구는 이웃의 한국이나 일본보다 훨씬 높다. 대만에서 은행들은 일반적으로 경멸적인 의미를 담은 '전당포'로 알려져 있다. 이는 은행이 정부에 의해 직접적으로 통제되는 대만에서 정부와 민간기업과의 관계는 한국이나 일본보다 멀다고 할 수 있다. 따라서 대만에는 공기업 부문이 다른 나라에 비해 월등히 크고 정부와 민간기업 사이에는 앞서 말했듯이 인종적 긴장이 존재한다.

한편 대만에서의 무역통제는 중요한 산업정책이었다. 대만은 관세와 양적 무역통제를 통한 선택적 통제를 하고 있다. 대만의 관세 구조는 생산에 따라 0~100%에 이르기 까지 수시로 변하고 있다. 또한 모든 수입품을 금지 품목, 통제 품목, 허가 품목으로 공식적으로 분류해 놓고 있다. 그러나 허가 품목도 암암리에 두 부분으로 나뉘는데 하나는 실제로 자유롭게 수입되는 품목이고 다른 하나는 특별한 관허가 필요한 품목이다. 이는 '조회 메커니즘'이라 불리는 비록 직접적인 증거는 없지만 거의 확실하고도 중요한 2차적 수입대체 수단이 되어 왔다. 정부는 전국에 걸쳐 상품의 양을 통제할 수 있기 때문에 보호적인 국내 생산자들에게 가격 설정 훈련을 시키기 위해 국제가격을 이용할 수 있었다. 즉, 국내 대체상품의 가격이 일정 수준보다 너무 높으면 정부가 수입을 허가한다는 두려움은 국내 가격을 국제적 수준으로 유지시키는데 충분한 작용을 할 수 있었다.

대만에서 경제건설계획이 착수된 것은 농지개혁이 끝난 후인 1953년 제1차 경제건설 4개년 계획이 시작되면서부터였다. 1953-60년의 제 1기와 제2기 계획에서 가장 큰 목표는 대만에서 생산과 조달이 가능한 원자재를 적극 활용하여 수출대체산업 육성을 꾀하는 것으로 비료, 시멘트, 면과 모직류, 유리, 목재, 종이, 고무 등 경공업을 중심으로 한 공업화의 발판을 마련하였다. 1961-64년의 제3기 계획부터 수출의 전면으로 내세우는 시책으로 전환하였으며 농산 가공품과 부가가치가 높은 경공업 제품, 그리고 정밀 공업 생산에 주력하였다. 제4기인 1965년부터는 중화학공업 건설에 착수하기 시작하여 1969년의 제5기부터 공업입국으로서의 자세를 명확히 했다. 이 당시에 철강, 석유, 콤비나이트, 조선, 자동차 등이 육성산업으로 제시되었다. 수출입국을 제시한 1961년부터 공업입국의 기초를 확실히 한 1972년까지의 대만의 연평균경제성장률은 9.5%에 달했다. 1973년 오일 쇼크는 대만경제에 심대한 타격을 입혔다. 그리하여 제 6기의 계획 기간을 중도에 중지하고 1976년부터 6개년 계획으로 수정한 제7기 계획으로 대체하였다. 그러나 이 계획이 채 끝나기 전인 1980년 정부는 또 다시 '경제건설 10개년 계획'을 수립하였다. 여기서는 수출상품을 노동집약형에서 기술집약형으로 이행시키면서도 취업의 기회를 늘이고, 노동력을 유효하게 활용할 수 있는 상황을 만들자는 것이었다. 이 기간 동안에 대만 경제는 목표치인 6.6%를 상회하는 9.9%의 높은 성장률을 기록하였다.

산업정책과 산업발전은 국가의 발전에 대해 강력한 의지와 수행능력을 가진 국가 엘리트들 및 전문 관료들에 의해 수행되었지만, 경제적으로 성공할 수 이었던 것은 이들이 자유 시장 정책에 적극 호응하고 수출지향적산업활동 통해 자본주의 체제에 적극적으로 동참함으로써 가능했다고 본다. 산업정책의 목표는 국내산업의 국제경쟁력을 확립시켜 경제발전을 이룩하고자 하는 것이었다.

(마) 경제성장정책

한국과 마찬가지로 1970년대 중화학공업화를 추진했던 대만은 두 차례의 오일쇼크와 불안정한 세계경제환경에서도 꾸준한 경제성장을 지속하였지만, 1980년대 접어들어 성장방식의 전환을 강제하는 대내외적 상황변화와 도전에 직면하게 되었다. 대외적으로는, 첫째 수십 년간의 경제적 성공과 경제규모의 성장은 선진국들의 견제와 보호무역주의, 특히 미국으로부터의 시장개방과 경제자유화 압력을 불러일으켰다. 둘째, 1979년 미국의 대만승인취소로 상징되는 국제정치적 고립으로 대외적인 취약성이 더욱 증대하였다. 대내적으로도 경제 및 사회 각 분야에서 구조적, 전환기적 불균형 현상이 나타나 경제의 역동성이 감소했다. 대표적으로 1980년대 내내 높은 저축률 하에서도 민간투자가 극히 부진하여 '저축률—투자율'의 격차가 지속적으로 확대되었고 '과잉유휴자본' 문제가 점차 심각한 경제현안으로 대두되었다.

그리고 1970년대부터 발생하기 시작한 무역흑자가 막대한 규모의 외환보유고로 쌓이게 됨에 따라 인플레이션과 대만통화의 평가절상 압력이 심해졌다는 것이다. 이 같은 제반 상황의 변화에 대응하여 대만 국가는 1984년부터 "경제의 자유화, 국제화 및 제도화"를 새로운 경제정책의 기조로 설정하여 국가주도적 경제성장에서 민간(시장)주도경제로의 점차적인 성장방식의 전환을 시도하게 되었다. 이를 위해 새로운 정책목표를 전담할 한시적 조직으로서 '경제혁신위원회(經濟革新委員會)'를 설치하였고, 제9차 경제건설4개년계획(1986-1989년)에서 '무역자유화'를, 그리고 제10차 4개년계획(1990-1993년)에서는 '경제자유화'를 위한 법·제도의 정비'를 당면 경제계획목표의 하나로 설정하였다.

1980년대 이후 대만정부가 추진한 경제자유화 정책은 크게 다섯 가지 영역으로 구체화된다. 첫째, 무역자유화 정책이다. 이는 관세율 저하, 수입규제 해제, 양안(兩岸)무역 확대, 국제경제활동의 적극 참여 등을 포함한다. 둘째, 금융자유화 정책이다. 이는 금리자유화, 환율자유화, 외환통제 해제 등을 포괄한다. 셋째, 산업발전자유화 정책이다. 이는 농산물수입개방, 국영부문의 점진적 민영화, 국내금융산업 및 기타 서비스업의 자유화 등을 포함한다. 넷째, 투자자유화 정책이다. 여기에는 내국인의 대외투자와 화교·외국인의 국내투자 자유화가 포함된다. 다섯째, 기타 자유화 정책으로, 경제자유화를 추진하는 모든 포괄적 요인, 예컨대 교육자유화나 노동시장자유화 등을 포함한다.

대만에서 경제자유화가 추진되게 된 결정적인 계기는 여러 가지 대내외적 요인 중에서 주로 미국 등 외부의 압력에 기인하고 경제자유화에 대한 국가의 입장 역시 방어적이고 수동적인 것이었기 때문에 실제의 경제자유화 과정은 대외적 압력을 무마할 정도의 최소한의 수준으로 국한되었고 대만경제의 성격을 변화시킬 만한 핵심적인 경제자유화 조치는 취해지지 않았다. 정책내용만을 놓고 보면 대만의 경제자

유화가 이미 상당한 수준에 도달해 있다는 인상을 받게 된다. 그러나 대만의 경제
자유화를 진정한 의미의 경제자유화로 규정하기에는 다음의 측면에서 근본적인 한
계가 있었으며, 결과적으로 신자유주의 경제학자들이 주장하는 것처럼 시장경쟁논리
와 시장 친화적 성장을 강화하는 것과는 일정한 거리가 있었다. 첫째, 금융자유화의
핵심부분인 국영은행의 민영화는 계속 지연되다가 동아시아 외환위기 이후인 1998
년에 가서야 민영화가 이루어졌다. 둘째, 제조업부문의 공기업 민영화 역시 그 추진
실적이 지지부진하였다. 셋째, 앞서 언급한 금융자유화와 투자자유화 역시 많은 경
우 시행된 자유화조치를 상쇄할 만한 규제 및 감독기구의 강화를 수반하였다. 한
예로 재정부(財政部)는 1991년 허가된 외국기관투자자들이 대만 주식시장에 직접투
자를 허용하는 법안을 통과시켰는데, 1992년 일부 외국기관투자자들이 외환시장에
투기하는 것이 발견되자 대만중앙은행은 즉각 개입하여 이후 모든 외국투자자들의
본국송금을 제한하는 조치를 취하였다.

대만 경제모델의 강점과 위기탈출을 논의할 때 흔히 언급되는 핵심요인 중 하나
가 기술집약적 산업으로의 산업고도화·산업구조조정이다. 실제로도 1980년대 이후
의 대만 국가는 이전 시기의 온건한 산업정책과는 달리, 가능한 모든 정책수단들을
총동원하는 공격적인 방식으로 산업구조조정을 추진해왔다. 범국가적 차원에서 추진
되었던 대표적인 기술집약적 산업고도화 정책으로는 1980년대의 '전략공업(策略性
工業)'의 육성과 1990년대의 '10대 주도산업(十大主導産業)'의 육성을 들 수 있다.
먼저 1980년대의 전략공업 육성과 관련하여, 대만 정부는 제8차 경제건설 4개년계
획(1982-1985)에서 이를 향후 대만 산업화의 최대 역점사업으로 강조하고 국가 기구
내에 별도의 '전략공업추진위원회(戰略工業推進委員會)'를 설치하는 등 적극적인
발전방안을 강구하고 있다. 경제건설위원회는 전략산업의 선정기준으로 "2대(二大),
2고(二高), 2저(二低)"(큰 산업연관효과, 큰 시장잠재력, 높은 기술집약도, 높은 고부
가가치율, 낮은 에너지집약도, 낮은 오염도)라는 원칙을 제시하였다. 그리고 제10차
국가건설6개년계획(1991-1996)에서는 2000년대를 이끌어갈 10대 주도산업으로 통신,
정보, 가전, 반도체, 정밀기계, 항공, 신소재, 정밀화학, 의료보건, 환경보전산업을 선
정하고 이들 산업이 세계시장에서 차지하는 비중을 1989년 1.3%에서 1996년에는

2.0%로 높일 계획을 마련하였다.

이상에서 살펴본 것처럼, 대만의 산업고도화·산업구조조정 정책은 대단히 체계적이고 포괄적인 국가계획 하에서 추진되었고 국가의 막대한 재정적·금융적 정책지원이 이루어졌던 것인 만큼 대만의 경제성장에 일정한 기여를 했다는 사실은 능히 미루어 짐작할 수 있다. 산업구조조정 정책의 결과, 외형상으로 대만의 산업고도화는 이미 상당한 수준에 달하는 것으로 평가된다. 그러나 대만의 산업고도화·산업구조조정 정책은 일정한 성과에도 불구하고 문제점이 전혀 없었던 것은 아니었다. 어떤 측면에서는 국가가 투입했던 막대한 자원과 다양한 정책내용들을 감안할 때, 실제의 정책효과는 애초에 계획했던 것에는 미치지 못하는 제한적인 것이었다고 평가하는 것이 더 적절하다. 기술집약적 산업부문에 대한 적극적인 육성책에도 불구하고 대만의 연구개발(R&D) 수준은 선진국은 물론 한국에 비해서도 대단히 낮으며, 특히 민간기업들의 연구개발 투자가 저조한 점을 들 수 있다.

(바) 노동정책

대만에서의 임금 정책의 전개 과정은 크게 보아 두 개의 시기로 구분하여 살펴볼 수 있다. 첫째는 1946년부터 1950년대 전반까지의 시기로 이 시기는 임금 통제 정책이 취해졌던 시기이다. 다음으로 1956년 이후의 시기는 국가가 전형적인 '시장의존적 임금' 정책을 전개했던 시기이다. 1946년에서 1950년대 초까지의 대만의 임금 통제 정책은 중·일 전쟁기에서 시작되어 국·공 내전기를 거쳐 전시나 다름없었던 50년대 초까지 이어졌었던 국민당 정권의 전시 경제 통제 정책의 일환이었다.

이 정책의 목표는 국민당 지배 지역에 만연했던 전시 인플레로부터 노동자들을 보호하고 인플레를 막기 위하여 임금을 통제한다는 복합적인 것이었다. 따라서 1950년대 중반부터 전쟁발발의 위험이 현저히 약화되고, 대만 경제가 안정을 되찾자 전시 임금 통제 정책은 불필요하게 되었다. 그리하여 전시 임금 통제 정책은 1956년을 기점으로 유야무야되고 말았다. 이 시기 이후 대만 정부는 임금문제에 대하여 기본임금 제도를 실시 한 것을 제외하고는 이렇다 할 정책을 내놓거나 직접적인 개입을 하지 않았다.

그렇다면 자본주의적 경제 발전을 추구하는 권위주의 정권(특히 노동 집약적인 공업을 중심으로 수출 지향적 산업화를 추구하는 정권)은 임금 인상에 대하여 부정적일 뿐 아니라 임금을 가능한 억제하려는 경향이 있다는 일반론과 관련시켜서 볼 때 대만은 보기 드문 예외에 속한다고 할 수 있을까? 일단 정부가 직접적이고 적극정인 수단을 사용하는 임금 억제 정책을 전개하지 않았다는 점에서는 그렇다고 볼 수 있다. 국민당 정권도 물가를 안정시키고 수출을 촉진하기 위하여 임금을 낮은 수준으로 유지하려는데 깊은 관심을 가지고 있었다. 그것은 다음과 같은 점을 통해서 '간접적'으로 확인할 수 있다. 첫째는 국민당 정권이 1986년부터 1978년까지 장기간에 걸쳐 일종의 최저 임금이었던 기본임금을 매우 낮은 수준으로 묶어두었던 점을 들 수 있다. 국민당 정권을 1986년에 600원으로 정해진 기본임금을 1978년 2400원으로 올릴 때까지 무려 10년이나 동결하였고 그 결과 기본임금은 대만 제조업 부분 월평균 임금의 12%선 까지 떨어졌다. 둘째는, 노동 조건과 관련된 정책의 영역에서도 '국제 경쟁력의 유지'를 내세워 열악한 노동 조건을 방치 해 왔다는 점이다. 다시 말해 국민당 정권은 노동을 생산요소로 파악하여왔으며, 따라서 임금 노동자들의 소득 보장이라는 측면은 경시하고, 국제 경쟁력을 키우기 위해 가급적 생산 비용을 줄인다는 관점에서 저임금이나 열악한 노동 조건을 방임, 유지 시키는 정책을 취했다.

그러면 저임금에 깊은 관심을 가지고 있었음에도 불구하고 국민당 정권이 한국의 역대 정부와는 달리 적극적이고 직접적인 임금 억제 정책을 취하지 않았던 이유는 무엇인가? 그 이유는 첫째, 한국에 비하여 대만이 아주 안정적인 물가 유지를 유지해왔다는 점, 둘째, 한국의 경우에는 임금 교섭의 수준에서는 노동조합의 자율성이 미약한 가운데서나마 살아 있었던 반면에 대만의 경우에는 노동조합이 국가와 당에 의하여 거의 완벽히 통제되고 있었다는 점, 셋째, 한국과 대만이 모두 개입주의적인 국가를 가지고 있었지만, 상대적으로 한국이 보다 직접적으로 경제에 개입하는 정책을 선호해온 반면, 대만의 국가는 상대적으로 간접적인 방식으로 경제에 개입하는 방식을 선호해왔다는 점이다. 이런 의미에서 대만의 임금 정책은 이른바 '시장의존적 임금 억제 정책'의 대표적 사례라 할 수 있을 것이다.

(2) 시사점

대만은 한국과 비슷한 배경을 가지고 있지만 한국과는 다르게 경제개발에 필요한 자금을 국내에서 조달할 수 있었기 때문에 외채문제가 없었으며 이는 탄력 있는 경제 운용을 가능케 하였다. 특히 저축이 투자보다 많아 투자 재원을 자급했을 뿐만 아니라 일정 부분 자본을 수출하는 등 글로벌적 산업구조가 일찍이 자리 잡았다고 볼 수 있다. 투자율 및 저축률이 높을 뿐만 아니라 대만의 투자를 보면 건설투자나 기타 비생산적인 투자보다는 실질적으로 생산에 기여할 수 있는 기계장치 등에 대한 투자비율이 한국에 비해 높았으며 향후에도 그러할 것으로 보인다.

대만의 경제 정책은 민생주의를 이념적 배경으로 하여 안정위주로 전개됨으로써 빠른 경제 안정을 이룩하고 장기적으로 경쟁력을 향상시킬 수 있는 배경을 마련하였다. 안정 기반 위에 성장잠재력을 배양하고 농공 간 균형발전을 도모했으며 공민 관기업간 균형발전을 추구하였다. 재정, 금융, 산업, 무역 등 제반 경제정책이 경제 원리에 입각하여 상호 연계성을 살린 정책을 실행함으로써 정책 간 상축이나 마찰이 사전에 방지되는 효과를 거두었다. 정책간의 우선순위를 결정하는 순간에는 항상 안정을 우선으로 결정하였는데 물가안정을 저해하거나 분배구조를 왜곡할 수 있는 다소 무리한 정책, 특히 수출진흥정책이나 불균형적인 성장 정책을 추구하지 않았다.

대만도 산업정책을 사용하였으나 정부의 개입은 과도하지 않았다. 특히 시장기능의 왜곡을 막기 위해 지원이 특정분야에 편중되지 않도록 한다는 방침 상에서 모든 정책을 정하는 것을 원칙으로 하여 왔다.

한편 이러한 안정적인 정책시행에도 불구하고 미래에 대한 준비도 적절하여 중국의 세계 생산기지로써 급부상 조짐이 보이자 1980년대 들어서 정부는 전략공업을 지정하는 등 첨단산업 육성에 전력을 다하였다. 정보산업 전자산업 및 기계 산업을

3대 전략 산업으로 선정하고 시장 잠재력이 크고 기술 집약도와 부가가치가 높으며 에너지소비와 환경오염 효과가 낮은 전략산업 품목을 선정 육성하여 오늘날에 들어 산업구조 고도화를 가능케 한 밑거름이 되도록 안배하였다.

대만은 수출진흥정책에 있어 한국에 비해 강도가 낮았으나 직접적인 지원보다는 조세 지원 등 간접적인 방법을 활용하여 왔는데, 즉 개별 부분에 대한 지원보다는 수출산업 전체의 효율과 성과를 제고하는 측면에서 정책을 수립하였으며 이러한 결과 대만의 기업은 오늘날에 들어 자생력을 보유할 수 있게 되었다.

중소기업정책은 중소기업에 대한 직접적인 보호, 육성보다는 자유롭고 공정한 경쟁 환경을 조성하는데 중점을 두어 자생력 강화차원의 정책이 주로 이루어 졌으며 이러한 결과 제조업부문의 발전이 대기업과 중소기업이 동시에 발전할 수 있는 토양을 마련할 수 있는 원동력이 되었다.

대만경제가 우리에게 주는 시사점은 첫째, 질적 성장을 중시하는 일관된 정책으로 국민의 신뢰를 받는 정책 운영한다는 점이다. 대만정부는 본토상실을 교훈삼아 부패를 척결하고 민생과 안정을 중시하는 경제철학의 기초 하에 양적 지표보다는 삶의 질적 제고를 우선하며 시장원리에 충실한 경제 정책을 운용함으로써 경쟁력을 배양했다는 것이다. 둘째, 시장기능의 중시와 경쟁 환경의 조성이다. 산업전체의 경쟁력 강화와 결과적으로 국가 경제 체질강화를 위해서는 무엇보다도 정부의 규제나 보호가 아닌 자유로운 기업 활동을 보장하는 경쟁여건의 조성이 중요할 것이다. 셋째, 경제 발전의 저변을 두텁게 하고 외부충격에 유연히 대처하기 위해서는 중소기업의 경쟁력 강화가 필요하다. 현시점에서 한국의 대기업구조를 무리하게 중소기업구조로 전환하는 것은 비현실적이므로, 대기업의 비교우위를 살리면서 중소기업을 육성하는 상호 보완정책 추진이 필요할 것이다. 이밖에 기업의 건전한 재무구조를 확립하고 국민의 의식구조 개혁도 필요할 것이다.

4. 호주

1960년대만 해도 OECD 국가 중 상위권에 속하던 호주의 국민소득이 70년대, 80년대로 오면서 하위권으로 떨어졌다. 호주 경제는 70년대 이후 장기간에 걸쳐 저성장, 고 실업률, 고 인플레이션에 빠져 있었다. 따라서 80년대 중반부터 정치가와 관료, 기업인을 필두로 호주 경제사회의 구조를 근본적으로 뜯어고치지 않으면 안 되겠다는 의식이 나타나기 시작했다. 때마침 1984년 뉴질랜드에서 정권이 기존의 국민당에서 노동당 정부로 바뀌면서 대규모 개혁이 시작되자 호주도 이에 자극받아 뉴질랜드가 행한 개혁을 흉내 내기 시작했다. 물론 호주에서도 80년대 초부터 금융정책을 중심으로 부분적인 개혁의 움직임은 있었지만, 이 무렵부터 경제사회의 구조를 바꾸기 위한 본격적인 개혁이 시작된 것이다.

(1) 경제정책별 내용 특성 및 효과

(가) 재정정책

호주의 재정정책기조는 재정의 건전성 및 지속가능성을 확고하게 유지함을 목표로 하며 확고한 재정정책의 방향을 수립하여 추진해 나가고 있다. 호주정부는 90년대에 들어와 정부차입을 축소하는 등 재정정책의 초점을 재정건전성에 맞춤에 따라 97-98회계 연도에 이미 연방정부는 흑자재정을 달성하였으며 90년대 말에는 조세부담을 90년대 중반수준으로 동결시키고 GDP대비 정부지출 비율도 축소하는데 성공하였다.

1998년 공포된 'Charter of Budget Honesty Act'에 의해 연방정부의 중기 재정전략 뿐만 아니라 단기 목표도 동 헌장이 규정한 지속가능성(sustainability) 및 건전한 재정운영(sound fiscal management)이라는 원칙(principle)에 적합하도록 요구되었다. 무엇보다도 경기순환에 대응한 호주정부의 재정균형이라는 목표에 대한 확고한 (firming) 정책적 고수(adherence)는 상당기간에 걸쳐 GDP대비 연방정부의 순부채

수준을 낮추는 동시에, 조세부담을 안정시킬 수 있었던 바, 이는 결국 호주정부가 재정정책의 입안 시부터 세대 간 형평의 고려의 개념을 사용한 결과라고 평가된다.

80년대부터 90년대 까지 재정긴축 정책으로 적자재정이 지속되었다. 90년대 경제 회복 시 재정긴축정책보다는 공공자산의 매각, 채무 상환, 국영사업으로부터의 배당 수입에 의존하였지만 적자는 그대로 이러졌다. 이를 극복하기 위해 세출의 삭감,(연 방 정부의 공영 주택에 대한 보조의 삭감, 공적 채무 잔고의 삭감에 따르는 이자지 불금액의 저하 등이 삭감 항목임) 정부 자산 매각, 정부 지출 및 정부 투자규모 축 소로 재정흑자를 만들었다.

현재, 재정흑자 106억 불을 전망(10년 연속 흑자)하며 장기성장을 위한 투자기반 을 확보해가고 있다.

(나) 통화정책

호주의 통화정책기조는 경기변동에 대응하여 적시에 적절한 금리조정이다. 호주 의 통화정책은 호주 준비은행(The Reserve Bank of Australia)이 정부와 협의하여 결 정하고 집행한다. 1983년 12월 변동 환율 제도를 도입 시행한 이후 호주의 환율은 시장 수급에 의해 자유로이 결정되고 있다. 다시 말하면, 호주 경제의 특징은 금융 서비스 등 3차 산업의 발달, 모든 분야에 걸친 제조업, 신기술 개발의 확대 주요 외 화획득 원천인 1차 산업으로 말할 수 있다.

통화정책은 대부분 국내경제 상황조정에 집중된다. 호주의 2000년대 말까지 금리 인하의 배경은 세계적인 경기침체가 지속되고 있는 가운데 국내 물가가 안정됨에 따른 조치였다. 그 후 주요 원자재 가격의 고공행진 지속, 세계적인 자원 및 농산물 가격의 상승세 등 인플레이션 악화와 호주 달러화 강세, 서브 프라임 모기지 부실 여파로 세계 금융시장의 변동성 증가로 호주는 금리 인상을 단행하였다. 국가 경제 에 따른 통화정책에서 통화 강세로 인한 수입물품의 소비자 물가 안정, 과열된 소 비지출 및 주택경기를 진정시키고 경기회복을 하기 위해선 금리 인상으로 이어질 수밖에 없다. 하지만 이로 인한 역효과도 나타나고 있다.

소비 및 투자 증가의 높은 성장세를 보였던 호주 경제는 가계 지출의 둔화가 예상됨에 따라, 전반적인 성장세도 다소 둔화 될 전망이며 앞으로 세계 경제성장 둔화, 신용시장 경색, 고금리에 따라 호주 경제 성장률은 둔화 될 것이다. 여기에다 미국 금리가 3%로 낮아지고 호주 금리는 7%로 인상됨에 따라 양국 간 금리차가 4.0%로 확대돼 역외자본 유입도 더욱 확대될 것으로 예상되고 금리 인상으로 인해 금융비용이 증가하면서 주택공급 역시 감소하고 있다. 금리인상이 오히려 인플레이션을 촉발하고 있는 것이다. 이에 정부는 물가상승률에 대비해 산업인프라확충 및 기술인력 양성을 위한 투자를 확대함으로써 생산성을 제고, 정부 재정지출을 감축함으로써 인플레이션 문제에 대응해야 할 것이다.

(다) 개방정책

자유-국민 연립정부는 통상정책의 기본방향으로 종전 노동당 정부의 정책을 대부분 수용하되 다자협상 일변도의 대외통상 정책에서 탈피하여 양자협상도 적절히 구사할 것임을 천명하였다. 특히 호주는 농축산물의 주요 수출국으로서 무역자유화 확대 및 농산물에 대한 보조금지급 중지를 주창하고 있다. 그리고 급속한 경제발전을 이룩하고 있는 아시아·태평양지역 국가와의 경제협력 강화에 통상외교 역량을 집중하고 있다.

역내 무역자유화를 위한 APEC의 기능강화 및 APEC을 모체로 한 지역경제 공동체 창설을 제창하고 있으나, APEC이 EU나 NAFTA 같은 배타적인 경제블럭화는 반대하며, 개방적 지역주의(Open Regiona-lism) 실현을 위해 노력하고 있다. 이에 대해 하워드수상은 ASEM 참여를 위한 말레이시아와의 관계개선을 위해 종전 키팅 정부의 EAEC 창설 반대 정책을 철회했다.

호주는 산업보호, 위생보호, 지역보호, 안정보장상의 이유와 품질기준의 유지를 목적으로 보호무역을 실시하였다. 또한 특정국가(남아프리카, 나미비아 등)로 부터의 수입되는 일부품목에 대해 수입 금지조치를 취하였다. 또한 대외경쟁력 강화를 위해 수출을 장려하고 외국인 투자확대를 위해 규제를 완화하는 정책을 펴고 있다.

현재 노동부는 무역정책에 있어 다자간 협상을 우선시 하고, 양자 및 지역별 FTA 는 보완적으로 추진해야 한다는 입장이다. 따라서 신정부는 WTO협상에 적극적으로 대응할 전망이다. 또한 호주 달러화 강세에 따른 수입구매력 상승과 내수 호조로 인해 상품수지 적자폭은 2008년 더욱 확대될 전망이며 지난 수년간 시설 투자의 결과로 2008년 수출은 새로운 국면을 맞이할 것으로 예상된다.

(라) 산업정책

호주는 풍부한 지하자원을 보유한 자원 수출국으로 농업 광업 등 1차 산업이 가장 중요한 외화 획득 수단이다. 이에 비해 전반적으로 제조업의 기반이 취약하고, 3차 산업의 비중이 큰 만큼, 자본의 외국 의존도가 높다. 이에 따라 외국 자본이 경제 개발 및 자원 개발에서 큰 비중을 차지하고 있다. 게다가 호주는 3차 산업이 매우 발달했다. 또한 주요 선진국들에 비해 1차 산업의 비중도 상당히 높은 편이다. 이에 반해 제조업은 GDP 기여율이 12%에 불과해 취약한 기반을 가지고 있다. 호주의 수출 산업은 농림 수산물이 주를 이루고 있으며, 이 중 대부분이 동남아시아 및 중동 시장을 목표로 생산 및 수출되고 있다.

산업 부문별 정책을 살펴보면 크게 두 산업을 집중적으로 육성하고 있다는 것을 알 수 있다. 먼저 자동차 산업인데 이에 대해 호주는 1960년대 초반까지만 하여도 자동차 산업이 상당한 경쟁력을 갖고 있었다. 그러나 80년대 중반부터 시작된 아시아 자동차 회사들의 적극적인 호주 시장 개척으로 이해 자동차 산업은 서서히 경쟁력을 잃기 시작하였다. 그러나 호주 정부는 Ford Australia가 호주 내 자동차 신 모델 개발 및 글로벌 디자인 센터 건립 등을 위하여 향후 10년간 호주 화 18억불을 투자키로 한데 대한 답례로 2006년 5월초에 호주 화 1억불 이상을 지원키로 발표하는 등 자동차 산업 육성에 대한 강의 의지를 표명하였다. 그러나 아시아 자동차 회사들과의 경쟁에서 승리할 수 있을지는 아직 의문이다.

다음으로 환경산업을 들 수 있는데 호주는 대기오염으로 인한 오존층의 파괴와 지구의 온난화 현상에 대하여 정책적인 방안을 강구, 실천방향을 검토 중에 있으며,

현재 태양열 버스를 시험적으로 운영하고 있다. 호주 정부는 매년 환경문제에 대한 새로운 대안을 고려하고, 이에 따라 특별 예산을 책정하고 있는데, 통계청 자료에 따르면 95~96년 동일기간 환경보호를 위한 민간 기업과 국영 기업의 총 투자액이 79억 5천만 불로 기록되고 있다. 이는 92-93년의 수치보다 약 20억불 가량 늘어난 것으로 호주 정부와 국민의 환경에 대한 높은 관심을 보여주는 예라고 볼 수 있다. 현재 호주는 20%의 정부 예산과 4%의 비 정부예산을 환경에 대한 연구와 발전을 위하여 쓰고 있다. 대표적인 환경 산업 정책의 예로 'Waste Wise Construction Program'이란 것이 있는데 이는 산업 및 건설 쓰레기를 최소화 하며, 이를 효과적으로 재활용하기 위하여 최근 도입된 제도이다.

호주는 풍부한 지하자원을 보유한 자원 수출국으로 농업, 광업 등 1차 산업이 가장 중요한 외화획득 수단이다. 전반적으로 제조업의 기반취약하고 3차 산업의 비중이 크다. 자본의 외국 의존도가 높고 외국 자본이 경제 개발 및 자원 개발에서 큰 비중 차지하고 있다.

과거부터 보호주의 정책. 특히 제조업에 대한 관세제도 실시. 수입관세를 통한 산업보호정책을 사용하였다. 이러한 관세수입은 중대한 세입원이 되기도 하였다. 그러나 산업의 경쟁력 강화를 위해 점점 자유주의적 정책으로 넓혀갔다. 97년 하워드 정권은 주요산업 육성정책을 내세웠다. 기본방향은 호주국내산업, 특히 제조업과 정보 서비스 산업과 같은 호주의 경제발전에 있어서 향후 핵심적인 산업부문의 국제경쟁력을 향상시켜 나가는 것을 목표로 하였으며 2010년까지 호주의 평균 경제성장률 목표를 4.0%로 잡고 그것을 달성하기 위한 구체적 정책목표 제시되었다. 현재 호주는 자동차 산업 육성에 대한 강한 의지를 표명하여 수출을 장려하고 각 지역 특성에 맞는 환경, 대체에너지 산업의 개발로 관광산업으로까지 연계하여 발전하고 있다.

(마) 경제성장정책

연방정부는 적극적으로 변화와 성장을 가능하게 하는 지속적인 경제구조조정을 가장 우선적인 정책목표로 삼고 있다. 호주는 선진경제국들 중에서는 독특하게 지방산업과 광산산업이 잘 발달한 국가이다. 그리고 제조업과 서비스부문은 현재 빠르게 발전하는 분야이다. 호주의 경제는 첨단 기술과 증대되는 서비스 분야를 토대로 빠르게 성장하고 있다. 정보산업은 가장 고도로 성장하는 분야이다. 정보통신분야의 수출도 증가하고 있다. 이러한 성장을 지속할 수 있었던 요인 중의 하나가 바로 정책적 기조에 의한 국정운영능력이 탁월하였기 때문이다.

성장을 위한 정책적 기조를 살펴보면 국정운영 3대 중장기 과제 및 방향을 제시하고 있는데 먼저 자원 붐 이후에 대비한 생산성 향상을 위해 교육개혁, 브로드밴드 등 정보통신, 의료 및 인프라시설 확충 추진한다는 것이다. 두 번째로 기후변화 대응 및 물 부족 문제 해결을 위해 교토의정서 비준, 재생에너지보급 확대 등을 추진한다는 것이다. 마지막으로 공정한 노사관계 조성을 위해 노사관계법 개정을 통해 단체교섭, 부당해고 심판청구제도 등 부활 추진이다. 이런 전략은 근본적으로 하워드 정부의 기조를 유지하면서, 노사관계, 기후대책 등 쟁점이 되었던 과제를 중심으로 정책을 개정해 나아갈 것으로 전망된다.

호주는 1차 산업 부문 중심의 산업구조이다. 1994년 1차 산업이 총 수출의 50%를 차지, 2차 산업의 기반은 취약해 공산품의 수입이 타 산업에 비해 매우 높다. 풍부한 광물자원으로 농업과 광업은 최대 수출 산업이자 외화 획득원이 되었었다. 60년대부터 광물과 에너지자원의 발견 및 개발로 세계적인 자원 수출국으로 성장했다. 70년대 중반 석유사태에 따른 세계경제의 침체와 함께 국내 생산 및 수요의 정체, 인플레의 악화, 임금상승, 물가의 악순환, 실업의 증대와 재정적자확대, 국제수지 악화 등 전반적인 국내경제 여건의 심각한 악화상태에 직면으로 인해 1977년~83년 초에 집권했던 Fraser 정권은 호주개방성장의 주안점으로 적극적인 자원개발, 공업의 대외경쟁력 제고 및 자립화를 위한 국내생산업의 육성, 강화 등에 목표를 둔 경제정책 전개하였다. 재정면에서는 재정규모의 팽창억제, 통화정책측면에서는 통화 공급 증가율을 줄여나가는 금융긴축, 금융제도 면에서는 금융자율화 등을 정책의 기본방향으로 삼았다. 국내산업보호와 관련하여 각종 수입제한조치를 광범위하게 행하는 한편 외국인투자 등에 대해서는 개방적 정책을 펼쳤었다. 1990년대 불황에 따른 지속적인 경제성장을 뒷받침하기 위해 투자확대, 국가경쟁력 강화에 최대역점.

정부는 경기침체 탈피 및 실업난 개선을 위한 정부 및 민간 투자확대, 수입시장 개방 및 산업구조 재편을 통해 국가경쟁력을 강화하고 있다. 1992년 이후 1995년까지 물가상승률을 3% 유지했음. 정부는 고용창출을 위해 제조업을 활성화하였으며 제조업은(2000년 기준) 호주 국민총생산의 15%를 차지하고 있다. 또 정부는 20년간 계속 된 경상수지 적자를 극복하기 위해 외국인 투자 규제 축소, 수출용 시설재 수입자금 규모 확대, 소규모 업체의 수출지원을 위한 전문가 투입, 자금 지원 및 수혜 대상을 확대. 저축률 향상을 위해 강제연금제도 도입하였다.

호주의 경제는 국내총생산 중 개인소비의 비율이 높아 개인소비에 대한 의존율이 높은 것이 특징이며 90년대 중반 이래 최근까지 건실한 성장세를 보이고 있다.

(바) 노동정책

호주는 OECD 신 고용전략의 권고사항에 합치되는 노동시장 개혁을 통해 계속적인 고용의 증가 등 강력한 노동시장 성과 달성하고 있다. 고용서비스 개혁(경쟁체제 도입), 참여 계획안 수립(노동시장 참여유도), 기업별교섭 촉진, 노동시장 유연화 조치 등이 이에 해당된다. 그리고 적정한 거시경제정책 수립을 통해 낮은 인플레 수준을 유지하는 가운데 건실한 경제성장을 유지하는데 초점을 두고 있다. 그 결과 2000년 이후 3%대의 경제성장을 지속, 실업률은 1970년대 이후 최저치를 기록, 평균생활 수준은 G7 국가 중 미국을 제외하고 최고이다. 그리고 호주의 향후 과제는 고령화에 대비, 생산성 증진과 노동시장 유연성 강화 및 노동력 공급확대를 도모하는 것이다.

노동시장참여 및 구직(Job Search) 저해요소를 제거한다는 점에서 노동자의 후생(Welfare to Work)개혁을 단행하고 있다. 이는 2006년 7월부터 시행되고 있는 것으로 편부모, 근로연령층 구직자, 장애인 등을 주된 대상으로, 이들의 노동시장참여 증진, 복지의존도 축소를 목적으로 한다. 한편 노동력의 기술과 능력을 증진을 위해 기업 수요에 부응한 훈련정책과 엄격한 정책평가를 통해 지속적인 정책개선을 추구한다는 것이다.

호주는 1980년대부터 가장 중요한 목표로 최고수준의 고용유지를 두고 있으며 노동력 기술을 유지, 발전시키고, 효율적인 노동시장을 위해 노력하고 있다. 하지만 90년대 계속되는 8-9%의 높은 실업률로 정부는 일부 집단을 대상으로 이들에게 집중적인 지원을 하는 형태로 전환하였다. 또 2000년에 정부는 소득지원 수혜자들의 자립과 개인적 책임성을 제고하는 상호책무를 도입하였다. 2006년대 노동선택법이 시행되었는데 이는 기존의 집단교섭 체제를 없애고 개별 노동자가 회사와 직접 임금협상을 갖도록 하는 것으로 이때 노동자들은 휴가 일수나 다른 혜택을 줄이는 대신 임금으로 보상받을 수 있다. 특히 100명 미만의 중·소규모 사업장은 아예 '부당해고금지법'의 규제를 받지 않도록 했다. 이는 해고를 사실상 자유화한 셈으로 많은 노조들의 비판을 받았다. 현재 새 정권이 들어서면서 신노동법이 공표되어 근로조건을 향상시키고 임금체계를 개선하고 있다.

(3) 시사점

호주의 경제정책은 한국의 경제정책과 다를 바 없이 완전고용의 실현과 유지, 경기변동의 조정, 경제성장의 확보, 자원 배분의 효율성, 자원의 효율적 이용, 국민의 복지향상 등 여러 측면에서 국민의 삶의 개선, 국가의 경쟁력 강화를 위해 시행되고 있다.

호주의 경제정책은 국내 정책변화 흐름에만 치우쳐서 결정되는 것이 아니라 세계 경제흐름과 함께 가고 있는 것을 볼 수 있다. 과거 보호주의 정책을 위해 외국인투자 규제 강화, 관세부과 등은 현재 글로벌 시대에 맞게 자유경쟁 형태로 바뀌어있다. 국가의 복지, 경제성장, 사회문화적 인프라 구축은 정부의 역할이며, 그 실현을 위해 갖가지 경제정책이 종합적으로 활용되고, 필요에 따라서는 정부사업이나 정부기업이 설립되는 한편 산업의 국유화도 행해지고 있다. 국가의 정책이 소수의 이익을 대표하는 도구가 아닌 국민전체의 이익이 되기 위해선 민주적 정치체계와 더불어 국민이 정책에 대한 의사표시를 분명히 할 필요성이 있으며 국가는 국민의 의사를 반영하기 위해 경제정책 체제를 지속적으로 검토, 꾸준히 발전시킬 필요가 있다.

Ⅳ. 유럽권

1. 프랑스

2006년 이후 프랑스 경제는 유럽경제의 동반상승에 따라 정부재정 등에서 약간의 호전을 보이고 있으나 다른 유럽 국가들과는 달리 강한반등세를 보여주지 못하고 있는 상황이고, 노동시장의 경직성에 따른 낮은 고용율과 높은 실업률, 사회보장지출의 비효율성, 사회통합에의 갈등 등이 문제로 지적되고 있다. 이러한 프랑스 경제의 상대적 저성장이 지속되는 가운데, 프랑스 정부의 경제정책은 한편으로는 노동시장의 유연화와 감세정책 등 기업환경개선을, 또 한편으로는 프랑스 산업과 프랑스 기업을 보호하는 신콜베르주의(신중상주의)로 특징 지워질 수 있다.

프랑스 정부는 당면한 문제를 해결하기를 바라면서도 영국식의 신자유주의적 개혁이 아닌 프랑스적 개혁 방식을 바라는 국민들의 기대를 정책에 반영하고 있다. 향후 프랑스는 노동시장, 조세제도, 연금 및 건강보험 제도에 변화가 예상되나, 영국 대처주의적 개혁의 가능성은 매우 희박하며 사회보장을 일정수준 유지하면서 기업환경을 개선하고 기업경쟁력을 강화하려는 프랑스우파의 실험이 시작된 것으로 보아야 할 것이다.

(1) 경제정책 주요내용 및 현황, 효과

(가) 재정정책

프랑스의 재정은 2002년부터 2005년까지 4년 연속 재정적자가 GDP의 3%를 초과했으며, 2006년 정부부채는 GDP의 64.6%를 기록하여 EU의 성장안정협약(SGP)의 재정 기준(재정적자 3% 미만, 정부부채 60% 미만)을 위반하고 있다.

〈표 3-4〉 유럽각국의 GDP 대비 재정적자 비교

(단위: %)

	2000	2001	2002	2003	2004	2005	2006
EU	-0.1	-1.0	-2.3	-2.9	-2.6	-2.2	-1.7
독일	-1.1	-2.8	-3.6	-4.0	-3.7	-3.2	-1.7
프랑스	-1.5	-1.6	-3.2	-4.1	-3.6	-3.0	-2.6
이탈이아	-0.3	-1.5	-2.9	-3.4	-3.4	-4.1	-4.4
영국	1.9	1.1	-1.7	-3.3	-3.2	-3.4	-2.7

자료: Global Insight(June, 2007).

프랑스의 사회보장제도는 발전되었다는 평가를 받지만, 동시에 비효율적이라는 비판을 받고 있다. 즉 사회보장을 위한 지출은 크나, 효율적으로 사용되고 있지 않다. 프랑스는 OECD 국가 중에서도 사회보장비용이 GDP의 30%에 이를 만큼 공공지출의 부담이 큰 국가 중 하나이며, 이는 연금 및 높은 의료서비스 지출 때문이다. 따라서 2012년까지 전체 세금부담을 4% 줄이는 동시에 정부부채를 GDP의 60% 이하로 낮춘다는 계획을 제시하고 있다.

(나) 통화정책

프랑스는 유료화를 사용함으로써 환율의 안정을 도모할 수 있는 고정환율제로 전환하였고, 유로화의 통화정책을 담당하는 [96]유럽중앙은행의 최우선 정책목표는 물가안정이다. ECB의 통화정책은 공개시장조작 수단을 활용하면서 초단기 여수신제도인 상시유동성조절장치를 보완적으로 운용하고 있다. 공개시장조작은 만기 2주일물의 환매조건부채권매매(RP) 방식으로 매주 자금을 공급하는 단기자금공급조작과

---

96) 약칭은 ECB이다. EMU(Economic and Monetary Union:유럽경제통화동맹)이 발족하여 각 회원국의 개별 화폐가 소멸되자 유럽 통화정책에 관해 집단결정을 강화할 목적으로 설립하였다. 회원국의 통화 주권을 인수하고 유럽 공동의 통화금융정책을 지휘하는 일을 맡는다.

만기 3개월물 RP방식으로 매월 자금을 공급하는 장기자금공급조작, 금리안정화와 시장의 유동성 조절을 위해 금융시장에 수시로 개입하는 미조정 조작, 금융기관의 구조적 자금과 그 부족을 조정하기 위한 구조적 자금조정 조작의 4가지 형태로 운용된다.

그리고 초단기여수신제도는 자국내 금융기관의 예상치 못한 유동성 과부족을 일별로 조절해 주는 수단으로 사용된다. 외환정책과 관련해 ECB는 EU경제재무장관이사회가 마련한 일반지침에 따라 실제운용을 맡아 외환시장 개입 여부를 결정한다. 외환시장 개입의 재원은 참가국들이 자본출자율에 따라 출자한 역외국 통화 또는 금으로 충당된다. 각 참가국들은 물론 자체적으로 외환을 보유할 수 있다. 하지만 참가국들의 외환거래는 환율안정과 단일통화정책에 대한 신뢰성과 일관성을 유지하기 위해 ECB 정책이사회의 지침에 따라야 하며 외환시장 개입도 ECB의 요청이 있을 때 가능하다.

(다) 산업정책

90년대 중반 프랑스 정부는 정부 독점분야 사업에 경쟁체제를 도입하기 시작했다. 경쟁체제 도입은 EU차원의 단일시장 완성 작업의 일환으로써, 경제성장 잠재력을 약화 시키는 과잉규제와 경쟁제한을 철폐하기 위해 시장개방 조치를 통신, 전력, 천연가스, 철도, 금융기관 등으로 확대했다. 1997년도 통신시장을 개방하고, 1998년 천연가스 시장, 1997년 철도운송 시장의 개방이 시작됐네. 이외에 금융서비스, 항공, 해상운송, 우편분야에서도 규제완화가 진행되고, 보험과 수자원 분야는 개방이 도입되어야 할 시장이다.

기간산업에서 세계에서 가장 낮은 수준의 관세를 바탕으로 프랑스의 대외수지는 현재 큰 폭의 흑자를 기록하고 있으며, 유럽연합에서 가장 많은 공항을 보유하고 있고, 총 도로 807,601km, 철로 34,469km로 각각 유럽 최장 길이를 자랑하고 있다. 세계 제 4위의 자동차 생산국이기도 한 프랑스는 교통 분야에서 매우 강세를 보이고 있으며, 한국의 최초 위성 '우리별 1호'는 프랑스의 아리안 로켓에 의해 쏴 올려

졌을 정도로 우주산업에 대한 노하우도 막강한 나라이다.

　원자력·우주항공 등은 세계 최첨단 수준에 와 있으나 조선·철강 등은 불황으로 국제시장에서 고전하고 있다. 자동차도 국내와 아프리카 등 전통적 수출시장에서 일본차의 진출에 압도되고 있다. 농업은 이탈리아, 에스파냐와 경쟁 상태에 있다. 전통적 농업국이었던 프랑스가 전후(戰後) 급격한 경제성장을 보이게 된 것은 정부부문과 민간부문의 협조를 통한 경제계획의 실현으로 요약되는 프랑스 특유의 '관민(官民)혼합경제'의 성공적 결과라고 할 수 있다.

　제2차 세계대전 전부터 무기제조·운수·보험 등의 분야에 국영기업이 있었으나 1944~1948년에 걸쳐 기간산업의 전 분야에 걸쳐 본격적으로 산업 국유화가 급격히 진행되어 전기·가스·석탄·철도의 거의 전부, 해운·항공(예컨대 에어프랑스)·금융·보험·광고·자동차(예컨대 Renault社)·화학공업 등 상당한 부분이 국유화되어 선진국 중에서 가장 높은 국유화 수준을 보여주고 있다. 이들 프랑스 국영기업은 일반적으로 자주적인 경영권을 가지고 민간기업과 거의 같은 형태로 운영되었다.

<표 3-5> 프랑스의 주요 산업 현황

산업	비고
농식료품	EU 1위 수출국
에너지 소비구성	석유:40.5%, 전기:37.5%, 가스:13.6%, 석탄:6.6%, 대체에너지:1.8%
건설, 토목	EU 상위 10위권 건설업체 중 프랑스 기업이 6개
화학, 플라스틱	세계 4위 수출국
의약품	세계 4위 생산국
자동차	세계 3위 수출국
철도	세계 최고 시속의 고속열차 보유, 연간 운송량 EU2위
관광산업	세계 1위의 관광대국

산업	비고
금융산업	파리 증시 세계 7위의 규모, 보험매출 세계 4위
R&D	연구 및 개발에 대한 지출이 GDP의 2.4% OECD 회원국 중 3위
군수산업	세계 3위
항공산업	세계 4위
섬유산업	세계 9위
전자공학	컴퓨터 공학, 로봇 등 첨단산업이 세계최고 수준

(라) 경제성장정책

2001년 이래 프랑스는 낮은 경제 성장률과 높은 실업률로 경제적 어려움을 겪고 있다. 경제성장률은 EU의 평균 경제성장률에 미치지 못하고 있다. EU 회원국 중에서 경제성장률이 하위권에 머물러 있으며, 2006년 이후에는 극심한 경제침체를 겪었던 독일에도 뒤처지는 모습을 보이고 있다. 프랑스 경제의 침체는 총수요의 부족이라기보다는, 오히려 국내 및 대외수요의 증가에 적절히 대응하지 못한 공급측면의 제약에 기인하는 것으로 파악되고 있다. 국내생산이 국내수요 및 대외수요의 증가율에 미치지 못함에 따라 수출증가율이 수입증가율을 지속적으로 하회하고 있고, 프랑스의 해외시장 점유율이 지속적으로 떨어지고 있으며, 특히 2002년 이후 급격히 감소하고 있다.

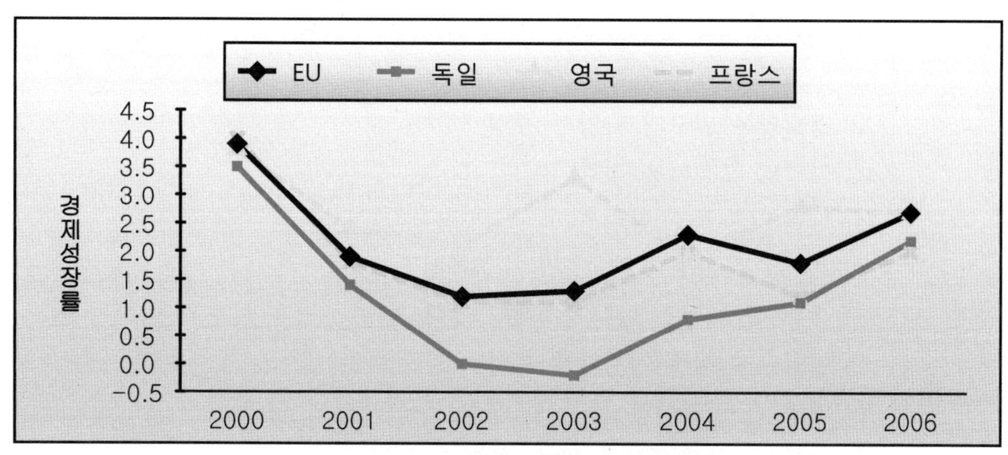

〈그림 3-1〉 프랑스의 최근 경제성장률

자료: Global Insight(June, 2007).

　프랑스의 경제성장 정책의 내용은 8대 정책목표별 20개 핵심정책 방안으로 다음과 같이 요약된다.

o. 교육 경쟁력 강화

　　　① 초등교육 강화

　　　② 10개 핵심 종합 대학지구 육성

o. 세계적 경제성장 추세에 적극 동참

　　　① 미래 성장분야 지원·육성

　　　② 10개 생태도시 육성

　　　③ 초고속 인터넷 확산 보급

　　　④ 사회간접자본 확충

o. 중소기업 육성을 통한 기업경쟁력 강화

　　　① 중소기업에 대한 대금 지급기간 단축 및 세제 간소화

　　　② 중소기업 지원기관 창설

o. 완전고용의 달성

　① 노조의 대표성 개선

　② 경제활동 인구의 다양성 증진

　③ 기업의 고용비용 경감

　④ 노년인구 근로 장려

o. 특수 이익계층 축소와 사회계층간 순환개선

　① 유통 및 서비스부문 경쟁체제 강화

　② 진입규제 직종 경쟁체제 도입

　③ 지역 간 인구이동 촉진 및 우수 외국인 인력 영입

o. 성장에 수반되는 불확실성에 대한 적응 강화

　① 실업자의 재교육 지원 : 재교육중인 실업자에게는 '전환을 위한 계약' 형태로 경제적 인센티브를 제공

　② '경제적 사유로 인한 해고'의 재정의

o. 성장을 위한 새로운 가버넌스 형성

　① 공공 서비스 평가기관 설립

　② 도 단위 지방 행정 조직 폐지

o. 정부 재정지출 감축

　① 2009년부터 2012년까지 매년 정부 재정지출을 국내 총생산(GDP) 대비 1% (약 200억 유로)씩 감축

(다) 노동정책

프랑스의 실업률은 2006년 9.4%를 기록하여 EU 전체국가 중 폴란드(13.8%), 슬로바키아(13.4%) 다음으로 높은 수준이다. 특히 젊은층(4명 중 1명은 실업), 50세 이상의 장년층, 이민자들의 실업률이 심 각한 상황이다. 2002년 이후 전체 실업률이 9% 내외에서 완만한 상승을 보이는 가운데 청년실업률은 급격히 상승하는 양상을 보이고 있고 50세 이상 장년층 중에서도 특히 60세 이상의 고용률이 20% 이하로서

슬로바키아, 벨기에 등과 함께 OECD 국가 중 가장 낮은 수준이다.

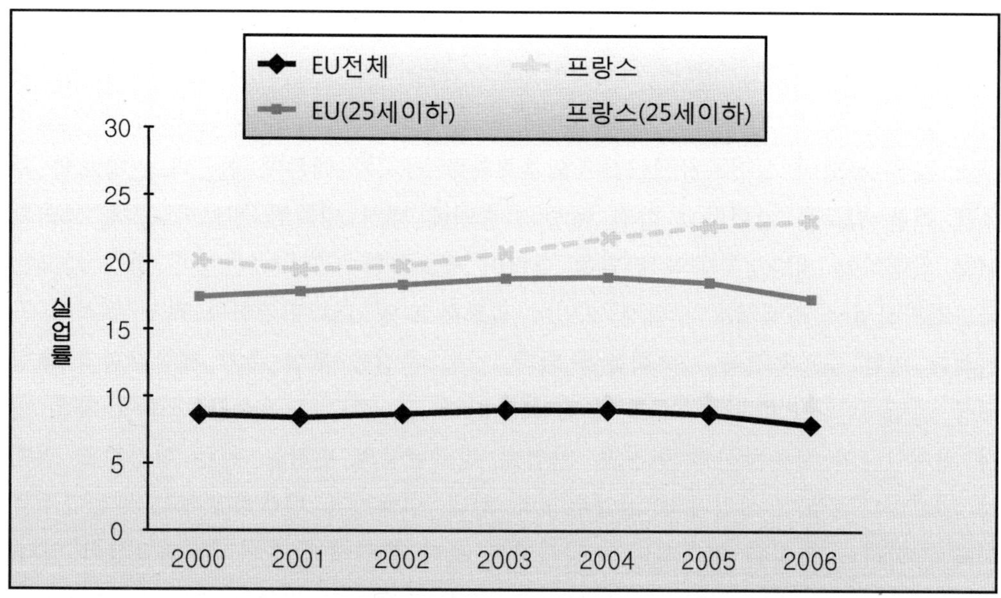

〈그림 3-2〉 EU와 프랑스의 전체 실업률 및 25세 이하 실업

자료 : Eurostat.

한편 주 35시간 근로제 개정이 2003년 1차 개정을 거친 후, 주 35시간 근로제의 골간은 그대로 유지하면서도 노사합의에 따라 연장이 가능하도록 하는 개정안이 2005년 통과되었고, 동 개정안의 핵심은 법정근로시간을 주당 35시간으로 유지하되, 민간기업의 고용자와 근로자가 단체협약 체결을 전제로 EU가 정한 최대 근로시간인 주당 48시간까지 근로시간을 탄력적으로 연장할 수 있도록 하는 것이다. 이를 통해 국내수요를 충당할 수 있는 자생력을 갖출 수 있도록 나아갈 것이라 여겨진다.

(2) 시사점

일류 국가인 프랑스도 우리나라와 같이 실업문제, 공기업의 민영화, 재정적자 등 여러 문제점을 가지고 있다. 사회보장제도가 발전되었지만 GDP의 30%에 이르는 비용이 효율적으로 사용되고 있지 않아서 공공지출의 큰 부담이 된다. 또한 실업수당과 같은 혜택이 실업자를 늘리는 외부효과를 가지가 때문에 연금과 건강보험 지출에 대한 감독을 강화하고 향후 예상 지출액에 대한 명확한 정보의 공개, 그리고 이를 집행하는 지방정부와의 긴밀한 협력이 필요하다. 프랑스의 향후 정책 과제는 국가기간산업의 경쟁체제의 완전 도입이 필요하고 공기업 민영화와 적자 누적의 공기업에 대한 구조조정을 가속화해야 한다. 창업 촉진을 위한 추가 세금감면과 대형매장 설립제한97)(Raffarin law)를 철폐해야 한다. 또 주당 노동시간 단축에 따른 법정 최저임금의 산출방식의 변경과, 산업별 임금협상의 연장을 위한 행정지도 철폐가 필요하다. 장기 실업자의 실업수당의 최대 수혜기간 단축하고 해고제한규정을 더욱 강화하는 조치를 철회하여 노동시장을 보다 유연하게 해야 할 필요성이 있다. 이러한 정책들이 비단 프랑스만이 아니라 우리나라에게도 적용될 수 있는 점이기에 실증적인 효과에 관심을 가지고 심도 있는 연구가 필요하다.

2. 영국

영국은 60-70년대 연 10%대의 높은 인플레와 저 생산성, 잦은 노사분규 등으로 경제 불안이 지속되면서 소위 영국병을 앓았으나 79년 집권한 대처 총리의 보수당 정부가 재정지출 억제와 함께 공공부문 개혁 및 공기업 민영화, 노동시장 개혁 등의 정책을 과감하게 추진하면서 안정을 되찾았다. 현재에는 미국, 일본, 독일 등에

---

97) 소형 소매업체를 보호하기 위해 1996년 제정, 300m² 이상 점포 개설시 정부 허가를 의무화 한다.

이어 OECD 국가 중 제4위의 경제규모를 가지고 있다. 또한 세계최대 외환거래시장이자 외국주식거래센터의 지위, Aviva, HSBC, RBOS, HBOS, 프루덴셜 등 세계 유수의 금융기관을 보유한 금융대국이다.

영국은 1965년 및 1967년 북해에서 천연가스와 석유가 잇따라 발견됨에 따라 산유국으로 등장, 현재 240여개의 해상유전과 30여개의 육상유전을 생산하고 있으며 일산 229만 배럴로 세계 제 9위의 산유국이다. 한편 제조업은 전통적으로 영국 경제 성장의 원동력이 되어 왔으며 현재도 여전히 중요한 역할을 담당하지만 전체 경제에서 차지하는 비중은 1950년대의 1/3이상에서 1990년대에는 약 1/5이하로 감소하면서 수입에 의존하고 있는 것으로 나타났다.

(1) 경제정책별 내용 및 현황, 특성

(가) 재정정책

분배중심의 복지국가 정책('작은 시장, 큰 정부'정책)이 영국이 경쟁력을 떨어뜨리는 결과를 초래하자 영국은 대대적인 세금감축, 복지재정지출규모 축소의 재정정책 실시하고 최근 개방성과 투자유치 등과 관련하여 법인세를 낮추는 경향을 나타나고 있다. 이는 1990년대 이후 방만한 재정운용으로 재정사정이 악화되면서 공공투자가 위축되는 등 경제가 불안정해지자 1997년 재정준칙을 수립하여 시행함으로써 재정운용의 신뢰성과 투명성을 제고하고 있고, 재정 준칙에 의하여 정부부채 수준을 대 GDP 비율 40% 이내로 유지하고 재정수지 균형을 위해 공공투자를 제외한 경상지출 목적의 정부차입 금지하고 있다.

특성 및 효과로는 대폭적인 세금 감축을 통해 국가 재정규모를 축소하고 경제를 활성화시킴과 동시에 GDP 정부부채 비중이 줄어들고 재정수지도 흑자로 전환되는 등 재정건전화 성과를 거두었으며 공공투자 규모도 점차 확대되고 있다. 다만 최근 들어 노동당 정부의 복지정책 추진을 위한 지출 확대로 재정수지가 다시 적자로 전환되고 정부부채 비중도 소폭 확대되고 있다.

(나) 통화정책

영국은 중심통화지표인 스털링 M3와 최종목표와의 관계가 약화됨에 따라 1987년 스털링 M3의 목표설정을 중단하고 그 대신 환율목표정책을 공식적으로 도입하였으며 1990년 10월에는 유럽 통화제(EMS)내의 환율 조정 메카니즘(ERM)에 가입하면서 공식적으로 환율목표정책을 채택하였다. 그러나 1992년 9월 ERM 위기가 발생하고 실업률 상승 등 국내경제의 침체상태가 지속되어 통화량 증대 등을 통한 경기회복이 필요함에 따라 ERM 환율 유지가 어렵게 되자 ERM을 탈퇴하면서 환율목표정책도 포기 하였다. 따라서 환율을 대신할 수 있는 통화 정책의 새로운 기준지표가 필요함에 따라 물가안정목표제를 도입하였다. 물가안정목표는 예외조항을 두어 불가피한 외부충격이 있을 경우 물가안정목표범위에서 일시적으로 이탈하는 것을 인정하고 있다. 이전의 상승률 목표는 1~2.5% 적용되었으나 현재는 2.5%로 설정되었다.

특성 및 효과로는 영국경제는 상대적으로 높은 성장률과 낮은 실업률에도 불구하고 물가안정까지 달성, 양호 한 거시경제 성적을 기록하였다. 영국 물가는 1993~96년에 2%대의 상승률을 기록하고 1997~2004년 1%대의 안정세를 이루다가 다시 2005년에는 2.0%로 다소 상승하였지만 1997~2005년 영국의 평균물가상승률은 1.4%로 유로존의 1.9%보다 0.5%p 낮은 수준을 유지하고 있다. 하지만 2006년에 이어 2007년 들어서도 물가가 불안한 모습을 보여 3월에는 소비자 물가(CPI)상승률이 92년 10월 물가안정목표제 도입 이후 최고치(3.1%)를 기록한 후 오름세가 다소 완화되었다.

한편 신용팽창과 함께 소비지출이 호조를 지속한 데다 에너지 가격 상승과 공급물량 감소에 따른 음식료품 가격 오름세가 상승을 주도하였다. 2007년 10월의 물가는 가스, 전기 요금 인하효과에도 불구하고 유류 및 음식료품 가격 상승으로 전년 동기대비 2.1% 상승하였다. 그에 반해 주택가격 상승세는 크게 둔화된 편이다. 2006년에 이어 금년 들어서도 주택가격 상승세가 이어졌으나 2007년 9월 이후에는 고금리(2.5%→ 5.75%), 서브프라임 모기지 부실문제에 기인한 신용경색 등의 영향으로 내림세로 돌아서 3개월 연속 하락세를 보이고 있다.

(다) 개방정책

영국은 정부의 적극적인 투자유치 정책과 아울러 사회간접자본 등을 확충하고, 연구 개발에 있어 산학 연계 등을 장려하며, 법인세 등 기업 관련 세율을 조정하여 외국인들이 기업을 하기에 용이한 환경조성에 힘쓰고 있다. 이러한 정책의 대표적인 예가 70년대 말 투자에 대한 내외국인 차별을 철폐하고, 각종 인센티브제도를 실시한 것과 투자자유지역 (Enterprise Zone)을 설하였다. 또한 영국 경제는 전통적으로 개방체제로서 국내총생산(GDP) 중 대외무역이 차지하는 비중이 커서 최근 수년간 교역량이 국내총생산의 50% 이상을 점하고 있으며, 이는 1960년대 초의 약 1/5과 비교할 때 매우 높은 수준으로 대외 의존도가 큰 경제구조를 나타낸다.

그러나 영국은 기업에게 낮은 법인세, 개인세, 경제적 안정 그리고 성장과 이익을 장려하는 규제 환경을 제공하여 해외기업의 유치에 성공하고 있다. 특히 영국은 어떠한 외환 관리도 없고 해외로 이익금을 보내는 일에 대해서도 아무 규제를 하지 않다. 해외 배당금 송금에 대한 원천 과세도 없고 많은 이중과세 협정 역시 원천과세 없이 이익금을 지불하는 것을 허용하고 있다. 이는 영국 경제가 전통적으로 개방체제로서 국내총생산(GDP) 중 대외무역이 차지하는 비중이 커서 최근 수년간 교역량이 국내총생산의 50% 이상을 점하고 있다.

그 효과로써 투자자유지역은 영국정부와 EU 집행부가 공동으로 지정한 지역으로 영국뿐만 아니라 범 EU적으로 권장하는 기업투자 자유지역으로 각종의 세금 감면과 혜택을 주고 있다. 영국 내에서 경제활동을 하는 외국계 기업의 수는 97년 기준으로 2,500여 개에 이르며, 투자 유치액도 98년 기준으로 631억 달러에 이르고 있다. 특히 90년대 중반부터는 금융부분과 광공업 분야로의 투자가 두드러지고 있다. 각각의 투자액의 합은 전체 유입 투자액 중 40%를 넘는다.

영국은 이러한 투자를 통해 76년 그들에게 시련으로 다가왔던 외환위기를 극복했고 더 나아가 EU 국가 중 경제적으로 앞서갈 준비를 하고 있다. 이러한 외국인 투자 유치는 그들에게 새로운 고용창출과 기업의 수익성 증대를 가져왔다. 특히 경제 세계화의 첨병이라 할 수 있는 금융부분의 경우 외국에 금융부분을 일찍이 개방한 결과 금융부분의 국제경쟁력이 재고되어 런던이 세계금융부분에서 차지하는 비중을 점점 신장시키고 있다. 또한 금융개방은 외환자유화(1979), Big Bang(1986)을 통해 금융이 GDP의 23.7%를 차지하게 되었다.

(라) 산업정책

영국은 경쟁력을 상실한 제조업 대신 높은 부가가치와 고용을 창출하는 서비스부문에 집중하여 점차 경쟁력을 상실해가고 있는 철강, 섬유·의류, 조선 등의 부문은 다른 후발국 및 노동비용이 상대적으로 저렴한 국가들에게 그 지위를 양보하는 한편, 자동차 및 컴퓨터 소프트웨어 등의 부문은 FDI를 통해 자국에 유치함으로써 영국 제조업의 기반을 고도화하고 있으며, 동시에 영국 산업 최대의 원동력인 금융 및 비즈니스서비스업 등 고부가가치산업에 집중하고 있다

런던은 유럽 제1의 금융시장으로서 외환거래, 주식, 역외금융, 회사채, 파생상품 시장에서 우위를 점하고 있을 뿐만 아니라 세계 최대의 보험시장, 각종 원자재시장, 선박중개 시장이다. 그리고 2005년 현재 세계금융센터 중 가장 많은 450개의 외국계 은행들이 런던에 입주해 있으며, 뛰어난 금융환경은 법률, 컨설팅, 광고 등과 같은 비즈니스서비스의 발전을 뒷받침하고 있다. 게다가 정보통신의 발달 역시 이 부문 성장에 크게 기여하고 있다. 이러한 발전과 더불어 여전히 영국의 전기·광학 장비, 합성섬유, 화학품(특히 의약품) 등은 세계적인 경쟁력을 지닌 제조업의 부문으로 여전히 남아있다.

(마) 경제성장

전통적인 복지국가의 정신을 반영한 사회안전망을 바탕으로 노동시장의 유연성 등 노동시장의 개혁을 추진하여 OECD 국가 중 가장 유연하고 우수한 노동환경을 갖추고 있다. 사회안전망의 혜택 하에서 근로자들은 유연한 노동시장에서 발생할 수 있는 해고 등의 위험을 감수함에 따라 영국은 현대 선진국의 국가적 해결과제 중 하나인 노동시장과 사회안전망간의 선 순환적 유연안정성(flexicurity)을 확보하고 있다.

1980년대 이후 세계화로 인한 국제경쟁의 심화로 노동시장의 유연성(flexibility) 제고에 대한 요구가 증대되어 왔으나 이러한 노동시장의 유연화는 고용관계의 불안정성을 증대시킴에 따라 근로자의 안정성에 대한 요구도 동시에 증대되어 왔다. 영국은 적극적인 노동시장정책 추진과 더불어 광범위한 사회안전망을 유지하여 사업 환경 개선 → 기업투자 활성화 → 고용증대 → 고성장 → 사회안전망 확충이라는 선순환의 유연안정성을 확보했다. 또한 경쟁력 강화를 위하여 교육환경 개선을 통한 장기적 기술 경쟁력 확보 및 투자촉진 및 기업 활동 지원 특히 법인세율 단계적 인하, 유럽 내 최저 수준 유지 및 중소기업 특별우대, 법인세 대폭 인하가 이루어지고 있다.

영국경제는 1993년 이래로 최근까지 '고성장-저실업-안정된 물가'가 선순환을 이루는 양호한 거시 경제적 성과를 거두고 있다. 1990년대 초 영국경제는 버블경제의 후유증 및 파운드화에 대한 공격적 투기 등으로 심각한 경기 침체를 경험하였으나 1993년 이후로 전후(戰後) 가장 긴 경제적 호황기를 맞고 있다. 노동당 집권기인 1997~2005년 영국경제는 연평균 2.8% 성장을 보여 같은 기간 유로 존(Euro-zone)의 연평균 성장률 2.1%를 능가하는 호황을 누리고 있으며 이는 유럽대륙의 대표적 경제대국인 독일과 프랑스의 연평균 경제성장률 1.3%와 2.2%보다 높은 성과이며, 특히 독일 경제가 -0.2% 성장으로 침체를 겪은 2003년에도 영국경제는 2.7%라는 견실한 성장세를 보이고 있다. 또한 1997~2006년 사이 영국의 경제성장률은 평균 2.8%로 유로지역 평균 성장률(2.2%)을 크게 상회하였으며 금년 들어서도 1·4분기 중 전년 동기대비 3.0% 성장하는 등 호조가 지속되고 있다. 또한 1인당 GDP도 유로지역이 1997년 $22,000에서 2006년 $31,000로 40% 증가한데 비해 영국은 동 기간 중 $23,000에서 $39,000로 72% 증가한 수치를 보인다.

(바) 노동 정책

1979년부터 1997년 사이의 보수당 정부는 노동자들의 근로의욕을 높이기 위해 개인적인 책임을 강조함으로써 근로능력이 있는 공급자의 취업촉진이나 고용유지를 유도하고 사회부조 지출을 감소하는 정책을 추진해 왔다. 또한 1997년 집권하여 '제

3의 길'을 천명한 노동당 정부는 '복지에서 노동으로(from welfare to work)'라는 슬로건 하에, 실업자들이 복지에 의존하는 경향을 억제하고 노동시장으로 복귀하도록 유인하는 정책을 사용하였다. 또한 실업자에 대한 각종 소득지원을 줄이는 대신, 적극적 노동시장 정책을 강화하여 복지혜택 수급자들의 직업능력 개발을 제고하여 고용을 촉진시키도록 하는 것을 목적으로 하였다.

현재 영국 노동시장의 유연성은 영국경제의 거시 경제적 성과를 뒷받침하는 주요한 요소로 평가받고 있다. EIU가 2006년 평가한 사업 환경 순위(Business Environment Rankings)를 살펴보면, 영국은 2001~05년 순위는 82개 국가들 가운데 6위, 2006~10년 예상순위는 7위를 차지할 정도로 매우 우수하다. 또한 EIU가 평가한 사업 환경 순위 항목 중에서 노동력의 질과 노동시장의 유연성을 평가하는 노동시장 항목을 살펴보면, 영국의 경우 10점 만점에 7.9를 기록하여 82개국 가운데 4위를 차지하여 상위권에 위치하고 있다. 또한 영국은 노동시장 이외의 항목 중 '금융'부문과 'FDI 정책'에서 1위, '민간기업 및 경쟁정책'에서 2위를 차지하는 등 사업 환경 조성을 위한 정부정책부문에서 최상위 점수를 받았으며 덴마크 및 스웨덴, 독일과 프랑스 모두 노동시장부문에서는 영국보다 낮은 점수를 받고 있다.

(2) 시사점

1997년 노동당 집권 이후 총리직을 수행해 왔던 토니 블레어 영국 총리가 퇴임하고 후임으로 고든 브라운 재무장관이 총리직을 승계함에 따라 영국에서 신정부 출범하기까지의 여러 경제정책들이 비교적 일관적으로 진행되었고 다른 경제정책들과 맞물려 하나의 통합적인 경제정책들이 일괄적으로 진행되었다. 1997년 노동당 집권 이후 영국경제는 여타 유럽 국가를 상회하는 높은 성장률을 기록하고 실업률도 크게 하락하는 등 침체에서 벗어나고 있다. 이와 같은 영국경제의 회복에는 당시 재무 장관이었던 고든 브라운 총리가 금융·재정정책 개혁을 통해 정책 운용의 투명성을 확보하고 경제 안정성을 제고했던 것도 크게 작용한 것으로 판단되는데 이처럼

한 나라의 경제를 움직이는 여러 경제정책들은 그 시차와 효과를 정확히 판단하여 실행하여야 한다.

3. 독일

독일은 세계 경제에 있어 매우 중요한 역할을 하는 국가이다. 총 경제 규모면에서는 세계에서 세 번째로 크며 국제무역 규모로 따져 보면 세계 제2위를 차지한다. 2차 대전 후 폐허에서 세계 경제에서 주도적 역할을 할 수 있을 정도의 경제 부흥을 이루게 된 것은 다름 아닌 국민들의 행동력에 근거를 두고 있다. 국민들의 교육, 일하고자 하는 의욕, 능력과 창의성은 시장 경제가 제공하는 커다란 무대와 더불어, 그 나라가 경제적 역량을 발휘하게 하는 중요한 원동력이 된다.

파괴된 국민경제의 복구와 그 이후의 경이적인 경제성장, 그 결과로 이루어 낸 통일의 성취에는 독일의 특유한 정치, 사회, 경제적인 배경이 있다. 먼저 인구를 살펴보면 서독은 1990년 현재 약 6천3백만 명의 인구를 가지고 있었으며 그 중 약 48%의 인구가 경제활동인구로서 대단히 많은 인구가 경제에 종사하고 있는 것으로 나타났다. 독일의 영토는 약 25만 평방km로 대한민국의 약 2.5배에 달하고 있으나 다른 유럽의 강국에 비교하면 상대적으로 협소한 편에 속한다. 높은 인구밀도는 역사적으로 독일 국민들 간의 상대적으로 높은 경쟁을 가져 왔으며 이는 독일의 국가 경제의 발전에 상당한 영향을 미쳐왔음을 알 수 있다.

(1) 경제정책별 내용 및 현황, 효과

(가) 재정정책

독일 통일 후 1,600만 명의 구동독 주민은 경제체제가 붕괴된 상황에서 국가로부터 지원이 필요했고, 또한 공산주의 통치가 남겨놓은 낙후된 산업구조를 개선하고 현대화해야만 했다. 이와 동시에 통일 독일의 정부는 정치적으로 신연방주(구동독) 주민의 생활수준을 빨리 서독 수준으로 끌어올리고자 외환시장과 통합과 자유화, 가격결정 시스템자유화, 교역자유화를 차례대로 실시한 후 조세제도와 예산 시스템을 통합하고, 양국 화폐 교환비율 책정 후 마르크화 도입하는 절차를 하지 않고 경제논리보다 정치적 논리를 앞세워 공공 재정을 통해서 신연방주(구동독)로 흘러들어간 지원금의 규모는 1990년부터 2003년까지 약9,350억 유로에 달했다. 독일 연방의 국가 채무는 같은 기간 동안 약8,850억 유로 증가했다.

독일의 정부지출 비중은 GDP의 절반을 차지하고 있고 사회보장지출 비중이 정부 예산의 60% 가량을 차지하고 있다. 근로자와 노동자가 소득이 많을수록 국가에 납부해야 할 세금의 비중도 커졌다. 사회복지라는 명목으로 16%가 부부와 가정, 34%가 건강, 10% 고용, 38%는 노인과 유가족 등에 투입되었다. 지출의 대부분은 인구 고령화로 인해서 점점 더 확대될 연금, 건강보험, 간병보험 등에 사용되었다. 그 밖에 실업보험, 공공부조, 주택보조금, 실업급여, 실업수당, 주택 건설 등의 부분에 사용되었다.

독일 정부는 통일비용을 조달하기 위해 1991년 4월 이후 증세 조치를 몇 차례 단행하였다. 증세 조치의 주요 골자를 보면, 첫째, 통일세 신설(개인소득세와 법인세의 7.5%부과), 둘째, 유류세 및 실험보험료 인상, 셋째, 담배세 인상, 넷째, 부가가치세 인상(14 → 15%) 등이다. 그러나 이러한 증세 조치에도 불구하고 동독의 고용 사정 악화로 실업에 대한 사회보장지출이 늘어나 재정적자 규모가 더욱 악화되기 시작해 2002년 독일의 재정적자는 GDP 대비 -3.6%에 이르러 유럽 연합의 안정성장협약(유럽통화동맹 EMU 참가국은 재정적자율 GDP의 3% 이내 억제, 2004년까지 균형재정달성 의무규정, 재정적자 3% 초과한 국가 경고 조치 후 벌금부과 제재조치 발동)에서 협의된 내용에 턱없이 부족하게 되었다.

복지국가인 독일은 국민들의 요구에 따라 점점 복지정책에 정부지출을 늘려갔다. 복지정책의 수혜자 집단이 커졌고, 이 집단이 커지면서 영향력도 커져 사회복지 재정적자를 지속시키고 1인당 지원을 확대시켰다. 이것이 재정지출을 상승시킨 이유이다. 이제 이 집단의 정치적 영향력이 더 커질 것이고 그 어떤 정당도 선거공약을 기획하는 과정에서 사회복지정책을 고려하지 않을 수 없게 된 것이다.

한편 독일의 인구 약8,200만 명, 그 중 6,100만 명 투표권자이며 그중 220만 명 실업급여, 200만 명 실업수당, 270만 명 공공부조, 70만 명의 학생은 학비 지원 1,900만 명이 연금을 받고 있다. 연금수혜자들이 중복해서 연금수혜 가능하기 때문에 총 2,370만 건이 기록되고 있다. 그 밖에 130만 명의 공무원 퇴직자, 280만 명의 주택보조금 수혜자, 180만 명의 산재보험 수혜자, 180만 명의 간병 서비스 수혜자가 있다. 유권자 41%의 주요 소득이 국가의 사회복지 지출에서 나온다. 중요한 문제는 4,700만 명의 서독 유권자 중 38% 정도가 사회복지 지출을 소득원으로 삼고 있고 1,400만 명의 동독 출신의 유권자 중 50% 절반 정도가 사회복지의 특권을 누리고 있다는 것이다.

(나) 통화정책

독일 경제는 전통적으로 은행권, 특히 민간 은행들이 대기업 지분에 참여하는 등 은행권과 대기업의 매우 밀접한 관계를 맺고 있다. 독일의 은행들은 여신 업무뿐만 아니라 출자 채권인수 등 투자은행 기능을 갖춘 종합금융 은행으로서 기업 경영에 직간접적인 영향력을 행사하고 있다. 즉 은행은 보유 주식을 바탕으로 주주대표 자격으로 감독위원회에 참여해 기업경영에 간여하고 있다. 특히 감독위원회는 은행들의 감시창구라고 불릴 정도로 은행이 상당한 통제권을 행사하고 있음은 주지의 사실이다. 아울러 공개 매수 등 적대적인 기업 인수에 반대하고 기업경영진과 노동자들을 보호하는 역할을 수행해왔다.

은행 중심의 독일 자본주의 형태는 주식시장, 채권시장, 외환시장 등 금융시장의 발전을 저해했다. 일례로 독일의 외환시장 규모는 영국의 1/6 수준에 불과하다. 은행과 기업의 밀접한 관계로 인해 별도의 금융시장 육성의 필요성이 그만큼 적었기 때문이다.

이렇게 취약한 금융시스템을 가진 독일은 유로화 도입으로 타격을 받게 된다. 유로는 유럽에서 이자율을 일치시키는 결과를 초래했다. 1995년까지만 해도 유럽의 국가들은 독일보다 4-5% 이자율이 높았다. 이런 유로화 도입으로 독일 기업들은 독일 마르크 대출조건 안에서 받는 특혜를 받았었다. 하지만 독일의 유로화 도입으로 이자율이 다른 유럽 국가와 일치 되면서 독일에 투자되었던 기존 자본들이 다른 국가로 옮겨가고 있다.

(다) 개방정책

1990년부터 유럽에서 독일의 수출비중이 줄어드는 것에서뿐만 아니라 유럽에서 성장률이 최하위이고 1인당 국민소득은 순차적으로 다른 국가들에 추월당하고 있다. 그리고 독일은 세계화와 관련하여 다른 유럽 국가보다 더 많은 문제를 안고 있다. 그 이유는 EU의 통합 과정에서 독일보다는 다른 국가들에게 이익이 되었기 때문이다.

독일 시장보다 다른 유럽 국가들은 시장이 훨씬 작았기 때문에 무역규제가 많았던 예전에 비해 독일 기업은 자국 고객의 수가 많을 수 있었고, 이는 대규모 생산을 가능케 하였으며 또한 높은 생산성을 실현 할 수 있었다. 하지만 이젠 유럽 내수시장이 형성되고 모든 관세장벽이 철폐되면서부터 독일은 이와 같은 효과를 더 이상 누릴 수 없게 되었다.

(라) 경제성장, 노동정책

90년대 후반부터 독일경제는 유럽의 성장엔진에서 유럽의 병자로 전락 하였다. 슈뢰더 총리 하의 독일경제는 1983~98 년 동안의 콜 정부 집권기 (연평균 2.4 %성장) 에 비해 성장률이 절반 (1.2%) 으로 하락 하며 독일의 사회적 시장경제 시스템의 경쟁력이 약화되어 기업투자 저조, 실업 증가로 인한 민간소비 위축 등 내수 침체가 장기화 되었다. 최근 7년간 (1998~2005) 독일 경제 성장률은 미국은 물론 이웃국가인 영국, 프랑스 보다 크게 하회하였다.

슈뢰더 정부는 경제성장과 일자리 창출을 위해 2003년부터 '아젠다 2010'을 추진하였다. '아젠다 2010'은 소득세 인하, 노동시장 유연성 확대, 사회복지 축소 등의 내용을 담고 있으며 2차 대전 이후 최대의 경제개혁으로 평가받고 있다. 하지만 개혁노력에도 불구하고 2005년 실업자 수는 2차 대전 이후 최대 규모인 480만 명을 돌파 (실업률 11.6%)하였고, 많은 독일기업들이 원가경쟁력 확보를 위해 인력을 대폭 줄이거나 동유럽 등 해외로 생산 공정을 이전 하였다.

경제가 안정적으로 성장하려면 무엇보다 고용 창출을 통해 탄탄한 내수 기반을 갖춰야 한다. 독일 경제는 2006년 2분기에 작년 동기 대비 2.4%, 전기 대비 0.9% 성장해 2000년 정보기술(IT) 버블 붕괴 이후 가장 높은 성장률을 기록했다. 2006년 528만8000명에 달했던 실업자 수도 437만 2000명으로 줄었고 12.7%였던 실업률도 10.5%까지 떨어졌다.

경제의 회복이 2007년부터 시행된 노동개혁법(Hartz IV)과 앙겔라 메르켈 총리 취임 이후 이뤄진 노동 개혁 조치의 성과라고 해석된다. 노동개혁법은 장기 실업자의 노동시장 유인, 실업수당제도 개선, 저임금 일자리 확대 방안 등을 담고 있으며, 메르켈 총리의 개혁은 자유롭게 해고할 수 있는 인턴기간을 6개월에서 2년으로 연장하는 등의 고용 유연화 조치에 초점을 맞추고 있다. 월드컵 개최도 일자리 창출과 민간 소비심리 회복에 큰 도움이 됐으며, 기업의 설비투자 역시 낮은 수준의 장기 금리와 구조조정을 통한 수익 증가와 더불어 큰 폭으로 증가, 경제 회복을 이끌었다고 볼 수 있다.

(마) 산업정책

독일은 4대 핵심 산업으로는 자동차, 전자산업, 기계산업, 정보통신 산업이 있다.

(ⅰ) 자동차 및 자동차 부품산업

독일 경제의 핵심 산업으로서 국내에서 매년 약 500만대의 자동차를, 전 세계적으로는 1000만대의 자동차를 생산해 미국, 일본 다음으로 세계 제 3위의 자동차 생산국으로 자리 잡고 있다. 주요 자동차산업 업체는 BMW, 아우디, 포르쉐, 다임러 크라이슬러, 폴크스바겐, 오펠과 포드 등이 있다. 독일 자동차산업은 전체 산업의 6

분의 1에 해당되는 2340억 유로의 매출액을 기록하며, 7명 중 1명이 자동차산업에 종사할 정도로 고용창출 및 경제에 기여하는 바가 크지만 최근 들어서는 급변하는 산업구조와 경쟁심화로 임원 감축이 꾸준히 단행되고 있다. 높은 생산율로 일자리 제공에 큰 몫을 하는 폴크스바겐의 경우도 최근 들어 생산비용 증가와 경쟁심화로 고전을 면치 못하고 있다. 반면에 BMW 와 포르쉐는 경제침체 등의 악재 속에서도 전례에 없는 높은 성장률을 구가하고 있어 업체마다 다른 양상을 보이고 있다.

(ⅱ) 전자산업

전자산업은 전체 산업 매출액 중 자동차산업 다음으로 큰 비중을 차지하며 제2의 국가기간산업으로 독일 경제성장에 중추적인 역할을 하고 있다. 독일의 전자업체는 다국적 기업이 대부분으로 전체 매출액에서 수출비중이 50% 이상을 차지한다. 전력기술 분야는 세계 최고의 기술력을 자랑하며 세계 시장을 주도하는 독일의 지멘스와 만하임 소재의 Alstom, ABB가 있다. 하지만 최고의 기술력에도 불구 최근 독일에서 일어난 누전현상은 전력기술의 꾸준한 개선이 불가피함을 보여주고 있다. 전력기술분야 역시 해외수요는 꾸준히 증가하는 반면, 내수가 부진해 성장의 가장 큰 걸림돌로 작용하고 있다. 2005년 독일 전자산업은 높은 수출증가에도 불구하고 극심한 내수침체로 유럽평균 성장률 6%보다 훨씬 저조한 1.5%의 성장률을 보여 수출의존도가 날로 심각해지고 있다.

(ⅲ) 독일 기계 산업

독일 기계 산업은 Man, Thyssenkrupp, Linde와 같은 대기업을 제외하면 대부분 종업원수 몇 백명의 가족기업 형태의 중소기업이다. 독일 기계제조업체중 20%는 세계 시장을 선도하는 업체로 이 기업들의 매출액은 매년 200만 유로에 달한다. 높은 성장률을 보이는 분야는 인쇄기분야이다. 2005년 기계생산은 중국 및 중동지역 국가들의 수요급증으로 사상 최대치인 1440억 유로를 기록했다. 2006년에도 이러한 호조세가 지속될 전망이나 세계경기 둔화로 작년보다 다소 낮은 성장률을 보일 것으로 예상되고 있다. 해외 수요증가로 수출은 계속 증가하는 반면에 내수는 감소해 수출비중이 전체 매출액에서 차지하는 비중이 70%에 이르고 있다.

(ⅳ) 정보통신산업

정보통신분야의 주요 업체는 SAP, IBM 과 Hewlett-Packard, 지멘스이다. 독일인들은 실리콘밸리 '정보기술'(IT) 외에 '환경기술'(ET)의 해일에도 발 빠르게 대응하고 있다. 미래의 유망산업이라면 세계 어느 곳에서든 정보기술산업과 생명공학산업을 들지만, 독일인들은 환경기술산업을 먼저 꼽기도 한다. 이런 태도는 독일이 이미 세계 최고의 환경선진국으로 환경기술에서 막강한 국제경쟁력을 갖추고 있는 데서 비롯된다. 그렇지 않아도 이미 독일은 국내에 환경기술산업이 구축돼 있고, 이를 바탕으로 환경관련 상품서비스의 수출도 해마다 크게 늘어나고 있다. 오늘날 독일의 환경기술산업에는 1백만 명이 고용돼 있고, 이는 자동차 산업의 고용인원을 넘어선다. 또 독일의 환경기술 기업 수는 1만개를 웃돌며, 환경기술 분야 수출액은 연간 500억 마르크(약 27조원) 이상으로 세계 환경기술 시장의 20% 가량을 점유하고 있는 것으로 독일 환경부는 추정한다.

독일의 환경기술산업이 이렇게 앞서 달리고 있는 것은 국민들의 환경의식이 높아 환경보호용 상품이나 환경 친화적 제품에 대한 국내시장이 일찍 형성된 데 힘입고 있지만, 정부의 환경정책도 크게 기여했다. 독일 국민들은 73년 남서부 삼림지대 슈바르츠발트의 작은 마을인 뷜에서 포도재배업자들이 원자력발전소 건설 반대운동을 벌인 것을 계기로 환경운동에 적극 나섰다. 그 영향으로 정부도 80년대부터는 대대적인 환경보호 투자에 나서는 등 환경문제에 적극 개입하기 시작했다. 이런 역사적 바탕에서 90년대 들어 환경기술을 사업화하는 대기업과 벤처기업들이 속속 등장하면서 민간 환경기술산업이 자리 잡기에 이른 것이다.

(2) 시사점

현재 독일이 당면하고 있는 사회적, 경제적 상황을 보면, 전 후 눈부신 고도성장을 한 산업 국가가 세계경제의 글로벌화 과정에서 왜 위기국면에 처할 수밖에 없는가. 그리고 그 위기국면을 헤쳐 나가기 위해 어떤 대안이 요구 되는가를 생각하게 한다. 다소간의 차이가 있으나, 독일 경제가 외부충격에 취약한 지나치게 수출에 의존하는 경제구조이며, 통일이후 그 후유증으로 인한 성장 잠재력의 약화, 기업들의 설비투자부진 및 해외 생산기지이전 등으로 나타나는 산업 공동화는 성장지속에 어려움을 겪고 있는 우리 경제의 내수 경제위축요인의 악순환과 유사하다. 또한 분단된 우리의 통일 이후의 정책을 생각해주는 등, 우리의 노동과 사회, 경제 위기 등을 검토하는데 있어 원인과 처방이라는 관점에서 중요한 시사를 주고 있다.

4. 러시아

최근 러시아는 에너지자원 수출호조와 이에 따른 내수확대에 힘입어 1990년대 초 시장경제체제로 전환 이후의 부진에서 벗어나 경제상황이 크게 개선되고 있다. 실질GDP의 성장률이 1996~2000년 평균 1.8%에서 2001~2005년 평균 6.1%로 높아진데 이어 2006년에 7.4%, 2007년에는 8.1%로 더욱 상승하고 있음을 보이고 있다. 실업률도 1990년대 후반 11%대에서 2007년 6.2%로 하락하였으며 외환보유액은 2000년 말 280억 달러에서 2007년 말 4,764억 달러로 17배 증가된 수치이다.

러시아는 2007년 명목GDP 규모 10위, 석유·천연가스 생산량 세계 1·2위의 경제대국으로 부상하였으며 인구규모는 세계 8위(1.42억명)이다. 러시아는 경제규모 확대를 배경으로 2006년 G8 정상회담 개최, 2008년 WTO 가입 추진 등을 통하여 국제적인 영향력 확대를 도모하고 있다. 그로 인해 러시아의 신용등급이 상향조정 되었으며, 고성장에 따른 고투자수익 기대로 러시아 투자자산이 신흥시장 포트폴리오에 편입되어 있다. 금년 3월초 국제신용평가기관인 S&P는 재정수지 흑자, 외환보유액 증가 지속 등 거시경제지표 개선을 반영하여 러시아의 국채신용등급(BBB+)을 안정(stable)에서 긍정(positive)으로 등급내 상향조정을 하였다.

(1) 경제정책별 내용 및 현황, 효과

(가) 재정정책

연방재정수지는 1990년대 탈세 및 경기침체 등으로 인하여 GDP 대비 7%를 상회하는 적자였으나, 2000년 이후 흑자로 돌아섰으며 2004년에는 GDP 대비 4.4%인 약 260억 달러의 흑자를 기록하고 있다. 재정수지 흑자는 유가상승 및 경제성장에 따른 세수의 증대와 조세개혁을 통한 탈세 감소 및 정부의 성공적인 재정정책에 기인한다. 그리고 연방정부 재정은 석유부문 의존도가 높기 때문에 국제유가 변동에 따른 취약성을 극복하기 위해 2004년부터 안정화 기금을 운영하고 있다. 이는 다른 CIS 에너지 수출국보다 훨씬 늦은 1994년에 안정화기금을 조성하였으며, 러시아 정부는 2004년 말까지 GDP의 2%에 달하는 87억 달러의 안정화기금 조성을 목표로 했으나 고유가에 힘입어 목표치를 훨씬 상회하여, 2005년 5월 1일 기준으로 8,580억 루블(2005년 5월 평균 對달러 환율 27.9루블 기준 약 307억 달러)이라는 막대한 기금을 조성하고 있는 실정이다. 그리고 이런 안정화기금 조성을 통한 건전한 재정은 국가신용등급에 영향을 주어, 주요 신용평가회사들은 러시아의 국가신용등급을 투자적격으로 상향조정하게 되었다.

최근 러시아 정부는 추가적인 안정화기금의 사용처로 사회보장을 위한 사회지출의 증가와 대외부채 조기탕감 사이에서 저울질을 했으나, 후자로 대세가 기울어지고 있다. 2005년에 러시아는 IMF, 파리클럽 등에 약 190억 외채를 상환했고, 2005년 3월 16일 러시아 재정부 장관 알렉세이 쿠드린은 수익창출을 위해 안정화기금을 해외 블루칩 자산에 투자하는 가능성을 보여주고 있다. 러시아의 안정화기금은 약 1,700억 달러 규모로 GDP의 70%에 달하고, 해외채권에 60%, 외국인 회사지분에

40%를 투자하고 있는 노르웨이의 안정화기금 사용의 예를 들면서 러시아도 이와 같은 사용을 신중히 검토 중이라고 밝히고 있다.

(나) 통화정책

환율은 08년 달러화의 약세가 지속되는 상황에서, 1달러당 24~24.5루블정도로 예측하고 있다. 2003년 30.69루블에서 2004년 28.81루블, 05년 28.28루블, 06년 27.18루블로 변화 양성을 보여준다. 외환보유고는 07년 10월 19일 기준 4,401억 달러를 기록하며 세계 3위의 위치를 랭크하며 이는 석유수출 호조로 인해 외환보유고는 급속 증가하게 된 것이다. 그로 인해 외환 보유고는 04년 1,245억 달러, 05년 1,822억 달러, 06년 3,037억 달러로 급속히 증가했음을 보여준다.

<표 3-6> 최근 외환 보유고 및 평균환율

지 표	2003년	2004년	2005년	2006년	2007년 10월 누계
외환보유고($억)	769.4	1245.4	1,822	3,037	4,401
평균환율(루블/$)	30.69	28.81	28.28	27.18	25.79

자료출처 : 러시아통계위원회 및 러시아경제통상발전부

다음으로 통화정책을 사용하여 경제안정화를 유도하고 있다는 것이다. 내수확대 및 국제원자재 가격 상승에 따른 고물가 압력을 완화하기 위해 정책금리 인상 및 상품가격 통제 등 경제안정화정책을 강화하였다. 러시아 중앙은행(CBR)은 1998. 8월 이후의 금리인하 기조에서 벗어나 재할인금리를 금년 02. 04일 10.0%에서 10.25%로 인상하였다. 이러한 배경에는 소비자물가 상승률의 목표상한(전년말대비 6~7%) 상회, M2 증가율 큰 폭 확대(2006년 4·4분기 37.3% → 2007년 4·4분기 48.3%), 실질GDP 성장률의 잠재성장률(4~6%) 상회 등이 있었기 때문이다.

현재 러시아 중앙은행은 통화정책 운영체계로서 M2 증가율을 중간목표로 하는 통화량목표제와 물가안정목표제를 병행. 물가목표(전년말대비)를 2008년 6~7%, 2009년 5.5~6.5%, 2010년 5~6%로 설정하고 있다.

아울러 물가안정을 위해 식품류를 중심으로 생필품 가격안정대책을 추진하고 있다. 밀의 고율수출관세 부과기한 연장(금년 4. 30일 → 7. 1일), 시장개입을 위한 곡물비축 규모 확대(1.5백만톤 → 2.5~5백만톤), 우유·고기·빵·계란 등 식생필품 가격인상률 상한(10~12%) 설정 등의 추진이 이에 해당한다.

한편 러시아는 재정수지 악화에 대비하고 투자수익률을 제고하기 위해 2008년 2. 1일부터 석유안정기금(Oil Stabilization Fund)을 외환보유기금(Reserve Fund)과 국부기금(National Wealth Fund)으로 분할하였으며, 이는 유가변동이 국내통화량에 미치는 영향을 완화하기 위해 2004. 1월에 설립되었다. 즉 우랄유(Urals) 유가가 배럴당 27달러 초과 시 초과분을 석유안정기금에 적립하고, 동 적립규모가 5천억 루블 초과 시 초과분을 대외부채 상환 및 연기금 적자 보전에 사용하기 위함이다.

2007년 말 현재 1,570억 달러의 석유안정기금을 외환보유기금 설립자금(1,250억달러)과 국부기금 설립자금(320억달러)으로 사용하되 향후 외환보유기금의 규모는 GDP의 10% 이내로 유지하게 된다. 그리고 외환보유기금은 국채 등 무위험자산에 투자하고 투자수익을 유가하락에 따른 재정수지 악화 대비용으로 사용하며, 국부기금은 주식·채권 등 고수익자산에 투자하고 투자수익을 연금개혁에 따른 연금재정악화 대비용으로 사용하게 된다. 국부기금의 세부투자지침은 9월말까지 확정한 후 실제 투자할 예정이며 그때까지 동 기금을 일단 중앙은행에 예치하여 최근 신용경색 완화를 위한 유동성공급 자금으로 활용할 방침이다.

<표 3-7> 석유안정기금의 분할 방향

	최초 규모	향후 규모	운용 목적	투자방향
외환보유기금 (Reserve Fund)	1,250억달러	GDP의 10% 이내 적립	유가하락에 따른 재정악화 대비	외환보유액처럼 국채 등 무위험자산에 투자
국부기금 (National Wealth Fund)	320억달러	GDP의 10% 초과분 적립	연금개혁에 따른 연금재정 악화 대비	국부펀드처럼 주식 등 고수익자산에 투자

(다) 경제성장 및 산업정책

러시아는 에너지 의존형 경제구조 탈피 추진하고 있다. 러시아 경제는 석유 및 천연가스 등 에너지 부문이 GDP의 30%를 상회하고 수출 비중도 66.2%(2006년 중)에 달하는 등 에너지 자원 의존도가 높아 국제에너지가격 급변 등 대외 충격에 취약 경제구조를 지닌다. 유가와 GDP 성장률간의 탄력성은 0.15~0.2%로 유가가 10% 상승 시 GDP성장률이 1.5~2%까지 확대를 추정하였으며(IMF, 2002), 최근 들어서는 동 상관관계가 유코스사태[98]이후의 투자 부진에 따른 원유생산 둔화 및 루블화 절상에 따른 수입 확대 등에 따라 0.1% 정도 수준으로 약화된 것으로 추정된다(ECB, 2007).

러시아 국내에서는 최근 고유가 지속으로 경상수지 흑자가 누적되면서 수입이 빠르게 증가하고 비석유산업의 경쟁력이 상실되는 "네덜란드병(Dutch Disease)"에 대한 우려가 있다. 북해유전 발견 후 네덜란드는 막대한 오일머니 유입으로 경제가 성장하였지만, 경상수지 흑자 지속으로 환율 절상 압력을 통해 자국통화가치가 높아짐에 따라 수입 증대현상이 일어났고, 그로 인해 국내산업 경쟁력 상실을 겪은 바 있었다. 이에 따라 러시아 정부는 에너지 부문에서 촉발된 경제 활성화를 여타 부문으로 확산시키기 위해 석유안정화기금*을 적립하여 지역 균형 개발, 인프라 투자 및 IT·항공·우주 산업육성 등을 추진할 계획이다. 2004년부터 적립하기 시작하여 2007. 4월 현재 1,080억 달러, 특히 투자·벤처기금 조성 및 개발은행 설립 등을 통해 3,000억 루블을 조달하여 인프라투자 등을 활성화할 계획이다.

한편 경제호조로 내수시장이 확대됨에 따라 식료품, 건설, 유통 및 자동차 산업을 중심으로 해외투자 유입 증대되고 있으며, 해외투자 유입 증대 및 러시아 기업들의 설비투자 확대에 따라 매년 기계류 수입도 급증하고 있는 추세이다.

---

98) 유코스 사태는 러시아 정부가 2003년 석유재벌 유코스 그룹을 해체하고 자회사를 국유화하는 등 에너지 산업에 대한 국가 통제를 강화한 것을 말한다.

〈표 3-8〉 러시아의 기계류 수입동향

(단위: 백만달러, %)

	2002	2003	2004	2005	2006
수입액	16,654	19,447	28,752	43,379	65,554
증가율	-	16.8	47.8	50.9	51.1

자료 : 러시아통계청

　게다가 러시아 정부는 러시아경제의 지속적 성장을 뒷받침하기 위하여 재정 지출 확대를 적극 추진하고 있다. 러시아 정부는 2008년부터 재정운영계획을 중기(3년 단위)로 전환하고, 재정지출을 2006년 GDP 대비 16.2%에서 2008~2010년 중에는 18% 이상으로 확대할 계획으로 보인다. 푸틴 대통령은 4월 국정연설에서 주택·연금 등의 공공복지 개선, 인프라 건설, 개발기관 설립 및 항공·조선·나노기술 등에 대한 투자 등을 중점 과제로 추진할 것임을 발표하였다.

〈표 3-9〉 주요 추진 과제

(단위: 억루블, %)

과　제	배정금액	GDP 대비 비중
주택·지역 서비스	2,500	0.8
개발기관 설립	3,000	1.0
국내 도로 건설	1,000	0.3
나노기술 개발 지원	1,800	0.6

자료 : 러시아통계청

　특히 러시아 정부는 석유안정화기금(Stabilization Fund)을 분리하여 GDP의 10% 수준을 넘는 잉여 자금은 수익성이 높은 국내외 자산에 투자할 수 있도록 기금(Fund for Future Generation)을 조성할 계획이다.[99]

〈표 3-10〉 중기재정계획(안)

(단위 : 10억루블, %)

	2008		2009		2010	
	금액	GDP 대비	금액	GDP 대비	금액	GDP 대비
세입	6,644	19.0	7,465	18.8	8,090	18.1
－석유 및 가스	2,383	6.8	2,352	5.9	2,348	5.2
－기타	4,261	12.2	5,114	12.9	5,742	12.8
세출	6,570	18.8	7,451	18.8	8,090	18.1
재정수지	74	0.2	14	0.0	0	0.0
안정화기금 (기말 잔액)	3,500	10.0	3,969	10.0	4,480	10.0

자료 : 러시아통계청

(라) 개방정책

최근 들어 수출증가율이 에너지 생산설비 노후화에 따른 생산 제약으로 둔화되고 있는 반면 수입증가율은 내수활성화로 큰 폭 확대되고 있다. 수출은 2005년 31.9%, 2006년 24.5%, 2007년 18.0%로 둔화된 반면 수입은 동 기간 중 25.7%, 27.3%, 35.1%으로 급증세를 보이고 있다. 이에 따라 경상수지 흑자규모가 2007년 783억달러로 2006년(944억달러)에 비해 크게 축소되었다.

교역대상국의 경우 유럽국가와의 교역비중은 50%를 상회하는 수준으로 높아진 반면 CIS[100](독립국가연합)와 교역비중은 크게 하락하였다. 총수출입에서 차지하는

---

99) 앞서 언급한 바와 같이 석유안정화기금은 2006년까지 외채 상환, 국민연금 부족분 충당 등에 사용하며, 중동 산유국, 중국 및 싱가포르 등 아시아 국가들도 막대한 외환보유액을 바탕으로 실물자산 및 해외주식 등에 투자하여 고수익을 추구하기 위한 국부펀드를 조성하고 있으며 전세계적으로 국부펀드의 규모는 약 2조5천억달러로 추산. 러시아의 경우 이와 같은 자금이 320억달러에 달하는 것으로 추정(Morgan Stanley)

100) CIS(Commonwealth of Independent States)는 1991년 구소련 해체로 독립한 그루지야·벨

교역비중이 EU는 1996~2000년 평균 34.2%에서 2006년 52.6%로 크게 상승하였으나 CIS는 동 기간 중 21.0%에서 14.7%로 하락되는 모습을 보여주고 있다. 향후 메드베데프 신정부는 유럽과의 경제협력을 더욱 강화할 것으로 예상되어 대 유럽 교역 규모가 더욱 확대될 전망이다.

(마) 노동정책

러시아의 주요 노동정책을 살펴보면 다음과 같이 국민의 자유로운 노동권 및 직업 선택권 보장, 연방 내 지방자치단체의 자율적인 고용정책 추진 허용, 노동자와 기업 및 정부 간의 협의 및 조정체제 구축, 실업 방지책의 강화 등으로 나눌 수 있다. 그리고 실업 방지를 위해, 즉 정부의 고용촉진 방안으로는 국민 및 국가의 경제력 보장을 위한 취업 확대를 들 수 있다. 그 예로 농어촌 지역의 취업 확대, 연금 및 사회보험 수혜자의 재취업 유도제도가 있을 것이다.

한편 실업 및 실업에 따른 사회적 영향 최소화하기 위해 감원대신 노동시간의 단축 유도하거나 해고에 대비한 직업훈련 및 기술교육 강화, 그리고 해고 시 법률에 규정된 것 이상의 보조금 지급을 통해 노동공급의 안정적 환경을 이끌어내려고 한다. 그를 위해 직장 내 교육 및 국민 자질향상을 통한 노동력의 재생산 유도하거나, 국민의 고용촉진을 위한 국가의 물리적, 재정적 지원체제 확립해 나아가야 할 것으로 보인다.

(2) 시사점

러시아는 동전의 양면처럼 두 가지 면을 가진 국가이다. 앞면으로 러시아를 보면 이 국가는 전형적인 초강대국이다. 핵무기, 유엔 안보리 상임이사국, 엄청난 석유자원, 높은 경제성장률, 그리고 구소련에 비해 25%가량 줄어들었지만 광대한 영토를

로루시·아르메니아·우즈베키스탄·우크라이나·카자흐스탄 등과 러시아로 구성된 12개 국가연합체이다.

생각해보면 그렇다. 그러나 뒷면을 보면 사정은 다르다. 러시아는 전형적인 제3세계 국가다. 경제 성장률이 높지만 이것은 전적으로 고유가에 의존한 것이어서 실제 산업 생산력 저하 등의 문제와 함께 불안정한 성장으로 볼 수 있다.

5월 7일 출범한 메드베데프 신정부는 푸틴 대통령의 정책기조를 대부분 계승하면서 고성장 지속 및 국가신인도 제고를 위한 경제개혁을 추진할 것으로 예상된다. 특히 에너지의존 경제구조에서 탈피하기 위해 산업구조의 다양화 및 경제효율 제고에 우선순위를 두면서 규제개혁, 중소기업 지원 강화, 복지정책 확충 등을 중점 추진할 전망이라고 한다. 모든 것이 완벽한 국가는 아니지만 초강대국으로 도약할 수 있는 걸음을 걷고 있기에 BRICs시대의 선두로 러시아가 될 가망성이 높을 것이라 판단해 본다.

박 추 환

- The Western Illinois University, MA in Economics(1995)
- The Pennsylvania State University, Ph.D in Economics(1999)
- 한국전자통신연구원 선임연구원(00. 05 ~ 03. 10)
- 국회예산정책처 경제사업평가팀장(04. 07. ~ 06. 09)
- 현재 영남대학교 경제금융학부 조교수(06. 09. ~)

주요저서

「지역경제학」(한국학술정보(주), 2008)
「경제자유구역의 추진현황 평가」(국회예산정책처, 2006)
「IT839추진정책 평가」(국회예산정책처, 2005)외 다수

주요게재논문

『Searching, Matching, and Migration』, The Annals of Regional Science(SSCI), Volume 41, Number 1, pp. 105~124, March/2007
『Unemployment Compensation and Migration in the Search Equilibrium Model』, The Annals of Regional Science(SSCI), forthcoming(online published date: 2008.5.4) 외

▶ 37편의 국내외 논문게재

본 도서는 한국학술정보(주)와 저작자 간에 전송권 및 출판권 계약이 체결된 도서로서, 당사
와의 계약에 의해 이 도서를 구매한 도서관은 대학(동일 캠퍼스) 내에서 정당한 이용권자(재
적학생 및 교직원)에게 전송할 수 있는 권리를 보유하게 됩니다. 그러나 다른 지역으로의 전
송과 정당한 이용권자 이외의 이용은 금지되어 있습니다.

경제정책론

- 초판 인쇄   2008년 8월 20일
- 초판 발행   2008년 8월 20일

- 지 은 이   박추환
- 펴 낸 이   채종준
- 펴 낸 곳   한국학술정보㈜
            경기도 파주시 교하읍 문발리 513-5
            파주출판문화정보산업단지
            전화   031) 908-3181(대표)·팩스   031) 908-3189
            홈페이지   http://www.kstudy.com
            e-mail(출판사업부)   publish@kstudy.com
- 등 록   제일산 115호(2000. 6. 19)
- 가 격   40,000원

ISBN   978-89-534-9914-0 93320 (Paper Book)
            978-89-534-9915-7 98320 (e-Book)